KB042972

관상학
네비게이션

판상학
네비게이션

오서연 저

學古房

관상학이 요즈음 새로운 학문으로 뜨고 있다. 과거엔 관상쟁이에서 이젠 관상학 박사들이 대학원의 정규과정에서 배출되고 있으며, 그로 인해과거의 신비주의적 관상론에서 오늘날 신비주의를 넘어서 합리적인 분석이 수요자를 설득시키고 있다. 신비주의적 관상학의 개념은 중세적 사고였다면 앞으로는 합리적 관상학이 대세를 이룰 것이며, 그것은 관상학을 현실의 수요 차원에서 학술적으로 접근하기 시작했다는 뜻이다.

인생사에 있어서 설렘이란 춘삼월 꽃봉오리를 보는 설렘일 수 있고, 연초年初에 떠오르는 일출을 바라보는 설렘일 수도 있다. 또는 '산고産苦'를 가져다주는 의미 있는 일을 할 때 설렘도 있을 것이다. 필자로서 『인상과 오행론』(2017)에 이어 신간新刊 『관상 네비게이션』을 세상에 선보이는 일처럼 설렘은 없을 것이다.

그동안 관상은 운명을 추론하는 것에 한정하는 성향이었는데, 그 영역은 심오하고도 광범위하다. 좁게 보면 개인의 성격과 체질을 연구하는 것이라고 할 수 있지만, 넓게 보면 관상학에 동양철학이 스며있고 인문주의적 정신이 면면히 이어져 오고 있다고 본다. 심미안적으로 보면 '만상이 불여심상이라.'는 말이 있다. 외면의 관상이 제 아무리 좋아도 내면의 아름다운 마음 상相을 따라가지 못한다는 뜻이다.

일반적으로 운명론은 수동적인 시각으로 간주되지만, 능동적인 시각에서 나의 운명을 긍정적으로 바꾸어보는 심상心相의 지혜가 뒤따른다면 금상첨화일 것이다. 우리가 어떤 일에 직면했을 때 어떤 마음으로 대처하느냐에 따라 우리의 심상은 긍정적으로 변할 것이며, 결국은 성공적인 삶을 살아갈 것이다.

성공적인 삶의 패턴에서 "생긴 대로 산다."는 수동적 삶보다는 "사는 대로 바뀐다."는 인상학의 지혜를 음미할 줄 안다면 이것은 매우 고무적인 일이다. 본 저서는 숙명론적 관상학에서 한걸음 나아가 심오한 인상학으로의 합류적인 성격을 지녔다고 보면 좋을 것이다.

본 『관상 네비게이션』은 어의에 걸맞게 길을 안내하는 네비게이션처럼 관상학을 알고자 하는 모든 이에게 쉽게 접근할 수 있는 관상학의 길잡이가 되어 나를 알고 상대방을 아는 지혜의 안내서로 활용되었으면 한다. 또한 본 저서는 원광대 일반대학원의 한국문화학과 박사과정 수업교재로 발간되었음을 밝힌다. 교재로서 활용한 본 목차 4편의 「인상론의 실제적 분석」과 5편 「오행론의 실제적 분석」을 정독 해주길 바란다. 수업에 유익한 도안圖案은 필자의 수업을 통해 얻은 영감과 기존 상학서를 부분적으로 인용하였다.

저서 발간에 도움을 준 학고방 사장님께 감사드리며, 교재 도안을 만드는데 정성을 다해준 류상희(조카)에게도 고마움을 전한다.

2020.4.24.

진천 서재에서

청민 오서연 배상

| 목차 |

Chapter 4_인상론의 실제적 분석

Chapter 5_오행론의 실제적 분석

Chapter 1
현대인과 관상학의 성립

01

현대인의 심리와 관상학

한적했던 과거와 달리 오늘날은 급변하는 시대이다. 오랜 기간 동안 전개되어온 1차산업의 농경사회에서 19세기 산업사회로 접어들었으며, 21세기에 진입하여 지식정보화사회를 지나 4차혁명의 시대가 전개되고 있다. 과거 산업사회는 변화하는 속도의 일정한 측면이 있었지만, 지금의 디지털 시대는 변화의 속도가 빨라짐으로서 미래의 시장이 어떻게 전개될지 가늠하기 쉽지 않은 시점이다. 시장이라는 지리적 공간에서 물품의 교환을 가능케 한 것은 돈이었던 것처럼, 디지털 혁명은 사이버 스페이스에서 문화적 체험을 상품으로 만들 수 있는 잠재력을 가지고 있다.[1] 급박하게 변화하는 시대적 환경에 따라 인간의 심리는 더욱 불안한 상황에 처해지고 있으며, 오늘날 상대적으로 안정된 심리를 지향하는 탓에 시장은 무엇인가 새로움을 창출하려는 성향을 지니게 되었다.

따라서 급격한 세태의 변화는 과거 어느 때보다 크게 나타나고 있다. 변화의 속도는 과거보다 그 간극間隙이 클 수밖에 없다는 것이다. 오늘

---

1 제러미 리프킨(이희재 옮김), 『소유의 종말』, 민음사, 2001, p.249.

날 정보와 통신수단이 하루가 다르게 발전하고 있기 때문이다. 생명공학, 사회공학 나아가 인체공학의 발달은 과학문명의 속도를 감당할 수 없듯이 빠른 속력의 페달을 밟게 하여 놀라운 변신을 거듭하고 있다. 과거 수백 년 동안 변화해야 할 상황들이 오늘날 빠르게 변화하여 변화속도를 갈아치우고 있다. 빌 게이츠는 그의 저서 『생각의 속도』에서 80년대가 질質의 시대요, 90년대가 리엔지니어링의 시대였다면 2천년대는 속도의 시대가 될 것[2]이라고 하였다. 인류는 여기에 대하여 변화속도의 현기증을 느낄 정도로 정처定處를 찾는데 헤매기 십상이다. 고대인의 농경사회적 안주와 달리 현대인의 첨단 인공지능적 적응이 쉽지 않기 때문이다. 현대인의 심리는 19세기 이전에 살다간 사람의 심리와 적응의 속도에서 달라질 수밖에 없다는 추단이 가능하다는 것이다.

따라서 현대는 '위기의 시대'라고 할 수 있다. 수많은 사상가나 철학자들은 현대문명에 대하여 위기라고 말하는데 주저하지 않는다. 현대의 가속화된 속도에 더하여 미래가 어떻게 전개될지도 모르는 상황에서 더욱 위기의 시대가 아닐 수 없다. 그렇다고 사람들은 위기의식에 대하여 전율할 필요가 없다고 했으니, 현실의 삶은 과거와 미래를 연결하는 사유의 여유를 갖도록 한 사람은 다름 아닌 독일의 철학자 하르트만이다. '위기危機'란 위험한 시대와 기회의 시대를 공유하고 있기 때문에 고금古今의 교훈을 통해 미래를 대비해야 함을 말한다.[3] 현대가 위기의 시대인 만큼 미지의 학문 영역에서 삶의 기회를 찾아보는 지혜가

---

2 빌게이츠(안진환 역), 『생각의 속도』, 청림출판, 1999, 全般 참조.
3 독일의 철학자 하르트만은 말하기를 "사람들이 그와 같은 위기의식에 사로잡혀 전율할 필요는 조금도 없다. 위기적 현실은 역사상 어디서나 있었던 것이며, 또한 앞으로도 있을 수 있는 것이기 때문이다. 그러므로 항상 현실적인 삶의 자세는 과거의 사실과 미래의 과제를 펼쳐놓고 생각할 줄 아는 삶이 되어야 한다."라고 유유한 자세로 그의 존재론을 역설하였다(류병덕, 『탈종교시대의 종교』, 원광대학교 출판국, 1982, p.357).

필요하다. 아직은 미지의 세계에서 좀 벗어난 듯한 '관상학'도 질긴 생명력 속에서 이러한 위기의 시대를 살아가는 현대인에게 새로운 희망의 학문으로 다가서길 바라는 마음이다.

아울러 현대는 전환기의 시대이다. 이 전환기의 시대는 동서 어디에서나 부딪치고 있는 실상이다. 과거에는 인터넷이 없던 시대로서 공간이 격리된 관계로 어떤 일이 발생하면 그 영향이 동양 아니면 서양에 한정되었을 것이다. 그러나 오늘날 시공을 초월하여 모든 정보가 공유되고 있다. 피터 드러커는 이에 『프로페셔널의 조건』에서 말하기를, 이 전환은 더 이상 서양의 역사라든가 혹은 서양의 문명이 따로 없는 근본적인 변화이며, 이제는 그것이 동양의 경우에도 세계 역사와 세계 문명이라고 내다보았다.[4] 운명을 점치거나 관상을 보는데 있어서 별자리 점은 서구의 것이며, 주역 점은 동양의 문화라고만 할 수 없다. 이 모두가 동서에 흡수, 공유되는 운명의 예측론이 되어버렸기에 오늘날 새롭게, 그리고 설득력 있게 합리적으로 정착되어야 할 전환의 시점에 와 있다.

따라서 오늘의 시대를 살아가는 지성인으로서의 역할은 행복한 삶을 지향도록 현대인의 심리를 바르게 연구하는 일이라 본다. 현대를 가늠하고 현대인의 심리가 무엇인가를 천착해가는 일이야말로 뜻하지 않는 위기에 봉착할 수 있는 것을 슬기롭게 대처해야 하기 때문이다. 사실 현대사회와 이 시대를 현실적으로 살아가는 사람들의 심리적 위기를 연구의 대상으로 하는 것은 가치 있는 일의 하나라 본다. 관상학과 같은 점복占卜이 내포하는 예언의 내용은 당시 사회에 보편적으로 통용되던 위기나 두려움을 반영한다[5]는 점을 고려할 필요가 있다. 시대의 예

---

4 피터 드러커(이재규 譯), 『프로페셔널의 조건』, 청림출판, 2001, p.30.
5 설혜심, 『서양의 관상학, 그 긴 그림자』, 한길사, 2003, pp.215-218.

측과 사람들의 심리 분석은 위기에 대한 불안 심리를 잠재울 수 있는 길이라 보는 이유가 여기에 있다

지덕知德을 겸비한 지성들에게는 불안 심리를 잠재울 예측적 사유가 필요하면서도 민중들의 현세적 복덕福德을 추구하는 면을 간과할 수 없다고 본다. 이에 현세적 흥망성쇠라든가 희로애락의 방향타를 가늠하는 일은 예측의 학문에서 중요한 것이며, 그것은 관상학을 연구하는 지성인으로서 놓칠 수 없는 부분이라 본다. 관상학의 전개는 유불선儒佛仙과 관련이 있는데 특히 도교적인 시각과 관련이 있으며, 유교와 도교 문화가 지배했던 과거에 동아시아 지역의 사람들은 사람의 덕성과 현세관에 최고의 가치를 부여했다.[6] 과거에는 덕이 곧 부귀와 복락을 상징했던 이유이며, 현세적 삶의 부귀영화는 행복으로 자연스럽게 여겨진 것으로, 현세를 중시하는 유교와 도교적 사유와 상학相學이 더 밀접하게 전개된 것이다.

종교적 사유 의지가 있다고 해도 오늘날 내면적 고독감을 느끼며 살아가는 사람들이 적지 않다. 흥망성쇠라든가 희로애락에 능동적으로 대응하지 못하는 사람들이 겪는 것은 바로 내면의 고독감으로 이어지며 그것은 현대인들이 받는 심리적 고통이라 본다. 자본주의의 경쟁지향적 인간 내지 첨단 산업사회의 외부지향형 인간들은 자신의 내면이 충실하지 못한 관계로 타인들의 행동 하나하나에 민감해진다. 그들이 무엇을 생각하고 무엇을 쫓아가는지 늘 관심을 갖다보니 그들로부터 격리되지 않으려고 애쓴다고 리스먼은 진단했다.[7] 그것은 내면적인 고

---

6 주선희, 『동서양 인상학연구의 비교와 인상관리에 대한 사회학적 고찰』, 경희대 박사학위논문, 2004, p.1.

7 50년에 출간한 『고독한 군중』에서 리스먼은 사회구조의 변화에 따른 세 가지 타입의 서로 다른 인간 유형을 제시했다. 전통과 과거를 행위 모형의 기준으로 삼는 전통지향형, 가족에 의해 학습된 내면적 도덕과 가치관을

립감에 노출된 고독한 민중이 현대사회에서 겪는 자화상의 하나라고 본다. 이러한 고독감을 다스릴 수 있는 학문이 관상학에서 모색된다면 바람직한 일이다. 자신의 상相을 바라보며 새로운 인상으로 고독을 극복, 충실함을 선사할 수 있는 학문의 가치가 관상학에서 모색될 수 있으리라 확신한다. 사람에게서 나타나는 외제적 표징表徵 가운데 구징九徵은 바로 심기心氣에서 나오며, 심기는 그 사람의 내면세계를 나타내는 바탕인 동시에 인물의 근본인 정성情性이라고 할 수 있다.[8] 심기의 편안함을 유지하려면 어떠한 심적 허탈감도 극복할 수 있는 지혜가 필요한 것이다.

이 같은 지혜를 산출하는 학풍으로 학제간 연구가 활발하며, 그로 인해 과거 학제간 연구가 배제된 기존 연구의 가치관을 넘어서는 삶의 현장이 되었다. 인문과학과 자연과학의 만남, 사회과학과 응용예술학의 만남을 기대한다면, 관상학과 심리학의 만남을 기대해볼 수 있으리라 본다.[9] 이를 위해서는 오랫동안 발전해온 심리학처럼 관상학이 지속적으로 발전해야 한다. 학문적 축적 속에서 관상학의 가치를 한껏 올려보자는 것이다. 그동안 인문과학에서, 사회과학에서, 응용예술학에서 관상학과 교섭적 접근을 시도하는 일이 쉽지 않은 일이었으리라 본다. 그 이유로는 불과 십여 년 이전만 해도 학계에서는 시큰둥한 반응들이

기준으로 하는 내부지향형, 동료나 이웃 등 또래 집단에 눈치를 살피며 그들의 영향을 받아 행동하는 외부지향형이 그것이다(데이비드 리스먼, 『고독한 군중』(The Lonely Crowd), 1950. 고영복 감수의 『세계의 사상』(사문연) 참조).

8 김연희, 『劉昭 '人物志'의 人材論에 관한 상학적 연구』, 원광대 박사학위논문, 2008, p.59.

9 21세기가 된 오늘날에도 서구 관상학의 전통은 다양한 분야에 녹아 있다. 의학을 비롯한 과학의 영역뿐만 아니라 사회학, 심리학, 경영학, 미학과 관습 등에도 말이다(설혜심, 『서양의 관상학, 그 긴 그림자』, 한길사, 2003, p.323).

었으며, 전문 관상학 박사들이 배출되지 않았기 때문이다.

이제는 관상학 전문학자들이 상학相學의 정착을 위해 해야 할 일들이 적지 않다고 본다. 아직도 현대인들은 참된 가치관을 망각한 채 외관의 상相으로만 행복함을 추구하려는 성향이 있으며, 그것이 미美의 성형이라는 오늘의 우상을 만들어내고 만 것이다. 진실로 실현해야 할 인간의 참 가치가 무엇인가에 대한 반성도 없이 외형으로만 행복 가치를 찾으려는 사람들에게 관상학자들이 어떻게 다가설 것인가? 삶의 패러다임을 새롭게 바꾸어줄 그 무엇인가를 만들어주어야 하는 일은 오늘날 관상을 전문으로 연구하는 지성들의 몫이다.[10] 내외 가치 전도로 인하여 매몰된 삶을 살아가는 사람들의 외형 추구의 패러다임에서 내면의 진실한 가치를 찾아가는 패러다임으로 바꾸어가도록 인도하는 사명감이 관상학자들에게 필요한 일이기 때문이다.

내외 겸전의 삶을 추구하려는 사명감은 오늘날 자본주의로 인한 이윤추구, 생존경쟁에 매달리는 현대인들에게 전도몽상에서 벗어나 본연의 가치로 회귀하도록 하는 것과 직결되어 있다. 다시 말해서 현대사회가 안고 있는 외부지향과 과학만능의 문제의 해법은, 자연의 질서의식을 상실하고 자본주의의 소비가 미덕이라는 이윤지향의 삶을 경쟁적으로 부추기는 현상을 극복해가는 일에서 비롯된다. 자본주의, 이윤추구, 생존경쟁이라는 현대인의 심리에서 '성형'을 가치화하여 이를 자본 상품의 하나로 여기는 풍조가 있음을 상기할 때, 인간의 내면 심리에 노크

---

10 왜 새로운 형태의 관상이 나타났을까? 그것은 새로운 과학적 방법론이 생겨났기 때문이다. 과학에서 새로운 체계가 나타난다는 것은 이미 존재하는 모든 지식과 관행에 대한 새로운 설명방식이 출현한다는 것을 의미한다. … 이런 사회적 분위기는 이른바 진정한 과학을 탄생시키게 되었고, 그 분야에 종사하는 사람들은 스스로를 지식인 엘리트라 칭하게 되었다(설혜심, 『서양의 관상학, 그 긴 그림자』, 한길사, 2003, pp.46-47).

해보면서 내면의 고요한 마음을 반조해 보는 지혜가 요구된다. 영성靈性을 중히 아는 심상心相의 가치가 관상학 본연의 가치로 회귀하는 시발점이 되기를 바라는 것이며[11], 이에 현대인들의 일부 왜곡된 심리를 자극하는 지혜가 솟아오르도록 우리 내면의 샘을 발견하자는 것이다.

그럼에도 불구하고 인공 미인이 되려는 심리가 현대인의 심리라면 그것이 우리의 참된 본성을 회복하는 길과는 점점 멀어질 것이다. 오늘날 각종 정보와 뉴스에 정신없이 사는 사람들에게 외형지향의 관상학이라면 그것은 과연 바른 길잡이의 학문이 될 수 있는가? 매일 정신없이 사는 현대인들로서 순간순간 채워지지 않는 좌절감에서 벗어나지 못하는 것은 그 같은 인공미人工美에 길들여져 있기 때문이다. 인공지능, 인공지수, 인공미인에 더하여 인공人工과 관련한 용어들이 부지기수로 늘어나는 것은 현대사회가 갖는 한계일 것이다.[12] '인공'이라는 용어가 많아질수록 현대인으로서 지녀야 할 자아성취와 관련된 내면의 만족감과는 더 멀어질 것이기 때문이다. 이는 스스로 자신을 소외된 인간으로 만들어가는 현대사회의 맹목적 우상주의와 관련된다고 할 수밖에 없다.

인간 소외의 면에서 볼 때, 현대인의 자신소외 심리가 여러 가지 원인과 관련되어 있다고 본다. 실제 자신의 주변에 일어나는 문제를 내면에서 찾는 것보다는 밖에서 찾으려는 심리와 관련되어 있기 때문이다. 현대인은 모든 문제를 나의 내면에서 찾지 못하고 밖에서 찾으려고 하

---

11 심상의 성형이 진정한 성형이고, 우리들 자신의 타고난 얼굴의 상을 긍정적인 방향으로 바꾸어 나가는 것이 성찰적 삶의 좌표라고 본다(오서연, 『인상과 오행론』, 학고방, 2017, p.253).

12 우리는 가상의 전자 미디어에 에워싸여 있다. 우리의 체험이 인공세계 안에서 일어나는 경우가 점점 많아지고 있다. 이것은 지금까지 인간이 살아온 방식과는 판이하게 다른 양상이다(제러미 리프킨(이희재 옮김), 『소유의 종말』, 민음사, 2001, p.247).

는 어리석음과 그 모순을 벗어나지 못하고 있다. 헤겔이 언급한 바와 같이 인간의 무지에서 벗어나도록 하는 '계몽'은 소외된 정신을 구원하려는 인간의 자기구원 의식과 관련된다.[13] 외부지향의 형상에서 내면의 자기구원과 관련된 의식 있는 행동이 아쉬운 현실이다.

자기구원의 계몽과 달리 현대는 무색하게도 외부의 자극, 즉 말초신경에서 자극을 받아 본능적 기쁨을 추구하는 시대로 전락하고 말았다. 현대인의 행복은 이따금 본능적 말초신경의 자극과 교감신경의 흥분에서 발견되곤 한다. 이는 인간 본연의 생명성과는 동떨어진 것으로, 오히려 피로감과 허탈감을 주기에 충분하다. 현대인의 심리가 지속적으로 이 같은 피로감과 허탈감으로 인해 고갈된다면 그것은 문제의 본질을 풀어가는 실타래가 엉킨 현상으로 방치되기 때문이다. 외형의 상相에 자극되는 인공 미인들의 실상을 어떻게 바라보아야 할 것인가?[14] 그들은 과연 자기 계몽이라는 참다운 구원을 지향하는 자들인가를 고민해 보아야 한다.

관상학은 주로 얼굴의 외형을 연구하면서도 내면의 맑고 밝은 심리를 파악하는 일에 관심을 가져야 한다. 그것은 현대인의 얼굴에 표출된 자족한 상相에서 그 사람의 심층심리를 알아가도록 하는 것이기 때문이다. 이정욱은 『심상 관상학』에서 말하기를, 한 개인의 내면적 마음상태 즉 심리적 측면을 파악한다는 것은 관상학의 중요한 명제[15]라고 하였다. 얼굴의 어느 한 부위에서 심리적으로 표출되는 성격을 알아내어

13 정희숙, 안인희 外 2인, 「자연종교와 교육」, 『루소의 자연교육 사상』, 이화여자대학교 출판부, 1996, p.115.
14 인간의 외모보다는 내면의 삶을 더 중요한 것으로 보았음은 플라톤의 대화편에 남아있는 소크라테스의 말에서 분명하게 파악해 볼 수 있다. 아리스토텔레스(김재홍 옮김), 『관상학』, 도서출판 길, 2014, p.55.
15 이정욱, 『심상 관상학』, 천리안, 2006, p.293.

그 사람 마음의 근본적 바탕이나 그 사람의 마음에서 가장 많이 표출되어지는 성격을 알아내는 것은 전개될 운명의 흐름을 정확히 알 수 있는 첩경이기 때문이라는 것이다.

자신 운명의 흐름을 알 수 있는 사람의 성격 파악은 여러 측면에서 가능한 일이다. 나에게 전개되는 삶 속에 그러한 성격이 반영되기 때문이다. 유소劉昭는 이에 다음과 같이 말한다. "비록 몸의 변화는 무궁하지만 여전히 다섯 가지 재질에 의거하는 것이다. 그러므로 강직, 온유, 명랑 화창, 정고의 징험이 형체와 용모에 드러나고, 음성과 안색에 나타나며, 표정과 기미에 발현하는 것이니 각각 그 현상이 드러나는 것과 같다."[16] 이처럼 유소는 사람의 운명이 아무리 추측하기 어렵더라도 오행으로 드러난 형체에 의하여 내면의 세계, 곧 성격이 밖으로 표출된다고 본 것이다. 현대인의 얼굴에도 이러한 성격이 그대로 표출되며, 이를 통해 그 사람 내면에 잠재된 심리 파악이 가능해진다.

현대인의 얼굴을 통한 심리 파악에 있어서 특히 관상학으로서 관심을 가져야 할 것은 무엇인가? 그 관심은 사람의 운명이 어떻게 흘러가는가와 직결되어 있다는 점에서 간과할 수 없는 일이다. 이를테면 얼굴이나 몸 피하에 갑자기 흑점이 생겼을 경우를 가정해보도록 하자.[17] 물론 의학에 있어서 우선 얼굴에 난 흑점은 일종의 바이러스로 볼 수 있지만, 관상에서 흑점은 길점과 관련이 없다. 흑점은 운명의 흐름에 있어서 길점과 관련이 없는 관계로, 좋지 않은 일이 일어날 징조와도 같은 것이다. 관상학의 역할에서는 그에게 불운이 일어날 것을 예측하도록 하여 주의하는 마음을 가지도록 해야 한다. 이처럼 심리적으로

---

16 劉昭, 『人物志』「九徵」, 雖體變無窮, 猶依乎五質, 故其剛柔明暢貞固之徵, 著乎形容, 見乎聲色, 發乎情味, 各如其象.

17 최형규는 '흑점의 이모저모'를 자세하게 밝히고 있다(최형규, 『꼴값하네』, FACEinfo, 2008, pp.328-329).

불안할 때를 대비하여 현대인들은 관상학에 관심을 갖고 또 관상학을 밝게 응용할 지혜가 필요하다.

현대인들의 지혜로서 관상을 본다는 것은 무엇을 보는 것인지, 어떠한 순서로 보는가에 대한 관상 응용의 지혜는 다음과 같다. 즉 일반적으로 '관상을 보는 순서'[18]는 ① 형形을 본다. ② 에너지의 활력 즉 기氣를 본다. ③ 얼굴 및 신체의 각 부분을 하나하나 본다. ④ 얼굴 표정의 밝고 어두움이나 얼굴 형태를 부위별로 분석한다. 구체적으로 얼굴의 상相을 보는 경우 상정, 중정, 하정이라는 삼정을 보는 것이 관상학에서 보편적이다. 그리고 이목구비의 상을 살펴보는 것에 더하여 자신의 나이와 대조하면서 현재와 미래의 운세를 가늠하기도 한다. 위에 거론된 관상의 세부 사항을 종합적으로 판단하여 자신의 운세를 세심하게 살펴보는 지혜가 필요하다.

결국 '현대사회'라는 급변의 시대에서 현대인의 무의식 및 본능을 쫓아가는 심리에서, 또 자아 및 이성을 따르는 심리에서 관상학을 조망해 볼 필요가 있다. 외형적 본능을 지향하는 심리에서는 관상觀相을 중시할 것이며, 내면의 이성을 지향하는 심리는 심상心相을 지향할 것이다. 물론 정신분석학자 프로이드는 심리적 과정을 두 가지로 정의했다. 일차적 과정은 이드(id)·본능·정서·무의식과 연합되어 있으며, 이차적 과정은 자아(ego)·의식·이성과 연합되어 있다고 설명하였다. 당연히 그는 두 가지 가운데 후자의 과정, 곧 "이드가 있는 곳에 자아가 있게 하라."고 언급하였다. 이처럼 프로이드는 심리적 과정과 마음의 지형학적 모형으로 마음을 일종의 지도로 개념화해서 마음의 다양한 현상들을 단순화하고 명료화시켰다.[19] 현대인의 심리에 본능과 이성 두

---

18 엄원섭, 『관상보고 사람 아는 법』, 백만문화사, 2007, p.20.
19 이인정, 최해경, 『인간행동과 사회환경』, 나남출판, 1998, pp.141-142.

가지가 작용하는데, 관상학의 지성들로서는 후자에 가치를 두고 전자를 조망하는 지혜를 유도해내야 한다.

02

관상을 본다는 의미

    관상을 본다는 것은 인생의 '네비게이션'과 같다. 지도를 찾아가도록 안내해주는 네비게이션이 오늘날 자동차의 필수품이 되어가고 있는 것과 비유되는 말이다. 여행을 할 때 네비게이션에서 안내하는 지도대로 따라가면 되듯이 관상 보는 것은 인생의 여정을 편안하게 갈 수 있도록 하는 길잡이가 된다. 네비게이션이란 항로를 찾는 비행기의 항법장치와도 같은 것이며, 그로 인해 길을 헤매지 않고 목적지에 도달할 수 있어서 이 같은 현대문명의 이기利器로 인해 우리는 여가의 가치를 즐기는 것이다. 관상 또한 인생의 여정을 편안히 할 수 있도록 안내해주는 길잡이인 이상, 인생의 네비게이션으로서 관상을 보는 일[20]은 고달픈 현대인에게 익숙한 일이 되어가고 있다.

    이처럼 길에 낯선 여행자가 네비게이션이 제공하는 지도 정보를 따라 익숙하게 가듯이, 관상을 통하여 제공받는 것이 인간 정보이며, 자

---

20 "얼굴은 인생의 네비게이션이다." 그 지시를 따라가면 멀고도 험난한 인생 여정도 편안하게 갈 수 있다. 그것이야말로 내 꼴에 맞는 꼴값하며 사는 길이다(최형규, 『꼴값하네』, FACEinfo, 2008, p.3).

신의 운명으로 받아들이는 관상의 상相은 한 사람에 관한 모든 정보이다. 우리의 잠재의식에는 운명을 예측하는 기능이 있으며, 잠재의식에서 인식되어진 우리 개인의 정보를 잘 읽어내는 것이야말로 운명의 예측, 즉 관상을 보는 중요한 의의를 지닌다. 인간 내면의 잠재의식에서 인식되는 모든 정보를 읽어내는 지혜가 필요하다는 것이며, 그것이 관상에 관심을 갖는 것이라 볼 수 있다. 로버트 누슨은 『개혁주의 역사관』에서 '정보폭발'을 언급하고 있다.[21] 인간 정보의 접근과 같은 관상에의 관심이란 앞으로 정보 활용과도 같이 우리의 삶에서 활력으로 자리할 것이다.

얼굴 정보를 통해 자신 행로를 찾아가는 활력으로 인생 게시판을 그려보는 노력으로서 현대인들의 관상 인지력, 즉 운명 예측에의 관심은 이제 아무리 강조해도 지나치지 않다. "운명은 상을 만들고, 상은 운명을 만든다."[22]라고 하였다. 최형규도 '얼굴은 제 인생을 그려놓은 게시판'[23]이라는 말을 즐겨 사용해 왔다. 이제 얼굴을 통해서 운명을 만드는 자신의 게시판을 관리하는 시대에 진입한 만큼, 인생 게시판의 적절한 관심과 관리가 필요하다. 학교에서 선생님은 학생들에게 공지할 사항이 있으면 게시판에 공지의 글을 올린다. 학생들은 그 게시판의 내용을 숙지하여 담임선생의 지시사항을 따른다. 이렇듯 관상에 나타난 인생의 게시판을 하나하나 점검하여 온전한 삶을 개척하는 일이야말로 관상을 보는 지혜이자 운명 예측의 행위로서 학생이 선생의 지시

21 우리들은 오늘날 이러한 현상을 소위 '정보폭발' 속에서 찾아볼 수 있다. 이는 우리 사회 속에서 점차 증가하는 노동의 전문화를 경험하고 있는 산업 문명 속에 존재해 왔다.로버트 누슨(서영일 역), 『개혁주의 역사관』, 기독교 문서선교회, 1986, p.61.
22 홍사중, 『나의 관상학』, 이다미디어, 2016, pp.4.
23 최형규, 『꼴값하네』, FACEinfo, 2008, pp.4-5.

사항을 따르는 일과 크게 다를 것이 없다.

따라서 관상을 본다는 것은 인간의 감성적 얼굴에 그려진 운명을 예측하고 관찰하여 그에 맞는 길을 안내받고자 하는 일종의 정보 활용의 행위이다. 평소 초조하게 살아가는 사람의 얼굴은 초조하게 보일 것이고, 여유롭게 살아가는 사람의 얼굴은 여유가 있을 것이다. 슬프게 살아가는 사람의 얼굴은 우울하게 보일 것이며[24] 행복하게 살아가는 사람은 다복多福한 얼굴로 보이는 것은 당연한 일이다. 현재 나의 얼굴에 나타난 모습은 내가 지닌 감성 표현적 삶과 직결되어 있다는 뜻이다. 나의 마음작용에 따라 나타나는 얼굴 상相은 삶을 이끌어가는 마음작용과 밀접한 관련이 있기 때문이다. 얼굴표정에는 내 마음작용과 관련되어 있다는 사실로 인해 관상의 활용 가치가 있으며, 그곳에서 자신의 운명을 밝게 예측, 대응하는 지렛대가 형성된다.

잘 알려져 있듯이 동양 관상학에서는 인재 등용에 관상법을 활용하였다. 관민官民의 도를 논하면서, 옛 임금들이 인재를 선발함에 있어 그 사람의 관상을 기준으로 했다는 기록은 다음과 같다. "옛날 요임금은 용모로써 사람을 취하였고, 순임금은 색으로써 사람을 취하였고, 우임금은 말하는 것으로써 사람을 취하였고, 탕임금은 목소리로써 사람을 취하였고, 문왕은 도량으로써 사람을 취하였다. 이 시대의 다섯 왕이 사람을 취함에 있어, 그것으로써 천하를 이처럼 다스렸다."[25] 다시 말해서 관상을 통한 인재 등용의 방법들이 각각 달랐다는 것이다. 용모,

---

24 병에 걸린 아들을 간호하고 있던 어머니의 얼굴 표정을 관찰한 적이 있었는데, 이 경우에도 눈썹의 모양은 양쪽으로 기울어진 모습이었다. 눈썹이 이러한 모양을 갖게 되는 것은 여러 가지 근육의 수축 때문이다(설혜심, 『서양의 관상학, 그 긴 그림자』, 한길사, 2003, pp.270-271).

25 地平 編著, 李成天 監修, 『관상해석의 정석』, 도서출판 문원북, 2019, pp. 14-15.

기색, 언어, 목소리, 도량이 곧 관상의 기준이 되었다.

그러면 우리가 인생행로에 관심을 갖고 관상을 보는 기준에 대하여 하나하나 설명해 보고자 한다.

첫째, 관상을 보는 것은 자신과 관련한 과거, 현재, 미래를 판단하는 것이다. 관상에 있어서 삼정三停 가운데 상정의 경우 20세~30세 초반, 중정의 경우 35세~50세, 하정의 경우 51세~71세로 본다. 이처럼 인생 전반을 거론함에 있어서 과거를 볼 때 상정을, 현재를 볼 때 중정을, 미래를 볼 때 하정을 나누어 생각할 수 있다. 삼세를 불교의 업業으로 연결할 경우, 태어나기 이전을 전세, 현재의 삶을 현세, 열반 후의 생을 내세로 상정할 수 있다. 상법의 원론인 「석실신이부石室神異賦」에서 말하기를 "부운상유전정세무예지賦云相有前定世無豫知."라고 하였는데, 이는 사람의 상相이란 전생의 선업과 악업에 의하여 먼저 정해진 것으로 그것을 미리 알 수 없다는 뜻이다.[26] 즉 운명론에 있어서 개인의 삶에 부귀빈천이 있는 것은 삼세의 삶, 즉 인과의 작용과 관련되어 있는 것이다.

둘째, 관상에 관심을 갖는 것은 자기 얼굴의 미모를 꾸미는 것과 관련이 있다. 쌍꺼풀을 수술하는 이유는 보다 아름답게 보이도록 얼굴의 미모를 가꾸는 일이며, 눈 화장을 하는 것도 미모를 가꾸는 일이다. 볼에 연지를 바르고 화장을 하는 여성의 경우, 그녀에게 아름다워지고자 하는 본능이 잠재하여 있다. 얼굴 하나하나 가꾸어가는 일이야말로 나에 대한 자존감이자 상대방에 대한 예의이기도 하며, 이러한 것들이 합하여 삶에 자신감을 갖게 되는 것이다. 관상학이란 나의 얼굴의 미모

---

26 또 "人生富貴皆因前世修行."이라 하여 인생의 富하고 貴함 모두가 전생의 修行에 기인한다고 하였다. 이러함에 사람은 조상과 선조들이 지은 선업과 악업 그리고 그들이 닦았던 지식과 경험을 인지하였고, 추구하였던 온갖 상념과 행위와 당시의 욕망과 꿈 등 많은 정보와 자료들을 하나도 빠짐없이 이어받아 마음에 간직하고 있다(이정욱, 『심상 관상학』, 천리안, 2006, p.32).

를 가꾸어 간다면 운명도 바뀔 수 있다는 것을 정립하는 학문이라 본다. 미모를 가꾸지 않고 생긴 대로 살아간다면 그에게 자신감 회복은 쉽지 않을 것이다. 시저의 누이로서 21세의 토실토실한 미녀 클레오파트라를 연상하듯[27] 성형을 하는 이유는 다름 아닌 내 얼굴의 미美만큼이나 희망차고 밝은 운세運勢를 지향하는 본능 작용과 관련된다.

셋째, 우리가 관상을 보는 것은 행운의 열쇠를 찾는 길이다. 행운이란 누구나 누리고 싶은 것이다. 인도 힌두교의 비슈누 신은 가장 높은 하늘인 최상천最上天에서 세계를 다스리는데, 그의 아내 락스미 혹은 슈리는 행운의 여신으로 널리 숭배되었다.[28] 행운을 찾는 여신처럼 우리 인간도 일상의 삶에서 행운을 얻기 위해 관상을 보는 일을 마다하지 않는다. 나의 얼굴을 보면서 눈과 코와 귀, 그리고 입 등의 관상 관리를 하면서 운명을 개척하려는 본능을 지니고 있기 때문이다. 행운의 열쇠를 얻고 싶은 본능을 일깨우는 일에 관상가들의 역할이 필요한 것이다. 보조국사에 의하면 때로는 '무유쇄無鑰鎖'라 하여 '열쇠 없는 자물쇠'라는 화두를 던졌으니, 그것은 여섯 감각기관을 잠그기 때문이라는 것이다.[29] 이를 달리 생각하면 여섯 감각기관의 문을 적극 개방한다면 인상

---

27 시저는 친구 폼페이우스의 목을 벤 프톨레미 13세를 오히려 실각시키고, 그와 대결하고 있었던 그의 누이 클레오파트라를 왕위에 올린다. 클레오파트라는 당시 21세의 토실토실한 미녀였다. 벽화를 보아도 그 리얼한 모습을 상상해볼 수 있는데, 마리아 칼라스를 연상케 하는 시원한 희랍 미녀상과 비옥하고 단단한 나일강의 검은 흙의 싱그러움이 결합된 그런 모습이다(김용옥, 『도마복음이야기』 1, 통나무, 2008, p.82).

28 길희성, 『인도철학사』, 민음사, 2007, p.233.

29 때로는 '無爲國'(하염없는 나라)라 하였으니 바다처럼 고요하고 강처럼 맑기 때문이요. 때로는 '牟尼珠'(보배구슬)라 하였으니 가난을 구제하기 때문이요. 때로는 '無鑰鎖'(열쇠없는 자물쇠)라 하였으니 여섯 감각기관을 잠그기 때문이요, 나아가서는 泥牛(진흙소), 木馬, 心源, 心印, 心鏡, 心月, 心珠라 하였는데, 그 갖가지 다른 이름을 이루 다 적을 수 없다(普照國師 說, 『眞心

관리를 잘 하도록 해주는 관상학에 노크하는 것과 같은 느낌을 가져다 주기에 충분하다.

넷째, 관상을 보는 것은 자신의 건강을 지켜가는 것이다. 이를테면 관상에 있어서 중정이란 양쪽 눈썹 사이 즉 인당 아래에서 비롯하여 코끝까지를 말한다. 이 부위에는 간뇌間腦가 잘 발달되었는지를 점검하므로 건강에 도움이 된다.[30] 그리고 척추 구조의 짜임새라든가, 순환기가 잘 발달되었는지, 호흡기라든가 소화기는 물론 건강의 기력氣力까지를 점검할 수 있는 것이다. 이에 관상을 보는 것은 운명의 개척뿐만 아니라 신체적 건강을 점검하는 좋은 기회가 된다고 볼 수 있다. 상정, 중정, 하정을 삼정이라 하는데, 삼정의 얼굴 읽기를 통해서 장수와 요절, 질병 유무 등을 관찰함으로써 건강을 지켜가는 관상의 순기능적 측면을 활용할 수 있다.

다섯째, 관상을 보는 것은 추진하려는 사업의 성패를 알아내는 것이다. 관상에서 복덕궁은 하늘의 창고라 해서 천창天倉이라고 하는데[31] 이곳이 여유로울 때 부자로 살 수 있다. 사업가로서 형제궁과 복덕궁이 발달해 있으면 국가사업에 참여할 경우 큰 이득을 얻게 되며, 특히 복덕궁의 기색을 잘 살펴서 임하면 사업에 실패가 없다. 얼굴에 있어서도 '사자형'의 얼굴은 사업을 할 때 재능을 가진 것으로 알려져 있다. 그리고 인당 부위에 찍힌 점이 있으면 개인 사업을 행할 때 성공할 수 있다. 하지만 인당이 좁으면서 눈썹 숱이 짙은 사람은 사업에 실패할 가능성이 있으므로 개인 사업을 피하는 것이 좋다. 이와 같이 사업 성패에 있어서 관상관리가 중요함을 알 수 있다.

直說』, 第二「眞心異名」(鏡虛禪師 編, 이철교 역, 『禪門撮要』, 민족사, 2005, pp.264-267).
30 오현리 편, 『정통오행상법 보감』, 동학사, 2001, p.69.
31 최형규, 『꼴값하네』, FACEinfo, 2008, p.284.

여섯째, 관상을 보는 것은 부자가 되고 빈천을 극복하는 것이다. 이를테면 사람들의 소리를 알아듣는 귀의 경우를 예로 들어보도록 한다. 속설에 의하면 사람의 귀는 문명의 척도인 만큼 선진국 사람들의 귀는 잘 생겼다고 하고, 후진국 사람들의 귀모양은 빈약한 것으로 알려져 있다. 선진국 사람들의 부귀한 귀에 비해 아프리카와 같이 후진국 사람들의 귀모양은 빈약할 수 있다. 이처럼 관상에 있어서 귀모양은 부유계층과 빈곤계층에 따라 차이가 난다. 그리고 귀에 있는 점은 부귀와 총명을 상징하는 길점으로도 알려져 있다. 관상에 있어서 '동자상(同字相)'의 경우 얼굴 관상을 볼 때 윤곽에서 아쉬움이 없는 귀격이며, 여기에 이목구비와 같은 부위가 잘 생겼다면 귀한 신분을 지닌 것으로, 관상에 있어서 얼굴 부위와 관련하여 부귀빈천을 알아내는데 유익하다.

일곱째, 관상을 보는 것은 남을 알아보는 '지인知人'의 일로서 인재등용에 유용하다. 얼굴이 목형인 사람의 경우 전문 연구직이나 보편 학문의 직업을 갖게 되므로, 교수를 뽑을 때 얼굴의 긴 형인 목형이 제격이라 볼 수 있다. 그리고 턱이 두툼할 때 인재들의 지도자가 되어 리더십을 발휘할 수 있는 힘이 생긴다.[32] 복이 담긴 턱은 넓이와 길이가 적절하고, 중후한 턱의 무게감이 갖춰진 경우 훌륭한 지도자가 될 수 있다. 아울러 관골顴骨이란 콧대를 중심으로 얼굴 좌우로 벌어진 광대뼈인데, 얼굴 좌우의 관골은 힘이자 권력을 상징하므로 높은 위치에서 사람들을 군림할 수 있다.[33] 유소『인물지』의 지인知人 이론에는 이러한 인재

---

32 턱이 두툼하고 둥글어 부드러우면 순수마음도 부드럽고 안정성이 있고 性情이 부드러워 온화한 성격을 가진다(이정욱, 『심상 관상학』, 천리안, 2006, pp.226-227).

33 "이마와 눈과 관골(骨: 광대뼈)을 보면 貴를 알 수 있고, 코와 턱을 보면 富를 알 수 있다."는 말이 있다. 또 "관골은 권력을 뜻한다."는 말도 있다. 이처럼 큰 권력을 가졌거나 지위가 높은 사람들은 대체로 좋은 관골을 가지고 있다(오현리 편, 『정통오행상법 보감』, 동학사, 2001, p.341).

등용에 관상을 잘 관찰하는 것이 설명되어 있다. 삼성의 이병철 전 회장은 인재를 등용할 때 관상학자를 옆에 두어 자문을 얻었고, 뽑힌 인재를 적재적소에 배치하도록 하였다. 유비의 장인이 유비에게 자기 딸을 시집보낼 때 그가 제왕이 될 상이므로 결혼을 허락한 것도 인재등용과 관상에는 밀접한 관계가 있다는 좋은 예이다. 김연희의 유소劉昭의 인재론 인용에 의하면, 사람을 관찰하는 법에 팔관八觀과 오시五示[34]가 거론되고 있어[35] 관상의 인재등용이 매우 중요함을 지적하고 있다.

여덟째, 관상을 본다는 것은 불운을 방지하는 것이다. 사각진 얼굴의 경우 모가 나고 각이 져 있으므로 남녀의 질투와 생존경쟁의 힘겨운 나날이 지속되며, 특히 말년으로 갈 경우 불운을 맞이할 수 있으므로 평정不靜의 마음을 간직하는 것이 필요하다. 우리의 얼굴보기에 있어서 입 또한 관상학적으로 접근해 볼 필요가 있다. 입이 튀어나온 경우 말이 많아질 수 있으므로 구설에 올라 불운해지는 경우가 있다. 사실 입놀림이 화복禍福을 불러일으키는 점을 알면, 말 한마디를 잘하고 못함에 따라 행·불행이 따를 수 있으므로 구설수에 오르지 않도록 해야 한다. 관상의 유년법流年法에 의하면 한 살에서 백 살까지 얼굴의 나이자리가 있다. 얼굴의 천정天庭 자리가 잘 생겼으면 19세에 길운이지만 그곳에 흉터나 주름살, 잡티가 많다면 19세에 불운하게 되므로 주의할 일이다.

아홉째, 관상을 보는 것은 범죄학에서 죄인을 쉽게 알아내는 길이기도 하다.[36] 죄인의 경우 얼굴이 험상궂은 경우가 많고, 초조한 마음이

---

34 사람의 여덟 가지 행위를 관찰함으로써 사람에게 있는 내적 심리상태를 살피는 방법을 말한다. 그리고 다섯 종류의 처한 상황 가운데서 그 사람의 행동거지를 파악하여 인재를 살피는 방법을 말한다.

35 김연희, 『劉昭 '人物志'의 人材論에 관한 상학적 연구』, 원광대 박사학위논문, 2008, p.72.

36 관상학의 영향을 가장 두드러지게 보여주는 분야는 범죄학이다. 외모를 통해 범죄자를 식별할 수 있다는 오랜 믿음은 사회적 목적이 강한 분석적 관상학

얼굴에 그대로 나타나므로 범죄학에 관상을 적용하면 죄인을 쉽게 알아낼 수 있다. 남을 속이고 협박하는 일을 일삼다보면 그 모습이 얼굴에 그대로 나타나며, 그로 인해 죄인은 당황한 얼굴 모습을 감추려 해도 감출 수가 없는 것이다. 흉악범으로서 남을 살인할 경우 엄지손가락이 파 머리처럼 불룩 솟은 경우가 있어 살인자의 손이라고 하며, 또 살기殺氣가 돋아서 보기에도 흉한 모습이므로 범인 인식에 수월하다. 예컨대 관상에 있어서 풍자상風字相 얼굴의 경우 관골의 흔적이 없고 좌우측면과 얼굴하단의 좌우측면인 시골腮骨이 벌어져 있다.[37] '풍風'의 문자 그대로 허풍이 세므로 알선수뢰 혐의 및 변호사법 위반을 하는 경우가 있어 범법犯法의 유혹을 벗어나지 못한다.

그 외에도 얼굴에 따른 형상체질 분류법으로 얼굴을 정精, 기氣, 신神, 혈과血科로 구분하여 생긴 대로 병이 오고 생긴 대로 치료한다는 얼굴론을 거론한다.[38] 정과精科는 얼굴이 둥근 형상이어서 명랑하고 낙천적이지만 체질상으로 습이 많기 때문에 쉽게 살이 찌고 관절통이 오기 쉽다. 이에 구기자, 복분자, 참깨, 산수유를 복용하고 규칙적인 운동을 해야 건강을 유지할 수가 있다.

다음으로 기과氣科는 얼굴이 각지고 네모난 형이므로 주관이 뚜렷하고 부지런하며 노력하는 형이다. 기과의 여성은 기氣가 울체되어 가슴

의 전통 위에 있는 것이었다. 최초의 범죄학자라고 불리는 델라 포르타(1535~1615)는 당대의 가장 유명한 관상가였다. 그는 범죄자의 신체적 특성과 범죄유형 사이에 분명한 관계가 있다고 주장한다(설혜심, 『서양의 관상학, 그 긴 그림자』, 한길사, 2003, p.303).

37 이정욱, 『심상 관상학』, 천리안, 2006, p.283 참조.

38 사람은 생긴 대로 산다. 둥글게 생겼으면 둥글게 살아가고 모나게 생겼으면 모나게 살아간다. 그리고 그 삶은 얼굴에 둥글게 또는 모나게 흔적을 남긴다. 그래서 얼굴이란 한 사람이 살아온 인생의 일기장 같은 것이다(정창환, 『얼굴여행』, 도솔 오두막, 2006, p.15).

답답증이라든지 우울증, 신경성질환, 자궁질환에 취약하다. 그러므로 기과의 여성들은 반드시 외부활동을 적절히 하면서 인체에 활력을 불어넣어야 한다. 좋은 섭생법으로는 향부자, 진피, 생강, 인삼, 황기, 소고기가 좋다고 한다.

신과神科의 형상은 턱이 뾰족하고 얼굴이 역삼각형의 세모난 사람이다. 성격은 예민하고 총명하며 매사 꼼꼼하고 행동이 분명하다. 체질에 따른 병증으로는 신경성 질환, 불면증, 정신질환이 오기 쉽고 양생법으로는 단전호흡, 명상 등이 좋으며 몸에는 인삼, 대추, 연자육, 백복신 등이 좋다고 한다.

이어서 혈과血科의 사람은 얼굴이 계란처럼 갸름한 형인데 성격은 매우 자상하고 부드럽고 섬세하다. 체질에 따른 병증으로는 빈혈, 생리통, 자궁출혈, 산후병, 두통, 어지럼증이 많고 양생법으로는 산후관리에 특별히 신경을 써야 하며, 혈을 보해주는 당귀가 좋고 어혈을 풀어주는 데는 연근즙이 좋다.[39] 이와 같이 사람의 얼굴 모습의 형상을 통해서 성격과 체질, 병증, 그리고 좋은 양생법을 통해서 건강도 지키고 적성에 맞는 다양한 직업을 추론할 수 있다면, 복잡다단한 현대를 살아가는데 있어서 바람직한 이정표가 되어 행복한 삶을 살아갈 수 있다고 본다.

종합적으로 관상을 보는 것은 자신의 실제적 삶이 얼굴에 드러나는 것을 파악하자는 것이며, 이것은 일생의 희로애락을 제 얼굴에 새겨놓는 결과를 가져다준다. 인간의 신체 복부는 오장육부로 구성되어 있으며, 이는 인간의 마음작용과 관련되어 있으므로 기쁜 마음이면 오장육부가 건강하고, 슬픈 마음이면 그 반대의 경우로 치닫는 경우가 있다.[40] 오장육부가 인간의 마음작용에 따라 희로애락의 영향을 받아 건강 여

39 조성태, 『생긴대로 병이오고 생긴대로 치료한다』, 샘이깊은물, 2009, pp.22-25 참조.
40 이정욱, 『심상 관상학』, 천리안, 2006, pp.52-53.

부에 직결된다는 뜻이다. 오장육부와 인간의 마음작용이 연결되어 화가 치밀어 오를 때라든가, 사랑할 때 서로 미치는 건강 여부의 문제로 희로애락의 운명, 즉 삶의 행·불행이 전개된다. 심상心相 관상학에서 볼 때 이러한 희로애락의 명운을 바람직하게 전개되도록 해야 한다. 심상 관상학에 의하면 우리의 마음은 고요하려고 하지만 호수에 돌 하나를 던지면 파도가 치듯이, 요란해지기 쉬운 마음, 즉 심상 관리가 필요하다는 것이다.

결과적으로 관상을 보는 것은 '인생 마케팅'이다. 마케팅의 아버지 필립 코틀러 교수의 「성공하는 마케팅의 7가지 비밀」에서 머리가 아닌 가슴으로 마케팅하라고 하였다.[41] 인생을 섬세함으로 마케팅하라는 뜻이며, 관상은 인생을 따뜻하게 마케팅할 수 있도록 시사점을 가져다준다. 인생의 마케팅, 즉 얼굴에 생긴 주름살은 인생의 연륜이며, 나의 주체인 코 역시 인생의 단면이므로 코의 생긴 모습을 보면 전개될 인생사를 알 수 있다. 체상體相에 있어서 성인이 되어도 튀어나온 배꼽을 보면 남녀관계의 변화가 많은 상이므로 굴곡진 인생사를 엿볼 수 있다. 이마가 좁거나 경사지고 파인 자국과 흉터 등이 있으면 지능과 실행력이 떨어져 뚜렷한 인생관을 갖지 못하므로 이 역시 인생사에 있어서 고통으로 자리한다. 관상을 보는 것은 인상관리를 잘하고 심상관리를 잘하는 것으로, 행복한 인생사를 꾸리는 것은 나의 절제된 관리에게 달려 있다. 그러므로 관상관리를 잘하는 것은 인생 마케팅인 셈이다.

---

41 마케팅의 아버지 필립 코틀러 교수의 성공하는 마케팅의 7가지 비밀 : ① 제3의 공간에서 환상을 팔아라, ② 평범함에 비범한 가치를 더해라, ③ 내 닭들은 행복해! 그래서 더 맛있어, ④ 딱딱한 시멘트가 따뜻한 시멘트로, ⑤ 교주가 된 스티브 잡스, 광신도를 이끌다, ⑥ 잠재적 고객을 유혹하라, ⑦ 대명사가 돼라. 그리고 약속은 반드시 지켜라(김현진 산업부 기자, <조선일보>, 2007.8.11).

03

관상학의 성립과 접근법

관상학의 기원은 지금으로부터 1300여 년 전 고대 중국에서 발생되었다. 우리나라에는 신라시대에 관상학이 들어온 것으로 알려져 있으며, 고려시대에는 이성계를 보고 군왕이 될 것이라 예언한 혜징惠澄이 유명한 관상가로서 잘 알려져 있다. 관상의 효시로서 중국 춘추시대의 진나라 때 고포자경이 관상가로 활동을 하였는데, 그는 공자를 보고 대성자가 될 것을 예언한 인물로 알려져 있다. 뒤이어 전국시대의 당거도 관상가로서 명성을 얻었지만 그의 관상 기록은 찾아볼 수 없다. 남북조시대에는 달마대사 달마상법을 전하였고, 송나라 때에는 마의도사가 『마의상법』을 세상에 전하였다. 본격적으로 관상학의 체계가 잡힌 것은 『달마상법』과 『마의상법』이 관상학의 쌍벽을 이루면서이다.[42] 서양의 경우 아리스토텔레스가 관상학과 관련한 저서를 남겼고, 플라톤은 인간의 상을 동물의 상과 관련하여 관상학의 지혜를 밝혔다. 뒤이어 진화론을 통해 관상학이 전개되기도 했고, 의학과 관련하여 골상학의

---

42 이영달, 『얼굴을 보면 사람을 알 수가 있다』, 행복을 만드는 세상, 2008, p.14.

시각에서 관상의 논리가 전개되기도 하였다.

　이러한 흐름 속에서 발달해온 관상학의 기원을 참조하면서, 관상학이란 과연 무엇인가를 살펴보고자 한다. 그것은 얼굴에 나타난 모든 정보를 분석하여 닥칠 액운을 미리 막고 밝은 미래를 예측하는 학문이다. 즉 관상觀相을 본다는 것은 인간의 운명을 미리 알아내어 재앙을 피하고 복을 추구하는데 널리 활용하는 것을 말한다. 청나라 범문원이 지은 『신상수경집神相水鏡集』에서는 예전의 현인들이 모두 사람들에게 방향을 잡을 수 없는 길을 가리켜주어, 재앙을 피해 길한 곳으로 가게 하였다[43]고 한다. 쉽게 말해서 얼굴에 나타난 형상을 보고 그 속에서 희로애락과 빈부귀천을 알아내어 인생의 정로正路를 지향하는 것이 관상을 보는 일이다. '얼굴은 제 인생을 그려놓은 게시판'[44]이라는 최형규의 언급은 얼굴에 나타난 정보를 통해서 인생을 행복하게 살아가는 방법을 알게 되는 것이라는 뜻이다.

　그러면 관상학의 성립에는 어떠한 조건이 필요한가? 기본적으로 서양 관상학의 성립에 대한 대표적 견해를 소개해 보도록 한다. 서양의 관상학의 시원자는 아리스토텔레스(BC 384~322)이다. 그는 『관상학』의 저자로 널리 알려져 있는데, 물론 본 저서는 위작이라 보는 경우도 있으나 진위眞僞 문제는 다른 고서의 경우 얼마든지 존재한다. 아리스토텔레스는 "신체와 영혼이 동시적으로 변화한다."[45]는 조건 아래서

43　오서연, 『五行에 따른 人相 연구』, 원광대 박사학위논문, 2016, p.11참조.
44　최형규, 『꼴값하네』, FACEinfo, 2008, pp.4-5.
45　아리스토텔레스의 『분석론 전서』에 따르면 관상학이 학문으로 성립하기 위해서는 "신체와 영혼이 서로에 대하여 동시적으로 상호작용한다."는 가정이 전제되어야만 한다(「아리스토텔레스와 관상학-서양 관상학의 역사적 연원」 해설 : 이 책은 19세기 이마누엘 벡커가 편집한 '아리스토텔레스의 저작 모음집'에 실린 『관상학』을 번역하고 주해한 것이다. 아리스토텔레스 지음, 김재홍 옮김, 『관상학』, 도서출판 길, 2014, p.22).

관상이 성립한다고 말한다. 우리들의 관상은 시간이 흐르면서 변화할 수 있다는 것을 알아야 한다. 각자 실제 어떠한 삶을 살아가느냐에 따라 상相도 변하기 때문에 사는 대로 변한다는 말이 진실이다. 관상은 피할 수 없다는 생각에 고정되지 않아야 하며, 인생의 어느 한 시점에 고정된 운명읽기가 일생을 좌우하지 않는다는 점을 상기하여 언제나 밝고 맑게 살아가는 현재적 지혜가 요구된다.

다음으로 관상학의 일반적 성립조건을 언급해 보도록 한다.

첫째, 관상의 대상은 반드시 외형의 꼴이 있어야 한다. 모든 사물에 꼴이 있듯이 사람의 얼굴도 다양한 꼴을 가지고 있다. '꼴'이란 쉽게 말하면 외형적으로 나타난 모양을 말한다. 사람의 다양한 꼴은 사람의 다양한 얼굴 모양을 드러내기 때문이다. 얼굴의 꼴(모양)이란 입의 꼴, 코의 꼴, 눈의 꼴, 귀의 꼴, 눈썹의 꼴, 인당의 꼴 등을 말하는 것으로, 관상이란 얼굴의 다양한 꼴을 통해서 현재 운을 살피며 미래 운을 가늠하는 행위와 직결된다. 그리고 얼굴의 형상을 오행五行 별로 분류하면 목형, 화형, 토형, 금형, 수형의 얼굴이 있으며[46] 이러한 오행의 꼴을 통해서 사람들의 관상을 읽어내려 간다.

둘째, 관상학은 인간의 운명에 대해 알고 싶은 심리에 따라서 사람의 상相을 읽어가는 것에서 성립된다. 사주란 일종의 토정비결을 통해 운명을 알아내는 것과 같다는 점에서 한국인의 심리에는 운명에 대한 막연한 불안감과 호기심이 교차한다. 최근에는 관상의 관심도가 높아지고 있는 상황이다. 이전의 자료에 의하면 2014년 1월『토정비결』사주 관상 등 점을 본 경험이 있는가라는 질문에 "있다."라고 답한 비율이 전체 응답자의 38.3%였는데, 한국갤럽조사연구소에서 1991년 조사한

---

46 오행인의 인상에 대한 연구는 오서연의『인상과 오행론』(학고방, 2017)의 '오행인의 성정분석'(pp.169-246)에 구체적으로 밝혀져 있다.

결과에는 19.6%, 1995년에는 16.5%, 1996년에는 18%에 비하면 두 배이상 높은 수치라고 김석근은 『한국문화대탐사』에서 언급하고 있다.[47] 관상에 대한 호기심의 정도가 한국인의 심리에 적지 않게 나타나 있음을 증명하는 것이다.

셋째, 외형의 관상만이 아니라 사람의 심상心相을 고려해야 진정한 관상학이 성립된다. 관상은 일반적으로 외형을 대상으로 하여 관찰하는 것이라고 한다면, 심상이란 인간 내면의 마음작용을 관찰함으로써 운명을 가늠하는 것이다. 따라서 심상학心相學에서는 비물질인 마음을 중심으로 하여 자신의 운명을 읽어낸다. 육신 건강의 정도는 마음을 어떻게 잘 사용하느냐에 달려있는 점을 인지한다면 외형의 육신 못지않게 내면의 마음을 잘 살펴 액운을 막는 심상의 관심이 필요하다. 인간의 뇌는 마음에서 심신 작용의 생각이라는 상념체想念體를 받아들여 그것을 우리 몸을 통해 행동하게 한다. 그리고 오장육부의 건강도 마음의 작용이 온전히 전개될 때 유지된다는 점에서 심상이란 육신의 관상처럼 소중한 것이다. 심기心氣가 편해야 육신이 편하듯이 심기와 관련된 심상의 상이 관상 성립의 한 요건이다.

넷째, 관상학의 성립에 있어서 관상의 대상으로서 얼굴만이 아니라 체상體相도 관련된다.[48] 얼굴이 관상의 주요 대상이라는 것은 부인할수 없다. 그러나 넓은 의미의 관상에 있어서 체상을 간과한다면 진정한 관상은 엉뚱한 방향으로 해석될 수 있다. 나의 몸 형상, 곧 체상 없는얼굴은 진정한 나의 관상이 될 수 없기 때문이다. 우리가 운동을 하며

---

47 김석근 외, 『한국문화대탐사』, 아산서원, 2015, p.116.; 김정혜, 『토정비결의 숨결과 지혜』, 학술정보(주), 2018, pp.13-14.

48 우리는 관상을 주로 얼굴을 읽는 것으로 생각하지만, 관상은 수상, 족상을 포함하여 골격, 색 등 몸 전체의 외모, 나아가 몸짓까지를 보는 포괄적인 개념이다(설혜심, 『서양의 관상학, 그 긴 그림자』, 한길사, 2003, p.29).

몸 관리를 하는 것도 자신의 건강과 행복을 위해서이다. 몸이 허약하고 부실한데 얼굴이 지속적으로 밝게 빛날 수는 없는 일이다. 건강한 몸이어야 맑은 얼굴이 체상에 투영되어 나타나기 때문이다. 길흉화복의 기본은 우리 몸의 오장육부 건강과 직결되어 있다는 점을 고려한다면, 관상은 얼굴만이 아니라 체상과 관련되어 있음을 알아서 체상 관리에 노력하지 않으면 안 된다. 관상을 제대로 볼 줄 아는 관상가는 얼굴의 관상에 더하여 몸의 체상을 놓치지 않는 지혜가 있어야 한다는 것이다.

다섯째, 관상학의 성립조건에 있어서 세부적으로 다섯 가지가 거론된다. 이것은 '오부상법五部相法'이라고 하는데, 관상술에서는 오부상법을 매우 중요시한다. 오부상법에 있어서 다섯 가지 부위란 머리, 얼굴, 몸체, 손, 발을 의미하며 이 다섯 가지의 부위 가운데 어느 하나라도 소홀히 할 수 없다. 오부상법 속에서 머리의 꼴을 매우 중요하게 여기며 두상이 잘 생긴 경우 길상 가운데 길상이라 한다. 오현리의 『정통오행상법보감』에도 언급되고 있듯이 두상의 경우 전산前山 38골이 있으며, 후산 34골이 있다. 이를테면 전산 38골 가운데 '용각골龍角骨'의 경우 중정 양쪽의 뼈가 좌우로 뻗어 후뇌로 들어간 것을 말한다. 용각골의 관상은 국가의 중요 요직에 오를 상으로 이를테면 국무총리가 될 상이라 할 수 있다. 이러한 관점에서 전후의 두상 하나하나 상을 보는 것은 쉽지 않다고 해도 두상이 관상에 있어서 매우 중요한 부위임은 사실이다.

여섯째, 관상학의 성립은 호기심의 일회성 점술만이 아니라 꾸준한 학문으로 정착되고 있음을 알게 해준다. 그것은 관상학의 바람직한 성립요건으로 꼴의 분석을 지속적이고도 합리적으로 다가선다는 의미이다. 그럼에도 불구하고 일부 무지한 사람들의 경우 관상법을 합리적이고 과학적인 분석과 동떨어진 것으로 알고 신비한 점술에 불과하다는 그릇된 시각을 가지고 있는 경우가 적지 않다. 오늘날 관상학의 학술적 발전은 그 근거로서 고전 상서相書의 접근과 관련되어 있다. 상서에 의하면 중국 관상학의 석학으로 숙복, 고포자경, 당거는 잘 알려진 인물들이다.[49] 관상과 관련한 박사학위 논문에 더하여 일반 학술논문이나 관련 저술에 있어서 『마의상법』과 『유장상법』의 고전을 참조하지 않을 수 없다. 상법은 금기의 학문이 아니라 이제 개방의 학문으로 상법 고전을 중시하면서 이와 관련한 논저들이 활발하게 발표되고 있는 실정이다.

아울러 관상학의 다양한 접근법은 다음 몇 가지 측면에서 거론할 수 있다.

첫째, 인간의 행동거지, 걸음걸이와 같은 바디 랭귀지(Body Language)의 접근법이 있다. 두터운 가슴을 가진 경우 행동력이 좋고, 둥글고 탄력이 있는 큰 배는 체력에 더하여 활동성이 풍부하다. 걸음걸이의 관상학에서 볼 때 어깨를 펴고 걷는 사람의 경우 마음의 중심이 잘 잡혀 있으며, 총총걸음으로 걷는 경우 바쁘게 사는 사람이다. 머리를 흔들며 걷는 경우 숨겨진 음모가 있으며, 엉덩이를 빼고 걷는 경우 허둥지둥 몸이 바쁜 경우이다. 걸음걸이가 중요한 것은 보행을 할 때 허리를 곧게 펴고 걷고, 가슴을 활짝 열고 걸으며, 다리는 경쾌하게 내뻗듯 보폭을 넓게 하는 경우가 길상이라 보기 때문이다. 헤르만 헤세가 인도여행을 할 때 자바 섬 출신의 미녀가 있었는데, 그녀의 걸음걸이는 넋을 빼앗을 만큼 우아하고 품위가 있었다[50]고 한다. 다소 비약적인

---

49 '숙복'은 觀相하는데 굳이 어려운 간지법이나 팔괘이론을 도입하지 않더라도 마치 하늘의 별을 쳐다보듯 사람의 얼굴만 보아도 그 사람의 행, 불행을 알 수 있다고 주장했다. 숙복의 뒤를 이은 사람이 '姑布子卿'이라는 사람이다. 이 사람의 내력은 기록에 남은 것이 없으나, 卿자가 붙는 것으로 보아 한 나라의 고관이었음에는 틀림없을 것 같다. 이 고포자경이 공자를 발견한 사람이다(최형규, 『꼴값하네』, FACEinfo, 2008, pp.368-369).

50 헤르만 헤세(이인웅 외 옮김), 『헤르만 헤세의 인도 여행』, 푸른숲, 2000,

비유인 것 같지만 참새처럼 촐랑촐랑 걷는다기보다는 학처럼 우아하게 걷는 걸음걸이의 길상을 가히 상상해봄직한 일이다.

둘째, 관상은 간지干支나 팔괘八卦만이 아니라 별자리를 살펴보듯 얼굴을 섬세하게 보아 접근한다. 관상가 숙복은 관상을 보는데 어려운 간지법이나 팔괘를 거론하지 않아도 하늘의 별자리 보듯 사람의 얼굴만 보아도 그의 미래운명을 가늠할 수 있다고 했으며, 그의 뒤를 이은 고포자경도 같은 관상가로서 잘 알려져 있다. 『주역』의 괘상卦象으로 인간의 운명을 점치는 방법 또한 오래 전부터 있어온 일임은 잘 아는 사실이다. 서양의 점성술도 고래로 지속되어 왔다. 과거 점성술사들은 별자리와 일월, 행성, 혜성과 같은 유성을 보아 점을 쳤는데, 이처럼 고대에 점성술에 의해 주요 정사政事를 결정해온 경우가 적지 않았다. 이른바 점성술은 인간이 별과 어떤 관계를 가지고 있다는 생각 속에 인간의 운명을 점쳐보려는 술법인데, 일월성신이 지구를 거의 일정한 주기를 가지고 돈다는 사실, 달의 운행과 달이 차고 기우는 것들이 현저한 일들이다.[51] 그러나 네이처의 한 연구에 의하면, 점성술사가 운명이나 심리를 정확하게 맞출 확률은 3분의 1밖에 안되고, 점성술 자체는 겨우 10%밖에 맞추지 못한다고 하였다. 그럼에도 불구하고 고대에 점성술로 정사를 결정하는 나라들로는 헬레니즘 시대의 이집트, 그리스, 로마가 손꼽힐 정도였다.

셋째, 관상행위는 전적으로 시각視覺에 의존하는 작업이다. 식물인 나무는 촉각밖에 느끼지 못하지만 동물은 시각과 촉각을 동시에 느낀다. 그리고 인간의 감관작용으로서 안·이·비·설·신·의 작용에 의한 본능적 오감五感이 있는데, 오감의 활동으로서 시각과 촉각 그리고 후

---

p.59.

51 權寧大 外4人, 『宇宙·物質·生命』, 電波科學社, 1979, p.44.

각, 청각 등을 느끼게 되는 것이다. 여기에서 관상 행위는 주로 시각에 의해 이루어진다. 눈을 통해 얼굴이 어떻게 생겼는지, 귀는 어떻게 생겼는지를 봄으로써 삶을 인지한다는 것이다. 그리고 코와 입을 통해서도 그의 관상행위가 이루어진다. 인간에게 시력이 중요한 이유가 이것이며, 대화를 하거나 상대방의 눈을 하나하나 관찰하는 것을 주시注視한다고 한다. 얼굴의 생김새를 주시하면서 관상행위가 이루어짐을 알 수 있다.

넷째, 관상행위는 시각을 기본으로 할 때 기색氣色을 통하여 접근한다. 얼굴의 기색이 밝게 빛날 때와 얼굴의 기색이 어두울 때를 가정해보자. 두개골 전산前山 38골 가운데 '선색골'이 있다. 선색골이란 연수年數가 우뚝 솟아 위로 산근을 관통한 것으로, 풍성하고 둥근 준두이면 그의 운세는 사업의 성공을 거둔다는 말이 있다.[52] 선색골이 풍요로우면 중년의 운세에 있어서 순조롭기 때문이다. 하지만 선색골에 있어서 코 기색의 경우 반드시 누렇고 윤기가 흐를 때 그의 사업 운이 번창해진다고 볼 수 있다. 관상을 볼 때 기색을 보는 것은 이 때문이다. 더구나 초나라 당거唐擧라는 사람이 '기색론'을 발표하면서 숙복의 「골육상편」에 「기색편」을 첨가하여[53] 비로소 관상학의 체계화와 심대하게 이루어졌다.

다섯째, 관상행위는 얼굴과 관련한 오행 형상의 읽기가 가능해야 한다. 인간의 얼굴은 오행의 형상으로 보아 이를 관찰하는 경우가 보통이다. 수형, 화형, 목형, 금형, 토형의 얼굴이 바로 오행의 형상으로 분류한 얼굴의 다섯 가지 형상이다. 얼굴을 다섯 가지로 특징화하여 본다면 수형은 어떠한 관상을 이루고 있는지를 알 수 있으며, 화형과 토형 등

---

52 오현리 편, 『정통오행상법 보감』, 동학사, 2001, p.24.
53 최형규, 『꼴값하네』, FACEinfo, 2008, p.369-370.

의 경우도 마찬가지이다. 오행마다 개성이 있어 그에 맞는 꼴을 이루어 수형은 둥글고 원만하며 지혜롭고 친화력이 좋아서 잘 베풀기 때문에 유통업, 세일즈, 여행사, 음식업, 무역업과 관계가 깊고, 목형은 전체적으로 몸이 여위고 곧고 날씬하며 지식에 대한 욕구가 강해서 학자적 기질이 있다. 그리고 금형의 성격은 정의감과 의리가 강하고 결백해서 검찰, 경찰, 군인, 재판관, 운동선수, 변호사 계통의 직업인이 많고 불의와 타협하지 않고 결단을 잘 내린다. 그리고 화형은 성격이 예민하며 정열적이고 화술이 좋아서 예능과 문학계통의 기질을 지니며, 토형은 비대하고 두텁고 후중하여 인내심이 강하고 생각이 깊어 중개인, 부동산, 컨설팅 계통에 종사한다면 상호간에 화합하는 성격으로 적성이 맞는다는 점에서, 이러한 형상의 개성을 잘 읽어냄으로써 관상행위가 이루어진다.

여섯째, 얼굴의 균형 여부를 통해서 관상행위가 이루어진다. 두상과 체상의 관계라든가, 체상과 심상의 관계에 있어서 어느 한 부분만을 길상이라고 할 수 없으므로 상호 조화적 균형관계가 있어야 그것이 진정한 길상이기 때문이다. 동양 상학의 이론적 기반으로서 천인상응론, 음양오행론, 시공합일론, 유비추리론 '균형과 조화론'이 거론되는 것[54]도 이러한 관상의 균형이 중요한 것으로 판단되는 데서 기인한다. 『주역』절괘節卦의 단전에서도 균형과 조화를 이루지 못하면 흉한 괘상이라 언급한 것을 상기해 보자. 인간사는 물론 모든 일에 있어서 균형과 조화가 깨질 때 패가망신한다는 것을 모르는 사람이 없기 때문에 흉상과 길상의 차이가 이러한 균형과 조화라는 양면성에서 나타난다는 것을 인지할 필요가 있다.

좀 더 구체적으로 말해서 관상은 얼굴을 대상으로 하는 것인데, 여기

---

54 오서연, 『인상과 오행론』, 학고방, 2017, pp.83-104.

에 균형이라는 용어를 거론한다면 얼굴은 기본적으로 삼정(상정·중정·하정)으로 구분하여 운의 흐름을 본다는 것으로, 얼굴을 상정(털이 난 머리부터 눈썹 위까지) 중정(눈썹에서 코까지) 하정(코의 밑에서 턱까지)으로 삼등분하여 균형을 보지 않을 수 없다.[55] 얼굴에 균형이 잘 잡힌 사람의 삶은 평온하고 운세에 있어서 어떠한 고통도 따르지 않는다. 그러나 얼굴에 있어 상정, 중정, 하정에 균형이 깨진 사람의 경우 인생의 힘든 역정에 더하여 무수한 고난이 따른다고 보는 것이다. 관상에 있어서 얼굴의 균형이 그만큼 중요하다는 뜻이다.

일곱째, 관상의 접근법으로 수상, 족상, 골상이라는 큰 틀을 고려할 필요가 있다. 수상手相을 살펴볼 때 오로지 인간만이 엄지를 사용할 수 있다. 생명체 가운데 유일하게 인간만이 도구를 사용하여 한 손으로 물건을 들 수 있다는 것이다. 인간은 만물의 영장이기 때문이다. 수상의 경우 손의 형상을 통해 관상을 보고, 족상足相의 경우라든가 골상의 경우도 관상에 있어서 중요한 소제의 하나이다. 수상론의 일반 이론에 의하면 손가락 사이가 벌어져 있으면 재물을 모으지 못한다[56]고 한다. 이처럼 손금을 보고 얼마든지 그 사람의 관상을 읽어낼 수 있는 것이다. 그리고 족상에 있어서 발은 우리의 신체를 지탱해주는 것으로 균형이 잡혀 있느냐에 따라 사람의 귀천 정도를 알 수 있다. 발목이 굵은 민둥다리는 진취적이지 못하다는 것도 족상의 관상법에서 거론되고 있다.

그 외에도 관상은 성형수술을 통한 얼굴변화도 무시할 수 없다. 청춘남녀가 일반적으로 쌍꺼풀 수술을 하는 경우가 있는데, 이는 관상학적으로, 생리학적으로, 또는 해부학적으로 큰 의미를 두지 않아왔다. 그것이 건강과 수명, 재물에 큰 영향을 미치지 않기 때문이라는 것이다.

---

55 엄원섭, 『관상보고 사람 아는 법』, 백만문화사, 2007, p.15.
56 오현리 편, 『정통오행상법 보감』, 동학사, 2001, p.6.

그러나 이는 '얼굴 이미지'라는 점에서 굳이 나쁠 것은 없다고 본다. 수술을 통하여 자신감의 회복에 의한 지신의 이미지 관리에 있어서 쌍꺼풀 수술이 도움 되는 경우가 적지 않기 때문이다. 그리고 코를 높이는 것도 자신의 자존감을 키우는 점에서, 설사 과학적 근거가 없다고 해도 수술을 통해 자존감을 키워가는 계기가 된다는 점에서도 유의미한 것이다. 성형의 의미가 외모의 미美만을 추구한다는 가치를 거론하기에 앞서 심리적 자신감을 얻는 미인 수술이야말로 자신의 이미지를 한층 개선할 수 있다는 점에서 앞으로 관상술에서 배제할 수 없는 일이다.

04

관상에서의 체상

관상에서의 체상體相이란 말은 무엇을 뜻하는가? 관상의 큰 범위로
얼굴을 보는 관상이 있고 몸을 보는 관상이 있다. 이에 넓은 의미에서
관상은 얼굴과 몸을 포함하는 것을 말한다. 여기에서 체상이란 일종의
몸으로서 정확히 말하면 '몸집'을 말한다. 관상으로서의 체상은 수상,
족상을 포함하여 골격, 색 등 몸 전체의 외모, 나아가 몸짓까지를 보는
포괄적인 개념이다.[57] 우리의 신체는 크든 작든 그것이 운명에 크게
영향을 미치지 않는다는 점에서 체상의 단순한 대소大小로 인해 인간
운명의 길흉에 큰 영향을 미치지 않는다. 부모로부터 물려받은 몸집이
크다고 해서, 혹은 작다고 해서 그것이 운명에 절대적 영향을 미친다면
당사자로서의 삶이 불공평할 것이다. 다만 후천적으로 살아가면서 몸
집이 너무 크게 살이 찐다든가 야윈다면 그것은 자신의 건강관리 문제
로서 건강에 좋지 않은 점에서 영향을 미칠 것이다. 이에 몸집관리로서
건강을 위한 대응 차원에서 약을 먹거나 운동을 하는 것이 필요하다.
　관상의 대상인 체상에서 또한 기질과 체질을 거론할 수 있다. 세상

57　설혜심, 『서양의 관상학, 그 긴 그림자』, 한길사, 2003, p.29.

사람들은 고유한 얼굴을 가지고 각자 나름의 삶을 살아가는데, 여기에는 또한 고유의 체질이 있다. 그 대표적인 예가 다혈질, 우울질, 담즙질, 점액질이라는 기질, 그리고 태양인, 태음인, 소양인, 소음인이라는 체질이다.[58] 기질에 따라 혹은 체질에 따라 그에 맞는 삶을 살아가는데, 관상술은 이처럼 고유한 특성으로 관상을 보는 것이다. 얼굴이 서로 다르듯이 또한 기질과 체질이 다르며, 이같이 서로 다른 모습에서 건강을 체크하고, 사업 운과 가정 운을 예측하며, 미래의 길흉까지 읽어낸다. 관상의 역할은 각기 다른 기질과 체질로서 생활상의 대소사를 예단하고, 앞날을 행운으로 유도하는 것이다.

누구에게나 각기 다른 몸집 곧 체상體相을 지니고 있다. 얼굴을 보는 관상에 더하여 관리가 잘 된 몸집이라는 체상이 뒷받침되지 않는다면 그는 과연 좋은 관상을 지니고 있는지를 생각해 볼 필요가 있다. 즉 아름다운 얼굴이지만 몸집이 작아 병약하고 가분수라면 그의 상이 좋다고만 할 수는 없는 것이다. 이에 대해 체형과 직간접으로 관련된 '육극상六極相'이란 말이 있다. 그 중에서 몸집에 비해 지나치게 왜소한 것을 소두상小頭相이라고 하는데, 이러한 형상은 어느 조직에서도 지도자 운이 없다고 한다.[59] 몸집은 크고 좋은데 얼굴이 빈약할 경우도 마찬가지이다.

체상을 보는 방법 중에서 다리와 가슴의 균형을 이룬 몸매, 가슴과 두상이 균형을 이룬 몸매, 다리와 두상이 균형을 이룬 몸매의 체상은 길상으로 간주된다. 체상의 균형을 이루지 못한 몸매일 때, 얼굴이 아무리 미적으로 잘 생겼다고 할 경우라도 당사자로서는 좋은 관상을 지

---

58 신응철, 『관상의 문화학-사람은 생긴 대로 사는가』, 책세상, 2006, p.74.
59 대장부치고 소두상은 없다. 마치 축구공과 같이 굴곡 없이 둥글며 야무진 꼴의 두상이면 명예와 재물은 물론, 수병장수를 기대할 수 있다(최형규, 『꼴값하네』, FACEinfo, 2008, p.16).

녔다고 할 수 없는 것이다.[60] 물론 얼굴과 체상의 윤곽이 균형을 이룬 사람이 있고, 서로 이질적인 형상으로 결합된 경우가 있다. 두상은 둥근 수형이면서 체상은 이질적인 목체상(木體相)이 결합한 경우라든가, 얼굴은 네모꼴의 금형인데 몸집은 화체상(火體相)인 경우가 이질적인 상이다. 상하 조화를 이루는 형상과 이질적인 형상을 세밀하게 파악하는 것은 운명 읽기의 주요 단서가 된다.

관상의 주요 단서로서 균형 잡힌 체상이 뒷받침되는 관상일 때 그의 관상은 길상이라 할 수 있는 것이다. 이에 대응하여 좋은 체상을 견지하기 위한 관상론에서 주의해야 할 '육천상(六賤相)'이 있다. 첫째, 부끄러움을 모른다. 둘째, 큰일을 당해도 웃기만 한다. 셋째, 나갈 때와 물러갈 때를 구분하지 못한다. 넷째, 남의 단점을 말하기를 좋아한다. 다섯째, 자기의 장점만을 자랑한다. 여섯째, 아부를 잘하는 형으로서 이런 사람은 겉보기엔 잘 생긴 것처럼 보여도 큰일을 못하는 소인과 같다.[61] 체상에서 육천상의 극복이 중요하다는 것이다.

체상의 실제를 잘 간파하지 못하면 관상은 잘 맞지 않는다는 말이 있다. 우리의 온몸에 숨겨진 타고난 운명의 비밀을 알 수 있는 관상 가운데 체상의 관찰이 중요하다는 뜻이다. 체상은 상대방의 모습과 차림새 또는 무의식 가운데 행해지는 행동 등을 자연의 이치와 견주어보며 통계와 확률에 의해 추정과 결론을 내릴 수 있는 매우 흥미 있는 분야이다.[62] 어깨 모양, 종아리 모양, 둔부 모양, 그리고 행동하는 모습,

---

60 관상을 보려면 상정, 중정, 하정으로 구분해 나이를 대비시키지 말고 전체 균형을 한 눈에 파악한 뒤 개별 부위의 상호작용과 장단점을 체크해야지 실수를 않는 것이다(이남희, 『하루만에 배우는 실전관상』, 도서출판 담디, 2008, p.112).

61 이남희, 『마의관상법』, 문원북, 2018, p.51.

62 최전근, 『신 체형관상학입문』, 좋은글, 1999, p.60.

의상과 장신구의 선호도, 수면자세, 좌석을 정하는 방법, 밥 먹는 모습 등 우리가 일상생활을 하는 습관 속에 자연히 실제의 체상을 보는 비밀의 열쇠가 숨겨져 있다는 뜻이다.

그러면 운명 읽기에 있어서 사람들에게 호감이 가는 얼굴에 아무리 미적 감각이 있다고 해도, 체상이 뒷받침되지 않는다는 것은 어떠한 의미인가? 빈부귀천의 요람은 오관육부에 있다고 해도 길흉화복의 절대 근원자는 몸집에 있다는 『꼴값하네』에서의 언급을 새겨봐야 할 것이다. 우리의 관상읽기에 있어서 체상 성찰이 중요한 이유이다. 그것은 건강을 가늠하는 중요한 척도라는 점에서 체상 관리가 무엇보다도 우선순위라는 것이다. 길흉화복의 절대 근원자로서 몸집, 즉 체상이야말로 건강과 균형을 갖춘 몸매를 견지해야 하는 이유가 된다. 인간사에 있어서 길흉화복을 가져다주는 근원자는 '몸매' 곧 체상이라는 점은 아무리 강조해도 지나치지 않다. 일반적으로 여성의 외모 중 무엇을 가장 먼저 보느냐는 질문에 얼굴(관상)이 48,3%로 절반 이상을 차지한다면 몸매는 13.0%였다[63]는 인터넷 설문조사의 전문사이트 폴나우닷컴의 조사 결과를 참조할 필요가 있다. 관상의 대상에 체상(몸매)이 포함되어 있다는 사실을 인지하자는 것이다.

다만 관상에 있어서 체상 읽기에만 한정한다면 아쉬움이 있을 것이다. 우리는 이따금 지나가는 여성을 보면 "저 여자는 몸매가 참 좋다."라고 하거나, "저 여자는 얼굴은 예쁜데 몸매가 뒷받침이 안 된다."라는 말을 하곤 한다. 하이데거는 진선미가 최고의 가치라고 하는데[64]

---

63 "여자의 외모 중에서 무엇을 가장 먼저 보십니까?" 얼굴 48.3%, 가슴 23.0%, 몸매 13.0%, 의상 5.9%, 기타 9.8%(인터넷 설문조사 전문 사이트 폴나우닷컴 2만 2922병 조사, <동아일보>, 2000.4.24).

64 하이데거(崔東熙 譯), 『신은 죽었다는 니이체의 말』-世界思想全集 6卷-, 삼성출판사, 1983, p.152.

매스컴의 미인선발대회에서 미스 진선미를 뽑을 때 얼굴 중시로 뽑는 경우가 '미'라면, 얼굴은 물론 균형 잡힌 몸매에 더하여 정신세계까지 포함한 최고의 미로서 '진眞'이라는 가치를 참고할 필요가 있다.

우리에게 잘 알려져 있듯이 '팔등신'이라는 말이 있는데, 그리스어로 '카논(canon)'이라고 한다. 일본에서 이를 팔등신으로 번역했는데 한국에 이 용어가 유입되었다. 엄격하게 말하자면 '팔두신八頭身'이라고 하며 그것은 여성의 신체 미, 즉 체상을 기본으로 삼는다. 기원전 5세기에 폴리클레이토스가 칠등신의 비례를 만들었는데, 올림픽 우승자를 모델로 했다는 「창던지는 사람」이 이와 관련된다. 아무튼 팔등신이란 상반신과 하반신의 황금분할에서 가장 균형을 이룬 경우 미인이라 보며 여기에 올림픽의 가치, 즉 심신心身 일체의 가치로서 '진眞'이 가미된다면 훨씬 좋을 것이라 본다.

한편, 인간의 수면睡眠 자세로 보는 수상睡相이 있는데, '잠자는 모습으로 부부 애정도'를 알아보는 방법이 그것이다. 남성의 경우 첫째, 아내의 왼쪽에서만 자는 사람은 모성애를 그리워하는 사람으로서 항상 아내의 보살핌을 원하는 사람이다. 둘째, 아내의 오른쪽에서 자기를 좋아하는 남성은 기개가 강인하여 생활력이 좋다. 셋째, 남편의 오른쪽에서만 자는 여성은 남편과 충돌이 잦고 히스테릭한 성격이다. 넷째, 남편이 아내를 등 뒤에서 안고 자는 부부는 애정이 깊다. 다섯째, 아내가 남편의 어깨를 감싸고 자는 부부는 애정이 깊어서 절대 헤어지지 않는다. 여섯째, 마주보고 자는 부부는 늘 서로 자신의 고집을 내세운다. 일곱째, 등을 마주보고 자는 부부는 오래도록 애정을 지키는 안정형이다. 여덟째, 아내가 남편을 끌어안고 자는 부부는 여성의 모성 본능이 강하기 때문에 남편을 친동생 대하듯 하며 무슨 일이든 자신이 관여한다. 따라서 수면은 인간의 삶속에서 떼어낼 수 없는 불가분의 관계에 있으며, 체상體相은 낮의 모습이라고 한다면 수상睡相은 밤의 모습이다.[65] 이렇듯 수상은 일상생활의 애정 정도까지 가늠할 수 있다.

관상론에서 체상과 수상 등이 거론되는 만큼 이제 체상을 크게 두 가지로 살펴볼 필요가 있다.

첫째, 정체상正體相이다. 정체상은 두상과 체상이 동질형성을 이룬 것을 말한다.[66] 이를테면 두상에 국局을 붙인 것으로 목국토체와 화국금체는 정체상이 아니며, 상하가 같은 꼴이라면 정체상이다. 즉 목국목체상木局木體相이 정체상이라는 것이다. 이처럼 정체상인 경우 두상의 성격과 체상의 성격이 같기 때문이며 관상읽기가 비교적 수월하다. 목국목체상의 경우 두상이나 체상이 역삼각형의 정체상을 말하며, 성격은 심성질로서 두상은 이마 폭 체상에서 어깨 폭이 넓고, 두상의 하관부위 체상의 하부 엉덩이가 좁아서 두상과 체상이 대체로 얄팍한 형상이다. 금국화체상이나 화국수체상과 달리 금국금체상이나 화국화체상은 곧 정체상이 되는 것이다. 이처럼 얼굴 부분의 두상과 몸집 부분의 체상이 서로 같은 성격으로 이루어진 상이 다름 아닌 정체상인 것이다.

둘째, 잡체상雜體相이다. 잡체상이란 두상과 체상이 다른 모양을 말한다.[67] 그것은 이질형상으로서 관상과 체상이 다르기 때문에 정체상에 비해 관상을 파악하기가 쉽지 않다. 잡체상의 성격과 운명을 가늠하기란 상호 이질적인 요소가 있어서 여러 가지를 고려하여 관상을 보아야 한다는 뜻이다. 관상에 있어서 두상을 주로 하던가, 아니면 체상을 보조로 하던가를 선택해야 하므로 해석상 난해한 측면이 적지 않다. 또는 체상을 주로 하고, 두상을 보조로 하여 관상을 보는 경우도 있다. 두상과 체상이 상생의 관계를 이룬다면 두상은 길상이지만 상극의 관계를 이룬다면 흉상으로 보아야 한다. 상하의 관계에 있어서 '오행상생상극

65 최전근, 『신 체형관상학입문』, 좋은글, 1999, p.57-59.
66 최형규, 『꼴값하네』, FACEinfo, 2008, p.28.
67 최형규, 『꼴값하네』, FACEinfo, 2008, p.28.

법'에 의하여 관상을 보자는 것이다. 상생관계의 잡체상으로 목국수체상이라든가 수국목체상 등이 있으며, 상극관계의 잡체상으로는 목극토체상, 목국금체상 등이 있다.

이에 근거하여 관상의 다섯 가지 형상(수화목금토 형상)을 가려내는 작업은 다음과 같이 이루어져야 한다.

첫째, 목체상이 있는데 그 특징이란 두상의 목형상과 유사하게 어깨의 폭이 넓다. 물론 가슴도 넓은 편이며 이에 비해 상대적으로 허리는 가늘다. 그리고 엉덩이의 경우는 좁은 편으로 역삼각형의 체상이다. 몸은 다소 야윈 편으로 피부는 하얀 편이라 볼 수 있다. 목체상은 장신長身을 귀품으로 하며 왜소한 경우는 하격으로 보며, 목체상의 특성상 살이 찌지 않으며 자세가 곧고, 살이 찌지 않는다고 해서 허약 체질은 아니다. 목체상은 또한 지능지수가 좋으며, 남성은 정신력이 강하다면 여성의 경우 지조가 있는 편이다. 목체상은 예절도 바르며 대인관계를 센스 있게 그리고 원활하게 하여 신뢰를 쌓는 상이다.

둘째, 화체상火體相은 어깨의 폭과 가슴의 폭이 좁다. 체상 가운데 상층부보다는 하층부에 살집이 있어서 굵고 피부색깔은 불그스레한 편이며, 화체상은 상생 상극의 형에 따라 다양하다.[68] 화체상의 성질은 다혈질을 이루고 있으며 팔은 긴 편에 비해서 다리는 짧다. 고집이 있는 편이며 남녀가 같이 성급한 성격을 지니고 있다. 체력적으로 화체상은 강인한 체력으로 급한 성격에 더하여 폭력적일 수가 있으니 주의할 일이다. 그리고 화체상은 학문에 관심이 있어서 면학勉學에 대한 열정이 남다르다. 이 화체상은 젊은 시절에 직업의 운이 따르지 않은 편이며, 체력이 좋은 탓에 군대에 가서 익힌 기술로 임하면 성공할 상이다.

---

68 상생관계의 잡체상 ① 목국수체상, ② 수국목체상, ③ 목국화체상, ④ 화국목체상, ⑤ 화국토체상, ⑥ 토국화체상, ⑦ 토국금체상, ⑧ 금국토체상, ⑨ 수국금체상(최형규, 『꼴값하네』, FACEinfo, 2008, pp.41-54).

또 화체상은 건강한 편이나 중년이나 말년에 급한 성격으로 심장병이 생길 위험이 있고 장수하는데 건강관리를 하지 않으면 안 된다.

셋째, 토체상土體相이 있으며, 이는 광대뼈가 벌어져 얼굴이 널찍하게 보인다. 몸집 역시 옆구리가 벌어져 배 폭이 두텁고 넓은 편이다. 이 토체상의 근육은 부육질浮肉質로서 물렁물렁하다. 살이 찌는 형이므로 건강관리에 조심해야 한다. 토체상은 피부색이 누르스름하면서도 거무스름하다. 또한 행동이 느린 편이지만 인내심이 강하다. 학업 운은 많지 않은 편이며 배우자 운에 있어서 중매로 결혼할 운이다. 직업으로는 연료, 화학물질, 농산물 등이 좋으며 사업가로서의 기질도 있다. 토체상은 비교적 건강하지 못한 편이므로 심장병, 고혈압, 당뇨병에 주의할 일이다. 이러한 형상을 지닌 경우 평소 건강관리를 잘하면 크게 문제될 일은 없다고 본다.

넷째, 금체상은 얼굴이 긴 네모꼴이며, 어깨와 엉덩이 옆구리 등이 발달해 있다. 두상과 체상의 균형이 있으며, 외형상 돋보이는 귀격이다. 금체상은 표리가 없는 성격을 지니고 있으며 행동파이면서 성격이 개방적이다. 운동신경과 체력이 뒷받침되어 있고 승부정신이 남다르다. 여성이 금체상인 경우 남성에게 인기가 있으며 솔선수범하는 성격이다. 공부하는 학업 운을 타고 난 편이지만 체력이 뒷받침되어야 하는 형상이기 때문에 학업을 지속하기 어려울 수 있다. 상대방과의 호감 정도에 있어 긍정과 부정을 분명히 하는 성향이 있어 그것이 오히려 상대방으로서 접근하는데 힘들게 하는 측면도 있다. 금체상은 소신이 있어 배짱이 두둑한 편이며 군인이나 경찰 등의 직업 운이 있다. 건강하기 때문에 방심하다가 중년 이후 관절통이나 근육통을 앓을 수도 있다.

다섯째, 수체상이다. 수체상의 경우 얼굴과 몸집이 살이 쪄서 둥근 형상에다가 포동포동하다.[69] 이 수체상은 물과 같이 잘 화하기도 하며 물이 흐르듯 끊임없이 활동하기를 좋아하는 상이다. 수체상의 학업 운은 이마가 좁은 경우 학업에 열의가 없으나 넓은 이마는 우수한 두뇌임을 알게 해주어 학문을 하는데 도움이 된다. 수체상은 식욕과 색욕이 왕성하여 동적인 성격에다가 이성간의 교제도 활발한 편이다. 직업으로는 학계나 정계, 관계에 적합하며 수산업이나 유통업에 적합하다. 젊었을 때는 건강한 편이지만 중년이 되어서는 신장과 생식기관의 질환이 따른다. 수체상의 여성은 관능미가 있으며 하얀 피부에 검은 머리가 균형을 이루고 있어서 미적 감각을 지닌 형상이다.

이와 같은 특성을 지닌 각종 체상의 바람직한 길상이란 무엇인가? 무엇보다 인체에 균형이 갖추어져야 한다.[70] 두상과 체상의 균형을 이룰 때 그것은 건강과 길운이 뒤따른다. 골상의 균형이 있고, 어깨와 가슴, 옆구리와 엉덩이 등의 균형이 있을 때 체상은 최상의 상이라 할 수 있으며 이는 부귀와 수명 장수할 상이다. 달리 말해서 두상과 심상 및 체상이 균형을 이루지 못하면 빈천한 상이라는 것이다. 그리고 몸 전체의 골상이 균형 잡히지 않는다면 이 역시 건강에 좋지 않다. 또한 엉덩이는 두터운 데 가슴팍이 얇을 경우도 빈천할 상이며, 어깨 폭은 넓은데 허리는 조금이라도 꼬여 있으면 좋은 상은 아니다. 얼굴의 균형이 깨진 것을 '육극상六極相'이라 하듯이, 체상에서 길흉을 판단하는 기

---

69 수국수체상은 머리와 몸집이 다 같이 살이 쪄 포동포동하며 인상 전모가 둥글둥글하게 생겼다(최형규, 『꼴값하네』, FACEinfo, 2008, pp.38-40).

70 광범위한 인체에서 길상과 흉상을 가려내는 기준은 특정부위 한 두 곳 사정에 얽매이지 않는다. 개개 부위는 반드시 또 다른 부위와의 조화와 균형 여부를 따진 뒤에 비로소 길흉여부를 판단한다. 이를테면 두상은 큰데 비해 체상(몸집)이 왜소하다거나, 코는 큰데 눈은 작다는 등의 불균형 형상이면 결코 길상으로 치지 않는다. 반면 개개부위는 다소 열악해도 그것들의 생김새가 조화와 균형을 잘 이루었다면 각 부위에 매겼던 점수보다 훨씬 높이 평가한다. 관상은 대비 관찰의 연속이다. 상하의 관계, 주변과의 사정 등 끊임없는 대비 평가가 이루어졌을 때 비로소 질 높은 답을 구할 수 있다(최형규, 『꼴값하네』, FACEinfo, 2008, p.15).

준은 특정 부위만을 판단하는 것이 아니며, 각 부위가 또 다른 부위와 균형을 이루었느냐를 중요시한다.

종합적으로 정체상正體相의 다섯 가지를 말한다면 목체상의 경우 목국목체상, 화체상의 경우 화국화체상, 토체상의 경우 토국토체상, 금체상의 경우 금국금체상, 수체상의 경우 수국수체상으로 나누어 볼 수 있다. 정체상이든, 잡체상이든 관상에서의 체상, 그리고 체상에서의 관상을 아우르는 관상이면 그 사람의 타고난 성격 파악은 절반 끝낸 것이나 다름없다.[71] 균형 잡힌 몸집에다가, 균형 잡힌 얼굴이 중요한 것은 관상에서 체상을 바라보는 시각이 과유불급過猶不及이라는 사실에 기인한다. 체상에서 어느 한편만으로 관상을 볼 때 갖는 한계가 있기 때문이다. 숲을 보고 나무를 볼 줄 알아야 하고, 나무를 보고 숲을 볼 줄 아는 지혜가 관상에 적용되는 것이다.

---

71 관상에 임한 초기에 이 다섯 가지 형상(수화목금토 형상)을 가려내는 작업은 필이 이루어져야 한다. 이 과정을 거친 후라면 그 사람의 타고난 성격 파악은 절반 끝낸 것이나 다름없기 때문이다(최형규, 『꼴값하네』, FACEinfo, 2008, p.26).

05

관상은 얼굴만이 아니다

    관상을 보는 것은 그 범위를 쉽게 생각하여 얼굴에 한정하는 경우가 많다. 그러나 얼굴 외에도 사람을 판별하는 방법으로 크게 4가지를 들 수 있는데, 그것은 눈빛, 찰색, 탄력, 말씨로 각 개인의 외면과 내면을 분석하는 것이다. 『유장상법』柳藏相法 상권의 「영락백문」永樂百問 편을 참조해보면 오로오반五露五反[72], 오소오극五小五極[73]에서의 관상 영역은 사람이 지니고 있는 다양한 형상으로 추론된다.

    일반적으로 관상은 유형의 상과 무형의 상으로 나누어진다. 유형의 상으로는 총체적으로 전신을 가리키며 사람의 운기를 관찰하는 포괄적인 표출 대상이 되는 부분으로, 얼굴모습面相, 손모습手相, 뼈모습骨相, 몸모습體相 등이 있다. 이에 대하여 무형의 상은 실체實體로 보존할 수는 없으나 행동으로 나타나고 의식으로 감지할 수 있는 것으로 마음씨心相, 말씨言相, 맵씨姿態相 등이 있다.[74] 이처럼 관상의 범위가 넓다는

---

72 눈이 솟고, 콧구멍이 훤하고, 귀가 뒤집히고, 입술이 걷히고, 울대뼈가 나온 사람을 말한다.
73 머리가 작고, 눈이 작고, 배가 작고, 귀가 작고, 입이 작은 사람을 말한다.

사실을 모르고 얼굴에 한정하는 경우가 있지만 상相의 범위는 신체의 전반을 포함해야 할 것이다. 우리 신체에 속하는 모든 부위가 관상의 대상이기 때문이다.

관상술에서는 관상의 대상으로 오부상법五部相法을 거론한다. 이는 크게 말해서 머리와 얼굴, 몸체와 손·발 등의 다섯 부위를 말한다.[75] 관상의 상을 보는 영역을 크게 오부상법이라 할 수 있지만 관상의 범위는 우리의 몸과 그 전반 부위, 그리고 마음의 전체 대상을 통해서 볼 수 있다고 보면 좋을 것이다. 여기에서 오부상법에 의해 관상의 다섯 부위를 하나하나 살펴보는 것이 필요하면서도, 두상頭相의 우열 정도를 가늠하는 것이 무엇보다 중요하다고 할 수 있다.

그러면 관상의 대상을 하나하나 언급해 보고자 한다. 우선 손 모양, 즉 수상手相에서 관상을 보는 경우가 있다. 흥미롭게도 한국 경영학계의 한 연구에 의하면 수상에서 약지와 식지의 길이 차이를 통해 동성애同性愛 성향을 판별했다는 미국의 한 의과대학의 연구[76]가 있다. 수상이란 본래 성격이나 명운을 판단하는 것으로, 이를테면 다섯 개의 손가락이 벌어지면 재물 운이 없다는 관법이다. 손가락이 벌어져 있든, 그렇지 않든 간에 재물 운이 있다 없다고 절대적으로 말할 수는 없지만, 일반적으로 손가락이 벌어져 있으면 재물이 새나간다고 말한다. 목형인木形人으로서 손가락 사이가 벌어졌으면 재물 운이 있다고 한다. 목형이 금형의 손일 경우 설사 손가락이 벌어지지 않았어도 재물 운이 없다고 한다. 과학적 근거가 없다고 하지만, 수상은 오행의 상극과 상생을 추단하여 관상을 보는 경우이다.

이어서 발제(머리끝)에서 발끝까지 보는 족상足相, 나아가 체모에 이

74 김성헌 편, 『한국인의 얼굴운명』, 동학사, 2008, p.38.
75 오현리 편, 『정통오행상법 보감』, 동학사, 2001, p.19.
76 설혜심, 『서양의 관상학, 그 긴 그림자』, 한길사, 2003, p.324.

르기까지도 관상의 대상이 된다. 골상에 더하여 족상과 관련한 관상 서적이 적지 않다는 것은 잘 아는 사실이다. 관상 서적에서 자주 오르내리듯이 족상이 관심 있는 분야이다.[77] 족상으로 발의 형상에서 관상을 볼 경우, 발은 우리의 육신을 지탱해주는 중요한 역할을 하므로 그것이 균형 있게 생기면 훌륭한 족상이 된다고 할 수 있다. 종아리가 뒤틀린 채 발바닥에 이어진다면 그것은 천한 족상이다. 발가락의 경우 뼈가 옆으로 튀어나온 엄지발가락의 경우 자손 운이 귀하고, 부부간에도 고독한 운이라고 한다.

젊은 시절에 특히 관심을 갖는 머릿결이나 헤어스타일 역시 관상의 한 부분에 속한다. 설혜심이 말하는 서양의 관상학에의하면, 『현대인의 투구』라는 책에서는 풍탕주를 이렇게 비판한다. "현대에는 높은 머리가 유행하고 있다. 귀부인은 가발이나 머리카락만이 아니라 끈으로 만든 머리조차 이고 있다. 뿐만 아니라 온갖 종류의 털실, 레이스, 리본, 깃 조각으로 꾸민 높은 둥지를 탑처럼 높게 이고 있다."[78] 이 광경은 마치 여자들이 머리에 투구를 쓰고 신과 겨룸으로써 그리스도교의 의식이나 명예에 일부러 대항하는 것처럼 보인다고 하였다. 이처럼 동양은 물론 서양에서 머릿결은 삶의 스타일이자, 관상학에서 오르내리는 관심사이기도 하다.

머리는 관상학에서 관심의 대상인 것은 고금을 통해 전해오고 있다. 머릿결이 부드러운 사람의 성격은 온유한 상이며, 머릿결이 거칠고 곱

---

77 세간에는 수상, 골상, 족상 등 잡다하게 분류한 相書가 범람하고 있다. 그중에서도 수상(손금)을 제외한 나머지는 어느 한편만으로 한 사람의 성격을 말하거나 운명을 점치기에는 미흡하다. 그러나 相의 범위를 인체의 전모라고 규정한 바와 같이 그것들 개개 부위가 갖고 있는 정보(부분론)를 무시해서는 안 되며, 완성 관상의 참고자료로 삼아야 한다(최형규, 『꼴값하네』, FACEinfo, 2008, p.14).
78 설혜심, 『서양의 관상학, 그 긴 그림자』, 한길사, 2003, p.246.

슬머리라면 성격도 강하거나 거칠며 공포감도 없지 않다.[79] 머릿결이 굵다면 강단이 있는 성격이며 인내심도 강하고, 얇은 머릿결은 예민한 성격이자 섬세한 편이고 또한 감성도 있다. 굵은 머릿결이면 에너지가 넘치며, 이에 반해 가는 머릿결이면 에너지도 약한 편이다. 아울러 뻣뻣한 머릿결이면 고지식할 뿐만 아니라 융통성도 없다. 헤어스타일은 창조적 디자인을 좋아하면 예술가적 감성을 지니고 있으며, 전통적인 단발머리나 앞으로 얌전하게 빗는 형은 상학적으로 볼 때 보수적 성격이며 순한 성품을 지닌 상이다.

우리가 자주 목격하듯이 사람에 따라 머리카락이 빠지는 경우가 적지 않음을 알 수 있다. 『유장상법』에서는 머리카락이 빠지는 경우가 있음을 주지시키며, 특히 목형의 경우 주의하라는 메시지를 전하고 있다. 모발이 적어진다는 것은 재물이 늘어나거나 살이 찔 때라는 것이다. "모발이 빠지면 재물이 따라 늘어나고, 살이 불어나면 모발이 역시 빠지게 된다. 목형인이 모발이 빠지면 곧 죽는다는 것을 의심할 수 없다."[80] 또한 혈분이 메마르고 정신이 탁해지면 머리카락이 실처럼 엉키게 된다고 했다. 머리카락은 눈빛의 맑기에 관련되며, 또 모발은 혈분의 나머지가 되므로 모발이 탁하면 혈기가 메마르고, 수려하면 혈기도 좋다고 본다.

다음으로 옷 입는 의복행장도 관상의 대상이다. 의상衣裳을 종교인의 상과 관련지어보면 흥미롭다. 만해 한용운에 의하면 승려교육에 있어서 급선무 셋이 있는데, 그 첫째가 보통학으로서 이 보통학이란 사람의 의복 입는 것[81]이라고 한다. 그의 언급처럼 의복을 종교교육에 따라 단정하게 입으면 수도하는 상으로 비추어진다는 것이다. 순치황제의

---

79 설혜심, 『서양의 관상학, 그 긴 그림자』, 한길사, 2003, pp.129-130 참조.
80 『柳莊相法』, 「上篇」, 凡髮落財逐生, 肉長髮亦落, 木形落髮, 卽死無疑.
81 한용운, 『조선불교유신론』, 1913(이원섭 역, 만해사상연구회), pp.41-42.

출가시에 "가사 얻어 입기가 무엇보다 어려워라."는 가사가 나오는데 가사袈裟가 좋아 입을 경우 수도하는 승려가 되는 상이어서 좋다는 것이다. 공자도 말하기를, 군자는 감색과 붉은 빛으로 옷을 두르지 않는다고 했으며 다홍색과 자주색으로 평상복을 만들어 입지 않았다고 했다. 더울 때는 가는 갈포와 굵은 갈포로 만든 홑옷을 겉에 걸쳐 입었다고 하였으니, 성인군자의 인품에는 의상의 검소함이 나타나므로 회색이나 검은색, 흰색 등을 선호한 관계로 화려한 옷은 기피의 대상이 되었다.

더욱 흥미롭게도 커피 잔을 잡는 자세에서 관상을 보는 미학이 있다. 커피 잔을 가볍게 잡는 사람, 무겁게 잡는 사람, 커피 잔을 잡고 중요한 대화를 하는 사람에 따라 그의 명운을 결정짓는 경우를 상상해보자. 미국의 전 대통령 빌 클린턴에게는 대통령이 되기 전 일곱 살 난 첼시가 있었다. 어린 딸이 아빠에게 여름휴가를 어떻게 보낼 거냐고 물었다. 빌은, 아빠가 대통령에 출마할지 모르기 때문에 휴가를 떠나지 못할 거라고 답했다. 또 누군가가 첼시에게 "네 아빠는 무슨 일을 하느냐?"고 물었다. 그러자 첼시는 "우리 아빠는 전화로 이야기하고 커피를 마시고, 연설을 해요."라고 대답했다.[82] 이는 힐러리 로댐 클린턴의 자서전 『살아있는 역사』에 나온 언급이다. 커피 잔에 채워진 커피를 마시며 정치를 논하고 정치인들과 대화를 하면서 그의 미래 대통령을 꿈꾸었는지도 모를 일이다. 클린턴이 커피 잔을 잡는 자세라도 사진으로 남아있다면 관상학자들이 대통령상이었으리라 예단했을 것이다.

사람의 사유방식 내지 성격에서도 관상을 볼 수 있다. 내가 평소 어떠한 생각을 하며 살아가는가를 성찰해 보자는 것이다. 관상의 범주가운데 어느 한부분이라도 사유작용의 마음과 관련하지 않는 곳이 없

---

82 힐러리 로댐 클린턴(김석희 옮김), 『살아있는 역사』, 웅진닷컴, 2003, p.151.

다. 날카로운 사유방식을 지닌 사람은 머리가 샤프하고 창의적인 아이디어가 있어서 철학가로, 예술가로 될 상이다. 아리스토텔레스는 플라톤의 제자이며, 스승 플라톤의 사고방식에 대하여 날카롭게 비판하는 성격의 소유자였다.[83] 이처럼 예리한 비판력의 성격은 철학자의 상과 관련된다. 관상학에서 사유방식을 거론하는 것은 인당으로, 인당은 사유계통인 뇌조직의 중심 역할을 한다. 또한 눈은 우리의 사유방식의 합류점이기도 하다. 우리의 사유방식이 우리의 관상 전체와 직결되어 있다는 의미이다.

전체에서 볼 때 일체의 행동거지, 앉은 자세, 걸음걸이까지도 관상의 대상이다.[84] 이를테면 어깨를 쭉 펴고 걷는 사람의 관상은 어떠한가? 그는 정의감은 물론 마음의 안정에 관련되어 있으며, 그로 인해 심신의 중심 틀이 잘 잡혀 있다. 오리 궁둥이처럼 엉덩이를 뒤로 빼고 걸음걸이를 하는 사람은 인내력이 없어서 일을 끝까지 하지 못하고 흐지부지 해질 수 있다. 총총 걸음으로 빨리 걷는 사람은 의외로 침착성이 있으며 하고자 하는 일을 신념 있게 진척시킨다. 걸을 때 머리를 좌우로 흔드는 사람은 이중성격으로 음모가 있다. 팔짝팔짝 뛰며 걷는 사람은 천한 성격이라 볼 수 있다. 그리고 진중하게 걷지 못하고 발을 질질 끄는 사람은 고민이 적지 않으며, 연애 운은 물론 사업에 있어서 성취력이 부족하여 금전 운이 좋지 않다.

웃는 모습도 관상의 범주에 속한다. 우리가 자주 미소를 지을 경우 법령에 관심을 가질만하다. "법령은 미소가 만든다."[85] 이는 법령이 '소적笑跡'이라 하는 경우와 관련된다. 얼굴 코 밑으로 양 갈래 흔적이 크게 나타난 법령은 자주 미소를 짓는 경우이며, 그에게는 행복하여 미소

---

83 쿠르트 프리틀라인(강영계 역), 『서양철학사』, 서광사, 1985, p.74.
84 이남희, 『하루만에 배우는 실전관상』, 도서출판 담디, 2008, p.54.
85 최형규, 『꼴값하네』, FACEinfo, 2008, p.292.

가 넘치는 삶을 살아왔기 때문이다. '파안대소破顏大笑'라 하는 것도 크게 웃는 모습을 말한다. 평소 미소를 짓지 않는다면 그의 삶은 우울해진 나머지 애처롭기까지 하다. 의성醫聖 히포크라테스에 의하면, 환자의 치료에 의사도 고칠 수 없는 병이 있다고 했다. 마음 안정이 중요하다는 것이며, '일체유심조'라 하듯이 내 몸의 최고 약은 밝게 미소 짓는 모습에서 나타나며 곧 인생의 행복으로 이어져 병 치유에 크게 도움이 된다.

아울러 관상학에서 관심 가질 것으로, 갖가지 버릇을 빼놓지 않고 관찰하는 일이다. 어린 시절부터 익혀온 버릇은 죽을 때까지 간다. 손톱을 물어뜯는 버릇, 걸으면서 발로 돌을 툭툭 치며 걷는 버릇, 지나가는 사람을 은근슬쩍 건드려보는 버릇 등은 관상학에서도 귀격의 상이 아니다. 좋은 버릇이 그의 밝은 성격, 나아가 좋은 인품으로 자리하기 때문이다. 한훤당 김굉필(1454~1504)은 조선조 선비사상의 기조를 보이는 훌륭한 유학자였다. 그의 한빙계[86]에 의하면 '통절구습痛絕舊習'이라 하여 옛 버릇을 철저히 끊어버리라 했다. 관상론에서 좋지 않는 버릇을 지적하였으므로 단연코 끊어버리는 모습에서 훌륭한 인물로 존경

---

86 김굉필의 「寒氷戒」를 소개해본다. "動靜有常: 움직임과 움직이지 아니함에도 떳떳한 법칙이 있다. 正心率性: 마음을 바르게 하고 타고난 본성을 따르라. 正冠危坐: 갓을 바로 쓰고 무릎 꿇고 앉아, 자세를 바르게 하라. 深斥仙佛: 선과 불을 깊이 배척하라. 痛絕舊習: 옛 버릇을 철저히 끊어버려라. 窒慾懲忿: 욕심을 막고 분한 마음을 참아라. 知命敦人: 하늘의 뜻을 알고 어짊에 힘쓰도록 하라. 安貧守分: 가난 속에서도 편안한 마음으로 분수를 지키도록 하라. 去奢從儉: 사치를 버리고 검소하게 지내라. 日新工夫: 날마다 새로워지는 공부를 하라. 讀書窮理: 책을 많이 읽고 깊이 생각하도록 하라. 不妄言: 말을 함부로 하지 마라. 主一不二: 마음을 한결같이 하여 두 갈래로 하지 마라. 克念克勤: 잘 생각하고 부지런히 하라. 知言: 말을 알라. 知幾: 일의 징조를 알라. 愼終如始: 마지막을 시작할 때처럼 조심하라. 持敬存誠: 공경하는 마음을 지니고 성실함을 지켜라."

받는다.

음식을 먹는 모습에서도 관상을 본다. '취식상取食相'이란 말이 그것이다. 식사할 때 나타나는 갖가지 특징을 관상학에서 거론하곤 한다. 음식을 입을 오므리고 씹는다면 건강에도 좋고 복을 받을 상이라는 것이다. 음식을 씹을 때 껌을 씹듯이 소리를 요란하게 내며 먹는 사람은 복이 달아날 상이다. 또한 게걸스럽게 소리를 내면서 음식을 먹는다면 이 또한 흉할 상이다. '호식용찬지상虎食龍餐之相'이라는 말이 있다. 호랑이와 용처럼 음식과 반찬을 먹으면 부귀할 상이라는 것이다. 그러나 쥐가 밥을 먹듯이 먹다말듯 한다면 그것은 빈천할 상이다. 음식물은 농부들의 피땀 어린 노동으로 만들어진 고귀한 생명의 양식이다. 이에 고마운 마음으로 요란한 소리를 내지 않고 입을 얌전하게 오므리며 천천히 씹어 먹을 때 피가 되고 살이 되므로 이러한 사람이 귀격이다.

관상학적으로 귀격인 사람은 또한 음식을 엄격히 절제할 줄 아는 사람이다. 음식을 적절히 절제하는 사람은 근육이 수축되어 야윈 것처럼 보이지만 그 혈색에는 기백이 있으며, 설사 마른 것처럼 보인다고 해도 정신은 살아 있다.[87] 그러나 절제하지 못한 채 음식을 섭취하는 사람은 오히려 동맥경화 현상에 더하여 심장, 간장, 폐장 등 오장육부가 부담을 갖게 된다. 그렇게 되면 혈색이 어두워지고 기색이 살아나지 않는다. 관상에 있어서 무엇보다도 음식 조절이 중요함을 알자는 것이다. 자기가 먹는 음식이 자기 운명을 좌우한다는 미즈노 남보쿠의 언급을 새겨볼 일이다.

누워서 자는 모습도 관상의 범주로 볼 수 있다. 잠꼬대를 잘 하는 사람, 요란하게 자는 사람은 천박하게 보인다. 물론 어린 시절의 잠꼬

---

[87] 미즈노 남보쿠(화성네트웍스), 『마음 습관이 운명이다』, 유아이북스, 2017, p.62.

대는 성장과정의 현상이지만 여전히 잠꼬대를 요란하게 하는 사람은 길상이 아니다. 잠을 잘 때 코를 골며 숨을 거칠게 쉬는 사람은 기운이 불안하다. 거북이가 숨을 쉬듯이 편안하게, 그리고 조용하게 잠을 잔다면 그는 또한 심신이 안정된 모습이다. 혼자 독백하듯이 잠을 자며 말을 하는 사람이라든가, 몽유병 환자처럼 자다가 벌떡 일어나는 사람은 병자이거나 지혜가 부족한 사람이다. 이는 심신의 불안하기 때문에 나타나는 현상이다. 이처럼 잠을 자는 모습과 관련하여 심신의 상태를 본다. 인도에서는 과거로부터 인간의 의식을 세 가지의 단계로 본다.[88] 첫째 각성, 둘째 몽환夢幻, 셋째 숙면熟眠의 상태이다. 깊은 잠이 보약이 듯이 숙면의 상태가 정신건강에 좋은 상이라는 것이다.

같은 쌍둥이로 태어났더라도 주변 환경이 영향을 주고 삶의 태도에 따라 상相이 달라진다. 아인슈타인의 상대성이론을 상기해보고자 한다.[89] 중력이 강한 곳에서는 중력이 약한 곳보다 시간이 천천히 흐르는데, 상대성 이론은 두 명의 쌍둥이가 서로 다른 시공, 즉 우주여행을 떠난 뒤에 다시 만났을 경우를 고려해 보자. 그들은 쌍둥이라 해도 나이가 서로 달라지는 것으로 쌍둥이의 본래 모습이 다르게 나타난다.[90] 시간의 완급緩急에 관련되는 것으로 우주여행을 한 사람은 지구에 있는 사람보다 더 젊다는 의미이다. 시공과 관련한 환경문제의 다른 양상으

---

88 김의숙, 「국문학에 나타난 불교윤회사상 是非考」, 『한국불교학』 4(한국불교학회 편, 『한국불교학』 제6집), 불교학술연구소, 1995, pp.123-124.

89 현대과학에서의 체계론적 사고는 전일론 혹은 홀론(holon)적 사고에 의해 대변된다. 그리고 아인슈타인의 상대성 원리와 하이젠베르크의 불확정성 원리의 등장과 함께 큰 설득력을 가지기 시작하였다(박재주, 『주역의 생성논리와 과정철학』, 청계, 1999, p.264).

90 이 세상 누구도 똑같이 생긴 사람은 없다는 것 자체가 사람들이 모두 다른 독립적인 개체라는 것을 보여준다는 것이다(설혜심, 『서양의 관상학, 그 긴 그림자』, 한길사, 2003, pp.274-275).

로 나타나는 것이 다름 아닌 상대성 이론이다. 이를 관상과 관련해 본다면 쌍둥이라 해도 환경이 다른 곳에서 성장하면 그들의 습성에 따라 관상이 달라지는 것이다.

형체가 없는 음성도 관상의 범주에 속한다. 목소리가 차분한 사람은 설득력이 있어서 사람의 심금을 울려줄만한 사람이다. 그러나 목소리가 항아리 깨지듯 울리면 그것은 길상이 아닌 것으로 가벼운 사람이다. 목소리에도 마음의 국량이 크고 작음을 드러내는 것이다.[91] 목소리가 사나우면 성격도 사납고 목소리가 고우면 마음도 곱다. 목소리가 육중하면서도 부드러우면 마음도 무게가 있고 성품이 여유로워서 인간관계도 훨씬 편안하게 접근할 수 있다. 목소리가 시끄럽다면 그에게는 무례함이 따르고, 목소리가 차분하다면 남을 대하는 마음도 다정하다. 고대철학자 장자莊子에 의하면 불안정하고 변하기 쉬운 소리 곧 화성化聲에 기대하지 않도록 하며 하늘의 소리로서 천뢰天籟를 기대하도록 하였다. 그는 자연에 합일하는 소리를 최고의 상相으로 보았기 때문이다.

한편, 여러 상相 중에서도 심상心相을 가볍게 보아서는 안 된다. 관상 중에서도 최고가 심상임은 의심의 여지가 없다. 과거로부터 전해오는 말 가운데 관상觀相보다는 수상手相이며, 수상보다는 족상足相이고, 족상보다는 심상心相이라는 말이 있다.[92] 아무리 관상이 중요하다고 하여 얼굴을 성형하거나 가슴을 성형한다고 해도 그의 마음이 곱지 못하고 안정되지 못하다면 그러한 관상은 천격이다.

우리가 오랜 수도를 통해서 심신의 오랜 순숙 과정이 이루어지면

---

91 원대한 마음을 가진 사람은 '완만한 움직임과 깊이 있는 목소리, 안정적인 말투'를 가진 반면에 소심한 사람은 '음성이 날카로워지고 몸짓이 재빨라지는' 징표를 가진다(아리스토텔레스 지음, 김재홍 옮김, 『관상학』, 도서출판 길, 2014, pp.57-58).

92 오현리 편, 『정통오행상법 보감』, 동학사, 2001, pp.4-5.

마음을 안정시키며 편안하게 살아가는 복상福相이 되는 것이며 그 사람이 행복의 소유자인 것이다. 심상은 외형으로 상을 보는 것이 아니라 마음 성찰, 즉 내면으로 상을 보는 것인 만큼 내면의 마음이 충만한 사람은 미래에 행복이 보장된다. 결국 유형의 인상보다 무형의 심상이 궁극적으로 우리 인품 형성에 있어서 지고의 목표라 본다.

Chapter 2

찰색과 탄력의 중요성

01

성격은 얼굴에 나타난다

상법서로 잘 알려진 『유장상법』의 상권에서 부녀자의 관상이나 영아影兒의 관상에 대하여 언급하고 있다. 그 내용 가운데 "3세에 80세가 정해진다. 3세가 되면 더 이상 젖을 먹지 않는다. 오관(눈, 코, 입, 귀, 눈썹), 육부(양 이마, 양 광대뼈, 양 턱), 삼정(상정, 중정, 하정)과 골격을 보면 그 성정性情이 현명한지 어리석은지가 보인다."[1]라는 문구가 나온다. 여기서 '3세정80三歲定八十'이라는 문구는 우리말 속담에 "세살 버릇 여든까지 간다."라는 문구와 같은 뜻인데, 결국은 자신의 성격이 운명을 결정한다[2]는 것이다. 본 교훈이 속담으로 널리 알려져 있어 그 설득력을 더한다.

이처럼 『유장상법』에서는 주로 관상법을 다루었는데 상권 내용에서 보는 것처럼 이상적 배우자를 선택함에 있어서 여러 요인이 있다. 상대방의 '성격'을 주요 관심 대상으로 삼는 것은 어제 오늘만의 일이 아니

---

1 『柳莊相法』 上卷 「影兒通論」, 三歲定八十. 此言三歲已不食乳也, 看五官六
　府三停骨格, 定性情愚.

2 백수진 편, 『관상수업』, 나들목, 2017, p.328.

다. 오늘날 젊은 청소년들에게 "이상적 배우자감은 어떤 성격과 얼굴일까?"를 여성의 경우에 한정하면 신장 162cm, 쌍꺼풀, 오뚝한 코, 하얀 피부, 유선형 얼굴, 쾌활한 성격 등이 거론될 수 있다.[3] 성격의 측면에서 과거에는 얌전한 측면이 매력이었으나 오늘날에는 쾌활한 성격이 매력이라 할 수 있다. 다음으로 남성의 경우를 보면 신장 176cm, 오똑한 복코, 그을린 피부, 유선형 얼굴, 전문직, 쾌활한 성격, 차남 등이 거론될 수 있다. 요즘 유선형의 얼굴에 쾌활한 성격이 청춘 남녀 공히 이상적 배우자상으로 회자되는 것이다.

관상학에서 어느 누구라도 성격이 주목되는 이유는 호감 있는 인상으로 편안한 성격을 원하는 심리가 있기 때문이다. 모나지 않은 얼굴에 둥근 마음의 성격을 선호한다는 것이 그 배경에 깔려 있기 때문이다. 일반적으로 얼굴에 모가 나지 않는다면 성격 또한 부드럽고 원만하다고 볼 수 있다. 사실 둥근 얼굴에 부드러운 마음을 가지면 성격 또한 원만하게 되며 그것은 대인관계에서도 원만한 편이다. 인간 욕구의 5단계 이론을 밝힌 심리학자 매슬로우(Maslow)는 성공한 사람의 성격을 몇 가지로 분류하고 있는데, 그 가운데 자기와 타인 및 자연에 대해 온전한 수용이라는 대인관계를 꼽고 있다. 대인관계가 원만한 성격을 지닌 사람은 얼굴 역시 호감 가는 것으로 이해되는 것이다. 인간으로서 생리적 욕구, 안전의 욕구, 소속의 욕구, 존경의 욕구, 자아실현의 욕구[4]

---

3 「꿈의 배우자감은 어떤 형일가」(결혼정보회사 <주>선우 5대도시 500명 조사: 「이 시대의 이부」--1m62.9, 50.1kg, 쌍커풀, 진하고 긴 눈썹, 마늘 모양의 코, 흰 피부, 26.2세, 서울출신, 유선형 얼굴, 대졸, 교사, 무종교, 취미 영화 및 음악감상, 쾌활한 성격, 이성교제 전력 2명이내, 차녀, 개방적·보수적 중간인 집안, 「이 시대의 아담」--1m75.5cm, 68.7kg, 긴 스포츠형 머리, 쌍꺼풀 아닌 눈, 진하고 긴 눈썹, 끝이 오똑한 복코, 약간 그을린 피부, 유선형 얼굴, 29.7세, 서울출신, 대졸, 전문직, 무종교, 취미 스포츠, 쾌활한 성격; 박중현, 「꿈의 배우자감은 어떤 형일가」, <동아일보>, 1998.11.3).

라는 인간의 욕구 이론에는 상호 소속감, 상호 존경의 원만한 성격이 중심으로 거론되고 있는 셈이다.

사실 외형의 얼굴은 내면의 마음과 관련되어 있으며, 그러한 마음은 사람의 성격 형성에 직결되어 있는 것이다. 얼굴의 어떠한 부분이라도 마음과 관련되어 있지 않다고 할 수 있겠는가? 우리가 희로애락의 마음으로 상대방을 대하는데 얼굴에 희로애락이 나타나지 않는다면 이것은 보통사람의 표정이 아닌 것이다. 수양심이 깊은 목석도인이라면 몰라도, 감정을 지닌 근육의 움직임이 얼굴 표정에 나타나지 않는다는 것은 상상하기 어렵다.[5] 각자 얼굴의 각 부위에 나타나는 여러 표정은 우리의 마음작용, 곧 사유방식과 성격이 관련되어 있기 때문이다. 운명론이나 관상학에서는 이러한 감정 섞인 얼굴표정에 따라 합리적 분석의 틀을 마련하여 미래 새로운 대응방향을 가늠해가는 것이다.

대응방향의 소제를 상기한다면 관상방법의 하나인 얼굴을 몇 가지의 단면으로 구분해서 성격을 파악하는 방법이 있다. 얼굴의 상정, 중정, 하정이라는 삼정상법三停相法이 그것인데, 먼저 시간적 개념으로 사람의 얼굴을 3단계로 나누어서 길흉화복을 평가하는 것이 있고, 공간적 개념으로 얼굴을 세 개의 횡단면으로 구분해서 건강과 성격 등을 평가하는 것이 있는데, 이처럼 관상의 세심한 방법이 동원된다. 다시 말해서 얼굴에서 그 사람의 성격을 평가할 수 있기 때문에, 삼정상법이 의미하는 초년, 중년, 말년의 운세가 각자 개인의 마음가짐이나 행동으로 선을 베푸는 자업자득의 인과응보 법칙이 성립된다는 것이다. 따라서

---

4 윤종모, 『치유명상』, 정신세계사, 2009, pp.39-42.
5 근육의 움직임과 감정과의 관계에 대한 다원의 개념은 고대 그리스-로마 때부터 연극과 수사학에 적용되었고, 이후 르네상스 시기에 부활한 파토스에 대한 관상학적 표지의 연장선에 있는 것이다(설혜심, 『서양의 관상학, 그 긴 그림자』, 한길사, 2003, pp.270-271).

얼굴의 시공적 분할을 통해서 나타난 관상법에서 자신의 건강을 살펴
보고, 성격을 파악하는 지혜가 필요하다.

건강의 문제라면 사람의 얼굴은 오장육부를 밝혀주는 거울과도 같다
고 본다. 얼굴이 오장 육부의 거울에 비유되는 것처럼 얼굴에서 그 사
람의 성격을 가늠할 수 있다. 곧 사람의 얼굴은 음양오행의 이치로 이
해되는 마음과 오장육부의 거울로 볼 수 있어서 그 사람의 성격이 형성
되고, 장기臟器 서로 간의 간섭과 조화가 일어나 당시의 운運과 앞날의
운명에 절대적 영향을 미친다[6]는 이정욱의 『심상관상학』의 견해가 주
목된다. 오장의 장기작용이 원활하게 이루어지지 않을 때 건강을 잃게
되어 그 고통으로 인해 마음이 초조해지고, 마음이 초조해지면 성격
또한 급박해지는 관계로, 결국 초초하고 급박한 성격은 얼굴에 그대로
노출된다고 볼 수 있다.

이제 얼굴형상과 성격의 관련성에 대하여 하나하나 살펴보고자 한
다. 우선 맹조猛鳥인 매형의 얼굴과 성격의 관련성을 주목하고자 한다.
관상학에서 매형의 얼굴을 보면, 맹금류 매가 새를 먹이사슬로 삼는
관계로 공격적이고 냉정하다고 볼 수 있다. 매형의 얼굴은 공격적으로
코가 매처럼 날카로워서 마음 또한 공격적 성향을 지니고, 얼굴의 눈빛
도 강렬하여 성격 또한 난폭하다는 것이다.[7] 험상궂은 운전사가 운전대
를 잡으면 운전이 갑자기 난폭해지거나, 얼굴이 보이지 않는다는 이유
로 인해 상대방에게 전화를 하면서 폭력적인 언행을 일삼는 경우가 있
다. 이러한 사람은 본래 지닌 온유함을 잃은 채 사나운 매형의 얼굴
형상을 드러내는 것이 아닐까라고 추단해 볼 수 있다.

다음으로 삼각진 얼굴의 형상과 성격은 어떠한가? 원형圓形은 모가

---

6 이정욱, 『심상 관상학』, 천리안, 2006, p.52.
7 이정욱, 『심상 관상학』, 천리안, 2006, p.269.

나지 않지만 삼각형은 문자 그대로 세 개의 모가 나 있다. 우리의 성격에 모가 나 있으면 자주 날카로운 성격으로 상대방에게 노출된다. 대인관계에 있어서 모난 성격을 드러내지 말라는 말을 자연스럽게 하는 것은 화내거나 날카롭게 대하지 말라는 뜻으로, 원만하고 부드러운 성격을 간직하라는 것이다. 현재 심기心氣가 몹시 불편하다는 것은 나의 성격에 모가 나 있기 때문이며, 이에 삼각진 형태의 얼굴을 지닌 자로서 불안한 외부적 환경에 노출될 때 특히 심신의 자제가 필요하다. 외적 환경에 자주 노출되는 삼각형 얼굴의 소유자는 심덕心德을 많이 쌓아서 평상심을 갖고 안정된 마음을 사용하는 것이 바람직하기 때문이다. 얼굴의 형상 가운데 일례로 화형火形의 특징은 삼각 형상을 지니며, 화형 정국은 정삼각형의 두상과 정삼각형의 체상을 지니고 있다.[8] 화형의 얼굴 소유자라 해서 무조건 성격이 날카롭다고 할 수 없지만 그는 대체로 다혈질의 성향으로 분류되고 있다.

또한 오행의 얼굴 형상과 관련하여 하나하나 살펴보고자 한다. 먼저 목형木形의 얼굴을 성격과 관련지어 보고자 한다. 목형인은 정신적인 가치에 비중을 두며, 그의 오장五臟으로는 간장과 담낭에 속한다. 목형의 성향은 또한 모든 물질의 발생과 시작을 알리며 음양을 소생시키고 신맛을 지닌다. 형상으로 보면 '목불혐수木不嫌瘦'라 하여 야윈 것을 꺼리지 않는다. 『마의상법』의 내용을 인용하면 목형인은 풍채가 좋고, 마르고 곧으며, 길고, 뼈마디가 드러나고, 머리와 이마가 솟으며, 뼈가 장중해야 하는데, 만약 목형인으로서 허리가 살찌고 등이 얇으면 목형의 좋은 예가 아니다[9]고 본다. 형상론으로 보면 목형인은 몸이 길고 얼굴도 길며 손가락이 긴 것이 특징이다. 성격은 심성질에 가깝고 이마 폭

---

8 조성태, 『생긴대로 병이 온다』, 샘이깊은물, 2012, p.64.
9 『麻衣相法』「麻衣先生神相編」卷一, 「論形」, 凡火形人相尖下闊, 形動操, 鬚少面紅, 鼻喬, 不帶滯色, 宜明潤而紅.

과 어깨 폭이 넓은 반면에 하관은 좁은 편이다. 그리고 목형은 인의예지신에서 인仁에 해당하므로 어진 성격을 지니며, 그 예로 조선조의 이황과 이이가 목형에 해당한다. 목형인은 논리적 성격에 차분하며 이론적인 성향인 관계로 대학 교수들에게 많은 편이고 체력이 약한 관계로 육체노동의 직업을 수행하기 힘들다.

다음으로 화형火形의 얼굴과 성격에 대하여 살펴본다.[10] 화형의 얼굴 소유자는 감성이 발달하고 민감하며 이마 상단의 좌우 폭이 좁고 하정은 벌어져 얼굴의 형상으로 볼 때 삼각형 꼴이다. 어깨 폭과 가슴 폭은 좁고 가슴 앞뒤 두께는 두꺼우며 몸집 전체에서 하단부가 유별나게 굵은 체상을 가지고 있다. 오장五臟으로는 심장과 소장이 발달하였으며, 찰색에 있어서 붉은 안색이며 형상은 날카로운 눈 모양에다가 머리, 코, 귀가 뾰족한 것이 특징이다. 『유장상법』에 의하면 화형인은 위가 뾰족하고 아래가 넓고, 동작이 조급하고 수염이 적으며, 얼굴이 붉고 코가 활처럼 굽고, 색이 체하면 좋지 않고, 밝고 윤택한 홍색은 좋다고 한다. 이처럼 화형의 얼굴은 위가 뾰족한 불꽃처럼 확 달아오르는 스타일로 다소 급한 면이 있다. 운동선수의 경우 강호동 씨름선수가 화형의 대표적인 얼굴이다.

또한 화형은 정열적이며 흥분을 잘하고, 감성이 발달하고 행동이 민첩하면서 신경이 예민한 편으로 심장에 문제가 생길 수 있다. 화형은 보수적인 기질을 가지고 있으며 위세가 있고 용감하면서도 까칠한 경향이 있으며, 강하고 부드러움을 결정할 수 있다. 그러나 화형의 관상을 가진 사람들은 자신을 지나치게 자랑하거나 행동이 경박하고, 들떠 있으며 불똥이 튀는 과실이 있다[11]고 비판한 것처럼 오만함에 주의해야

---

10 오서연, 『인상과 오행론』, 학고방, 2017, pp.208-209 참조.
11 김현남, 『음양오행으로 인간관계를 읽다』, 나들목, 2018, p.126.

한다. 화형의 얼굴은 오상五常중 인의예지신에서 볼 때 예禮에 해당하므로 성격상 예의가 바른 편이지만 다혈질 형이 많으므로 대인관계에 있어서 원활한 성품을 지닐 것을 유념할 필요가 있다.

　이어서 토형土形의 얼굴은 어떠한 성격과 관련되는가? 토형인은 얼굴이 넓고 두둑한 편이며 좌우 관골이 발달해 있다. 성격은 부드러운 중용中庸의 마음을 가진 소유자가 많다. 『마의상법』에 의하면 토형은 비대하고, 돈후하여 무겁고 실직하며, 등이 솟고 허리가 두텁고, 모양이 거북이와 같다[12]고 하였다. 위에서 제시한 바와 같이 토형인의 특징은 살이 후중하고 뼈대가 튼튼하며, 입이 크고 입술과 턱이 두텁고 소리가 중후하며, 머리도 둥글고 목이 짧은 편이다. 또한 코가 둥글고 준두도 풍륭한 전반적인 체형이기 때문에 성질이 무딘 편이며 행동도 자연스럽게 느리다. 성질이 다소 느긋한 토형의 얼굴은 이마의 상단과 하정이 좁고 귀가 크며 눈썹의 숱은 적은 편이다. 성격상 무거우면서 묵직한 느낌의 토형은 행동이 느린 관계로 매사를 급하게 서두를 리가 없다. 독립운동가 김구, 삼성그룹의 이건희, 연예인 최불암, 이용식, 김혜수, 고두심의 경우가 토형인데 이들의 성격은 다소 여유가 있는 편이고 느긋하다고 볼 수 있다. 베푸는 일에 있어서 자비의 성격으로 대중을 품는 편이므로, 육중한 몸매에 더하여 사회에서 대성할 수 있다.[13] 인의예지신 오상 중에서 신信에 해당하므로 토형인은 믿음을 주는 성격이다.

　다음으로 긴 네모꼴을 지닌 얼굴을 금형金形이라 하는데, 금형상의 인상과 성격에 대하여 알아본다. 『유장상법』에서 말하듯이 금형인은 얼굴이 네모지고 귀가 단정하며, 눈썹과 눈이 맑고 수려하며, 입술과 치아가 고르고, 손이 작고 허리가 둥글고, 하얀 피부를 지닌다.[14] 비교

---

12 『麻衣相法』「麻衣先生神相編」卷一,「論形」, 土形肥大, 敦厚二重實, 背隆而
　　腰厚, 基形如龜.

13 이정욱, 『심상 관상학』, 천리안, 2006, pp.92-93 참조.

적 흰 얼굴을 지닌 금형의 얼굴은 뼈대와 근육이 균형적으로 발달해 있으며, 성격은 강직한 인상을 지닌다. 그 특징은 입술, 피부, 손등이 얇고 눈빛이 밝으며 기운이 맑아 보인다. 두뇌가 좋아서 분석력 또한 탁월하며 얼굴은 위엄이 있고 네모이며 광대뼈와 이마가 좋은 서구적 인 형에 속한다. 금형의 성격은 적극적이며 개방적으로 매사에 임하는 근골질筋骨質형이라 할 수 있으므로 전 한국축구감독 히딩크, 운동선수 이만기, 수영선수 박태환과 같이 운동선수에게 금형상이 많다. 또한 승 부욕이 강하고 적극적이므로 남성에게 많이 나타나며, 그것은 남성이 개방적인 면에서 더욱 그렇다고 본다. 만일 여성이 금형의 얼굴이라면 지혜롭고 총명하며[15] 남성처럼 개방적이면서 적극적으로 사회생활을 이어갈 수 있다. 금형은 오상五常 인의예지신에서 의義에 해당하므로 의리가 강한 성격이다.

끝으로 오행의 형상에서 볼 때 수형水形의 성격은 어떠한가? 『면상 비급』面相秘笈의 내용을 인용하면 수형은 둥글고 두텁고 무거운 가운데 피부가 검어야 하며, 배가 낮게 드리워지고 등이 솟아야 늠름한 기상과 기품이 있는 사람[16]이라고 한 것처럼 수형은 얼굴이 비교적 둥근 편으 로 성격도 성실하며 부지런하고 꼼꼼하다. 지혜가 있어 영리한 편이며 유연성이 있고 독창적인 사람이다. 다양한 환경 속에서 대중에 순응하 면서도 속마음은 절대로 굽히지 않는 힘을 가지고 있는 것이 그 특징이 다. 물이 가지고 있는 광활함처럼 생각과 스케일이 크며 독창적이고 마음이 넓다. 또한 온후하고 이지적이고 순응하지만 진심으로 따르지 않는 자신만의 소신을 가진다. 수형의 사람은 연애에 관련된 시추에이

---

14 『柳莊相法』上篇, 「論形說」, 夫金形人何取, 凡金形人, 面方而正, 眉目淸秀, 脣齒得配, 受小要圓白色, 方是金形.

15 오서연, 『인상과 오행론』, 학고방, 2017, p.227.

16 『面相秘笈』 「五行總論」, 水形圓厚重而黑, 腹垂背聳眞氣魄.

션, 밤, 적은 인원이 모이는 장소 등에서 빛난다.[17] 오행五行의 얼굴을 오상五常과 관련한다면 수형의 얼굴은 오행의 인의예지신 가운데 지智에 해당하므로 삶의 지혜가 있다.

이처럼 사람의 운명과 얼굴, 그리고 그에 따라 나타난 성격이 중요함을 인지한 이상, 이에 대하여 관상학 차원에서 숙지할 필요가 있다. 우리가 부모로부터 생명을 선사받은 이상 어느 누구라도 같은 얼굴 형상은 없고 서로 다른 얼굴을 갖고 태어났다. 쌍둥이가 아닌 이상 이 세상에 얼굴이 똑같은 사람은 없다고 본다. 따라서 우리 얼굴형의 큰 틀인 오행으로 분류해 볼 때 각자의 고유한 성격을 타고난 것이다. 목형의 얼굴이라면 목형의 성격을 지니고 살아가며, 화형과 토형, 그리고 금형 역시 그에 맞는 성격을 지니고 살아간다. 각자 타고난 운명과 오형 형상의 얼굴을 지니고 살아가면서 그에 맞게 사유하고 행동하며 자신의 일생을 살아간다.[18] 우리는 각자 독특한 형상의 얼굴을 지니고 사유작용을 하며, 생활습관을 이어나가므로 그것이 필연적 운명으로 연결되며, 이것이 미래 예측학으로서 관상학의 탐구 영역으로 자리한 것이다.

따라서 관상학에서는 각자 얼굴의 독특한 부위에 심리적으로 표출된 성격을 알아냄으로써 미래 운명을 가늠할 수 있다. 일상을 고민하며 살아가는 사람은 얼굴이 우울해질 것이며, 낙천적으로 살아가는 사람은 그 얼굴에 미소가 있어 밝은 표정을 지닐 것이다. 페트로프스키의 『인간행동의 심리학』에 의하면 인간의 성격은 언제나 구체적인 사회적 환경과의 현실적 관계를 갖는 주체로 나타난다[19]고 하였다. 필자의 견

---

17 김현남, 『음양오행으로 인간관계를 읽다』, 나들목, 2018, p.96.
18 얼굴 생김새에 따라 승용차를 선택하는 기준도 달라진다(설혜심, 『서양의 관상학, 그 긴 그림자』, 한길사, 2003, p.324).
19 A.V. 페트로프스키(김정택 역), 『인간행동의 심리학』, 사상사, 1993, p.226.

해에 의하면 성격은 언제나 자신의 얼굴 형상과 실제적 관계를 갖는 주체로 나타난다고 본다. 이러한 원리에 따라 내가 어떠한 심리로 살아가느냐에 따라 자기 성격이 표출되며, 그 성격을 알아내어 삶의 바른 방향으로 유도하는 것은 운명을 긍정적인 방향으로 유도해내는 작업이다. 즉 밝은 운명의 흐름을 관상학에서 살펴보는 것이므로 운명의 관리는 관상학의 탐구 영역이라 할 수 있다.

이제 우리는 타고난 운명이 제 얼굴에 나타나 있다는 점을 간과할 수 없다. 우리의 미래 운명은 현재 나의 얼굴표정과 관련이 있다는 것이다. 따라서 현재 나의 얼굴표정을 어떻게 하며 살아가느냐에 따라 앞으로 명운命運이 갈린다고 본다. 항상 밝은 얼굴을 하면서 살아간다면 밝은 성격이 형성되는 것이며, 어두운 얼굴을 하면서 살아가면 어두워진 성격의 소유자가 되는 것이다. 전래되어오는 관상학에 의하면 얼굴 속에 인생이 있고, 얼굴 속에 미래가 있다고 한다. 얼굴과 운명은 서로 불가분리적 표리의 관계를 이루고 있다는 뜻이다.

그러므로 우리의 미래 운명은 나의 얼굴 표정에 관련되어 있어서 평상시 마음을 바르게 사용하고 온유하면서도 희망에 찬 성격을 소유하는 일이 필요하다. 얼굴 형상은 시간이 지나면서 바뀔 수 있기 때문이다. 각자 어떻게 사느냐에 따라서 미래가 달라지므로 성격을 어떻게 쓰느냐에 따라 얼굴 형상도 달라진다는 점을 주의할 일이다. 아리스토텔레스가 관상을 통해 보고자 했던 인간의 특성으로 용기, 좋은 기질, 여자 같은 성격, 불같은 성격[20] 등으로 분류하였음을 상기하면, 불같은 성격보다는 좋은 기질의 유연한 성격을 지녀야 하리라 본다.

---

20 그 외에도 부드러운 기질, 내숭, 비열, 도박성, 욕설, 동정, 대식, 호색, 비몽사몽, 기억력 등 감정, 사고, 행위에 이르기까지 다양한 범주를 포괄한다. 이런 특성은 그 시대의 삶에서 매우 중요하다고 생각되는 성격상의 특질이었을 것이다(설혜심, 『서양의 관상학, 그 긴 그림자』, 한길사, 2003, p.56).

02

찰색이 중요하다

찰색이 관상의 꽃이란 말이 있다. 찰색 곧 기색에는 두 가지가 있는데 하나는 '기氣'요, 둘은 '색色'이다. 기氣는 피부 안에 있으며, 색은 피부 밖에 나타난다. 사람이 생명을 유지하는 것은 자체에 오장五臟이 있어서 그 오장이 생명활동을 하는 것이며, 그 안에는 진장眞臟의 기가 있으니 신령스러움이야말로 지대하다. 사람 얼굴 속에 떠도는 것을 기氣라고 말하는 것이며, 그 바깥 표면에서 환하게 나타나는 빛을 얼굴색色이라고 한다. 즉 피부 위에 나타나는 것을 색이라고 하고, 피부 속에서 충만해 있는 것을 기라고 하는 것이며, 이것은 다 오장에서 발생한다. 다른 말로 표현하면 우리의 피부에 있는 것은 미래사를 나타내고 피부 밖에 있는 것은 과거사를 나타낸다고 할 수 있다.[21] 또 오장은 사람의 정신이 머무는 장소가 되므로 오장이 동하는 빛에 따라 사람의 재앙과 상서를 판단하고, 길하고 흉함을 단정하며, 재앙과 복을 가리어 알 수 있다[22]고 보는 것이며, 여기에서 찰색(기색)은 길흉판단의 주요

---

21 오서연, 『五行에 따른 人相 연구』, 원광대 박사학위논문, 2016, p.48 참조.
22 백운학, 『관상보감』, 고려문학사, 2007, p.48.

단서가 된다.

이처럼 찰색을 통해서 우리 인간사의 희로애락을 예측하는 것은 변화무쌍한 현실에서 밝은 미래를 염두에 두고 살아가는 사람이라면 당연한 일이다. 변화하는 현실의 운명 속에는 건강 운, 부모 운, 재물 운, 질병 운, 배우자 운 등이 나타난다. 건강을 지키거나 잃을 운, 부모가 생존하거나 열반할 운, 재물이 모이거나 나갈 운, 배우자와 함께 하거나 이별할 운은 우리들에게 언제든지 일어날 일들이다. 이 같은 운세의 변화란 삶의 과정에서 일어나는 신변의 모든 변화를 말하며, 그 변화 또한 우리의 얼굴색으로 나타나는 성향이 있다.[23] 건강을 잃을 경우 얼굴색이 창백해진다거나, 부모가 열반하였을 때는 슬픈 얼굴색, 재물이 나갈 경우 안타까운 얼굴색, 부부간 이혼할 경우 비참한 얼굴색 등이 나타날 수밖에 없다. 이에 관상학에서 얼굴색의 변화를 관찰하는 일로서 찰색 혹은 기색이 중요하다는 이유를 가늠해 볼 수가 있다.

안색 변화를 관찰하는 이유가 우리에게 닥치는 희로애락의 문제와 관련된다는 점에서 얼굴 변화를 관찰하는 기색론氣色論은 매우 중요시된다. 이 기색 관상법은 언제부터 시작되었는가? 인상과 관련된 책이자 비판서이기도 한 『순자』의 "관상은 그르다."는 비상편非相篇에 의하면, 옛날에는 고포자경이 있었고, 지금 초나라에는 당거唐擧가 있다고 하였다. 당거는 관상학의 대가로서 그 때까지의 골상에 더하여 처음으로 인상의 비결인 기색氣色을 보았고, 여기서 동양 인상학 특유의 얼굴에 대해 언급하여 오늘날의 인상학의 모체가 거의 완성되었다고 한다.[24] 관상학의 기색론이 후대에 가서는 선술仙術로 전개되다가 기피되기도 하였다. 위진 시대를 지나 남북조 시대에 달마대사가 중국에 건너와

---

23 얼굴 전반을 통해 얻은 정보(운명)를 이곳에서 일어나는 氣色을 근거로 길흉 여부를 가늠하기 때문이다(최형규, 『꼴값하네』, FACEinfo, 2008, p.89).
24 김영주, 『인상학 대전』, 동학사, 2007, p.236.

불교를 전파하였는데, 이때 달마가 등장하여 관상법을 전파한 것이다. 그는 입산한 이후 9년 만에 관상법을 터득하였다.[25] 달마는 선가仙家들의 선술은 물론 불교사상을 더함으로써 새로운 관점의 관상법을 전개한 것이다. 오늘날 많이 거론되는 달마상법이 이와 관련된다.

다음으로 『면상비급』面相秘笈에서는 기색에 대하여 거론하면서 얼굴에 좋은 기운이 돌도록 하고 있다. "얼굴에는 온화하고 밝은 기운이 가득차야 한다. 말을 할 때에 눈썹사이와 양볼 색의 변화가 없어야 하며 얼굴에 좋은 기운이 돌고 음성이 고르게 나와 굶주린 듯한 소리가 아니어야 하고, 눈빛이 예스러우며 자연스럽고 몸에서 나오는 움직임이 온화하며 순하고 거짓이 없어야 한다. 이러한 인품이 치우침 없는 상이다."[26] 여기에서 기색이 중요하다는 것을 거론하면서 음성도 기색 못지않게 중요하다는 것을 밝히고 있으며, 그것이 하나 같이 아름다운 인상과 좋은 인품으로 거론된다. 이 모두가 얼굴에 온화하고 밝은 기색을 길상으로 보는 내용들이다.

길상을 가늠하는 관상법에 있어서 흥미를 더하는 것은 찰색인데, 이는 유년운流年運에서 알 수 있듯이 사람의 얼굴에는 그때그때의 변화를 읽을 수 있는 나이가 매겨져 있다는 것이다. 인간사의 길흉은 우연히 일어나는 것이 아니라 일정한 부위에 맞춰 발생한다는 논리이다, 그 일정한 부위를 논하면서 『꼴값하네』의 저자 최형규는 '변화궁'을 제시하고 있는데, 얼굴 변화궁의 15군데로는 26세, 27세, 33세, 34세, 39세, 40세, 41세, 42세, 43세, 51세, 54세, 55세, 61세, 70세, 71세라는 것이다.

---

25 달마대사는 소림사에서 오랜 동안 面壁의 수양공부를 하였다고 한다. 이 때 면벽은 외부 사물들과의 관계맺음을 끊고, 자기 마음의 본체를 밝히기 위한 방편이었다고 볼 수 있다(이강수, 『노자와 장자』, 길, 1997, p.53).

26 『面相秘笈』,「人品法」, 満面陽和 言談中 眉間 兩頓無變色 神氣從容 聲無變調 韻無中餒 眼光泰然 擧止溫純 無假作 無掩飾.

나이에 따라 변화궁을 살펴보는 것이 상학의 찰색론과 관련된다.

여기에서 변화궁이 길상이면 운세가 이전보다 좋은 방향으로 전개된다. 그러나 얼굴의 관련 변화궁들이 부실하면 운세는 불행한 방향으로 변한다.[27] 찰색이란 자신 내부의 마음 상태에 따라 변화되는 것이며, 또한 자기가 처한 외부의 상황에 따라 변화하는 것이다. 얼굴의 각 부위에 대한 변화를 잘 살펴보는 것은 자신의 행·불행을 가늠할 수 있다는 점에서 과거로부터 관상학에서 찰색을 살펴보는 것은 중요한 일의 하나로 여겨져 왔다. 눈 부위의 색깔이 검어진다거나, 입술이 새파래질 경우 자신에게 닥쳐올 불운을 예감할 수 있기 때문이다.

한편, 오행을 근본으로 하는 빛은 청, 황, 적, 백, 흑색이다. 푸른빛은 간肝에서 발하며, 누른빛은 비脾에서 발하며, 검은 빛은 신腎에서 발하고, 붉은 빛은 심心에서 발하고 흰빛은 폐肺에서 발한다. 즉 푸른 빛은 목木이 되고, 붉은 빛은 화火가 되며, 흰빛은 금金이 되고 검은색은 수水가 된다는 원리이다.[28] 이것은 각 오행의 빛이 4계절로 나뉘어서 우리의 얼굴에 어떤 색으로 드러나는가에 따라서 흉도 되고 길도 된다는 찰색의 중요성을 표현하고 있다.

이제 오행의 색을 염두에 두고 기색론과 관련한 천이궁(遷移宮)에 대하여 살펴볼 필요가 있다. 천이궁이란 두 눈썹의 꼬리 위에서 머리털이 나 있는 곳의 사이 부분을 말한다. 이곳을 다른 말로는 '천창(天倉)'이라고 하지만, 역마궁과 천창 부위를 포함하여 천이궁이라고도 한다. 며칠간의 해외여행이나 출장여행에 의한 움직임에 관한 안정성은 천이궁에

---

27 자그마치 열다섯 군데나 되는 변화궁은 마치 運氣의 흐름을 통제하는 신호등과도 같아 각각의 자리가 부실하면 지금까지 흘러온 運氣에다 어김없이 급제동이 가해져 더는 나아가지 못하거나 궤도수정을 피하기가 어려워진다(최형규, 『꼴값하네』, FACEinfo, 2008, pp.357-358).
28 백운학, 『관상보감』, 고려문학사, 2007, pp.50-53.

서 일어나는 기색과 관련된다. 만일 천이궁에 어두운 색이 나타나면 어떠한 여행이라도 미루거나 아예 포기하는 것이 좋다.[29] 이를 어기고 여행에 나선다면 불행이 나타나는 것을 막을 수 없다. 이와 달리 내키지 않는 여행이라도 밝은 색을 띠게 되면 그 여행은 즐거운 날이 될 것이다. 천이궁에 나타나는 기색은 자신의 여행에 있어 손익의 전조가 되며, 천이궁의 기색이 나타나는 기간은 2주일 전후에 소멸하거나 다른 색깔로 변할 때 운신의 폭을 키우면 좋을 것이다.

관록궁에서도 기색론이 거론된다. 관록궁은 이마 한가운데 사공司空을 중심으로 3~5cm 둘레에 자리한다.[30] 관록궁을 다른 말로 말하면 지각골이라고 한다. 관록궁은 이마보다 약간 솟아오른 꼴이 길한 것으로 알려져 있다. 이곳이 두터우면 길할 것이며, 거기에 기색氣色이 밝으면 더 바랄 것이 없다. 출세하거나 관직에 나아가 벼슬할 상으로서 관록궁의 기색이 더욱 빛을 발하면 관운 또한 오래 간다. 그러나 관록궁의 부위가 낮거나 흉터가 생기고 기색마저 밝지 않을 때에는 관계官界에 나가더라도 몇 차례의 관재구설수에 빠질 수 있으니 주의할 일이다. 지각골智覺骨이라고도 하는 관록궁은 지혜의 정도를 가늠하는 것으로, 관직에 이를 만큼 두뇌가 뛰어난 편이며, 관직에 오를 때 특히 기색을 살펴보면 주요 관직에 이를 조짐인가를 알 수 있다.

복덕궁에서도 기색을 거론하곤 한다. 복덕궁이란 상념의 세계에서

---

29 최형규, 『꼴값하네』, FACEinfo, 2008, pp.116-117 참조.
30 혈색이 화사한 자가 곧 氣가 아름다운 것이다. 옛 사람들의 이 말은 푸른빛과 자줏빛의 출원을 설명하는 것 외에 신체 내부의 골격이 우량한 사람이 표면의 육질과 기색 또한 아름답다는 것을 설명하고 있다. 범속한 인물은 틀림없이 뼈가 열등할 것이므로 골수가 푸른빛과 자줏빛의 기색을 발할 수 없게 된다. 여기에서도 관상을 볼 때 먼저 두면의 골격을 보아야 한다는 이치가 한층 더 깊게 드러난다(오현리 편, 『정통오행상법 보감』, 동학사, 2001, p.19).

언급하는 복의 자리이다. 복덕궁의 위치는 눈썹을 절반으로 하여 눈썹 끝 상단에 접한 이마 주위이다. 복덕궁에는 길흉을 예측해주는 기색이 있다. 이것은 관록궁과 같은 맥락에서 기색이 명멸하며 길흉을 예고해 주는 것이다. 관록궁에서 말하는 기색의 명멸은 신상에 관련한 것이라 면, 복덕궁에서 언급하는 기색의 명멸은 주로 재물의 문제와 관련된 다.[31] 복덕궁에 나타나는 명과 암 가운데 어느 한편의 기색에 물들면, 승운과 패운 중의 하나일 것이다. 즉 복덕궁에 있는 곳이 밝은 기색이 냐, 어두운 기색이냐에 따라 길과 흉으로 갈린다. 복덕궁의 지리가 왜 소해도 밝은 기색이라면 재물의 이익이 따른다. 하지만 그 자리가 거무 스름한 기색이면 이익보다는 재물의 손실이 따를 수 있으므로 주의할 일이다.

명궁命宮에서 기색의 문제도 거론된다. 이른바 명궁이란 눈썹과 눈썹 사이의 미간眉間을 말한다. 명궁은 여러 이름으로 언급되기도 하는데 이를 인당 혹은 학당이라고 하며, 명궁은 말 그대로 목숨의 집이라 한 다.[32] 얼굴 전반으로부터 운명의 정보를 명궁에서 일어나는 기색에 근 거하여 길흉여부를 판단하는 것이다. 즉 명궁은 훤하고 밝은 기색이 좋다. 그리고 명궁은 넓고 외피는 두꺼운 것이 좋다고 하며, 그 넓이는 한 치 정도 되면 좋다고 한다. 다른 설에 의하면 명궁은 한쪽 눈썹 길이 만큼의 폭이 적절하다고도 한다. 판단력, 직관력을 관장하는 명궁 부위 의 면이 깨끗한 기색이면 능력이 뛰어난 사람이다.

일반적으로 관상법에서 가장 난해한 것이 기색氣色 읽기이다. 기색의 길흉을 논하는데 있어서 청색을 예로 들어보면 청색은 목木의 색이며 동쪽의 색으로 본다. 안으로는 오장의 간에 응하고, 푸르면서도 밝아야

---

31 최형규, 『꼴값하네』, FACEinfo, 2008, pp.114-115.
32 최형규, 『꼴값하네』, FACEinfo, 2008, p.182.

좋다. 그러나 관상학에서 청색은 좋은 징조보다는 근심과 걱정, 질병 등의 좋지 않은 일이 일어날 때 생기는 색으로 보고 있다. 『마의상법』에서도 이를 죽은 기색이라 하여 매우 좋지 않은 색으로 본다. 청색이 관골이나 입가에 나타나면 사망에 이른다고 하며 오행에서 상극의 자리인 서쪽, 즉 우측 관골에 나타나면 즉시 재액이 발생한다.

이와는 반대로 청색이 동쪽에 뜨거나 그 빛을 발하면 오히려 길한 기운으로 본다. 즉 특정 부위에 청색이 뜨는 경우에도 오행상 본래 이 자리에 나타나고, 그 빛이 밝고 맑으면 길한 기색이라고 할 수 있다.[33] 이처럼 기색의 길흉을 보는데 있어서 어려움이 적지 않다는 것을 유추할 수가 있다. 또 하얀 백기白氣가 피부 내부에서 애색哀色을 띠면 남성은 부모를 잃고 여성은 남성을 잃을 조짐이며, 거무스레한 흑색을 띠면 자신의 죽음을 암시한다. 적색, 백색, 흑색 등은 해악을 끼칠 징조이니 이러한 기색이 짧게 3일, 길게 14일 이내 흉사가 나타날 수 있다.

위에서 언급한 기색을 하나하나 인지함으로써 얼굴의 변화궁에 익숙해질 경우 찰색 공부는 훨씬 수월해질 것이다. 기색공부, 즉 찰색법察色法은 변화궁에서 얻는 정보를 잘 활용하면 용이해질 것이며, 또한 좋은 체질의 기색론이 거론되곤 한다.[34] 자신의 얼굴에 대한 기색공부란 쉽지 않지만 이에 대하여 관심을 갖는다면 자신에게 닥칠 미래 운명을 가늠할 수 있고, 용이하게도 길흉에 대비하는 공부가 될 것이다. 얼굴과 몸의 생김새, 그리고 언행으로 운명을 판단하는 상법에는 여러 가지 분류가 있다. 그 많은 분류의 상법 중 일부에 속하는 얼굴이나 몸에

---

33 地平 編著, 李成天 監修, 『관상해석의 정석』, 도서출판 문원북, 2019, p.200.
34 기색론에 있어 좋은 체질의 표상으로 부드러운 피부, 등에 적당히 살집이 있고, 머리카락이 지나치게 뻣뻣하지 않고 너무 검지도 않다. 검거나 갈색의 눈동자가 적당히 촉촉하다(설혜심, 『서양의 관상학, 그 긴 그림자』, 한길사, 2003, p.99).

있는 작은 점 한 개라도 일생을 살아가는 동안 크든 작든 행, 불행의 길흉을 좌우하고 있다[35]는 점에 있어서 볼 때, 얼굴에 난 흑점이라도 기색의 윤기 나는 점과 윤기 없는 점이 있다. 윤기가 있는 점에 비해 윤기가 없는 점은 당장 운명에 어떠한 영향을 미치지 않더라도 점진적 암운의 조짐을 보일 것이다.

이러한 맥락에서 관상학을 연구하는 여러 대상 가운데 기색공부가 포함되어 있다. 그것은 관상학 연구 분야로서 얼굴에만 그치지 않고 머리, 얼굴, 신체, 팔, 다리의 다섯 부위와 골격, 정신, 기색, 음성, 도량과 식견 등을 포함하기 때문이다. 이 가운데 나의 얼굴에 임시적으로 나타나는 기색 즉 색깔을 무심코 지나치지 말고 살펴본다면 자신의 운명읽기에 있어서 조예가 생긴다. 나의 마음과 몸 안에 잠재적인 것까지도 은연 중 얼굴에 표출될 수 있다는 사실에서 관상학으로서의 기색 공부에 심리학·생리학·유전학 공부가 밑받침된다면 훨씬 수월해질 수 있다. 크게 보면 오행형상 가운데 화형인의 얼굴색은 붉은 편이라는 것에서부터 시작하여, 그로 인해 다혈질이라는 점[36]을 염두에 두는 것도 일종의 기색 공부의 시작이라 본다. 덧붙여 인당에 나타난 기색은 황색, 홍색, 자색일 경우 운이 좋다는 뜻으로, 이는 일종의 기색 공부가 되는 것이다.

관상에서 기색을 우선적으로 살펴보지 않으면 관상학의 정수에 이르지 못한다. 관상을 보는 순서에 있어서는 기국이나 형용形容을 기색에 앞서 보아야 하지만 음성, 피부, 근육 등의 비교적 미세한 부분을 살펴볼 때는 기색을 우선으로 해야 하기 때문이다.[37] 이어서 미즈노 남보쿠

---

35 최전근, 『신 체형관상학입문』, 좋은글, 1998, p.209.
36 다혈질은 동맥의 활동에 영향을 받기 때문에 적당한 살집을 가졌다. 적절하게 단단한 근육, 밝은 밤색 머리카락, 푸른 눈, 힘찬 맥박, 활기 넘치는 안색이다 (설혜심, 『서양의 관상학, 그 긴 그림자』, 한길사, 2003, pp.132-133).

의 『관상해석의 정석』에 의하면, 기색으로 질병, 수명을 파악할 때는 청색과 흑색을 유념하고, 체하거나 마른 기색·잡색 등을 경계해야 하지만, 노년의 기색은 젊은 사람과 달리 피부로 분별해야 한다고 하였다. 기색이 피부의 윤택 여부 및 혈색이 노년 운의 흐름을 나타내기 때문이라는 것이다. 기색이 관상에서 중요한 이유는 질병을 대처하고 수명을 온전히 하도록 하는 건강 체크 포인트라는 점에서 더욱 중요하다는 것을 인지할 필요가 있다.

그러면 본격적으로 기색론을 통한 운명 예측에 대하여 하나하나 언급해 보고자 한다.

첫째, 골상을 기색과 관련하여 거론해 본다. 뼈와 살을 논할 때에 주종이 있다. 뼈는 우리의 신체를 지탱하는 주가 되며, 살은 뼈에 붙어 신체를 완성하는 주가 된다. 뼈로 이루어진 골상의 기색은 어떠한 색깔이 좋을까를 생각해보자. 관상학에서 "골상이 푸른빛을 띠면 그 기氣가 밝고, 골상이 자줏빛을 띠면 그 기색이 아름답다. 뼈 속이 실한 자는 살에 윤기가 돌고, 뼈 속이 메마른 자는 푸석한 기운이 나며, 뼈가 약한 자는 그 기氣 또한 흐리고, 뼈 속이 타들어간 자는 냉기가 있다. 뼈가 맑고 투명한 자는 기氣가 밝다."[38]라고 오현리는 언급하고 있다. 뼈와 살의 주종과 기색을 주시해보자는 것이다.

전장에서 말한 기색론에 의하면 푸른빛과 자줏빛은 색깔에서도 고급 색깔에 속한다고 하였는데, 골상에 대한 이 같은 기색은 아름다움 자체 그대로이다. 푸른 기색의 골상을 지닌 자는 밝은 미래 운명에 관련된 귀격이라 할 수 있다. 참고로 『마의상법』에서 골격은 일생의 영고성쇠榮枯盛衰가 되고, 기색은 행년의 길흉을 정한다고 하여, 기색을 통해 살

37 地平 編著, 李成天 監修, 『관상해석의 정석』, 도서출판 문원북, 2019, p.60.
38 오현리 편, 『정통오행상법 보감』, 동학사, 2001, p.19.

피는 운의 시간적 기준을 유년流年으로 정의하고 있다.『유장상법』에서도 골격으로 인생의 빈부를 정하고, 기색으로 그 해의 길흉을 정한다고 하는데, 두 상서相書의 기색에 대한 서술이 비교적 유사함을 알 수 있다.

둘째, 피부 및 살과 관련하여 기색을 언급해 본다. 신체적으로 건강이 필수인 것이 이와 관련되며 건강한 사람의 피부는 윤이 나고 살색 역시 빛이 난다. 살에 윤이 나는 경우 혈색이 화사하다는 것으로, 화사한 혈색을 지닌 자가 곧 좋은 기색이며 미모에도 좋다.[39] 물론 얼굴색이 하얗고 피부도 하얀 피부이면서 허리마저 가늘다면 그 사람의 미모에 금상첨화일 수 있으나 성性에 탐닉할 수 있는 운명이므로 주의할 일이다. 그러나 얼굴의 피부가 거무스름하고 살색 또한 회색빛과 같이 윤기가 없다면 그 사람의 건강에 문제가 있는 것으로 본다.

그러나 윤이 나는 피부에다 부드러우면 융통성이 있고, 섬세한 피부를 지닐 경우 지혜롭다. 이것은 살과 피부의 윤기가 없어 기색마저 흐려진다면 피부가 거칠어지는 요인이 되며, 밝은 운도 따르지 않는다는 뜻이다. 오형상으로 볼 때 목형은 피부의 기색이 푸르고 윤기 나는 것을 선호하며, 화형은 피부의 기색이 붉고 윤기 나는 것을 선호하며, 토형은 피부의 기색이 누렇고 윤기 나는 것을 선호하며, 금형은 피부의 기색이 희고 윤기 나는 것을 선호하며, 수형은 피부의 기색이 검고 윤기 나는 것을 선호한다.[40] 이처럼 오형의 형상에 따라 피부의 기색이 다르게 나타나지만 윤기가 나는 것을 길상의 특징으로 한다.

셋째, 두 눈에 생기生氣가 있어야 한다. '얼굴이 천냥이면 눈은 구백냥'이라는 말이 있다. 눈의 중요성을 말하는 것인데, 눈빛이 강렬하다[41]

---

39 안색이나 피부색은 검거나 희거나에 관계없이 우선 윤기가 있어야 한다(최형규,『꼴값하네』, FACEinfo, 2008, pp.33-34).

40 오서연,『인상과 오행론』, 학고방, 2017, p.193.

41 눈빛마저 강렬하면 뇌수의 활동이 원활하고 내부 장기의 氣순환이 잘 이루어

는 것은 생기가 있다는 것으로 눈의 색상도 흑백이 분명하게 나타나는 것이 좋다. 그리고 눈의 형태가 조금 길고 가늘면 지혜가 있어 보이며, 눈동자가 까맣게 맺혀 있으면서 눈빛이 강렬하면 두뇌 활동이 좋고 신체의 기氣 순환이 잘 된다는 것으로 이 역시 지혜가 있는 자의 모습이다. 눈이 크다고 해서 반드시 좋은 것은 아니며, 눈이 크고 안광眼光이 흩어지면 생기 없는 눈이 되기 때문이다.

눈썹에도 기세氣勢가 있으면 좋다. 눈썹은 둥글고 눈보다는 조금 더 긴 것이 좋으며 그러한 눈썹일수록 기세가 있어 보인다. 두 눈이 맺혀 있고 눈썹이 두터워 기세가 있다는 것은 집념과 정신력이 강하다[42]는 것이다. 그리고 눈동자가 붉은 기색이면 피로가 겹쳤다는 의미이며, 눈썹이 적은 얼굴은 외로움과 더불어 기색이 없다는 뜻이다. 이처럼 눈과 눈썹의 생기 여부에 따라 미래 운명의 밝음과 어두움이 갈린다.

넷째, 코의 기색은 윤기가 흐르고 밝게 빛나야 한다. 코는 천天, 인人, 지地 중에서 '나' 자신을 나타내는 인人에 해당한다. 우리의 얼굴에서 코는 임금이고 광대뼈는 신하라고 한다. 코가 중앙에 똑바로 서야 우리의 몸을 지탱해주는 척추의 기능도 좋다. 아울러 코에는 두개골 전산前山(38골 가운데 하나인 선색골[43]이 있는데, 이것은 연수年數가 우뚝 솟

저 지혜가 샘솟으며, 인당이 넓고 깨끗하면 영성활동이 원활하여 원초적인 지혜가 생성된다. 눈썹이 눈보다 길어 수려하면 처세상의 지혜가 뛰어나고, 피부가 부드럽고 섬세하여도 그곳에서 섬세한 지혜가 발하며, 모발이 가늘어도 섬세한 지혜가 생겨난다(이정욱, 『심상 관상학』, 천리안, 2006, pp.312-313).

42 눈썹의 생김과 턱을 보면 집념과 추진력이 강한 여걸 상이다(이남희, 『하루만에 배우는 실전관상』, 도서출판 담디, 2008, p.115).

43 선색골은 年數가 우뚝 솟아 위로 산근을 관통한 것을 말하는데, 준두까지 둥글고 풍성하게 솟아 있으면 중년에 사업이 순조롭고 성공을 거둔다. 단 코의 기색은 반드시 누렇고 윤기가 흐르며 밝게 빛나야 한다(오현리 편, 『정통오행상법 보감』, 동학사, 2001, p.24).

아 위로 산근을 관통한 것을 말한다.

그런데 코의 준두까지 둥글고 풍성하게 솟아 있으면 중년에 사업이 순조롭고 성공을 거둘 운이라고 한다. 이러한 코의 기색을 언급한다면 반드시 누렇고 윤기가 흐르는 것이 좋다. 색상도 밝게 빛나는 코가 귀격에 해당한다. 코의 형상에 있어서 얼굴의 광대뼈와 조화롭게 잘 어울리면 서로 기가 잘 통하는 것으로 기색 역시 밝게 빛이 난다. 코가 똑바르고 입이 곧아 서로 일직선을 이루면서 빛이 나면 정직한 성격을 지닌 것이다. 또한 코가 길어 수려하고 기색이 맑고 깨끗하여 준두마저 풍성하면 그 사람은 성실하여 어떠한 임무든 충실하게 완수하는 성품을 지닌다. 코는 자신의 자존심이자 자신감의 상징이므로 맑고 높으며 밝은 색상이면 좋은 관상이다.

다섯째 입술이나 혀의 찰색에 있어서 혈색이 좋아야 한다. 여성에 있어 눈은 자식의 두뇌를 가늠하고 입술은 자식과의 말년의 관계를 보는 중요한 부위이다.[44] 또한 입술은 우리 정감의 발로처라 한다. 이 입술은 인간의 애정과 우정 등 타인에 대한 배려심을 나타낸다는 점에서

---

44 입술 위에 주름이 있으면 늙도록 자식이 없으며 콧수염이 제비 꼬리처럼 나누어져 있으면 장자를 늦게 두게 되며 새의 부리처럼 생긴 입에서 천둥과 같은 소리를 낸다면 자식이 없으며 불 부는(吹火) 입으로 새의 부리처럼 생긴 사람은 젖먹이도 없으며 人沖(붓도랑) 위가 좁고, 아래가 넓은 사람은 아이가 많다. 인충 위가 넓고 아래가 좁은 사람은 자식은 여럿 낳으나 키우기 어렵다. 입술이 베로 만든 포대자루처럼 생기거나 새의 부리처럼 생긴 사람은 놀고먹는 무리로서 자식이 없다. 토끼 입술로 새의 부리처럼 뾰족한 사람은 아이에게 결함이 있다. 인충이 넓고 넓어 뚜렷하지 못한 모양이면 떨어진 하나가 어른이 되니 자식이 외롭다. 인충 밑바닥이 평평하게 고르지 못하면 51세에 질서 없이 뒤얽혀 변하니 이롭지 못하다(『面相秘笈』「六親訣」, 脣上褶老來無子, 髭分燕尾長子緩居, 雷公嘴者, 無子, 吹火嘴者, 無兒, 人沖上夾下濶者, 多兒. 人沖上闊下夾多生少成. 布袋嘴者, 無子, 兎脣嘴者, 缺兒. 人沖泛泛孤子成牛, 溝底不平五一變亂不利).

기색 또한 붉은 색상이 좋다. 그리고 입술이 두터울수록 욕심이 많은 편이며, 크고 두터울 때 활력에 더하여 부지런하다고 한다. 부부나 애인 사이의 애교성은 입술의 기색이 붉게 빛날 때 더욱 두터워진다. 입술이 앵두같이 붉은 기색에다가 도톰한 형이라면 대인관계 역시 좋다. 그러나 인간의 신체란 환경적 영향을 받으므로 날씨가 추워지면 입술이 새파랗게 되며, 건강이 좋지 않을 때 입술의 기색은 사색으로 변한다는 사실을 주의해야 한다. 혀의 찰색 역시 중요하다. 관상학에서 팔학당八學堂이 있는데, 그 가운데 혀와 관련한 광덕학당廣德學堂이 거론되는 것으로 "혀가 코끝에 닿을 듯 길고 붉은 주름이 있어야 한다"고 오현리는 말하고 있다.[45] 혀의 찰색 역시 밝고도 붉은 색이 좋다고 본다.

기색은 얼굴의 어느 한 부위만을 의미하지 않고 서로 균형을 갖춘 색이어야 한다. 기색으로는 행년 위주의 흐름, 질병, 길흉, 사망 여부 등을 분별하고, 골격과 오악의 외형으로는 타고난 부귀빈천과 같은 운명을 가늠한다. 그래서 기색과 형상의 조화와 균형 여부를 잘 살펴야 한다. 관상을 보는 순서에 있어서는 기국이나 형용形容을 기색에 앞서 보아야 하지만 음성, 피부, 근육 등의 비교적 미세한 부분을 살펴볼 때에는 기색을 우선으로 해야 한다. 기색으로 질병, 수명을 파악할 때는 청색과 흑색을 유념하고, 체하거나 마른 기색, 잡색 등을 경계해야

---

45 八學堂의 첫째는 高名學堂으로 머리가 둥글고 異骨이 솟아야 한다. 둘째는 高廣학당으로 額角이 밝고 윤택하며 뼈가 솟아야 한다. 셋째는 光大학당으로 인당이 평평하고 밝으며 흠이나 상처가 없어야 한다. 넷째는 明秀학당으로 눈빛이 검으며 神이 드러나지 않고 감추어져 있어야 한다. 다섯째는 聰明학당으로 귓바퀴가 홍·백·황색을 띠어야 한다. 여섯째는 忠信학당으로 이가 가지런하고 촘촘하며 서리처럼 희어야 한다. 일곱째는 廣德학당으로 혀가 코끝에 닿을 듯 길고 붉은 주름이 있어야 한다. 여덟째는 班笋학당으로 눈썹이 분명하게 나뉘고 굽었으며 똑같이 짝을 이루어야 한다(오현리 편, 『정통 오행상법 보감』, 동학사, 2001, p.542).

한다. 그러나 노년의 기색은 젊은 사람과 달리 피부로 분별하는데, 이는 피부의 윤택과 혈색이 노년 운의 흐름을 나타내고 있기[46] 때문이다.

찰색에서 불균형을 이루는 것도 주의해야 할 것이다. 얼굴색은 밝은데 입술이 파랗다든가, 눈은 안광을 비추는데 얼굴색이 밝지 않다면 균형이 없다는 것으로 건강에 이상 기운이 있거나 길한 운이 아니다. 이와 상대적으로 광대뼈와 코가 잘 어울리며, 눈썹과 눈이 잘 어울리는 것이 균형을 이루는 것으로 이는 기氣가 잘 통하여 건강에도 좋다[47]는 뜻이다. 중요한 것은 얼굴의 15가지 변화궁의 각 기색이 불균형을 나타내는가를 살펴서 외출을 삼간다던가, 투자를 조심스럽게 하거나, 부모의 건강에 이상 신호가 있다던가, 부부의 이별 운이 있다면 이에 조처를 잘 해야 한다.

이처럼 얼굴 색상의 전체를 살필 때 안색에 변화가 있어 보인다던가, 눈빛이 흐려진다던가, 코 주위에 검은 색이 나타나는 이상조짐이 있다면 주의할 일이다. 찰색을 살펴보면서 그 미묘한 차이가 운명의 큰 결과를 낳기 때문이다. 급변하는 기색은 흉이 많고, 길한 기색은 고운 빛깔이 은은하게 발하면서 지속적이라는 것이다. 기색과 상모相模가 서로 균형이 맞아야 그 사람의 그릇이 완성된다. 기색은 수시로 변하므로 자세히 살펴야 비로소 올바른 기색을 볼 수가 있다[48]는 점을 상기할 일이다. 기색의 관찰이 관상에서 중요하므로 상모의 균형과 수시 변화 가능성을 미리 살펴보아야 한다.

---

46 地平 編著, 李成天 監修, 『관상해석의 정석』, 문원북, 2019, p.60.
47 體相은 체상 자체의 균형 발전을 요구한다. 뼈와 살은 보기 좋게 균형 잡히고 어깨와 가슴팍, 옆구리와 엉덩이 등이 상호 균형을 이루었다면 최상의 체상이다. 그 자체만 해도 부귀한 상이며, 수명장수의 요건도 함께 갖추었다 해서이다(최형규, 『꼴값하네』, FACEinfo, 2008, p.17).
48 地平 編著, 李成天 監修, 『관상해석의 정석』, 도서출판 문원북, 2019, p.60.

목소리는 관상의 묘미

관상을 보는 것 가운데 으뜸이 '소리'를 간파하는 것이라는 말이 있다. 소리 관상이 으뜸이며, 그 다음이 정신을 보고, 형색을 본다는 것도 같은 맥락에서 언급된다. 이러한 견해는 사람의 목소리가 관상학에서 얼마나 중요한 것인가를 알려주는 것으로 『상리형진相理衡眞』에서는 일반인 목소리의 표준 및 길흉과 오형인 목소리의 표준 및 길흉에 관해 상세하게 언급하고 있다.[49] 본 상서에서 오음五音에 대하여 언급하는 것이 주목된다. 즉 금성金聲은 울림이 있고, 목성木聲은 건조하며, 수성水聲은 급하고, 화성火聲은 열기가 있고, 토성土聲은 잠겨 있는데 이것이 오음의 바른 상이라는 것이다.

소리 관상에 관심을 부여한 『상리형진』에서는 우리가 속한 형질에 맞게 음音을 얻은 사람과 서로 돕고 상생하는 사람은 길하지만, 상반되고 상극하는 사람은 흉하다고 하였다. 목음木音은 맑으면서 단정하고 우렁차면서 깨끗하고, 화음火音은 불꽃이 폭발하는 소리처럼 초조하고 강렬하면서 바짝 말라 거칠게 되며, 금음金音은 멀리 퍼지지만 괴팍하

---

49 오현리 편, 『정통오행상법 보감』, 동학사, 2001, p.151.

지 않고 촉촉하면서 마르지 않은 소리로서 울림이 있으며, 수음水音은 원만하고 맑으며 급하면서도 여운이 있으며, 토음土音은 깊고 중후하며 막힌 듯 하면서도 울림이 있는데, 오형 중에 한 체형을 이루고, 그 몸에 맞는 음을 얻는다면 반드시 부귀하게 되고 장수를 누릴 것[50]이라고 하였다. 이는 상극이 아닌 상생의 음이 중요함을 드러낸 것이다.

이처럼 목소리는 상생과 상극 가운데 소리의 파동으로 상대방에게 긍정적으로 혹은 부정적으로 전해지는 것이다. 인간은 상생의 언어로써 구체적으로 자신의 생각과 행동을 상대방에게 전하는 것이 중요한데, 신체의 후두부를 통해 나오는 목소리가 언어 전달의 역할을 한다. 목소리는 우리의 입을 통해 나오는 '말'이라 하는데, 말의 역할은 몸 안의 기운이 소리의 파동으로 변환되어 상대방에게 전달되는 것이다. 말이 전하는 신호에 따라 상대방에게 호·불호의 감정을 전하는 점에서 좋은 언어의 사용은 필수적이다. 중국 송대의 철인으로서 '성즉리性卽理'의 이론을 밝힌 정이천에 의하면, 군자가 거처할 때 말을 살펴보고 변화를 관찰하여 점사占辭를 살펴본다[51]고 하였다. 우리가 입 밖으로 내는 목소리, 즉 말의 형세를 보아 길흉의 점을 예측해본다는 것으로, 목소리는 관상은 물론 점사에 있어 그 묘미가 적지 않다고 본다.

목소리가 관상에 있어서 묘미가 있다는 것은 특히 다음과 같은 이유에서이다. 목소리에는 높고 낮음이 있으며, 길고 짧음이 있음은 물론 깊고 얕음이 있다는 점을 고려해 보자는 것이다. 그리고 목소리에는

---

50 오현리 편, 『정통오행상법 보감』, 동학사, 2001, pp.154-155.
51 이천선생이 말하였다. "군자가 편안히 거처할 때에는 그 象을 관찰하여 말(글)을 살펴보고 동할 때에는 변화를 관찰하여 占辭를 살펴보니, 말(글)을 알고도 뜻을 통달하지 못하는 자는 있으나 말(글)을 알지 못하면서 뜻을 통달하는 자는 있지 않다."(『近思錄』 「致知」 49章, 君子居則觀其象而玩其辭, 動則觀其變而玩其占. 得于辭, 不達其意者有矣, 未有不得於辭而能通其意者).

느리거나 빠르고, 어둡거나 맑음이 있으며, 중후하거나 가벼움, 노하거나 즐거움 등에 목소리의 정보가 들어 있다.[52] 감정의 동물인 인간으로서 그 감정에 따라 전달되는 목소리가 달라진다는 사실을 상기한다면 상대방에 전하는 목소리를 통해 그의 심리상태를 엿볼 수가 있다. 심리에 더하여 성질이 무디고 행동이 느리다면 목소리도 느리며, 말재간도 없어서 자신의 의사전달에 애로가 생긴다. 인간의 삶이란 타인과 친교하고 공동체 생활을 하는 사회적 동물이기 때문에 자신이 전하고자 하는 의사를 상대방에게 유용하게 전달해야 하므로 그 말에 감정이 실린다는 사실에서 상대방을 쉽게 간파하는 묘미가 있는 것이다.

관상에서 목소리를 듣고 길흉을 알아낸다면 기왕 목소리를 낼 때 좋은 목소리를 내는 것이 필요하다. 좋은 목소리가 복을 불러오고 밝은 운을 가져다주기 때문이다. 그러면 어떠한 목소리가 길운을 가져다준다는 것인가?

첫째, 목소리에는 따뜻하고 부드러우며 여유가 있어야 한다. 목소리가 따뜻하고 부드러우면 마음이 따뜻하고 온유하다는 것이다. 따뜻하고 온유한 말 한마디에 마음도 여유로워서 어떠한 난관도 쉽게 극복할 수 있기 때문이다.[53] 이것은 대화의 자세와 관련되는 것으로 대화를 할 때 상대방에게 따뜻한 표정과 언어로 북돋워주는 자세가 그 사람을 어려움에서 헤쳐 나갈 수 있는 힘을 준다는 것이다. 안도현 시인이 「저 해가 떠오를 때」라는 시에서 "이 세상 전체가 따뜻해질 수 있도록 도와주소서."라는 글을 남겼는데, 이 세상이 따뜻해지는 직접적이고 적극적

---

52 이남희, 『하루만에 배우는 실전관상』, 도서출판 담디, 2008, p.48.
53 대화를 할 때 시선이 상대의 얼굴을 따뜻한 표정으로 주시하며 목소리에 뱃심이 들어가 있는 자세가 좋다. 말의 속도가 일정하면서 목소리가 낭랑하고 맑은 여운이 있는 사람은 순발력과 기지가 발달해 있다(이남희, 『하루만에 배우는 실전관상』, 도서출판 담디, 2008, p.60).

인 수단은 인간의 언어이다. 따뜻하고 부드러운 목소리가 서로의 귓가에 전해진다면 이 세상이 따뜻해질 것이기 때문이다.

둘째, 매우 이상적인 목소리는 뱃심이 들어가 있고 소리 울림이 깊고 맑아서 행운을 가져다준다. 깊은 울림이 있는 목소리는 가슴 깊숙한 곳에서 나오는 소리와 관련된다. 말을 할 때 뱃심에서 우러나오는 목소리가 설득력도 있으며 음폭도 넓어서 마음을 편안하게 해주기 때문이다.[54] 아랫배의 단전丹田에서 나오는 소리가 안정감이 있고 소리의 울림도 깊으며, 그로 인해 맑은 목소리가 나온다고 한다. 단전 깊이에서 나오는 소리는 반향도 크고 해서 상대방에게 신뢰를 가져다 줄 수 있다. 명상을 통해 심연의 세계를 발견하고, 그리하여 단전에서 나오는 고요함의 목소리가 되어 삶의 행복을 가져다준다는 사실을 직시하자는 것이다.

셋째, 목소리가 명랑하고 맑으면 순발력이 있어 밝은 삶에 활력을 더한다. 목소리가 명랑하다는 것은 내레이션을 읽을 때 낭랑한 아나운서의 목소리와 같이 똑똑하고 맑은 음색을 말한다.[55] 이러한 목소리의 주인공은 순발력이 있고 기지도 발휘할 수 있다. 물론 명랑한 목소리는 성격이 밝은데 그것은 심신이 명랑할 때 가능한 일이며, 항상 심신의 평화로움이 담보될 때 명랑한 목소리가 파생된다. 특히 청춘 남성의 이상적 배우자형 선호도에서 높은 순위에 오르내리는 것으로 음성이 '명랑하고 상냥한 여자'라고 답하는 경우가 많다. 상대방의 목소리가 명랑할 경우 더욱 호감이 가는 것은 인지상정이라 본다. 어느 날 문화

---

54 말을 할 때 뱃심에서 우러나오는 목소리가 나직하면서도 음폭이 넓은 사람은 마음이 고르다(이남희, 『하루만에 배우는 실전관상』, 도서출판 담디, 2008, p.48).

55 가늘고 갈라지는 음색은 여자의 언어이다(설혜심, 『서양의 관상학, 그 긴 그림자』, 한길사, 2003, pp.92-93).

인류학자 마거릿 미드 할머니가 한국에 와서 여자대학을 둘러보고 한국여학생들이 밝고 명랑한 모습으로 보인다[56]고 칭송하였다. 과거시대의 얌전한 목소리의 주인공이 아니라 현대는 명랑한 목소리의 주인공이 밝은 미래를 개척하는 주인공임에 틀림이 없다.

넷째, 목소리를 천천히 또박또박 전하면 설득력에 더하여 신뢰감이 있다. 대체로 자기가 생각한 것을 상대방에게 강요하듯 의지가 앞서다 보면 목소리가 빨라지고, 톤마저 높아진다. 목소리가 빨라진다는 것은 자신의 의견을 차분하게 정리하지 못하고 성급한 감정 그대로를 노출하기 때문에 나타나는 현상이다. 자신의 견해를 신중하게 머릿속에 정리하면서 천천히 말하는 사람의 목소리가 설득력 있게 다가오고 말하는 사람에 대한 신뢰감도 더해진다.[57] 말을 빨리 하다보면 말의 순서를 잃게 되어 하고 싶은 말을 하지 못하는 경우가 생긴다는 것을 알아둘 일이다. 자기가 아는 것을 빨리 드러내 보이는 것이 목적이 아니라 상대방이 알아듣도록 차분해야 한다는 것을 잊어서는 안 된다.

다섯째, 음성이 웅장할 때 중후한 성향을 지닌다. 사찰에서 울리는 종소리가 웅장하게 들리는 것은 그것이 은은하게 널리 퍼지는 효과를 가져다주기 때문이다.[58] 종이 클수록 더욱 웅장해지는 것은 음폭이 커지는 현상과 관련될 것이다. 항아리도 큰 항아리에서 나오는 음향이 작은 항아리의 음향보다 더 커지는 것과 같다. 이처럼 음성이 웅장하고 크다는 것은 그 사람의 마음 국량이 크고 넓다는 것으로, 매사 막힘없

---

56 李圭泰,「思夫曲」, <조선일보>, 1998.10.1, 4면.

57 무엇이든 천천히 하는 것이 좋다. "서둘지 말고 천천히 선택하라."(스티브 챈들러 저, 문채원 역,『성공을 가로막는 13가지 거짓말』, 넥서스BOOKS, 2002, p.20).

58 음성은 종소리처럼 웅장하고 은은하게 멀리 퍼지는 것이 좋다(이남희,『하루 만에 배우는 실전관상』, 도서출판 담디, 2008, pp.48-49).

이 일을 잘할 사람이다. 사실 목소리는 우리의 마음을 근본으로 해서 파생되므로 마음의 국량이 클 때 목소리도 웅장하고 중후해진다는 것이다. 기국器局이란 '그릇' 혹은 '포부'와 같은 뜻으로, 입모양에서 기국의 크고 작은 것을 가늠한다. 입은 그 사람의 그릇이기 때문이며, 입을 크게 하며 목소리를 웅장하게 내는 것도 다 이유가 있다.

다음으로 자신의 명운命運에 좋지 않은 목소리는 어떠한 소리인가를 살펴보도록 한다. 고려의 보조국사는 「정혜결사문」에서 말하기를, 활동하고 말하고 침묵하고 간에 그것은 실체가 없고 빈 것이어서 그림자에 불과하므로 비방하는 말을 하거나, 칭찬하거나, 옳다거나 그르다거나 하는 음성이 목구멍에서 망령되이 나오는 것이 빈 골짜기의 메아리와 같고 또 바람소리와 같은 것임을 훤히 알아야 한다[59]고 했다. 불법의 무상 진리처럼 우리가 목구멍에서 어떠한 목소리를 내든지 간에 그것은 허무한 것에 불과하므로 상대방을 헐뜯거나 시비의 소리를 내지 말라는 뜻이다. 보조국사는 한번 꺼낸 말은 주어 담을 수 없으므로 신중한 언어생활을 해야 한다는 것을 상징적으로 밝힌 것이다.

구체적으로 자신의 운명을 가늠할 목소리 가운데 부정적인 목소리는 어떠한 목소리인가? 목소리가 미래를 불안하게 하는 망령의 소리는 과연 어떠한 소리인가를 하나하나 살펴보도록 한다.

첫째, 가성假聲을 쓰는 사람은 이율배반적이다. 잔치판 등에서 괴성으로 소리를 지르며 이상한 행동을 하는 것을 지켜본다면 상대방으로서 기분이 편하지 않을 것이다. 가성으로 괴성을 지르는 일은 감정상 불쾌하기 때문이다. 특히 가성을 써서 목소리가 가늘고 상냥한 척 하는 사람은 가식적인 행동으로 자신을 보이려 하는 심리를 지닌다.[60] 즉

---

59 鏡虛禪師 編(이철교 역), 「高麗國 普照禪師 勸修定慧結社文」, 『禪門撮要』 下卷, 민족사, 2005, pp.311-312).
60 이남희, 『하루만에 배우는 실전관상』, 도서출판 담디, 2008, pp.48-49.

얌전한 척 하지만 표리부동한 모습으로 뒤끝이 좋지 않은 사람이라는 것을 쉽게 알 수 있다. 분석심리학자 융의 심리학 가운데 '페르소나(persona)'라는 말이 있다. '페르소나'는 '가면'이라는 뜻이며, 융에 의하면 모든 사람은 다 가면을 쓰고 있다고 하였다.[61] 긍정의 의미에서 가면을 쓴 경우라면 선의의 거짓말에 해당할 것이다. 그러나 기이하게 숨기는 듯 가성의 목소리를 내는 경우 그것은 심리의 이상 현상에 해당한다. 괴성을 지르는 가성의 목소리는 자신을 표리부동한 가식적인 사람으로 몰아가는 것임을 알아야 할 것이며, 찾아오는 복도 돌려보내는 꼴이다.

둘째, 목소리가 거칠고 사나우면 행운을 몰아낸다. 이러한 사람은 목소리가 빨라지고 거칠어지며 거친 파도와 같아서 마음의 정처를 찾지 못한다. 사나운 목소리는 마음도 파도치듯 사납게 만들기 때문이다. 머리카락이 거칠면 성격 역시 거칠고 강하듯이 목소리가 거칠면 성격 또한 사납다. 마음바탕이 맑지 못하고 거칠기 때문에 당연히 목소리가 사납게 된다. 석가는 설법제일의 부르나 존자에게 서방의 수나아 사람들이 거칠고 모질며 사나워 싸우기를 좋아한다면서, 이들을 참아내겠느냐고 하였다. 이에 부르나는 모든 것을 감수하고 그들을 교화하겠다고 하였다.[62] 『분별무쟁경』에서 언급하는 것처럼, 사람이 거칠게 굴고 사납게 대하며 말을 함부로 한다면 그들을 설복할 수 있는 지혜를 갖도록 인도하는 일은 쉽지 않을 것이다.

셋째, 목소리가 탁하면 명운이 안 좋다. 목소리가 탁하다는 것은 맑지 않다는 것으로, 또한 음성마저 들리지 않을 정도로 낮은 톤이라면 상대방으로서 답답할 것이다. 답답함을 전하는 사람은 좋은 운을 만나

61 윤종모, 『치유명상』, 정신세계사, 2009, p.230.
62 조용길, 「불교의 포교이념과 현대불교의 포교 경향」, 《교화방법의 다각화 모색》, 원불교대학원대 실천교학연구원, 2006.11, pp.9-10.

기란 쉽지 않다. 마음에 구름이 낀 듯한 사람에 있어서 목소리마저 구름에 낀 듯 탁하게 들린다면 모든 일이 중도에 가로막히는 것이다.[63] 혼탁한 목소리를 내는 사람의 심리는 잠재의식 속에 불안감이 있다는 것이며, 불행을 가져다줄 조짐이 있다는 것으로 탁한 목소리는 인생길을 흐리게 할 수가 있다. 자기 이익을 탐닉하고 남을 질시하며 음탕한 것을 좋아하는 사람들의 본능적 욕구를 인간의 본성으로 파악한 학설이 순자의 성악설이다. 그의 본성론에 따른다면 혼탁한 세상에서 난잡한 삶이 이어지는 것으로, 그것은 타고날 때부터 운명을 불안하고 고통으로 몰아간다는 것이다. 악하고 탁한 음성의 주인공이 되지 말아야 하는 이유가 여기에 있다. 남성은 물론 여성이 남자처럼 굵고 탁한 목소리를 낸다는 것도 서로에게 해로우며[64] 성격이 온유하지 못하고 부부궁합도 좋지 않다.

넷째, 가벼운 목소리나 고저가 분명하지 않으면 욕심이 많고 호감이 가지 않는 사람이다. 목소리가 가벼워서 중후한 느낌이 없는 것은 처음엔 부담 없이 들리나 결국 좋은 기운이 통하지 않고 나중에 언어전달에 애로가 생긴다. 즉 처음은 좋은 목소리로 들릴지 몰라도 끝맺음이 흐지부지하기 때문에 그 사람의 언어생활에 호감을 갖지 못하여 신뢰를 갖지 못하게 된다.[65] 목소리가 가볍고 고저가 분명하지 않다는 것은 마음 바탕에 욕심이 많고 음흉한 속성을 드러내는 형상이기 때문이다.

이처럼 목소리가 가볍다는 것은 '혀끝만 움직이는 사람'으로서 어느

---

63 이정욱, 『심상 관상학』, 천리안, 2006, p.288.
64 이남희, 『하루만에 배우는 실전관상』, 도서출판 담디, 2008, pp.48-49.
65 가벼운 목소리는 처음은 좋은듯하나 끝맺음이 흐지부지하고, 신중치 못하여 신뢰가 떨어진다. 소리가 흩어지는 느낌의 사람은 일관성이 없어 하는 일마다 실패한다. 혀끝만 움직이는 사람 : 가벼워서 믿음을 주지 못한다(이남희, 『하루만에 배우는 실전관상』, 도서출판 담디, 2008, pp.48-49).

누구에게도 안정감을 주지 못한 채 가벼운 목소리로 인하여 신뢰를 주고받지 못한다. 특히 목소리가 뚜렷하지 못하고 가볍다는 것은 음색의 톤이 약한 관계로 기력이 쇠한 모습으로 비추어진다. 일상의 학교생활과 관련지어 본다면 목소리가 가벼우면 수업을 듣는 학생들이 답답해할 것이며, 졸린 목소리로 인해 수업에 흥미를 잃게 만드는 원인이 된다. 언어전달에 장애가 되는 것은 목소리의 고저가 없고 너무 낮은 목소리이기 때문이며, 그러한 사람에게는 대인관계의 신뢰성에서 떨어짐은 물론 설득력마저 없어서 사업운도 실패가 있을 따름이다.

다섯째, 목소리가 흩어지는 경우 초점이 없어서 명운에 먹구름이 낀다. 소리가 모이지 않고 흩어지는 사람은 집중력이 떨어질 뿐 아니라 일관성이 없다. 그가 하는 일마다 실패하는 이유가 집중력이 결여되어 있기 때문이며, 그것은 곧 그의 목소리가 흩어지는 것과 관련된다. 목소리가 흩어진다는 것은 목소리가 산만하다는 뜻이기도 하다. 심신이 산만해지지 않도록 하는 운동은 일종의 요가인데, 요가의 말뜻은 마음의 통일을 이룬다는 의미이다. 그것은 마음 작용의 지멸止滅을 의미하며, 외부의 어떠한 속박도 벗어남과 동시에 내부 마음의 동요를 가라앉히는 것으로, 그러한 수련은 흐트러짐을 극복하기 위함이다. 마음이 지멸되지 않고 산만해질 경우 목소리도 자연 흩어지며 집중력이 떨어지게 된다. 요가와도 같이 명상 또한 마음을 모으는 방법으로 기독교 상담학의 대부인 하워드 클라인벨은 '명상은 자신의 의식을 침묵하게 하여 중심으로 모으는 방법'이라 했다.[66] 요가와 명상 등의 수련을 통해서 목소리를 흩뜨리지 않는 노력이 필요하다.

여섯째, 깨지는 듯한 목소리는 자신의 재운과 같은 운명이 순조롭지 못하다. 악기를 두드릴 때 징이나 꽹과리 소리가 깨지듯 하듯이, 우리

---

66 윤종모, 『치유명상』, 정신세계사, 2009, pp.27-28.

의 목소리 역시 깨지는 소리가 나는 경우 재운이 없게 된다. 마음의 바탕이 불편하기 때문에 목소리가 깨지는 듯 들리게 되며, 이러한 목소리를 극복하지 못하면 그는 재산을 탕진하게 된다.[67] 아울러 깨지는 목소리의 연사는 대중 앞에 나서는데 애로가 있다. 성우가 되려는 사람의 목소리를 가정해보자. 그는 목소리 연기자이기 때문에 소리의 연금술사가 되어야 한다. 이에 목소리가 깨지듯 탁하게 나온다면 그 사람은 성우의 직업으로 적합하지 않다. 목소리가 깨지듯 하는 소리와 투박한 소리는 다르다. 투박하다는 것은 꾸밈이 없고 허스키하여 나름대로의 매력이 있지만 깨지는 목소리는 귀로 전해 듣는 청각기관에 불편한 심기를 야기한다.

여기에서 간과할 수 없는 것으로서 목소리가 자신의 건강과 관련된다는 사실이다. 음성 상학相學에서 볼 때, 목소리와 건강의 문제는 오장五臟과 관련지어볼 수 있다. 이를테면 음성과 폐장, 음성과 비위장脾胃臟, 음성과 간장, 음성과 심장, 음성과 신장 등이 그것이다.[68] 음성과 심장의 경우를 보면 심장은 장기 가운데 가장 열성적인 활동력을 지닌다. 심장은 희로애락에 민감한 반응을 보이므로 감정 조절이 필요하다. 감정 조절이 되지 않아 목소리가 불안할 때 자신의 건강은 악화될 신호를 보내기 때문이다. 이에 심장으로부터 목소리에 열정을 넣어주고 언어의 기운이 살아나게 하는 점에서 목소리는 건강에 밀접한 관계가 있음을 알아서 좋은 목소리, 맑은 목소리의 주인공이 되어 건강한 삶을 이어가는 것이 좋다.

---

67 목쉰 소리는 일시적으로 좋은 운이 와도 나중엔 운이 나쁘다. 소리에 징 깨지는 소리가 나는 사람은 재산이 흩어진다. 목소리가 맑지 않고 탁하면서 낮은 톤의 사람은 좋은 운을 만나기 어렵다(이남희, 『하루만에 배우는 실전 관상』, 도서출판 담디, 2008, pp.48-49).
68 이정욱, 『음성관상학』, 천리안, 2011, 목차 참조.

이처럼 목소리가 관상학에서 중요한 것은 건강유지는 물론 마음에서 차분한 목소리가 나오기 때문이다. 이에 심신 건강을 위해서 안정되면서도 차분하게, 고요하면서도 맑은 마음으로 목소리를 파생시키는 것이 좋다.[69] 목소리는 우리의 현재 감정이 묻어나오는 마음상태와 관련된다. 목소리는 감정이 실리는 성향이므로 마음의 국량이 넓은 사람의 경우가 좋은 목소리가 되며, 그에게 길운이 찾아오는 것은 당연하다. 그리하여 후두부에서 나오는 음성은 그 사람의 현재 마음상태와 마음의 향방을 상징적으로 알려주며 목소리는 이에 그 사람의 인생길에 더할 수 없이 영향을 미친다. 목소리의 기본요소는 호흡, 발성, 발음, 공명이므로 후천적으로 안정되고 맑은 목소리를 내도록 노력한다면 길운을 찾아가는 주인공이 될 것이며, 그의 미래도 밝을 것이다.

---

69 원대한 마음을 가진 사람은 '완만한 움직임과 깊이 있는 목소리, 안정적인 말투'를 가진 반면에 소심한 사람은 '음성이 날카로워지고 몸짓이 재빨라지는' 징표를 가진다(아리스토텔레스 지음, 김재홍 옮김, 『관상학』, 도서출판 길, 2014, pp.57-58).

04

눈은 마음의 창

눈이 보배라 하듯이 신체에서 눈의 중요성은 아무리 강조해도 지나치지 않다. 눈을 통해서 세상사를 훤히 들여다볼 수 있기 때문이다. 『유장상법』에 의하면 "눈은 태양이 되고, 태양은 하늘의 일월과 같아서 밝고 수려해야 하니 일신의 근본이 된다."[70]라고 하였다. 눈을 통해 눈부시게 바라보는 하늘과 땅은 해와 달의 힘을 빌려 빛을 발하는 것으로 알려져 있다. 일월은 천지만물의 거울로, 눈은 사람에게 일월과 같으며, 왼쪽 눈은 태양으로 아버지를 상징하고, 오른쪽 눈은 달로 어머니를 상징한다.[71] 이처럼 눈은 얼굴에 있어서 매우 중요한 곳으로 눈의 형태에 따라 그 사람의 운명이 결정 된다고 해도 과언이 아닐 것이다.

또한 사람의 신장 크기를 여러 가지로 언급하고 있다. 곧 그것은 오척五尺·육척六尺으로 나타내는데, 일척一尺의 혼돈 아주 작은 눈에 넣을 수 있다고 하였다.[72] 우리가 사람을 처음 볼 때 가장 먼저 시선이 가는

---

70 『柳莊相法』 上篇, 「眼」, 眼爲太陽, 太陽如同天之日月, 要明要秀, 一身之本.
71 오현리 편, 『정통 관상백과』, 동학사, 2016, p.567.
72 박일주 편, 『관상을 알면 팔자가 보인다』, 좋은글, 2001, p.122.

것은 눈으로, 눈이 첫 인상에서도 그만큼 중요하다. 『달마상법』에서도 관상의 점수를 주는데 얼굴은 10점, 눈은 5점, 이마·코 등은 1점, 그리고 눈썹·귀·입·이를 1점이라 했다.[73] 관상에서 눈이 차지하는 비중이 크다는 사실은 우리가 제일 먼저 보는 것이 눈이라는 사실에 있으며, 그것은 눈을 보고 말하고 눈을 보고 느끼며 눈을 보고 상호 신뢰감을 전해주기 때문이다. 눈이 잘 생긴 사람은 미모의 면에서도 빠뜨릴 수 없다. 미인치고 눈이 잘 생겼다는 점을 생각해보면 눈이 관상학에서 매우 중요한 비중을 지니고 있다.

또한 눈은 만물을 관찰하고 감지하는 시각기관의 통칭으로서 '감찰관'이라고 한다. 눈은 정신이 머무는 곳이며, 눈을 통하여 그 사람의 마음이 비치게 된다.[74] 눈은 '마음의 창'이라는 말과 같이 눈이야말로 심상이 표출되는 부위이다. 『마의상법』에서도 "잘 때는 신이 심장에 있고, 깰 때는 신이 눈에 있고 이로써 눈은 신이 머물고 쉬는 궁전이다."[75]라고 하였다. 눈은 그 사람의 현재 운기運氣는 물론이고 성격을 위시하여, 안정감의 유무, 끈기와 인내력의 강약, 담력의 대소, 지모의 정도, 품성의 선악, 관재, 수명, 부부간 애정도[76] 등을 유추할 수 있다. 우리에게 눈이 소중한 이유가 여기에 있다.

관상에서 눈을 중시하듯이 우리의 눈에는 몇 가지 종류가 있다. 자아초월 심리학자인 켄 윌버에 의하면 인간이 사물을 인지하는 데에는 세 가지 통로가 있다[77]고 했다. 즉 첫째 육체의 눈으로서 사물의 형체와

---

73 오현리 편, 『정통오행상법 보감』, 동학사, 2001, p.225.

74 김성헌 편, 『한국인의 얼굴 한국인의 운명』, 동학사, 2008, p.193.

75 『麻衣相法』「麻衣先生神相編」卷二,「相目」, 寐則神處於心, 寤則神遊於眼, 是眼爲神遊息之宮也.

76 김성헌 편, 『한국인의 얼굴 한국인의 운명』, 동학사, 2008, p.193.

77 윤종모, 『치유명상』, 정신세계사, 2009, p.17.

감각의 세계를 인지하는 눈이며, 둘째 마음의 눈으로서 상징과 개념과 언어의 세계를 인지하는 눈이며, 셋째는 정관正觀의 눈으로서 영적·초월적 세계를 인지하는 눈이라고 하였다. 육체의 눈으로서 세상을 감지할 수 있는 것이며, 마음의 눈으로서 형이상학적 언어를 인지하는 것이며, 영성의 눈으로서 해탈과 초월의 세계를 인지하는 것이다. 세 종류의 눈이 있음을 알아서 보다 깊은 진리의 세계를 바르게 바라보는 눈으로까지 승화될 필요가 있다.

영성의 세계, 진리의 세계를 향하는 눈은 달리 말해서 마음의 창을 활짝 열어놓는 통로[78]라고 본다. 마음의 창으로서 눈은 오감五感을 지녀 마음 형태를 담는 그릇이 된다. 왜냐하면 마음이 정화되어 영혼이 노닐 수 있는 곳이기 때문이다. 어떠한 마음을 사용하느냐에 따라 우리의 눈은 달라질 것이다. 어두운 마음을 가지면 그 눈은 어두워지고, 밝은 마음을 가지면 눈은 밝아질 것이다. 그러므로 눈은 마음의 창이라고 할 수 밖에 없다. 상대방의 눈을 잘 관찰해보면 그 사람의 현재 마음 상태를 읽을 수 있으므로 관상가의 입장에서 상대방의 눈을 바라볼 필요가 있다. 그 사람의 미래 운명까지를 가늠할 수 있는 지혜가 생기기 때문이다. 상대방의 눈을 주시해보면서 마음을 속이고 있는지, 진솔한 마음으로 대화를 하고 있는지를 알게 되는 힘을 길러보자는 것이다.

하지만 눈의 대소大小에 따라 큰 눈은 좋은 마음이고 작은 눈은 어떠한 마음이라고 단정할 필요는 없다. 본래 타고난 큰 눈, 작은 눈 자체가 운명을 가르지는 않기 때문이다. 물론 눈이 크면 마음도 큰 면이 있고 작은 눈이면 마음도 소심하다고 표현한다.[79] 그러나 상대적으로 큰 눈

---

78 눈 모습과 눈동자에서 당시 마음의 상태가 잘 드러나 운명의 흐름을 알아낼 수 있는 것이다. 그러므로 눈은 마음의 창이다(이정욱, 『심상 관상학』, 천리안, 2006, pp.120-123).

79 이정욱, 『심상 관상학』, 천리안, 2006, pp.127-128.

은 겁이 많아 보이고 작은 눈은 용감해 보이는 것도 사실이다. 눈의 대소가 자신의 미래를 크게 좌우하지 않는 것이며, 다만 현재의 마음상태가 눈을 흐리게 하고 맑게도 한다. 작은 눈도 맑은 마음의 영성이면 소심하게 굴지 않을 것이며, 큰 눈이라 해도 본래 마음이 탁하다면 좁아지는 마음으로 변해버린다. 부모로부터 물려받는 우리 눈의 대소는 어찌할 수 없으므로 마음의 창으로서 눈을 밝고 크게 비추며 살아가는 인품이 중요하다.

여기에서 주목할 것은 눈의 모양보다 눈빛이 중요하다는 것이다. 눈은 빛을 밝게 비추어주는 마음의 창이기 때문이다. 눈의 모양보다는 눈빛이 우선하며 그것이 미래의 운명에 있어서 차지하는 비중이 크다. 맑은 영성으로 살아가는 눈빛은 빛이 발한다.[80] 종교의 진리를 사유하고 기도하며 수련을 하는 사람의 눈빛은 분명 밝아질 것이다. 밝아진 눈은 희망을 가질 것이며, 생명의 빛을 발할 수 있는 힘을 갖게 된다. 그러나 외형적으로 비추는 눈빛이라고 해서 다 좋은 것은 아니다. 느끼한 마음으로 눈빛을 보낸다면 상대방을 유혹하는 것일 수 있기 때문이며, 복수심으로 살기의 눈빛을 보인다면 생명을 상해하는 현상으로 변질될 수 있기 때문이다.[81] 선한 눈으로서 눈빛이 밝고 생명력이 있으면

---

80 정신의 虛實 여부는 눈빛에 있으며, 마음의 선악 여부 역시 눈에 있다. 眼相이 맑으면 정신 또한 맑을 때이고, 안상이 어두우면 정신 또한 탁할 때이다. 맑으면 귀하고 탁하면 천박하다. 인상을 개선하자면 정신부터 가다듬어야 한다. 무형의 정신력은 유형의 인상을 바꾸어놓기 때문이다. 고로 萬相을 不如心相이라 하지 않았던가(최형규, 『꼴값하네』, FACEinfo, 2008, pp.229-231).

81 어린이와 백치의 경우에는 100퍼센트 감성만으로 느끼기 때문에, 상대방이 자신에게 호감을 가진 사람인지 자신을 해칠 사람인지 본능적으로 알아차리는 능력이 뛰어날 때가 있다. 동물 역시 사람의 눈빛에 대해 매우 민감하여, 애정이 깃든 눈과 살기가 어린 눈을 구별할 줄 안다(신기원, 『신기원의 꼴 관상학』, 위즈덤하우스, 2010, p.17).

그에게는 무한한 미래의 희망이 솟구칠 것이라는 점을 염두에 두자는 것이다.

그럼에도 불구하고 육체의 눈으로 세상을 바라본다면 본능에 끌려서 사는 삶이라는 것을 잊어선 안 된다. 육체의 눈은 우리의 삶에서 필요한 것이지만, 마음의 눈이 있음에도 불구하고 본능적 육체의 눈에 한정되어 살아간다면 그것은 욕심으로 살아간다는 것을 의미한다. 장자는 이에 말하기를 "마음은 알고 싶은 것 때문에 막히고 눈은 보고 싶은 것 때문에 막히고 힘은 이루고 싶은 일 때문에 꺾이고 만다."[82]라고 하였다. 중국 고대의 도가철학자로서 장자의 경고는 육체의 눈으로 살아가다 보면 막히는 일이 많아져 고통이 따른다는 것이다. 눈에 왜 고통이 따른다는 것인가? 노자가 『도덕경』 12장에서 말했듯이 '오색五色'에 유혹되기 때문이다.[83] 오색이란 청·황·흑·백·적으로서 휘황찬란한 색깔에 현혹되어 우리의 눈이 보고 싶은 것만 보면 세상사가 현란하여 제대로 보일 리가 없다고 본다.

따라서 맑고 투명한 마음의 창으로서 눈을 사용하는 경우와 육체의 본능에 따르는 눈을 사용하는 경우에 있어서 그의 운명은 달라질 것이다. 관상학에서 말하는 길흉화복 가운데 길과 복을 갖는 눈, 흉과 화를 맞게 되는 눈이 자신에게 달려 있기 때문이라고 본다. 깨끗한 눈에는 맑은 하늘로 보이고 피로한 눈에는 '공화난추空華亂墜'처럼 어지러운 꽃으로 보인다. 한용운은 이에 "하늘이 깨끗한 눈에는 하늘로 비치고 피로한 눈에는 꽃으로 보인다."[84]는 경전의 말씀을 『조선불교유신론』에서 인용하고 있다. 『수심결』에서는 "한 티끌이 눈에 머물매 허공 꽃이 요란

---

82 『莊子』「天運」, 心窮乎所欲知, 目窮乎所欲見, 力屈乎所欲逐.

83 『道德經』 12章, 五色, 令人目盲, 五音, 令人耳聾, 五味, 令人口爽, 馳騁田獵, 令人心發狂, 難得之貨, 令人行妨. 是以聖人爲腹不爲目, 故去彼取此.

84 한용운, 『조선불교유신론』, 1913(이원섭 역, 만해사상연구회), pp.20-21.

히 떨어진다—翳在眼 空花亂墜"라고 하였다. 눈에 허공 꽃이 요란해진다면 그는 마음의 창인 눈과는 동떨어진 삶을 살아가고 있다는 것이다.

이제 눈은 마음의 창이므로 맑은 마음과 관련하면서도 시선의 자세가 중요하다는 것을 알아야 한다. 좋지 않은 시선으로 세상을 바라보지 말자는 것이다. 그러면 어떠한 눈을 가지고 살아야 좋은 관상일 것인가를 하나하나 살펴보고자 한다.

첫째, 눈을 감고 말해서는 안 된다. 유행가 가수들이 스스로 도취된 나머지 눈을 감고 노래를 부르는 경우가 있다. 이를 지켜보는 시청자들은 답답하기 그지없으므로 청중과 눈을 맞추면서 노래를 불러준다면 훨씬 좋을 것이다. 또 사람들과 눈을 마주치고 대화를 하지 못한다는 것은 자신감이 결여되어 있다거나 열등의식을 갖는 경우가 있기 때문이다. 사실 눈을 감고 노래를 부르거나, 눈을 감고 말을 하는 사람은 아첨을 하는 성격으로 속마음은 감추는 음흉한 성향이다. 그러한 사람은 다소 이기주의적 성격으로 인정이 없으며 잇속을 챙기는 관계로 얼굴이 두껍다고 할 수 있다. 홀로 있을 때 명상을 한다거나 새벽 좌선을 할 때 눈을 감는 경우 외에는 상대방과 대화를 나눌 때 상대방의 눈을 마주보고 대화를 나누는 자세가 대인관계에 좋다는 것을 망각해서는 안 된다. 눈을 감으면 창문을 닫은 것과 같기 때문에[85] 답답한 것이다.

둘째, 눈을 흘겨보면 안 된다. 눈을 흘겨본다는 것[86]은 상대방에 대한 원망심이 생겼을 때, 또는 질투심이 생겼을 때 나타나는 심리이다.

---

85 눈을 감고 말하는 사람: 마음에도 없는 아첨을 태연히 하면서 속마음은 음흉하다. 자신의 잇속을 챙기는데 능하다. 인정이 없고 얼굴이 두껍다(이남희, 『하루만에 배우는 실전관상』, 도서출판 담디, 2008, p.52).
86 눈을 아래로 뜨면서 흘겨보는 사람: 기회주의자이며, 자신이 불리하거나 상대가 약점을 보이면 언제든 배신할 준비가 돼 있는 사람이며, 자신의 작은 이익을 위해서라면 상대의 뒤통수를 칠 사람이다(이남희,『하루만에 배우는 실전관상』, 도서출판 담디, 2008, pp.50-51).

더욱이 눈을 아래로 뜨면서 흘겨보는 사람이 있는데, 그러한 사람은 기회주의자라 할 수 있다. 눈을 아래로 보면서 흘겨본다는 것은 상대방을 무시한다는 의도가 강하게 노출되어 있으며, 자신이 불리함을 느낄 때에도 눈을 흘겨본다. 만일 자신이 불리하거나 약점이 있어 보일 때 상대방에게 배신하는 성격으로 눈을 흘겨보며 상대방을 비난하면서 자기의 이익을 쟁취하려 한다. 눈을 흘겨보는 것은 사시斜視의 눈과 같아서 정견正見의 모습과 반대되는 것이며, 이기주의적 배신자의 경우가 이러한 증상을 드러내므로 관상학에서 눈을 흘겨보는 것을 천격으로 여긴다.

셋째, 눈을 자주 깜빡이면 바람직하지 않다. 눈을 자주 깜박인다는 것은 습관성인 경우가 많다. 신경질적인 사람도 눈을 자주 깜박이는 성향이 있다. 눈을 깜박이는 정도가 많으면 재산운도 없어 쉽게 재산을 흩어지게 한다. 눈을 깜박이는 것은 부득이한 일이지만 너무 자주 깜박일 때 성격이 불안정한 경우가 있으며[87] 눈동자를 좌우로 불안정하게 움직이는 경우도 문제이다. 그러한 사람은 결단력이 없으며, 음모가 숨어있는 편이다. 눈을 지나치게 깜박이거나 눈동자를 좌우로 돌려보는 사람들은 하나같이 성격이 불안정하거나, 신경질적인 경우이므로 재산운이 없음과 더불어 대인관계에 있어서도 불안할 따름이다.

넷째, 관상학에서 부정적인 것으로 보이는 눈은 당돌한 눈과 피로한 눈 등이다. 관상학은 기세론氣勢論에 근거하여 상대방을 알아보고, 인재를 등용하는 관계로 당돌한 모습의 눈이라든가, 지쳐서 피로한 눈을 보이는 경우 인재로 등용되지 못하는 경우가 많다. 당돌한 눈이란 교만하듯 동그란 눈의 형상에서 나타나기 쉬우므로 눈을 온유하게 보이도

---

87 끊임없이 눈을 깜박거리는 것도 좋지 않다. 이는 변덕스러운 표시이다(설혜심, 『서양의 관상학, 그 긴 그림자』, 한길사, 2003, pp.174-176).

록 노력하지 않으면 안 된다. 상대방과 어떠한 이해관계도 없는데 당돌해 보이는 경우가 있다면 그의 안상眼相을 바로잡을 필요가 있다. 참을성 없이 당돌하게 보이는 눈[88]인가를 고려해 보아야 한다. 눈에 힘을 너무 주거나, 아니면 눈의 초점을 맞추지 못하는 눈이 당돌하게 보일수 있기 때문이다. 삶에 피로함을 자주 느끼는 경우 피로한 눈으로 비추어지므로 이는 기세가 약해지기 때문이라는 것을 알아야 한다.

이미 밝혔듯이 눈은 마음의 창이므로 좋은 눈의 눈두덩이도 관상에서 주목된다. 세상을 밝게 보는 눈은 우리의 신체에서 매우 중요한 부위로서 그것은 눈이 뼈에 쌓여 있을 뿐 아니라 '눈두덩이'라는 부드러운 살결로 보호받고 있는 이유가 되는 것이다. 동양인과 서양인의 얼굴에서 현저히 드러나는 차이점 하나가 눈두덩이로, 서양 사람은 눈이 들어가 눈썹과 눈 사이가 가까울수록 합리적이면서 귀족층이고, 동양 사람은 눈두덩이에 눈 하나 정도 들어갈 자리를 확보해야 덕이 있는 양반이라 본다.[89] 동서양 사람들의 눈에 차이가 있는 것은 동서 체상體相의 차이에서 나타나는 이상 이는 동양과 서양의 정서 차이이기도 하다.

그러면 동서양에서 보는 귀격의 눈은 어떠한가를 관상학의 시각에서 살펴보고자 한다.

첫째, 미소 짓는 눈이 좋다. 본래부터 미소 짓는 눈으로 태어나지는 않았지만 마음에 기쁨이 충만하여 있으면 그것은 바로 눈으로 이어지며, 그로 인하여 미소 짓는 눈으로 나타난다. 우리 마음이 기쁠 때 눈과 입으로 연결되어 미소 짓는 눈, 미소 짓는 입이 된다. 이처럼 미소 짓는 눈을 가진 사람과 대화를 나눈다면 우리의 마음도 기쁠 것이다. 그러나 우리가 기쁠 때도 웃지 않는다면 슬픈 인생이라 볼 수밖에 없다. 카네

---

88 설혜심, 『서양의 관상학, 그 긴 그림자』, 한길사, 2003, pp.174-176.
89 주선희, 『나를 바꾸는 인상학의 지혜 얼굴경영』, 동아일보사, 2014, pp.42-43.

기는 미소란 밑천 하나도 들지 않지만 소득은 크다[90]고 하였다. 우리의 미소를 상대방에게 아무리 주어도 줄지 않고 받는 사람은 더욱 마음이 풍성해진다고 하였다. 미소가 삶에 있어서 활력이므로 미소 짓는 눈을 소유한 자라면 그에게 희망찬 삶이 전개될 것이다.

둘째, 사유를 집중할 수 있는 눈이 좋다. 학교에서 공부하는 학생들이 집중력 있는 눈을 가졌다면 그 학생은 당연히 공부를 잘한다. 선생님의 말씀에 경청하고 칠판의 글씨를 집중해서 볼 수 있다면 그러한 눈은 집중력이 있는 눈이기 때문이다.[91] 눈이 비교적 가늘고 긴 사람의 경우 사고력이 집중되어 있다고 한다. 이러한 눈을 지닌 자로서 사업을 하면 성공률이 당연히 높을 것이다. 또한 눈의 형태가 긴 강이 흐르듯 길고 가늘면 지혜가 무궁하다고 한다. 그러한 사람의 눈은 집중할 수 있는 눈이기 때문이다. "눈을 똑바로 떠라."는 말이 있다. 그것은 집중력을 가지라는 의미이다. 집중력을 가진 눈이야말로 성취력이 있음은 물론 관상학에서 길상이라 할 수 있다.

셋째, 눈이 빛나는 형상이 좋다. 눈빛의 중요성으로 남자의 눈은 가늘고 길면서 눈빛에 위엄이 있는 것이 길상이고, 여자의 눈은 조금 크면서 침착하고, 눈빛이 상냥한 것이 길상이다.[92] 마음의 창이 밝게 개방되어 있다면 빛이 들어오는 입구가 열린 셈이다. 마음의 창과 같이 개방되어 있는 눈이라면 밝게 빛날 것이다. 관상학에서도 눈빛이 강렬하게 빛나면 뇌수腦髓의 활동이 원활해진다고 하였다. 그것은 기氣 순환이 잘 되어 건강이 좋기 때문이다. 나의 눈동자가 샛별같이 반짝여도 미모가 있고 대중에 대한 인기도가 높다. 우리의 눈이 빛나면 마음도 상쾌해지고 발걸음도 가벼워져 매사에 자신감을 얻을 수 있다. 그러나

---

90 윤종모, 『치유명상』, 정신세계사, 2009, pp.283-284.
91 이정욱, 『심상 관상학』, 천리안, 2006, p.314.
92 김현남, 『김현남의 횡성수설 관상학』, 하늘북, 1999, pp.21-22.

마음의 창이 닫혀져버리고 우울해지는 날이 지속된다면 그 사람의 눈도 우울해지고 우수에 젖어 슬픈 나날이 될 것이다. 이에 항상 빛나는 눈을 가지도록 노력한다면 주위에 빛나는 눈의 형상이 될 것[93]이며, 미래의 운명도 밝게 비추어줄 것이다.

넷째, 눈을 정시正視하면 길상으로 이어진다. 눈을 바르게 보며 살아간다면 그의 행동도 바르고, 마음가짐도 바르다는 것이다. 눈을 똑바로 보지 못한다든가, 옆을 바라보며 어물쩍 넘기는 사람이 있다. 이것은 그의 행동이 바르지 못하기 때문이며, 죄의식이 있기 때문이다. 따라서 정견正見하고 정시正視하는 눈을 가져야 한다.[94] 예절 갖춘 사람은 항상 눈을 바르게 뜨고 살아가는 사람이다. 『논어』「안연편」에서는 예가 아니면 보지 말고, 예가 아니면 듣지 말고, 예가 아니면 말하지 말고, 예가 아니면 행하지 말라고 했다. 여기에서 예가 아니면 보지 말라는 의미를 새겨볼 필요가 있다. 성철聖哲의 가르침처럼 예를 갖춘 눈으로 보는 정견의 눈이 관상에서 귀격이다.

정견의 눈은 귀격이므로 항상 사랑의 눈을 가지고 바르게 보는 자세가 필요하다. 사랑의 눈이란 우리 모두를 행복하게 해주는 눈이다.[95]

---

93 눈에 관하여 말하자면 맑고 빛나는 사람은, 특별히 몸의 다른 부분이 나쁘지만 않다면 아주 좋은 사람임을 나타낸다. … 이런 눈은 하드리아누스 황제의 눈을 예로 들 수 있는데, 빛나고 촉촉하며 날카롭고 크면서도 밝음으로 가득하다(설혜심, 『서양의 관상학, 그 긴 그림자』, 한길사, 2003, p.76).

94 눈이 바르게 正視하면 바른생활을 선호한다(이정욱, 『심상 관상학』, 천리안, 2006, p.299).

95 사랑의 눈: 사랑의 감정은 순수마음의 七情 중에서 발하는 것으로 눈에 주로 표출되는 것이다. 눈이야말로 그 사람의 사랑에 대한 運福을 잘 드러내는 곳이다. 즉 눈의 형태와 격에 따라 사랑에 대한 인식과 사랑에 대한 감성 차이가 난다. 눈이 아름다우면 소년 소녀시절부터 아름다운 사랑이 잘 이루어지고, 눈이 슬프면 슬픈 운명을 맞이하기 위하여 슬픈 사랑이 자꾸 겹친다(이정욱, 『심상 관상학』, 천리안, 2006, pp.145-146).

그것은 맑은 영성을 비추어 보는 마음의 창이기 때문이다. 사랑하는 마음을 가진 사람의 눈은 영성의 빛을 발현한다. 사랑하는 마음이 충만하여 눈에서 눈으로 사랑이 건네기 때문이다. 사랑의 눈은 길한 운복運福을 잘 드러내므로 사랑하는 사람은 눈은 사랑스러울 수밖에 없다. 사랑하는 사람은 자애의 감정을 숨기지 못하는 이유가 눈에 사랑의 빛이 그대로 표출되기 때문이다.

마음의 안정을 가져다주는 사랑의 눈빛은 마음의 창을 활짝 열어준다. 이에 눈의 형태, 맑음과 탁함, 눈빛의 강약을 관찰해본다면 자신이나 상대에 대한 사랑 여부의 마음을 파악할 수 있다. '눈의 형태는 운과 직접적으로 관련되어 있기 때문에 눈의 형태나 눈빛이 나쁘면 전반적으로 운이 좋지 못하기 때문이다.[96] 결국 우리의 운기를 상승시키기 위해서는 먼저 우리의 안상眼相을 밝게 하는 것이 필요하다. 눈이나 눈빛은 그 사람의 감정 상태나 주변상황에 따라 수시로 변하기 때문에 관상학에서 눈의 관리가 크고 중대하다는 것을 잊어서는 안 된다.

---

96 김현남, 『김현남의 횡성수설 관상학』, 하늘북, 1999, p.21.

05

탄력의 중요성

　얼굴을 읽는 주요 대상 가운데 가장 중요한 4가지를 논하면 찰색, 눈빛, 탄력, 목소리이다. 그만큼 얼굴의 탄력이란 이 시대를 살아가는 현대인들에게 있어서 행운을 불러들이는 요인이라는 것이다. 인상학자 주선희는 탄력을 만드는 근육운동에 대하여 다음과 같이 말한다. "우리의 인상은 우리 자신의 노력 여하에 따라 눈, 코, 입 등에서 보았듯이 긍정적으로 밝게 살면 근육운동으로 얼굴 형태가 변하면서 인상도 변하고 운기도 변한다."[97]라고 하였다. 인간의 얼굴은 근육운동에 따라 탄력의 정도가 달라지는 것으로, 각자 삶을 어떻게 살아왔고 어떤 마음으로 살 것이냐에 따라서 얼굴 탄력도의 증감 현상이 일어난다고 보면 좋을 것이다.

　따라서 얼굴 인상을 대표하는 탄력은 사람들로서 간과할 수 없는 심리를 지니게 하는 것이다. 젊은 시절의 탄력 있는 피부에 대하여 노년기의 경우에는 탄력을 상실하게 되는데, 다음의 언급을 주목해 본다. "예전에는 반듯했던 이마에도 주름살이 굵게 패이고 예전에는 비둘기

---

97 주선희, 『얼굴경영』, 동아일보사, 2014, p.26.

같았다는 눈도 흐리멍텅해지고 코에서는 콧물이 흐르고, 옛날에는 볼록했던 볼도 이제 축 늘어지고, 이빨은 빠지고 뾰족하던 턱도 축 늘어졌고, 예전에는 그다지도 매혹적인 미소를 보내던 입조차 동굴처럼 열려 있어 보는 사람을 소름끼치게 한다."[98] 남녀노소를 막론하고 우리의 건강을 통한 육신의 탄력이 지속되기를 바라는 것은 젊음의 청춘을 원하는 사람이라면 누구나 갖고 싶어 하는 심리일 것이다.

　육신의 탄력의 중요성을 상기해볼 때, 정신의 탄력이 있다는 것도 알아둘 필요가 있다. 탄력의 종류는 크게 말하여 정신적인 탄력과 육체적인 탄력이 있어서, 이 둘을 무시할 수 없는 것은 탄력이 인간의 삶에 행·불행의 원인이 되기 때문이다. 관상에서 탄력은 주로 육신의 탄력에 포함되겠지만 정신의 탄력도 무시할 수 없으므로 정신과 육신의 탄력이 겸비된다면 더 없이 좋을 것이다. 양 뺨이 도톰하여 탄력을 유지하면 또한 애교성이 있다[99]는 말은 주로 육신의 탄력을 거론하는 말이다. 여기에서 육신의 탄력을 간직하는 것이 애교성이라는 정신의 탄력을 가져다주는 요인이 된다는 것을 알아야 한다. 정신적인 탄력은 설사 종교나 철학가들이 자주 사용하는 용어라 해도, 관상학에서 얼마든지 육신의 탄력과 정신의 탄력은 중요하게 다루어진다. 괴테는 육신의 아름다움에 더하여 골상骨相에서 정신의 탄력을 중요시하여 그의 인생에 있어서 세계 여행을 즐겼다[100]고 본다.

---

98 푹스, 『풍속의 역사2: 르네상스』, 까치, 1986, p.26.; 설혜심, 『서양의 관상학, 그 긴 그림자』, 한길사, 2003, p.238.

99 이정욱, 『심상 관상학』, 천리안, 2006, p.303.

100 괴테 스스로도 이탈리아 여행 내내 아름다운 조각상의 두개골을 주의 깊게 관찰하였다. 그 또한 성 루카 미술원에 있는 라파엘로의 두개골에서 "갈의 학설에서 그다지도 다양한 의미를 갖게 되었던 용기와 혹, 돌기 등의 흔적"을 찾아보고자 했던 것이다(설혜심, 『서양의 관상학, 그 긴 그림자』, 한길사, 2003, p.278).

여기에서 육체의 탄력 가운데 얼굴의 풍요로움이 탄력의 중심부이다. 시저가 왕위에 올린 클레오파트라(BC 69~30)의 얼굴은 그야말로 탄력이 있었다. 왕위에 오른 클레오파트라의 당시 나이는 21세였으며, 탄력이 있는 얼굴은 토실토실했던 것이다.[101] 클레오파트라의 벽화를 보면, 상큼한 탄력이 돋보여 희랍의 미녀상 그대로였다. 탄력이 있는 얼굴에 비유되듯이 기다란 눈, 매부리코의 매력, 상징인 도톰한 입술, 광대뼈 주위에 살집이 있는 얼굴이 그녀를 미녀로 돋보이게 한 것이다. 마치 이집트 스핑크스의 높은 코가 클레오파트라를 연상하듯, 이 미녀는 권력의 상징으로서 시저와 사랑을 나눔으로써 카이사리온을 낳는다. 프랑스인들이 알렉산드리아 앞바다에서 건져 올린 대리석은 스핑크스가 클레오파트라의 아버지 프톨레마이오스 12세의 얼굴상이라 했다. 그 얼굴의 상을 본다면 마케도니아 왕국의 권력에 길들여진 탐욕의 얼굴상이라 했을 것이니 씁쓸함을 던져준다. 이집트의 역사에서 군주가 '파라오'라는 위치로서 이집트 마지막 왕조였기 때문이다.

　다음으로 정신의 탄력에 대하여 언급해 본다. 1786년 9월 11일, 괴테는 관상학에 관심을 가졌던 것으로 알려져 있으며, 이탈리아 여행에서 새로운 '정신의 탄력성'을 언급하며 자신의 관리에 대하여 언급하고 있다.[102] 이에 정신의 탄력 하나하나 접근해볼 필요가 있다.

　첫째, 정신의 탄력으로 나 자신에게 스스로 신경을 쓰면서 사는 것이다. 자신을 신경 쓰면서 살아가는 것은 정신 관리를 하자는 뜻이다. 다시 말해서 마음을 어떻게 하면 바르게 쓰는가 하는 점으로, 이것은

101　김용옥, 『도마복음이야기』 1, 통나무, 2008, p.82.

102　"나 자신에게 스스로 신경을 쓰면서 항상 주의를 요하고 또렷한 의식을 가져야 한다는 자각이 벌써부터 요 며칠 동안 아주 새로운 정신적 탄력성을 가져다주고 있다."(괴테, 박영구 譯, 『괴테의 이탈리아 기행』, 도서출판 푸른숲, 1998, p.38).

심상心相과 관련된다. 마인드 컨트롤(Mind Control)이 오늘날 유행하는 점은 현대인들이 정신적 탄력을 갖고 살아가야 할 필요성이 있기 때문이다. 건전한 정신력을 가지고 무기력함을 극복하는 힘이 삶의 에너지이자 정신의 탄력이라 본다. 이 정신의 탄력을 가진 사람은 리더십이 뛰어나 자신의 미래 운명을 알아내는 시각을 가지고 새로운 마인드로 삶을 개척하며 결국 그것은 육체의 건강한 탄력으로 이어진다.

둘째, 정신의 탄력으로 행동에 주의를 하며 살아간다. 관상학에서 두터운 가슴을 가진 자는 어려움을 헤쳐 나갈 의지력이 있고 체력이 있으며 행동력이 뒤따르는 관계로 자신의 행동을 슬기롭게 타개해 나가는 정신적 탄력을 활용한다. 인륜人輪이란 귀의 중부 부위로서, 여기에는 탄력적이고도 순수 마음이 발하는 적극성이 있다.[103] 당연히 인륜에서 실행력과 행동력이 뒤따른다는 것이다. 어떠한 좌절에도 굴하지 않고 실천에 옮길 수 있는 행동력으로 자신 행동을 점검하며 탄력적인 삶을 지속하기 때문이다. 정신의 탄력과 더불어 행동에 주의를 한다는 것은 신중히 생각하고愼思, 밝게 분별하며明辨, 독실하게 행동篤行하는 동양의 지혜[104]와 연결된다.

셋째, 정신의 탄력과 더불어 또렷한 의식을 가져야 한다. 괴테는 이러한 의식이 자각自覺과 관련됨을 알고, 그 자각이 벌써부터 며칠 동안 새로운 정신적 탄력성을 가져다주고 있다고 하였다. 그는 이탈리아 트렌토에서 여행하며 받은 정신적 탄력으로 인해 『괴테의 이탈리아 기행』이란 명저를 탄생시켰을 것이다. 트렌토는 이탈리아 트렌티노알토아디

---

103 이정욱, 『심상 관상학』, 천리안, 2006, p.200.
104 『中庸』 20장의 내용에 대하여 이천선생이 언급하였다. "널리 배우고(博學) 자세히 묻고(審問) 신중히 생각하고(愼思) 밝게 분별하고(明辨) 독실히 행하는(篤行) 다섯 가지 중에 하나라도 버리면 학문이 아니다."(『近思錄』「爲學」 72章, 博學之, 審問之, 愼思之, 明辨之, 篤行之. 五者廢其一, 非學也).

제주州의 주도州都로서 6세기경부터 랑고바르드 세력의 중심지로 잘 알려져 있는 곳이다. 1543~1563년 트리엔트 공의회가 열린 곳으로 유명하며, 1802년부터 제1차 세계대전까지 오스트리아 령領이었다. 공의회가 열리고 세계대전이 일어나기 전에 괴테가 여행했던 시기는 1786년 9월 11일이었다.[105] 그는 정신적 탄력을 얻기 위해 로마네스크·르네상스의 조각상, 도자기, 포도주를 느껴가며 여행했을 것이다.

한편, 막스 베버는 기업가의 측면에서 정신적 탄력을 강조하고 있다. 그에게 유연성 곧 탄력이 있는 기업가의 상은 어떻게 비추어지고 있는가? 첫째 기업가로서 도덕적 및 경제적 파탄을 면할 수 있는 성격이며, 둘째 명석한 관찰력과 실천력으로서 고객의 신용을 얻는 성격이며, 셋째 무수한 저항을 극복할 탄력성을 보유하는 것이라고『프로테스탄티즘의 윤리와 자본주의의 정신』에서 언급하고 있다.[106] 성공하는 기업가의 상이란 어려운 경제상황 속에서 어떤 난관이라도 극복할 수 있는 정신적 탄력을 소유하여야 함을 강조하고 있다. 누구든 사업을 전개함에 있어서 진정한 기업가적 자세가 중요하다. 사업을 어떻게 이끌어가느냐 하는 자세가 사업 성패에 영향을 미치므로 탄력적인 기업 운영이 필요하다. 탄력적인 두상과 심상을 지닐 때 자신에게 닥칠 수 있는 어떠한 역경에서도 능히 극복해낼 수 있는 힘이 생긴다.

---

105 1786년 9월 11일 아침, 트렌토에서 괴테가 여행하며 기록한 내용을 소개해 본다. "저녁이 가까이 다가오고 부드러운 대기 속에 몇 점 안되는 구름이 하늘에서 움직이기 보다는 멈춰서 있는 것처럼 보이며 산마루에서 휴식을 취하고 있는 이런 때나, 해가 진 직후에 풀벌레들의 울음소리가 크게 들려오기 시작할 때면, 나는 은거 중이거나 유랑 중이라는 느낌이 들지 않고 이 세상이 내 집처럼 아주 편안하게 느껴진다."(괴테 著, 박영구 譯,『괴테의 이탈리아 기행』, 도서출판 푸른숲, 1998, pp.39-40).

106 막스 베버(권세원 譯),『프로테스탄티즘의 윤리와 資本主義의 정신』-세계의 대사상 12卷-, 휘문출판사, 1972, p.291.

역경 극복의 탄력에 대하여 비유적으로 접근해 본다. 흔히들 말하기를, 우리의 얼굴은 운명을 그리는 캔버스라고 한다. 캔버스의 그림에 조화롭게 그려지는 살은 음陰, 뼈는 양陽으로, 살과 뼈의 조화가 얼굴형을 만들어 내듯이 조화 그대로의 탄력 갖춘 얼굴이 예술로 비추어진다는 것이다. 인상학자 주선희에 의하면 얼굴형의 기본을 결정짓는 것은 주로 이마, 광대뼈, 턱뼈, 뺨이라 했다. 여기에서 뼈대가 아무리 계란형이어도 턱의 살이 빠지면 역삼각형 얼굴이 된다. "광대뼈가 지나치게 나오면 마름모꼴의 얼굴이 되며, 강한 광대뼈에 뺨의 살이 통통하게 오르면 넓적한 네모형의 얼굴로 변모한다. 정면에서 볼 때 계란형인 얼굴이 측면에서는 네모형인 경우가 있다. 여기에서 바로 얼굴의 탄력이 얼마나 우리의 인상을 결정짓는가에 대한 답이 있다."[107] 얼굴의 탄력이 매우 중요하므로 탄력은 좋은 인상을 가져다주는 키워드라는 것이다.

피부를 탄탄하게 보이는 것이나, 피부가 축 쳐져 보이는 원인도 피부의 탄력성 여부에 관련되어 있다. 얼굴을 성형하기보다는 늘 웃음 짓는 마음의 천연 미소 선線을 만들어서 얼굴의 탄력도를 관리하는 것이 좋다. 그러면 우리의 얼굴은 노년기에 이르러서도 탄력을 잃지 않고 아름답고 멋진 여생을 영위하지 않을까 하고 생각해 본다. 황혼녘의 서편이 아름다운 것처럼 노년기의 미소 띤 얼굴의 탄력은 더욱 아름다울 것이다.

미소 띤 얼굴의 탄력성 여부에 대해서 몇 가지를 언급한다면, 먼저 따뜻한 표정의 얼굴에 탄력이 많다. 굳은 얼굴이라든가, 냉정하듯 힘이 없는 표정은 남에게 긍정적으로 비추어질 수 없으며, 일상적인 대화에도 소신이 없다. 대화를 할 때 따뜻한 얼굴로 상대방을 바라본다면 상호 인간관계도 돈독할 수 있으므로 설사 어려운 일이 발생해도 해결

---

107 주선희, 『얼굴경영』, 동아일보사, 2014, pp.102-103.

가능성이 커진다. 따뜻하지 못한 표정은 이미 얼굴에 탄력이 없다는 것으로 그러한 사람은 삶에 있어서 고독하며, 결국 자신의 운을 나쁜 방향으로 몰아가기 쉽다. "나는 얼마나 맑은 표정이며 따뜻한 표정인가?, 그리하여 얼마나 평화로운가?"를 윤종모는 『치유명상』에서 언급하고 있다.[108] 이 모든 것이 따뜻한 용모로서 탄력 있는 표정관리에서 나타난다.

다음으로 관상에 있어서 탄력이란 도톰한 입술인가, 혹은 입술이 쳐졌느냐 늘어졌느냐 하는 기준에서 나타난다. 입술에서 인간의 애정과 생명을 읽어낼 수 있으므로 입술의 탄력은 중요하다고 본다. 입을 싸고 있는 성곽을 입술이라 하는데 입술이 임금이라면 이빨은 신하라는 점에서 임금이 신하들을 감싸고 있는 탄력 있는 입술이 길상이라는 것이다. 탄력 있는 입술의 소유자는 신하를 포용함에 더하여 한편으로 정력이 강하고 성실한 사람이다. 성실한 지도자일수록 탄력 있는 입술이며 그로 인해 성공할 상이다. 이정욱은 『심상 관상학』에서 "입술이 앵두 같이 붉고 도톰하여도 인기 있다."[109]라고 하였다. 앵두같이 도톰한 탄력의 입술을 지니면 인간관계에 있어서도 탄력이 있어 원활한 상을 지니게 되는 것이다.

관상에 있어서 귀의 탄력도 고려할 일이다. 귀가 두터운지 엷은지에 따라 탄력 여부가 달려 있다. 나아가 귀에서 체력과 수명을 살펴본다. '총명聰明'하다고 할 때의 '총聰'에 귀 이耳자와 마음 심心자가 들어 있

---

108 자신에게 다음과 같은 질문을 하면서 내면을 고요히 하여 자신을 살펴보라. 나는 얼마나 밝은가? 나는 얼마나 개방적인가? 나는 얼마나 맑은가? 나는 얼마나 따뜻한가? 나는 얼마나 넓은가? 나는 얼마나 평화로운가? 나는 얼마나 깊은가? 나는 얼마나 조화로운가? 나는 얼마나 기쁜가? 나는 얼마나 지혜로운가? 나는 얼마나 강한가? 나는 얼마나 능력이 있는가? 나는 얼마나 공정한가?(윤종모, 『치유명상』, 정신세계사, 2009, p.105).
109 이정욱, 『심상 관상학』, 천리안, 2006, p.302.

는데, 귀로 잘 듣고 마음으로 잘 판단하는 것으로, 판단을 잘 할 때 밝을 '명明'이라 한다. 총명이 갖는 의미의 심대함이 발견되며, 이 총명이 곧 귀耳의 탄력과 연결되어 있다. 일반적으로 귀는 금전 운이자 수명, 나아가 건강(심장상태) 등을 상징하는데, 탄력이 있는 귀를 보면 그 사람의 창창한 미래가 보인다고 한다. 그리하여 귀가 두텁고 귀 윗부분인 천륜天輪이 둥글고 크면 지능지수가 높고 지륜이 둥글게 잘 생겨도 감성지수가 높다고 했다.[110] 귀격의 인간에게서 발견되는 귀의 천륜, 인륜, 지륜은 모두 관상의 탄력과 관련되어 있음을 알아야 한다.

머리카락의 탄력도 중요하다. 머리카락의 탄력을 간과할 수 없는 것은 신체 여분의 피가 마지막으로 머리카락을 만든다는 점에서도 주목할 일이다. 머리카락이 푸석푸석하지 않고 윤기가 나고 탄력이 있는 것을 길상으로 본다. 머리카락에 탄력이 떨어져 있다는 것은 이미 건강에 심각한 문제가 생겼다는 뜻이다. 머리카락 상태를 살펴볼 때 거친 머리카락은 적극적인데 반해 투쟁적이고, 탄력이 있고 부드러운 머리카락의 경우 온유하고 건실하다. 머리카락이 잘 빠지는 것도 노화되어 탄력이 떨어진 경우이다. 두꺼운 머리카락은 정력적이고 활동적이나 엷은 머리카락은 기력이 약하고 지구력도 부족하다. 또한 부드러운 머리카락의 소유자는 창조성이 있으며 인내심이 있고 감성도 발달해 있다.[111] 우리의 머리카락은 산에 비유되는데 수목이 울창해야 산이 아름

---

110 이정욱, 『심상 관상학』, 천리안, 2006, p.199.
111 머리카락이 드문드문 난 사람은 몸이 습하기보다는 건조한 경향이 있다. 열과 가뭄(건조함)이 결합될 때는 머리카락은 더욱 빨리 자라며 더 많아진다. 머리카락이 많은 사람은 열이 많은 사람이다. 숱이 많다는 것은 열기로 가득 차 있음을 보여준다. 어린아이의 경우보다 젊은이의 경우에서 훨씬 더 빈번히 나타나는데, 어린 아이의 경우 습기를 빨아들이기보다는 기화되어 날아가는 경향이 많기 때문이다. 머리카락이 굽슬굽슬한 사람은 열기와 건조함, 그리고 모공이 굽이 있음을 나타낸다(설혜심, 『서양의 관상학, 그

답듯이 굵고 부드러우며 머리숱도 밀도가 있으면 길한 인상이다.

얼굴 피부의 상태 역시 탄력에 있어서 고려할만 하다. 피부에 탄력이 있다는 것은 기氣 순환이 잘 되어 건강하다는 신호이다. 따라서 피부에 탄력이 있으면 분홍빛을 띠고 탄력이 없으면 누르스름하여 버짐이 생기고 각질도 생겨난다. 구체적으로 말해서 일시적 병증이 아닌 경우 피부가 거칠다면 관상학에서 천격으로 보며, 그 사람의 건강도 체크할 필요가 있다. 얼굴이 하얗고 피부의 혈액순환이 잘 되어 탄력이 있다면 미모의 형에다가 그의 생활에 있어서도 에너지가 있고 인내력이 뒷받침된다. 장자에 의하면 피부가 새 하얗고 그 부드럽기가 마치 처녀의 살결 같은 사람을 신인神人이라[112] 했는데, 그러한 사람은 구름 위에 올라 용을 몰고 세상 밖을 거침없이 노닌다고 하였다. 이렇듯이 관상학에서 혈액순환이 잘 되고 피부도 윤기가 나고 탄력이 있을 때를 길상이라 하는데, 관상학의 기세론氣勢論에서는 피부 탄력를 중요시한다.

관상에 있어서 탄력은 무엇보다도 양 뺨의 탄력일 것이다. 양 뺨의 토실토실한 모습을 상상해 본다면, 그러한 여성은 고금을 통하여 탄력 갖춘 미인상이라는 점에서 호감이 가는 것이다. 얼굴의 양 뺨이 도톰하여 탄력을 유지하면 미모에 더하여 애교성이 있는 사람이다. 관상에서 얼굴의 육부六腑가 거론되는데, 육부 중 1~2부는 눈썹 끄트머리 상단의 이마부분이며, 3~4부는 좌우 관골(뺨)이며, 5~6부는 시골腮骨을 말한다.[113] 여기에서 3~4부의 탄력이 중요한 것은 관골의 살이 빠져 있을

긴 그림자』, 한길사, 2003, pp.129-130).

112 『莊子』,「逍遙遊」, 曰,『藐姑射之山, 有神人居焉, 肌膚若氷雪, 綽約若處子., 不食五穀, 吸風飮露., 乘雲氣, 御飛龍, 而遊乎四海之外. 其神凝, 使物不疵癘 而年穀熟.』 吾以是狂而不信也.; 강성조,「『莊子』에서 본 도교의 연원」, 추 계학술회의《한국도교문화의 전통》, 한국도교문화학회, 2001.12.15, p.45.

113 최형규,『꼴값하네』, FACEinfo, 2008, pp.88-89.

경우 환자와도 같은 병색이 되기 때문이다. 관골에 붙어있어야 할 살이 없다면 탄력을 잃은 꼴로서 흉상이 된다. 여성의 뺨(볼)은 '사랑의 창고'라고 하는데, 뺨이 중요한 것은 서양 사람들이 인사를 교환할 때 서로 뺨을 맞대는 것도 따뜻함과 부드러움을 통한다는 사실과 관련되며, 이처럼 탄력 있는 뺨이 관상에서 매우 중요한 것이다.

다음으로 치아의 상태가 탄력과 관련되어 있다. 탄력이 없으면 잇몸이 붓거나 아프고, 탄력이 있으면 잇몸의 건강도 유지된다. 치아가 고르게 나 있을 경우에도 탄력이 있는 것이다. 고른 치아의 소유자는 심성의 예의바름을 의미한다.[114] 그 사람의 치아를 보면 그 사람의 젊음을 상징하는데, 남성의 젊음이 약해질 경우 눈의 시력이 약해짐과 더불어 이빨도 약해지고, 치아가 약해지면 정력도 떨어지게 된다. 일반적으로 치아가 잘 생겼다고 하는데, 치아가 탄력 있고 고르게 나 있다는 의미이며, 그러한 사람은 학문에 조예가 있어 지성知性의 대열에 합류한다. 치아는 또한 일종의 신분을 대변한다. 치아의 숫자가 많으면 귀격이라 하며, 38개~34개 정도로 나 있으면 귀족 신분으로 언급되기도 하였다. 치아가 하얗다고 해도 윤기가 없으면 탄력 없는 치아가 되고 만다. 이렇듯 탄력을 지닌 치아의 소유자는 오복을 지녔다고 하는 것이다.

신체에 있어서 배의 탄력도 중요하다. 이를테면 배가 둥그렇고 탄력이 있는 큰 배는 체력이 좋음과 더불어 의지력이 뒤따르는 관계로 삶에 있어서 활력을 지닌 자이다. 탄력이 있는 배는 희고 깨끗하여 귀격이 되며, 배가 두둑하다는 것 역시 탄력이 있음과 더불어 배짱도 있어 보인다.[115] 두둑하고 단단하여 탄력이 있는 뱃가죽은 두둑한 만큼이나 재물도 모이게 된다. 배가 중요한 것은 오장 육부를 감싸고 있기 때문이

---

114 치아가 고르고 가지런하면 심성이 똑바르게 되어 예의성이 있다(이정욱, 『심상 관상학』, 천리안, 2006, p.305).

115 최형규, 『꼴값하네』, FACEinfo, 2008, pp.343-344 참조.

며, 그러므로 폭이 넓고 두툼한 것이 좋다. 두툼하고 탄력이 있는 배는 건강의 신호이며, 그로 인해 음식물을 잘 저장하므로 소화력도 좋다. 크고 두툼하면서 탄력이 있는 배는 '덕기德器'라고 하는데, 도량이 넓어서 그러한 배의 소유자는 길상이다.

얼굴의 탄력도는 얼굴 근육과 관련된다. 잘 알려져 있듯이 우리 얼굴 근육의 50개 정도 가운데 40개 정도는 자주 쓰는 근육이다. 얼굴의 형상은 뼈대로 나타나며 다만 우리가 근육운동을 통해 뭉툭한 매부리코나 돌출한 귀를 작게 만들 방법이 있다. 심지어 강인한 눈이나 도톰한 입술, 풍성한 뺨도 보기 좋은 모습으로 변화시킬 수 있는 것이다. 운동을 하면 근육의 움직임을 감지하게 되고 근육이 어긋난 방향으로 움직이는 것까지 느끼게 될 뿐만 아니라 근육이 움직일 때 피부가 동시에 움직이게 된다.[116] 이에 우리의 얼굴은 타고난 그대로 살아가는 것이 아니라 우리 자신의 노력 여하에 따라서 얼굴의 탄력도를 높여서 충만한 삶을 살 수 있다. 이러한 뜻에서 나이가 들어 늙어간다는 것은 육신의 탄력이 떨어진다는 뜻이므로 탄력을 잃지 않도록 건강관리에 노력을 해야 할 것이다.

요컨대 육신의 탄력은 당사자의 현재 상태로서 탄력이 좋다는 것은 길운이 따른다고 할 수 있다. 심신의 탄력은 부귀·빈천, 행·불행, 건강과 직결되어 있기 때문이다. 이것은 마치 축구공이나 배구공에 공기가 충분히 들어 있어서 탄력을 가진 공은 경기장에서 선수들의 좋은 반응을 얻는 것과 같다. 고무줄 역시 탄력이 얼마나 좋으냐에 따라 고무줄의 품질을 가늠한다. 탄력이 없는 고무줄은 조금만 강하게 당겨도 끊어져 버리기 때문이다. 운동 도구의 공이나 삶에 요긴하게 사용하는 고무줄

---

116 주선희, 『동서양 인상학연구의 비교와 인상관리에 대한 사회학적 고찰』, 경희대 박사학위논문, 2004, p.216.

의 품질에 있어서 탄력이 중요하게 작용하듯이 우리 인간의 육신도 탄력이 있어야 건강하고 부귀하므로 귀격이다.[117] 인간의 관상을 변화시키는데 있어서 유전적인 상이 있는가 하면, 후천적으로 자신의 근육운동에 의해서 얼굴의 탄력도를 높여서 길상으로 나아갈 수 있다고 본다.

---

117 관상학에서 전택궁이 허기진 뱃가죽마냥 움푹 꺼져 탄력을 잃거나 좁을 경우에는 住居運이 없다고 한다.

Chapter 3

연륜과 심상

01

연륜과 얼굴

연륜과 얼굴은 관상의 용어로 자주 등장하지만 두 가지 용어에는 다른 의미가 있다. 첫째 '연륜'이라는 용어는 그가 일생 살아온 나이에 비례한 세상 인식으로서의 인격상을 의미하는 것이며, 둘째 '얼굴'이라는 용어는 관상에서 외형적으로 중시되는 두상을 뜻한다. 정신적 범주에서 심상心相으로서의 연륜이 자주 거론된다면, 육신적 범주에서 관상觀相으로서의 얼굴이 자주 거론되는 성향이다.

우선 연륜年輪의 뜻을 음미할 경우, 머리에 서리가 내린다고 하는 것은 나이가 들었다는 뜻이며, 나이가 들다보면 정신세계로서 감성이 풍부해지고 긴 세월을 겪으며 삶의 무게가 더해졌다는 뜻이다. 머리에 서리가 내린 것을 비유적으로 '백설白雪'이라고 하는데, 젊은 시절의 검은 머리가 중년을 지나 흰머리가 하나 둘 늘어나면서 백발이 되어간다는 것이다. 이와 관련하여 향엄선사의 시를 음미해본다. "많은 땀과 수많은 생각들이 다만 제 한 몸을 위한 것인데, 이 몸이라는 것이 무덤 속의 티끌이라는 것을 모르는구나. 백발이 한마디 말도 하지 않는다고 하지를 말게. 이는 황천의 소식을 우리에게 전하는 것일세."[1] 백발은 곧 열반의 세계에 이른다는 것으로, 나이가 들어 흰머리가 늘어나면 곧 세상을 하직하게 되므로 삶의 무상함을 전하는 감성의 시가 이것이다.

무상함의 소식을 전하는 것으로서 나이가 들면 또한 얼굴에 저승꽃이 핀다고 한다. 정확히 말해서 얼굴 측면에 거무스름한 반점이 생기는데 이를 저승꽃이라 한다. 관상학에서 얼굴의 측면을 그 사람의 사생활이자 '안방'이라고 한다. 구체적으로 관상학의 용어를 빌리면 얼굴 측면은 위로 천이궁에서 아래로 간문奸門 및 이문耳門 언저리, 그리고 관골과 볼腮, 시골腮骨로 이어지는 곳을 얼굴의 측면이라 하며, 여기에 나이가 들면서 얼굴에 검은 흔적들이 나타난다. 당연히 연륜이 쌓이고 정신이 성숙해지면서 나이가 들다보니 저승꽃(반점)이 얼굴 옆면에 피어난다. 신체적으로 저승꽃이 피기 시작하면 신진대사가 느려지고 생명력의 무기력함을 느끼게 된다. 이때 건강과 피부 관리에 관심을 갖고 노년기의 외로움을 극복하는 정신적 지혜를 쌓아야 할 것이다.

인생사에서 하얀 머리가 늘어나고 저승꽃이 피게 되면 나이가 들어 어쩔 수 없이 허무함이 밀려오는 것이다. 허무함을 느끼는 중년이나 노년들이 듣고 싶은 말이 있다. "동안童顔이네요."라는 것이다. 나이는 들었지만 나이에 비해 상대적으로 젊어 보인다는 뜻이다. 어느 날 남백자규가 여우女偶에게 물었다. "당신은 나이가 많은데 얼굴빛은 마치 어린애 같은 것은 어째서입니까?" 여우가 대답하기를 "나는 도道를 들었기 때문이오." 남백자규가 물었다. "도란 배울 수가 있는 것입니까?" 여우가 대답하기를 "아, 안되오. 당신은 그런 사람이 못되오."라고 하며 그대에게는 성인의 도가 없으니 성인의 재능을 지녀야 동안이 될 수

---

1 百汗千謀只爲身, 不知身是塚中塵, 莫言白髮無語言, 此是黃泉傳語人(원불교 사상연구원 편, 『숭산논집』, 원광대학교 출판국, 1996, p.82).

있다고 했다. 그러면서 과연 그대가 성인이 될 수 있을지 모른다고 했다. 이는『장자』「대종사편」에 나오는 우화이다.[2] 나이가 들었지만 얼굴빛은 과연 동안의 얼굴이 유지될 수 있을 것인가에 대한 답변은 마음의 성자가 되어야 동안이 지속될 수 있다는 심상心相 관상학이 거론되는 양상이다.

그런데 아이러니하게 어린 학생들은 빨리 나이 들기를 원하고, 노인들은 보다 젊어지기를 원한다. 그것은 심리적인 요인인가, 아니면 무슨 이유 때문인가? 젊은이들이 즐겨 부르는 노래가사가 주목을 끈다. 백창우의 글·곡으로「나이 서른에 우린」이란 노래를 소개해 본다. "나이 서른에 우린 어디에 있을까? 어느 곳에 어떤 얼굴로 서 있을까? 나이 서른에 우린 무엇을 사랑하게 될까? 젊은 날의 높은 꿈이 부끄럽진 않을까? 우리들의 노래와 우리들의 숨결이, 거친 들녘에 피어난 고운 나리꽃의 향기를. 나이 서른에 우린 기억할 수 있을까?" 젊은이들이 미숙함으로 현실의 삶에 고단함을 느꼈는지, 희망에 부푼 나머지 중년기의 삶을 동경하고 있는 것 같다. 심리적으로 어렸을 때는 시간이 느리게 가고, 이에 상대적으로 나이가 들면 시간이 빨리 간다. 인지상정으로 청소년들은 빨리 나이 들어 중년을 꿈꾸고, 나이든 사람들은 젊은 시절을 추억으로 삼아 다시 젊어지고 싶어서 동안童顔을 꿈꾸는 경우가 많다.

중년기를 지나며 동안 시절의 나이를 반추해보면, 더욱이 나이가 든다고 해서 좋은 것만은 아니다. 삶의 무게만큼이나 육신이 무기력해지면 희망을 쌓았던 초심初心이 나약해지기 때문이다. 나이가 한 살 두 살 들어가면서 지나온 삶의 세파世波를 견디다보면 인생 후반에는 삶이

---

2 『莊子』「大宗師」, 南伯子葵問乎女偊曰, 子之年長矣, 而色若孺子, 何也, 曰吾聞道矣, 南伯子葵曰, 道可得學邪, 曰, 惡, 惡可, 子非其人也, 夫卜梁倚有聖人之才而无聖人之道, 我有聖人之道而无聖人之才, 吾欲以敎之, 庶幾其果爲聖人乎.

지치기 마련이다. 지친 몸은 점점 쇠약해가는 상황으로 나가는데, 관상학에서 '옥탁골'[3]이 있어 만년에 처량하게 되는 것을 인지하지 않을 수 없는 것 같다. 옥탁골이란 정수리에 베틀 북과 같은 형상의 뼈가 퉁겨져 나와 있으며, 그로인해 인생 만년에 고독을 느끼며 가난함으로 인해 인생길이 더욱 외로워지는 것이다.

인생의 외로움에 더하여 연륜이 쌓여가는 시기는 얼굴에 책임을 져야 하는 중년기에 진입했음을 의미한다. 얼굴에 책임을 져야 한다는 것은 청소년기를 벗어났음을 말하며, 자신의 선배보다는 후배가 많아졌다는 뜻이기도 하다. 그러면 나의 얼굴에 책임을 져야 한다는 것인가? "나이가 들면 자신의 얼굴에 책임을 져야 한다."[4]는 말이 뜻하는 것은 나이가 든 만큼 나의 언행言行을 삼가 살피고, 삶의 무게를 가볍게 느껴서는 안 된다는 것이다. 자신의 삶에서 나타나는 밝은 미소의 얼굴은 실제의 삶에서 주변에 덕德을 베푼 결과와도 같으니, 훌륭한 인품으로 나이 값을 하라는 뜻이다. 지나온 삶을 돌이켜보아 앞으로의 삶을 의미 있게, 그리고 책임감 있게 살아야 한다는 것으로 이해되기 때문이다.

그렇다면 실제 책임을 져야 할 나이는 어느 때인가? 대체로 나이 40이 되면 얼굴에 책임을 져야 한다고 했는데, 'NPL마음 면역의 정동문 코치도 미국 링컨의 말을 인용하였다. 즉 미국의 링컨 대통령이 첫 내각 구성을 위해 인물을 선별할 때 비서관으로부터 추천받았는데, 링컨은 추천받은 사람의 이름을 듣고 거절했는데 그 이유가 그의 얼굴이 마음에 들지 않는다는 것이었다. 비서관은 다시 묻기를, 그 사람은 자신의 얼굴 생김새에는 책임이 없다면서 얼굴은 부모가 만들어준 것인데 어쩔 수 없지 않는가라고 반문했다. 링컨이 이에 답하기를, 뱃속에

---

3 옥탁골이란 전산 38개의 뼈 중에 유일한 惡骨이다(오현리 편, 『정통오행상법 보감』, 동학사, 2001, p.25).
4 오현리 편, 『정통오행상법 보감』, 동학사, 2001, p.6.

서 나올 때는 부모가 얼굴을 만든 것이지만 그 다음부터는 자신이 얼굴을 만드는 것이라 했다. 나이 40이 넘으면 모든 사람은 얼굴에 책임을 져야 한다는 뜻이다.

이처럼 나이 40이 넘으면 육신의 노숙함과 정신의 안정감으로 연륜이 쌓일 때이다. 그가 살아온 삶의 절반이 지났다는 뜻이다. 40년의 연륜이 쌓이면 그의 얼굴에도 변화가 있을 것이다. 행복한 삶을 살았다면 밝은 미소의 얼굴로 변했을 것이며, 불행한 삶을 살았다면 슬픈 얼굴의 형상이 되었을 것이다. 나이 40이 지나면 남은 반평생의 삶은 아름답게 마무리하는 공부를 해야 할 것이다. 절반은 삶의 사업성취 등 의식주 마련의 생활을 위해 살아왔고, 앞으로 절반의 삶은 여유를 갖고 살아가되 아름답게 죽음을 준비하는 자세가 필요하다. 한 성자는 나이가 40이 넘으면 죽어가는 보따리를 챙기기 시작하여야 죽어갈 때에 바쁜 걸음을 치지 않는다[5]고 하였다. 40이라는 나이는 분명 연륜이 쌓인 때로서 의식주의 풍요로운 생활과 더불어 육신에 얽매이지 말고 마음 해탈에 관심을 갖고 인생 끝자락을 준비해야 할 것이다.

흔연하게 마음의 해탈을 준비하며 심상心相에 관심을 가지면서 얼굴은 나이에 따라 변한다는 점을 깊이 새겨볼 일이다. 살아온 세파만큼이나 이마와 코, 눈모양 등이 노숙하게 된다는 뜻이다. 관상에서 볼 때 귀모양은 변하지 않는다고 한다. 그러므로 아동을 대상으로 관상을 볼 때는 귀 모양을 참작할 뿐 관상의 대상에 두지 않는 편이며, 그것은 변하지 않고 미완성의 상태이기 때문이다. 물론 관상학자의 관점에 따라 귀가 변한다고 보는 경우가 있는데, 귓밥인 수주垂珠의 변화가 이것이다. 귀에 대해 좀 더 말하면 귀가 낮거나 귀의 윗부분이 눈꼬리 선에 미치지 못한다면, 탄생도 늦고 세상에서 출세할 시기도 그만큼 늦게

---

5 『대종경』, 천도품 1장.

찾아온다고 한다.

어떻든 얼굴은 나이에 따라 변하는 점을 고려하면 우리가 곱게 변하도록 하는 얼굴 관리가 필요하다. 우리는 주변에서 곱게 늙은 분들을 자주 접한다. 얼굴의 표정관리를 상기한다면 나이 들면서 덕을 베풀고 자비의 마음으로 살아가는 심상에 관심을 가짐으로써 최고의 인생관리가 되는 셈이다.

따라서 초년기부터 밝게 집념으로 살아간다면 나이가 들면서 사업성취는 물론 인생의 행복을 가져다주며, 얼굴의 표정도 한층 여유로울 것이다. 인생의 목표를 이미 초년부터 정하였기 때문에 학업에도 충실해야 할 것이며, 사회에 진출하여 직장생활도 성실하게 임할 것이다. 관상에서 동자형同字形의 얼굴이 있는데, 이러한 사람이 초년부터 목표를 정하여 학업에 충실하게 임하며 주변사람들로부터 신뢰를 받는 편이다.[6] 동자형 얼굴은 인화를 중시하고 처세를 잘한다. 그리고 60세가 되면서 연륜이 쌓이면 마음이 안정되어 평화로운 삶을 맞이할 것이다. 동자형의 경우 환갑이 지나면서 연륜이 쌓임과 더불어 지혜가 더해져 모든 일에 성취를 이루고 오장육부의 균형을 이루도록 건강관리를 잘하기 때문에 건강 운도 따른다. 집념의 동자형은 연륜의 심상 관리를 잘 하여 바람직한 형으로 정착되는 것도 이 때문이다.

한편, 얼굴에 주름살이 생기는 때는 연륜이 쌓였다는 뜻이다. 주름살은 특히 노인에게 인생의 연륜이며[7] 한 세월 살아온 인생의 행적도行蹟圖와 같다. 연륜이 짧은 젊은이의 얼굴에 새겨진 주름살은 그 어떤 것도 이로운 내용이 없는데 이마를 가로지른 천문天紋, 인문, 지문이 그러하며, 입가를 스쳐내려 간 법령선도 마찬가지이다. 주름에 있어서도 잔주

---

6 이정욱, 『심상 관상학』, 천리안, 2006, p.276 참조.
7 노인에게는 연륜이 가져다준 여유가 보인다(설혜심, 『서양의 관상학, 그 긴 그림자』, 한길사, 2003, p.169).

름이 문제인데 초년 운이 안 좋은 것은 이마가 어지럽혀진 탓이다. 또한 입 주변이나 턱에 나타난 잔주름은 말년 운에 좋지 않다. 잔주름은 운세에 있어서 별로 좋지 않은 것이며, 다만 어쩔 수 없이 생기는 얼굴의 주름은 연륜이 쌓였다는 것으로 이해하면 좋을 것이다.

연륜이 쌓인다고 주름살이 느는 것은 마냥 좋은 것만은 아니다. 노인은 소화기 계통이 약하고 고독하며, 신체적으로 노쇠해지다보니 느는 것은 주름살이다. 세파에 시달려 온갖 걱정에 주름살이 더한다고 하는데 관상학에서 볼 때 노년기의 심약함과 더불어 이별의 고독함은 자주 찾아온다. 관상학에서 볼 때 콧대 중앙의 세로 주름은 연륜이 쌓이면서 부부가 이별할 운이니 조심할 일이다.[8] 얼굴은 신경계통에 있어서 민감한 부위이므로 자기 얼굴에 짜증이 나거나 예민할 경우 인상을 찌푸리는 경우가 적지 않다. 심상에 관심을 갖고 더욱 고운 인상을 가지도록 노력해야 한다는 것이다. 가장 좋은 인상은 웃는 얼굴이며, 설사 주름이 지더라도 미소로 인해 나타나는 주름살은 인자하기까지 하다. 나이가 들수록 얼굴에 늘어나는 주름살은 반가울리 없지만 그 주름살마저 반가이 맞이하는 연륜의 해탈 심법이 필요하다.

그렇다고 연륜이 쌓이고 나이가 들면서 매사에 무감각해지는 현상은 어쩔 수 없는 일이다. 일상의 삶이 무기력해지면서 매사 귀찮아지다보니, 관상 관리에 무관심한 것도 당연한 일이다. 중국 송대의 장횡거(1020~1077)는 이에 말하기를, 사람들은 대부분 나이 들면서老成 아랫사람에게 물으려 하지 않으므로 종신토록 알지 못한다고 했다. 또 나이가 들면서 아랫사람에게 물으려 하지 않기 때문에 마침내 남과 나를

---

8 옆 이마의 세로주름은 부부가 이별한다. 눈썹 위에서 이마의 가장자리로 비스듬히 나있는 여러 가닥주름: 혈육과의 불화가 잦다. 부모덕이 없다. 머리카락 속에 있는 점: 좋은 점이다. 그것이 정수리에 가까울수록 귀하다(이남희, 『하루만에 배우는 실전관상』, 도서출판 담디, 2008, pp.72-73).

속이게 되어 종신토록 알지 못한다[9]고 『근사록』에서 말하고 있다. 나이가 들면서 연륜이 쌓이기도 하지만 매사 무기력해지므로 감관작용의 퇴보, 즉 앎의 무지에 떨어지는 것도 방심하여 막지 못한다는 것이다.

여기에서 연륜이 쌓이면 더욱 방심하지 말고 심상心相관리 즉 마음관리가 필요하다는 것을 인지하게 된다. 사람마다 풍기는 품격이 있는데 인자한 성자聖者는 부모 같고, 이웃의 노인 같기도 하여 무엇이라고 표현할 수 없는 자비 품격의 소유자이다. 자녀를 키운 부모는 연륜이 있고, 이웃 노인도 연륜이 있는데, 이들은 품격 관리를 그만큼 해왔으므로 부모로서 존경을 받게 되고 연장자로서 존중을 받게 된다. 르네상스의 인문주의자 미란돌라는 인간은 신에 의하여 특징지어진 것도 아니고, 제한되어진 것도 아니라고 했다. 곧 그는 연륜이 쌓일 정도의 인품을 지닌 자로서 "자신의 수준을 높이기 위해 노력하며, 자신의 운명을 창조하는데 자유롭다."[10]고 하였다. 나이가 들수록, 또 연륜이 쌓일수록 인간의 존엄성을 지니며 살아가는 심상 관리로서 인격의 관리가 필요한 것이다.

인격 관리는 심상心相의 관리와 같은 것으로, 인간의 얼굴을 인자하고 단정하게 하는 것으로 관상학에서 참고할 일이다. 불타에 의하면 중생 얼굴이 단정한 보端正報를 받는 것은 열 가지 선업이 있다(『업보차별경』 7장)고 했다. 첫째 화를 내지 말 것, 둘째 의복을 많이 혜시할 것, 셋째 부모와 존장에게 공경심을 가질 것, 넷째 성인과 현인의 도덕을 존중히 알 것, 다섯째 부처님의 탑이나 정사精舍를 잘 수리할 것, 여섯째 집안을 청정히 할 것, 일곱째 수도실터나 수도실에 드나드는 길을 평평하게

---

9 『近思錄』「爲學」98章, 人多以老成則不肯下問, 故終身不知. 又爲人以道義 先覺處之, 不可復謂有所不知, 故亦不肯下問. 從不肯問, 遂生百端欺妄人我, 寧終身不知.

10 The New Encyclopaedia Britanica, Vol. 20, 667.

골라줄 것, 여덟째 부처의 탑묘를 지성으로 쓸고 닦을 것, 아홉째 추루醜
陋한 이를 보고서 가볍고 천하게 여기지 않고 공경심을 낼 것, 열째
단정한 이를 보면 곧 전생의 선업으로써 그리 된 줄을 알아 그에 감탄할
것[11]이라 했다. 얼굴을 인자하고 단정히 하는 자세야말로 관상 가운데
심상心相 관리가 중요하다는 것을 알게 해준다. 연륜과 얼굴 표정의 관
리는 이처럼 심상과 관상이 병행하는 것임을 알아야 한다.

---

11 『業報差別經』7章, 復有十業하야 能令衆生이 得端正報하나니, 一者는 不瞋
이요, 二者는 施依요, 三者는 愛敬父母尊長이요, 四者는 尊重賢聖道德이요,
五者는 恒常塗飾佛塔이요六者는 淸淨泥塗堂宇요, 七者는 平治僧地伽藍이
요, 八者는 掃灑佛塔이요, 九者는 見醜陋者하고 不生輕賤하며 起恭敬心이
요, 十者는 見端正者하고 曉悟宿因하야 知福德感이라. 以是十業으로 得端正
報니라.

02

관상에서의 정기신

    동양사상에서 '정기신精氣神'이라는 말이 자주 등장하는데 그것은 인간 생명체의 탄생과 에너지 작용에 관련된 근간이기 때문이다. 정·기·신 용어의 연원을 살펴본다면 그것은 형·정·기形精氣 등과 대등한 맥락에서 접근된다. 즉 정·기·신은 『도덕경』의 이·희·미夷希微를 시작으로 『여씨춘추』의 형·정·기, 『회남자』의 형·기·신 등이 그 연원을 이루며 주렴계의 성·신·기誠神幾 등도 관련이 있는 것으로 보인다.[12] 그리고 『관자』에서도 "인간이 태어날 때에는 하늘이 정精을 땅이 육체를 각각 내고, 그것이 합체하여 인간이 되었다."[13]라고 하였다. 위의 언급에 나타나듯이 생명성과 관련한 정기신 세 글자의 상징성이 갖는 공통성이 돋보인다. 『회남자』에서는 형·기·신을 언급하면서 이를 구체적으로 설명하고 있다. "형形은 생명이 머무는 거처이고, 기氣는

---

12 김낙필의 「성명론과 정기신론」, 『태동고전연구』 3, 태동고전연구회, 1987 참조(박병수, 「정신수양의 기론적 접근」, 『원불교수행론연구』, 원광대출판국, 1996, p.122).

13 『管子』 「內業篇」, 凡人之生也 天出其精 地出其形 合此以爲人.

생명을 채우는 것이며, 신神은 생명을 조절하는 것이다. 하나라도 자리를 잃게 되면 형·기·신 모두 상처를 받게 된다."[14] 회남자란 중국 한나라 종실宗室 유장劉長 회남여왕淮南厲王을 말하는 것으로 그는 형·기·신을 거론함으로써 이것을 생명이 머물고, 채우며, 조절하는 것이라 하였다. 그 가운데 어느 하나라도 존재하지 않는다면 개체의 생명성이 사라진다는 면에서 매우 중요한 요소들로 인지되고 있다는 것이다.

이처럼 정·기·신의 이론은 원래 관상학보다는 도교사상에서 더 관심을 가졌던 용어이며, 특히 단전과 연관되어 양생론으로 전개되기도 하였다. 도교의 한 종파인 전진교의 『종려전도집鍾呂傳道集』에서는 다음과 같이 밝힌다. "단전에는 세 가지가 있다. 상단전은 신사神舍이며 중단전은 기부氣府이며 하단전은 정구精區이다. 정精에서 기氣가 생하며 기는 중단전에 머문다. 기에서 신神이 생하면 신은 상단전에 머문다. 진수와 진기가 합하여 정을 생하며 정은 하단전에 머문다."[15] 정기신론은 이처럼 도교의 성명론性命論과 더불어 수련법에서 강조되는 것으로, 본 이론은 마음을 무욕 청정하게 간직하는 수련법으로 응용되었던 것이다.

무욕 청정의 수련법에서 응용되는 정·기·신의 참 의미는 무엇인가에 대하여 살펴본다. 정·기·신의 명확한 정의는 찾기 힘들지만, 기氣는 우주의 원기元氣를 뜻하며, 정精은 기에 깃들어 있는 원정元精을 말한다. 그리고 신神은 정과 기를 주제하는 원신元神을 뜻한다. 이 원정元精, 원기元氣, 원신元神이 인간에게 가장 온전히 품부되어 각각 인체의 3단전에 깃들게 되었다는 것이다.[16] '원元'의 용어가 지니는 뜻은 '으뜸'

---

14 『淮南子』,「原道訓」, 夫形者生之舍也 氣者生之充也 神者生之制也 一失位則三者傷矣.

15 『鍾呂傳道集』 丹田有三 上田神舍 中田氣府 下田精區 精中生氣 氣在中田 氣中生神 神在上丹 眞水眞氣 合而成精 精在下丹.

이라는 점에서 정과 기와 신에 대한 중요성이 무엇보다 강조되고 있다. 이를테면 기氣라 해도 여러 가지가 있는데 원기元氣는 그 가운데 으뜸이라는 것이다.

이제 정·기·신을 관상학과 관련지어 보도록 한다. 이 세 가지에 더하여 혈血이 거론되는데 그것은 몸의 바탕으로서 얼굴색과 연결되기 때문이다. 곧 정기신이 인체의 생명활동에 근원이라는 점에서 그것은 또한 혈을 더하여 인간의 생명성을 사실적으로 접근하게 해준다. 이는 혈색을 중시하는 관상학과 관련짓는다면 흥미로운 것이다. 얼굴 모양은 둥근형, 사각형, 역삼각형, 삼각형 등 크게 네 가지로 나눌 수 있는데, 그것은 그림으로 치면 바탕으로서 우리 몸에서 바탕이 되는 것을 정精·기氣·신神·혈血이라고 하며, 이에 얼굴 모양은 정·기·신·혈과 연결된다.[17] 정기신 자체로도 생명활동의 상징성이 나타나지만 혈을 거론함으로써 신체가 갖는 혈색의 중요함을 부각시키는 것으로 보면 좋을 것이다. 곧 혈이란 정精을 말하는 것으로 정기가 온전하게 되면 신이 드러나며 비로소 형체가 드러나므로 그 근본은 혈과 기에 있다.[18] 이처럼 정. 기. 신. 혈을 얼굴에서 거론하는 이유는 인체의 모든 요소를 포괄하는 종자와 같으며, 인체의 모든 기관이 함축되어 있기 때문이다. 우리의 얼굴은 전신의 장부경락과 연결되어 있으므로 건강 상태가 얼굴에 나타나는 것이다.

관상서로 널리 알려진 『신상전편』에서도 정·기·신·혈에 필적하는

---

16 全秉薰의 『정신철학통편』 제2편 제1장의 내용에 의거한 설명이다. 그러므로 이 세 가지의 발생론적 순서는 고정시킬 수 없고 동시에 공존한다고 말할 수 있다(김낙필, 「정신 개념의 연원과 특성」, 『원불교수행론연구』, 원광대출판국, 1996, p.110).

17 정창환, 『얼굴여행』, 도솔 오두막, 2006, p.15.

18 오서연, 『인상과 오행론』, 학고방, 2017, p.101.

형·기·신을 거론하고 있다. "기氣는 기름과 같으며, 신神은 등불과 같고, 형形은 기를 바탕으로 길러지는 것이다. 형으로서 혈을 기르고 혈로서 기를 기르고, 기로서 신을 기르니, 형이 온전하면 기 또한 온전하다. 기가 온전하면 신 또한 온전하다."[19] 형·기·신의 관계가 어느 하나에 의해 좌우되는 것이 아니라 상호 보완적으로 도움을 준다는 것이다. 상서에서 말하는 정·기·신의 상호 관련성은 설득력을 지닌다. 기름과 등불 그리고 신체 형성이라는 점에서 상의상자相依相資라고 할 수 있으며, 이는 관상학의 얼굴 형성에 있어 주요 바탕이라는 점에서 간과할 수 없다.

이처럼 정기신론은 신체 곧 얼굴 형성이라는 점에서 상서인 『마의상법』에서도 이에 대하여 관심을 표명하고 있다. 온전한 신체의 형성과 얼굴의 편안함을 상기하는 면에서 이를 언급하고 있는 것이다. "무릇 형形은 혈血을 기르고, 혈은 기氣를 기르고, 기는 신神을 기르는 까닭에 흠이 있는 모양, 즉 피가 온전하면, 온전한 기가 갖추어지고, 기가 온전하게 갖추어지면 신이 온전해 진다. 이에 형은 능히 신을 기르는 까닭에 기가 열리면 편안해지는 것이니, 기가 불안하면 신이 사나워지고 안정되지 못하게 된다."[20] 『마의상법』의 언급처럼 형은 우선적으로 혈을 기르며, 이 혈은 또 기를 기른다는 것이다. 그리고 기는 신을 기른다는 것으로 온전한 신체가 형성되어 심신이 편안해지고 얼굴 형상도 자연스럽게 온화해짐은 당연한 일이라 본다.

이어서 『마의상법』에서는 온전하고 온화한 신체와 얼굴을 갖기 위해서 정·기·신·혈의 조화를 강조하고 있다. "신神은 안에 있어 그 형

---

19 『神相全編』, 「相神氣唐」, 氣似油兮神似燈形資氣以養之 形以養血 血以養氣 氣以養神 故形全則氣全 氣全則神全.

20 『麻衣相法』 「論神」, 夫形以養血 血以養氣 氣以養神 故形全則血全 血全則氣全 氣全則神全 是知形能養神 托氣而安也 氣不安則神暴而不安 能安其神.

상을 볼 수 없고, 기氣는 신을 길러 생명의 근본을 이루고, 기가 씩씩하고 혈血이 온화하면 신도 편안하며, 혈이 마르고 기가 흩어지면, 정신이 분주하게 된다."[21] 정·기·신·혈의 조화 속에서 빼어난 인물은 청수淸秀하고 심신이 상쾌하며, 기혈이 조화를 이루면 정신도 어둡지 않다고 했다. 그러므로 신神이 맑고 탁한 것은 형상으로 드러나므로 귀천을 정하는데, 이는 감히 최고의 이치가 아닐 수 없다고 하였다.

같은 맥락에서 『신상수경집神相水鏡集』에서는 구체적으로 정·기·신이 없으면 사람이 존재할 수 없다고 하였다. "사람이 정·기·신·혈이 생겨나지 않고 오로지 빈 껍질만 있다면 어찌 살아있는 사람이라 할 수 있겠는가?"[22] 이것은 정·기·신·혈로써 사람의 형체를 이루고 생명을 기른다는 뜻이다. 인간의 생명을 구성하는 기본 요소가 이러한 정·기·신·혈이라는 것으로, 그것이 없다면 빈 껍질에 불과한 것이므로 생명성을 잃은 상태이거나 무정물로 이미 변해버린 상태이다. 그러므로 살아있는 사람이라면 반드시 정·기·신·혈이 뒷받침되어야 한다는 것이다.

우리 인간은 이 같이 중요한 요소를 통해 활력의 신체로 살면서 관상론에 주목해볼 필요가 있다. 상학相學의 이론에 의하면 정·기·신 모두가 반영된 얼굴을 보고 미래를 예측하거나 성격을 파악한다고 한다. 사람의 운명이란 마음의 작용으로 만들어져 있는 어떤 틀에 의하여 결정되기 때문이다. 이처럼 운명은 몸체 내부 오장五臟 상태의 조건, 외부의 기운이 작용하여 그것이 몸체와 얼굴에 반영되는 것이며, 특히 얼굴은 마음의 기氣와 정精과 신神 모두가 반영되어진 곳으로, 얼굴의 형상과 상태에 따라 운명은 그 길로 향하는 것이다.[23] 관상학에서 정기신론

---

21 『麻衣相法』, 「論神」, 神居內形不可見 氣以養神爲命根 氣壯血和則安固 血枯氣散神光奔.

22 右嘗道人, 『神水鏡集』, 假如精神氣血不生 惟有虛穀之體 面谷神先枯焉."

을 중시하는 이유가 여기에 있다.

그러면 관상학의 얼굴 모양에 있어서 정·기·신·혈이 갖는 각각의 특성은 무엇인가? 그것이 갖는 성향에 따라 몇 가지로 구분할 수 있다. 이를테면 얼굴이 둥근형인 사람을 정과精科라 하고, 사각형인 사람을 기과氣科라 하며, 역삼각형인 사람을 신과神科라 하고, 삼각형인 사람을 혈과血科라 한다.[24] 정과精科는 둥글게 생겼고, 모양이 둥그니까 잘 구른다고 할 수 있다. '성격으로 보면 명랑하고 낙천적이며 긍정적인 성향이다. 그러나 체질상 습濕이 많아 움직이는 것을 싫어하므로 살이 찌기 쉬운 유형이기도 하다. 병증으로는 인체의 근본을 이루는 정精의 누설이 많기 때문에 당뇨병에 취약하다. 또한 체질상 몸이 잘 붓기 때문에 허리와 등이 자주 아프고 관절통이 일어난다. 예방법으로는 꾸준한 체력 관리와 규칙적인 운동을 하고 오곡밥, 구기자, 복분자, 참깨 등이 체질에 적합한 음식이라고 할 수 있다.

이에 대해 기과氣科는 각이 지고 네모난 얼굴이다. 각이 있으므로 둥글지 못하고 어느 한 곳에 잘 머무른다고 볼 수 있다. 주관이 뚜렷하며 체질적으로 기를 많이 가지고 있으므로 부지런한 노력형이라고 할 수 있다. 가슴앓이 병[25]과도 같은 병증은 기가 넘치거나 기가 울체鬱滯될 적에 발병한다. 여성의 기가 울체되면 가슴이 답답하고 옆구리 쪽으로

---

23 이정욱, 『심상 관상학』, 천리안, 2006, p.41.

24 정창환, 『얼굴여행』, 도솔 오두막, 2006, pp.15-16.

25 가슴앓이의 원인은 다양하다. 미움, 그리움, 두려움, 서러움, 안타까움 같은 일상의 감정들이 표출되지 못하고 켜켜이 쌓일 때 가슴앓이는 시작된다. 미움이나 서러움이 쌓이면 화병이 되고 이성에 대한 그리움이 쌓이면 상사병이 된다. 이 속병들은 일상에서 자주 우리를 괴롭히는 병이다. 우리는 살면서 크고 작은 병들에 걸린다(김익진, 「문학과 마음치유」, 제334회 학연·산연구성과교류회《인문학적 마음치유와 한국의학의 만남》, 마음인문학연구소, 한국연구재단, 2012.4, pp.35-36).

통증이 발생하며 자궁에 혹이 생길 수도 있다. 남성의 기가 부족하면 천식이 돌며 숨쉬기가 힘이 들고 기운이 쭉 빠진다. 기과의 여성들은 집안 살림보다는 사회활동을 하는 것이 좋다. 기를 순환시키는 식품으로는 진피, 무, 생강, 소고기, 황기, 향부자, 총백, 무, 귤껍질 등이 좋다.

다음으로 신과神科는 턱이 뾰족하고 얼굴이 역삼각형으로 생겼다. 머리가 좋고 총명하면서 꼼꼼하고 예민하다. 칠정七情에 마음을 쉽게 상하며 잘 놀라고 무서움을 잘 탄다. 마음이 상하여 발병하므로 단전호흡, 명상을 통해서 마음을 치유하는 길을 찾아야 한다. 좋은 식품으로는 인삼, 대추, 연자육, 백복신 등이 좋다.

혈과血科의 경우 얼굴이 계란처럼 갸름하게 생겼다. 부드럽고 자상한 성품을 지녔으며 꼼꼼하고 성실하다. 혈血과에 속한 사람들은 혈과 관련된 질병에 주의하여야 한다. 병증으로는 두통, 어지러움, 재생불량성 빈혈, 생리불순, 코피, 장내출혈에 잘 걸린다. 혈병은 밤에는 심하고 낮에는 가벼워진다. 좋은 음식으로는 사물탕, 생 연뿌리 즙, 당귀, 부추 즙이 길하다.[26] 위에 열거한 바와 같이 각기 다른 얼굴, 즉 각자의 관상을 보고 서로 다른 특징이 가늠된다.

따라서 정과, 기과, 신과, 혈과의 모양에 따라 구체적으로 정·기·신·혈과 관련한 관상을 참조하면서 어떻게 처사하는 것이 바람직한가를 살펴 보고자 한다. 이를테면 정과와 혈과의 사람은 성질은 좋은데 삶의 모순이 성격을 나쁘게 만드는 것이며, 기과와 신과의 사람은 성질이 나쁜데 자신의 모순을 극복하지 못해서 성격이 나쁜 것이다.[27] 여기에서 정과와 혈과는 낙천적인 성질인데 반하여 고통스런 삶의 모순을 이겨내지 못할 경우가 문제이다. 그것은 자칫 성격이 나쁘게 전환될 수

---

26 조성태, 『생긴대로 병이오고 생긴대로 치료한다』, 샘이깊은 물, 2009, pp.22-25참조.

27 정창환, 『얼굴여행』, 도솔 오두막, 2006, p.30.

있다는 뜻이다. 기과와 신과는 염세적인 성질을 지니고 있는데 고통스런 삶에 의해서 자신을 성찰하지 못할 경우 성격이 좋지 않아 고통으로 이어질 수 있다는 점을 주의할 일이다.

한편, 정·기·신에서 정과 신이 합하면 '정신精神'이라는 용어가 탄생한다. 우리는 "정신이 있는가?"라고 하며 "정신 차려라."는 말을 자주 한다. 정신이란 우리의 신체와 대비되는 용어로 쓰이기도 한다. 인간의 기본 구성이 '정신과 신체'로 이루어져 있다고 할 때, 그 사이에 기운을 더하면 이를 정·기·신으로도 풀이해 볼 수 있다. 기운 즉 기氣는 나의 신체와 정신을 조절하고 관장하는 근원이며, 5개 층의 마음 전부가 서로 합해질 때 에너지인 기氣의 원초적 운동원이 된다.[28] 이처럼 정신과 신체를 가진 인간에게 '기'는 생명성을 불어넣어주는 기운으로 보는 것이다. 기운이라는 에너지가 충족될 때 정신과 신체가 활발한 활동을 하게 되는 것이며, 이를 정신 기운이 좋다고도 한다.

또한 정·기·신·혈에서 '기혈氣血'의 용어가 우리에게 익숙해 있다. 정신精神과 기혈氣血은 상호 조화를 이루어 형상으로 드러나게 됨으로써 인간의 귀천과 성격, 성품을 알 수 있게 되는 것이다.[29] 인간의 정신 (마음) 또한 오장육부와 그에 해당하는 기혈과 무관하지 않아 보인다. 이에 신체의 오장 형태가 모두 작은 사람은 마음 바탕도 여유롭지 못하여 초조하거나 근심 걱정이 많고, 반대로 기혈의 활발한 활동으로 오상의 형태가 전체적으로 큰 사람은 마음 바탕도 여유롭고 느긋함이 있어 매사 급하지 않고 근심 걱정을 하지 않는다.[30] 이처럼 기혈은 신체의 오장육부를 활력 있게 하는 역할을 하며, 그것은 한의학에서 경락과 같은 중요성을 지닌다. 한의학은 물론 관상학에서 기혈氣血은 충실과

28 이정욱, 『심상 관상학』, 천리안, 2006, p.62.
29 오서연, 『인상과 오행론』, 학고방, 2017, p.101.
30 이정욱, 『심상 관상학』, 천리안, 2006, p.52 참조.

부실 사이에 그 사람의 성격과 성질이 형성되고, 인간의 신체 상태에 따라 당시의 운세와 앞날의 명운命運에 큰 영향을 미친다고 본다.

다음으로 기혈氣血 뿐만 아니라 정혈精血이라는 용어를 언급해 본다. 상학자 오현리는 정혈에 대하여 깊은 관심을 가진 바 있다. 뼈는 정기가 만든 것이고, 살은 피가 이룬 것이란 말이 있는데, 이는 부모의 정혈精血이 우리 신체의 뼈와 살을 형성한다는 말이지만, 이때 사람마다 유전자의 우열이 다르기 때문에 각각 그 골격에 차이가 생기게 된다[31]는 것이다. 상학에서 골격과 관련하여 정혈을 거론하는 것으로, 기혈이나 정혈은 골격 형성에 절대적인 요소로서 좋은 골상을 지니는데, 기혈 내지 정혈은 이에 관상학적으로 중요시하지 않을 수 없다.

또한 관상학에서 알아야 할 것으로는 정·기·신·혈 외에 '기색氣色'이 거론된다. 『옥관조신국玉管照神局』에서는 이에 대하여 다음과 같이 말하고 있다. "정精이 합한 후에 신神이 생기고, 신이 생긴 다음에 형形이 온전해지며, 형이 온전한 후에 색色이 갖추어진다. 밖으로 드러나서 알 수 있는 것을 형이라 하고, 마음에서 생겨나는 것은 신이라 하며, 혈육에 있는 것은 기라 하고, 피부에 있는 것은 색이라 한다."[32] 정·기·신과 형·기·신이 조화를 이룬 이후에 관상학의 얼굴에서 중시하는 기색이 중요하다는 것이다. 기색론이 정기신론을 근거하지 않을 수 없으며, 얼굴을 통해서 자신의 미래 운명을 가늠할 때 밝은 혈색과 피부의 기색이 갖추어진다면 길조가 있다는 뜻이다.

---

31 오현리 편, 『정통오행상법 보감』, 동학사, 2001, p.18.
32 『玉管照神局』「陳搏先生風鑑」, 人之生也 受氣於水 稟形於火 水則爲精爲志 火則爲神爲心 精合而後神生 神生而後形全 全形而後色具 是知顯於外者謂之 形 生於心者謂之神 在於血肉者謂之氣在於皮膚者謂之色.

03

오행의 형상론

    인간의 신체와 오행의 관계를 살펴본다는 것은 흥미로운 일이다. 오행은 주로 철학 영역에서 다루어온 관계로 상학을 통해서 오행을 거론하는 것은 관심을 끌기에 충분한 일이다. 관상학에서의 오행은 사람의 신체 다섯 부위가 각각 어떤 재료로 구성되었는가를 판별하는 것으로, 이는 전신의 골격이 이루어 낸 머리, 얼굴, 몸, 손, 다리 등 다섯 부위의 형태와 색을 근거로 한다.[33] 오행에 따라 우리 신체의 형상을 분류하는데 이는 『마의상법』의 「오행형五行形」과 「오형상설五形象說」에 언급되어 있으며, 『유장상법』에도 「논형설論形說」에 있는 '총론가總論歌'에 이와 관련한 언급이 있어 주목되는 것이다. 상서相書에서 인간의 얼굴과 골격, 그리고 성격에 관련해서 오행과 연결하여 자신의 관상을 관찰하는 일은 우주론적 오행이 인간론적 길흉과 연계된다[34]는 점에서 주목되는 일이다.

---

33 오서연, 『인상과 오행론』, 학고방, 2017, p.192.

34 음양설을 우주론이라 한다면 오행설은 지구론 즉 事物論이다(최형규, 『꼴값하네』, FACEinfo, 2008, p.362).

우주에 충만한 기운으로 태어난 사람이 만물의 영장인 근거로는 음양오행 이론이다. 우주 음양오행의 청명한 기氣 에너지를 받아서 인간은 태어났기 때문이다. 『마의상법』에서도 다음과 같이 말하고 있다. "사람은 음양의 기를 받아서 천지의 형상과 같고 오행의 도움을 받아서 만물의 영장이 되었다. 그러므로 머리는 하늘을 본뜨고 발은 땅을 본뜨며 두 눈은 해와 달을 본뜨고 소리는 우레를 본뜨며 혈맥은 강하를 본뜨고 골절은 금석을 본뜨며 코와 이마는 산악을 본뜨고 터럭은 초목을 본뜨니…"[35] 인간이 만물의 영장인 것은 맑고 밝은 오행의 도움을 받았으며, 인간의 신체는 우주 대자연을 본떠서 형성됨은 물론 생명활동을 지속한다. 오행의 형상론이란 철학 및 관상학에서 충분히 거론될수 있으며, 그것은 생명체로서 자신의 개성을 가져다주는 원인이 되기도 한다.

생명체의 대상에는 꼴이 있어야 하는데 오행의 시각화가 꼴과 연결되어 관상과 오행의 관련성을 밀접하게 해준다. 즉 관상 행위는 전적으로 시각에 의존하는 작업이므로 모든 사물에 꼴이 있듯, 사람의 얼굴도 다양한 꼴을 가지고 있으며, 꼴은 다시 오행화가 이루어져야 한다.[36] 오행의 꼴을 지닌다는 것은 다섯 형상에 따라 개성이 있는 형상을 지닌다는 뜻이다. 여기에서 우리가 관심을 가져야 할 것으로, 오행五行과 관련하여 자신의 얼굴 형상이 무엇인가를 파악해서 시각화하는 작업이 곧 길흉 판단의 근거가 되는 것이다.

그러면 관상학에서 볼 때 오행의 성정性情은 어떠한가? 동양사상에서는 우주론적 음양과 오행을 인간사에 대입, 단순화시켜서 운명을 관

---

35 『麻衣相法』「論形」, 人稟陰陽之氣 肖天地之形 受五行之資 爲萬物之靈者也 故頭象天足象地 眼象日月 聲音象 血脈象江河 骨節象金石 鼻額象山嶽 毫发象草木….

36 최형규, 『꼴값하네』, FACEinfo, 2008, p.20.

찰하는데 관상학을 응용하도록 뒷받침이 되어 있다. 이를 신체에 적용시켜 활용하는 것이 오행인에 대한 관상법이다. 오행의 꼴에 있어서 그 사람의 성정을 파악할 수 있다는 것에 관상의 묘미가 있는 것이다.

우선 목형의 성정을 살펴보도록 한다. 목형은 쭉쭉 뻗은 나무처럼 대개 키가 크고 날렵하며 대부분 말랐고 얼굴색은 다소 파리한 기운을 띠고 있다.[37] 하지만 목형의 얼굴형상을 지닌 자는 나무의 성질을 지닌 관계로 파리하면서도 살집이 있는 체질을 지닌 경우가 많지 않다. 목형의 몸집은 어깨와 가슴이 비교적 넓은 편이다. 그리고 허리와 엉덩이는 가늘고 좁은 형상을 지니고 있다. 목형인은 또한 머리가 좋고 탐구력이 있어서 학문 분야에서 활동하는 경우가 많아 교수직에 적합한 형상을 지닌 인물이라고 본다.

목형에 대한 형상을 보다 구체적으로 설명하고 있는 것은 『면상비급』이다. 본 상서에서는 다음과 같이 목형을 언급하고 있다. "약간 여윈 듯하고 곧아야 한다. 머리와 얼굴의 골격이 여위고, 코가 길게 곧고 눈이 가늘고 길며, 손가락이 가늘고 주름이 많으며, 터럭(머리털, 수염) 모두가 깨끗하고 맑아야 하며, 어깨와 등이 특출하게 솟은 몸으로 색이 맑고 기운이 빼어나야 참으로 목형이다."[38] 이어서 본 상서에서 말하기를 목형의 사람은 거듭하여 곧고 길어야 하고, 눈이 빼어나고 수염이 맑고 입술이 붉고 밭이랑과 같이 고르게 주름이 지고 몸도 길고 빼어나게 곧아야 하며, 허리가 여윈듯하면서 둥글고 꽉 차고 손도 윤택하고 가는 주름이 있으며, 모가 난듯해야 큰 재목으로 쓰이는 대들보가 될 수 있다고 하였다.

만일 목형으로서 한쪽으로 깎이거나 마르거나 얇아서 살비듬이 뜨고

---

37 신기원, 『신기원의 꼴 관상학』, 위즈덤하우스, 2010, p.40.

38 『面相秘笈』「五官」, 木形, 取瘦直, 頭面骨瘦, 鼻修直, 目細長, 手指細而多紋, 髮髮皆淸, 肩背挺眞, 色淸氣秀, 眞木形也.

힘줄이 나오고 뼈와 정수리가 드러나면 바람직하지 않은 형상이라는 것이다. 이에 목형은 화火의 기운을 조금 띠고 있어야 목木, 화火 통명通明의 상이 될 수 있다고 하였다. 이에 더하여 목형의 얼굴 형상을 지닌 자로서 만약 붉은 적색의 토土 기운과 붉은 홍색의 금金 기운을 지니면 쓰임이 마땅하지 않다는 것이다. 그리고 약간의 금 기운을 띠면 타향에서 살며 이름을 날리고 돌아오게 되지만, 금 기운이 무거워 목이 깎이면 패하여 이룸이 없고 만사가 정지된다고 하였다.

다음으로 화형의 얼굴상을 지닌 자는 뾰족하게 드러나는 것을 꺼리지 않으며, 색은 붉고 윤기 나는 것을 선호한다.[39] 또한 화형은 이마 상단의 좌우 폭이 좁고 하정下停은 벌어져 있다. 화형인은 얼굴 전모가 삼각형 꼴이며 붉은 안색을 지니고 있다. 화형의 눈썹은 갈색이며 숱이 희박하고, 귀는 상단 귓갓이 뾰족하거나 쪼그라진 꼴이라면 귓밥은 넓고 두텁다.[40] 화형의 눈모양은 찢어진 형상으로 날카롭다. 또 눈동자는 황갈색을 지닌다. 성격에 있어서 화형인은 다혈질이면서도 조급한 편이며, 입술은 두텁고 얼굴 한 편이 삐뚤어진 경우가 적지 않다고 보면 좋다.

이어서 토형의 얼굴을 한 사람의 기색과 성정을 살펴보고자 한다. 토형인은 얼굴이 윤택하면서도 두껍고 무거운 것을 꺼리지 않으며, 색은 누렇고 윤기 나는 것을 선호한다.[41] 아울러 토형인은 몸집도 견고하며 둥근 두상을 지니고 있다. 목은 비교적 짧은 편으로 살과 뼈가 균형을 이루고 있어 보기에도 좋은 몸집이다.

주목할 것으로 토형에 대하여 『황제내경』에서 다음과 같이 설명하고 있다. "토형의 사람은 상상上商에 비유하고 상고황제上古黃帝와 같으

---

39 오서연, 『인상과 오행론』, 학고방, 2017, p.193.
40 최형규, 『꼴값하네』, FACEinfo, 2008, p.22.
41 오서연, 『인상과 오행론』, 학고방, 2017, p.193.

니, 그 사람됨이 황색이고 얼굴이 둥글며, 머리가 크고 견배肩背가 아름다우며, 배가 크고 고경股脛이 아름다우며, 수족이 작고 살이 많으며, 상하가 어울리고 행함에 안지安地하고 족足을 거擧함이 부浮하며, 안심하고 남을 이롭게 하기 좋아하며, 권세를 좋아하지 않고 사람에 잘 부附하며, 추동은 견디고 춘하는 견디지 못하여, 춘하에 감感하면 병이 생하며…"[42] 화형의 특성에 더하여 봄과 여름 날씨의 영향을 받아 질병에 잘 걸릴 수 있다고 하였다.

금형인은 어떠한 형상이며, 성격은 어떻게 특징지을 수 있는가? 금형인은 얼굴이 네모형상으로 네모반듯한 것을 꺼리지 않으며, 색은 희고 윤기 나는 것을 선호한다.[43] 금형의 형상에 대하여 『마의상법』에서는 다음과 같이 말하고 있다. "금형은 맑고 작되 단단하고 방정해야할지니 형모가 짧으면 이는 형이 부족함이요, 살집이 단단한 자는 이르되 형이 유여하다는 것으로 길상이다."[44] 방정하다는 것은 금형의 얼굴 형상을 언급하는 것이요, 몸집 또한 튼튼하고 여유로울 때 다복하다는 것을 의미한다.

다음으로 수형의 형상은 어떠한 형상인가? 수형인은 둥글고 기름진 것을 꺼리지 않으며, 색은 검고 윤기 나는 것을 선호한다. 또한 수형은 물의 윤택한 성질과 둥근 모양을 따라 살이 많이 쪄서 항아리처럼 둥글며 후중한 관계로 영양형질로서, 골격의 움직임이 가벼워 보이고 뼈는 적은 듯이 잘 드러나 보이지 않는다.[45] 수형인은 비교적 얼굴색이 둥글

---

42 『黃帝內經』,「靈樞」, 土形之人 比於上宮 似於上古黃帝 其爲人黃色 圓面 大頭 美肩背 大腹美股 小手足 多肉 上下相稱 行安地 學足浮 安心 好利人 不喜權勢 善附人也 能秋冬 不能春夏 春夏感而病生…."

43 오서연, 『인상과 오행론』, 학고방, 2017, p.193.

44 『麻衣相法』, 金形淸小而堅方 而正形短謂之不足 肉堅謂之有餘.

45 신기원, 『신기원의 꼴 관상학』, 위즈덤하우스, 2010, pp.51-52.

고 밝아서 살집이 있는 관계로 윤택한 기색을 지니는 관계로 외관상 쉽게 그 형상을 알 수 있다.

같은 맥락에서 『마의상법』에서는 수형인에 대하여 말한다. "수형인은 등과 허리가 풍만하고 둥글며 원기가 차분히 가라앉고, 살집이 무겁고 뼈대는 가벼운 것이 수형의 올바른 격이라 한다. 그러나 근육이 탄력 없고 살이 늘어지면 지간枝幹을 잘 감싸지 못하여 범람되면 절도가 없어 형은 비슷하면서도 서로 어그러진다."[46] 수형인은 또한 지혜로워서 일에 민첩하고 물의 성질을 지닌 관계로 자신을 쉽게 드러내지 않고 잠수潛水를 좋아하는 기질이다.

이처럼 다섯 체형을 크게 언급하는 경우도 있으나 다른 네 기운과 뒤섞여 있는 경우도 있다. 즉 인간의 체형을 반드시 오행 형상 그대로 나누어지지 않는다는 것은 오행 가운데 다른 형상의 기운과 혼합된 사람이 적지 않기 때문이다. 기본적으로 다섯 가지 기운 중 어느 것이라도 하나의 기운을 뚜렷하게 타고날수록 좋으며, 가령 토형이라면 다른 것과 섞이지 않은 순수한 토의 기운만을 강하게 타고나는 것이 좋다는 것으로 이를 진체眞體라고 한다.[47] 여기에서 주목할 것으로 오행이 다른 기운과 섞였을 경우라 해도 상극의 기운이 아닌 상생의 기운으로 혼합되는 형상이 좋다는 것이다. 이를테면 목형의 기운을 많이 타고난 사람이 토기나 금기를 겸했다면 상극의 형상으로 좋지 않다[48]고 본다.

---

46 麻衣相法』, 水形人 背腰厚圓 元氣靜 肉重而骨輕 是其常也 或肭緩肉流 此謂技不輔幹 則泛濫而無所守 形同而相悖也.

47 신기원, 『신기원의 꼴 관상학』, 위즈덤하우스, 2010, pp.39-40.

48 「正體相과 雜體相」 1) 正體相: 木局木體相, 火局火體相, 土局土體相, 金局金體相, 水局水體相, 2) 雜體相 (1) 상생관계의 잡체상: 木局水體相, 水局木體相, 木局火體相, 火局木體相, 火局土體相, 土局火體相, 土局金體相, 金局土體相, 金局水體相, 水局金體相, (2) 상극관계의 잡체상: 木局土體相, 土局木體相, 木局金體相, 金局木體相, 火局金體相, 水局火體相(최형규, 『꼴값하네』,

구체적으로 인간의 체형으로서 오행의 정正을 얻으면 정국正局이 되고 겸하면 겸국兼局이 되며 섞이면 잡국雜局이 된다는 것이다. 관상에서 오행의 정국을 얻어야 길흉 판단이 쉽다. 겸국이나 잡국을 얻으면 그 판단도 쉽지 않다는 점을 먼저 알아둘 필요가 있다. 일반적으로 오행이 다른 형의 정正을 얻게 되면 귀하지도 부유하지도 못하며, 오행이 다른 형의 겸兼을 얻게 되면 부유하지도 장수하지도 못하게 된다.[49] 오행의 형질이 순수한 사람으로서 정국은 상相을 판별하기가 쉽지만 겸국이나 잡국은 판별하기 어려워 길흉 판정도 쉽게 내릴 수 없다는 것이다.

여기에서 오행 형상의 정국正局에 한하여 하나하나 설명해보고자 한다.

첫째, 목형정국의 경우는 어떠한가? 오행 중에서도 목木의 얼굴을 지니는 성향은 나무의 성질이다. 나무는 곧고 바른 것을 정正으로 삼으므로 두상에서 이마 폭과 체상(몸집)에서 어깨 폭이 넓고, 상대적으로 얼굴의 하관과 엉덩이는 좁은 꼴이다. 이에 목형정국은 목국목체상木局木體相이라 하며 역삼격형 두 개가 위 아래로 있는 형상으로 이 체형은 키가 큰 체형을 귀품으로 친다.[50] 그것은 장목長木이 재목감으로 간주되기 때문이며, 명리학에서 말하는 것처럼 갑목甲木과 을목乙木의 가치가 서로 다르기 때문이기도 하다.

둘째, 화형정국에 대하여 살펴보고자 한다. 화형정국은 정삼각형의 두상과 정삼각형의 체상을 가졌으며, 이를 상상해 본다면 불이 바람에 이리저리 나부끼며 번지고 있는 모양을 연상하면 된다.[51] 화형정국의 체상으로는 화국화체상火局火體相이며, 이러한 형상을 지닌 사람은 화형과 마찬가지로 불의 성격을 지닌 탓에 다혈질의 성격이고, 이마 위쪽

FACEinfo, 2008, pp.28-64 참조).

49 오서연, 『인상과 오행론』, 학고방, 2017, p.194.
50 최형규, 『꼴값하네』, FACEinfo, 2008, pp.195-196.
51 오서연, 『인상과 오행론』, 학고방, 2017, p.195.

의 폭이 좁아 산의 형국을 지닌다고 보면 좋을 것이다. 화형정국은 화형인의 성정을 온전히 받은 것으로, 이에 성격이 조급하며 주변의 눈썹과 머리의 기색이 황색에 가깝다. 또한 눈 주변이 붉은 형상을 지니고 있으며 광대뼈가 드러나 있다.

셋째, 토형정국의 형상에 대하여 언급해본다. 토형정국은 마름모꼴의 체상을 가진 자에 해당한다. 이를 물형론으로 살펴본다면 네모꼴의 정리된 땅이나 성하盛夏에 무르익어 가는 전답의 형상을 지닌다. 토형정국의 체상은 토국토체상으로, 그 특징은 광대뼈가 크게 벌어져 얼굴이 널찍하게 보인다. 토형정국의 상은 머리가 둥글고, 목이 짧고 등이 높으며, 살갗은 두텁고, 몸통이 짧으며 허리는 둥글둥글하고, 뺨과 턱이 넓고 두껍다. 그리고 토형정국은 귀가 크고 입술이 두꺼우며 지각智覺이 네모지고 오악이 서로 마주보고 있는 형국이다. 두꺼운 머리카락에 눈썹이 짙고, 코가 탐스럽게 우뚝 솟아 있으며, 손바닥에 살이 많고 손가락 마디가 두꺼우며 목소리는 중후하며 느려야 진짜 토형이다.[52] 또한 본 형상의 경우 걸음걸이는 안정되고 말은 느리며, 인정이 많고 신중하다.

넷째, 금형정국에 대하여 살펴본다. 이 금형정국은 두상과 체상 모두가 긴 네모꼴의 형상을 지닌다. 금형인의 성정性情을 갖춘 상으로는 둥근 쇠나 돌의 형상이며, 체상으로는 금국금체상金局金體相이다. 이러한 형상을 지닌 사람은 긴 네모꼴 얼굴에 어깨, 옆구리, 엉덩이 등이 고루 발달해 얼굴과 몸집, 어느 곳에서도 빈 구석이 없어 귀티와 부티가 돋보이는 형상이다.[53] 본 형상과 합을 이루는 상대방은 토형상이나 수형상이며, 금형의 고향은 토土이기 때문에 남달리 극진한 사랑을 받을

---

52 오서연, 『인상과 오행론』, 학고방, 2017, pp.216-217.
53 오서연, 『인상과 오행론』, 학고방, 2017, pp.224-225.

수 있으며, 금형 여성은 토형상의 남성을 택하는 것 좋이 좋다.

다섯째, 수형정국의 경우는 어떠한가? 본 형상은 두상과 체장이 다같이 풍요로워 인상 전모가 모나지 않는다. 수형인의 성정을 온전히 갖춘 격으로, 이를 물형론으로 상상한다면 겨울 밭의 차가운 물이나 넓은 바다의 물 또는 북쪽 바다를 상징한다. 수형정국의 체상으로는 수국수체상水局水體相으로 머리와 몸집이 다 같이 살이 쪄 포동포동하며 인상이 둥근 형상이다.[54] 본 수국수체상과 합을 이루는 배우자는 금형상이나 목형상이며, 만약 상극으로 만나 토형상이나 화형상과 결합할 경우 생사별을 피하기 어렵다.

한편, 오행 형상으로서 신체 일부와 관련하여 살펴보도록 한다. 손가락의 경우에서 보듯이 일반적인 수상론手相論에 의하면 손가락 사이가 벌어져 있거나 벌어져 있지 않는 경우가 있다. 이러한 경우 재물운이 각자의 상황에 따라 나타나는데 이를 상학적으로 분석하면 목형인이 목형의 손을 가진 경우 손가락 사이가 벌어졌더라도 재물을 모을 수 있으며, 목형인이 금형의 손을 가진 경우라면 손가락 사이가 벌어지지 않았더라도 재물을 모으지 못한다고 하는데, 이는 오행의 상생과 상극에 의해 추론한 것이므로 확률이 훨씬 높다.[55] 상학은 이처럼 오행의 형상을 신체 일부와 관련하여 그 사람의 재물 운, 지혜, 성격을 분석하여 길흉을 판단하는 것으로서 인간의 삶에 있어서 그 중요성을 간과할 수 없다고 본다.

궁극적으로 오행인의 특징을 살펴보고자 한다. 『마의상법』에서는 다음과 같이 오행인의 차별성을 언급하고 있다. "목형은 마르고 금형은 모지고 수형은 주로 살찌고 토형은 돈후하여 마치 거북의 등과 같고

---

54 오서연, 『인상과 오행론』, 학고방, 2017, pp.234.
55 오현리 편, 『정통오행상법 보감』, 동학사, 2001, p.6.

위는 뾰족하고 아래가 넓은 형상은 화형이라 하니, 다섯 가지의 모양으로 사람의 형태를 자세히 살펴 오행의 형상을 추정해야 한다."⁵⁶ 마른 형태의 목형이 그 특성이고, 네모난 형태의 금형이 그 특성이라는 것이다. 살이 찐 형태는 수형이며, 토형은 돈후한 모습이라고 한다. 인간의 얼굴은 이처럼 다섯 가지 형태로 구분지어볼 수 있으며, 또는 정국, 겸국, 잡국 등으로 혼합되어 있어 관상학에서 길흉판단이 세밀해지는 경우가 있다. 자신의 얼굴 형상을 오행과 관련지어 관상을 본다면 앞으로 자신의 성정性情을 어떻게 다스릴 수 있을 것인가를 알 수 있을 것이다.

---

56 『麻衣相法』 木瘦金方水主肥土形敦厚背如龜上尖下潤名爲火 五人形仔細推."

04

심상으로의 귀결

    오늘날 관상학에 대한 관심이 높아지고 있는 상황에서 물질문명의 범람에 따른 마음 수양이 요구된다. 관상의 영역에 속하는 심상心相의 중요성이 부각되고 있다는 뜻이다. 실제 무속이나 사주 점쟁이들의 영역이 고대에는 종교의 영역이었다는 점을 고려하면, 오늘날 각 종교가 말하는 '심상'의 중요성이 관상과 더불어 공유되고 있다.

    학문적 접근법에 따라 관상의 합리적 영역이 넓어진 만큼 앞으로 인품을 논하는 심상의 영역이 심화될 것이며, 그것은 '마음공부' 영역이라는 차원에서도 의미가 적지 않다. 특히 원광대의 석사과정과 박사과정에서 동양철학 전공 분야에서 명리, 풍수, 인상(관상)[57]이 설강되어 많은 석학들이 배출되는 점이 주목된다. 학계에서 전문적으로 내면의 심상과 외형의 관상 연구가 심화되는 점에서 그 의의가 적지 않으리

---

57 2019학년도 원광대 일반대학원 한국문화학과 '동양문화전공 박사과정'의 인상학 관련 커리큘럼으로 「체상학연구」, 「고전상학연구」, 「관상의 심상론」 등이 개설되어 있다. 그리고 원광대 동양학대학원 '동양철학전공 석사과정'의 인상학 관련 커리큘럼으로 「관상학개론」, 「상학사연구」, 「체상학연구」, 「체상학연구1」, 「체상과 심상론」, 「체상고전연구」가 개설되어 있다.

라 본다.

일반적으로 상학相學에서 사람을 관찰하는 열 가지 방법 가운데『신상전편神相全編』이 많이 인용된다. 본『신상전편』관인십법觀人十法의 십관十觀 중 ①∽③은 사람의 정신상태를, ④∽⑧은 형체와 외모를, ⑨는 음성과 마음을, ⑩은 앞의 9법(法)을 총결하여 실제적 대상을 파악하는 방법을 논하였다.[58] ①∽③에 더하여 ⑨조항에서도 마음을 중요시했음을 잘 알 수 있다. 이는 관상에 더하여 심상이 중요함을 인지하도록 해주는 내용이다.

그러면 마음의 상相을 대상으로 한 심상心相이란 무엇인가? 심상학은 물질을 대상으로 하는 것이 아니라 마음을 대상으로 하는 학문이다.[59] 구체적으로 말해서 마음의 상相을 연구하는 학문으로 그것은 넓은 의미에서 관상학에 속한다. 관상학에서 마음관리를 중요시하는 만큼 심상학은 비물질인 마음을 주제로 하여 상대를 알아보는 학문이다. 물질을 대상으로 한다면 육체를 주제로 하는 학문이라면 신상학身相學이 될 것이며, 이에 대하여 마음을 주제로 연구하는 것은 심상학心相學이 되는 것이다.

심상이 관상학의 한 범주에 해당된다고 해도 심신心身을 이분법으로 접근하면 심상과 관상의 구분이 가능하다. '심신이원론'이란 마음과 몸체가 서로 분리되어 있음을 알고, 이분법적으로 접근하는 것이다. 동양학문의 경우 심신 일원론적 성향을 지닌다면 서양학문의 경우 심신 이원론적 성향을 지닌다. 이를테면 데카르트는 마음(정신)과 육체(물질)를 분리해서 생각하는 경향이며[60] 헤겔은 정신을 더 중요시한 철학자

58 김연희,『劉昭 '人物志'의 人材論에 관한 상학적 연구』, 원광대 박사학위논문, 2008, pp.99-122 참조.
59 설혜심,『서양의 관상학, 그 긴 그림자』, 한길사, 2003, p.260.
60 화이트헤드는 뉴턴의 자연 개념을 생명을 결여한 죽은 자연이라고 비판하였

로 알려져 있다.

위에서 언급한 심신론에 대한 동서의 시각차에도 불구하고 마음과 육체를 이분법으로 접근할 경우, 육체의 연구는 형이하학이라 하며 정신의 연구는 형이상학이라 할 수 있다. 그렇다고 심상학을 형이상학 내지 관념의 학문으로 치부해버리는 것도 잘못된 견해이다. 그것은 육체와 정신을 완전히 분리할 수 없다는 점 때문이다. 이론적으로 육체와 정신을 분리하여 연구할 수 있으나, 특히 인문학의 일원론적 시각에서 인간이란 육체 없는 정신이라든가, 정신없는 육체는 상상하기 어렵다. 이것은 육체와 정신을 이원론으로 다가서느냐, 일원론으로 다가서느냐 하는 문제이므로 논란의 여지가 있다. 더욱이 마음과 육체의 경우 형이상학 내지 형이하학 어느 하나에만 의존할 경우 심상관상학의 접근은 쉽지 않으리라 본다. 심상이라는 용어와 관상이라는 용어가 두 가지로 접근 가능하다 해도 육체만을 관상학의 영역으로 두고 마음을 관상학의 영역 밖으로 분리하는 우를 범하지 말아야 한다는 것이다.

동양의 심상心相에 관심을 가진 자는 마의麻衣였다. 마의는 마음이 형상보다 우선하며 형상은 마음 뒤에 존재한다고 하였고, '미관형모 선상심전美觀形貌 先相心田'이라 하여 나타나는 형상에 혼돈하지 말고 먼저 마음을 보라고 하였다.[61] 마의는 이에 다음과 같이 언급하였다. "신체의 상相으로 여래를 알 수 있지 않은가? 상에 있는 것은 모두 허망한 것이니 모든 중생에게 보인다 한들 나의 상을 타인의 상으로 되돌릴 수가 없다. 부귀상 장수상 무법상 역시 상법에 없는 것이 없음을 여러

으며, 데카르트의 物心이원론을 '잘못 놓여진 구체성의 오류'라고 비판했다. 주관과 객관, 개체와 전체의 대립은 구체적인 하나의 자연을 추상하여 양분하기 때문에 오류라는 것이다(박재주, 『주역의 생성논리와 과정철학』, 청계, 1999, p.20).

61 오서연, 『五行에 따른 人相 연구』, 원광대 박사학위논문, 2016, p.117.

중생에게 드러내 보이니 마음으로 상을 취하여 모든 것을 갖추면 여래를 아는 것이다."[62] 궁극적으로 관상보다는 심상으로 귀결되는 것임을 마의는 위에서 밝히고 있다. 곧 부처를 봄에 있어서 외형의 관상보다는 특히 심상으로 보라는 것이다.

마음을 주로 다루는 형이상학의 경우도 엄밀하게 말하여 우주가 오행五行이듯 우리의 마음도 오행이라는 점에서, 우주에서 복점을 찾는 것을 인간의 심성에 반조해 볼 때 관상학으로 귀결된다. 쉽게 말해서 우주를 음양오행의 기운이라 한다면, 우리의 마음도 음양오행의 기운으로 볼 수 있다는 것이다. 『심상 관상학』의 저자인 이정욱은 말하기를, 동양의 형이상학이야말로 인류가 추구하고 가치를 두어야 할 학문인 것을 일깨우는데 우리는 전력하여야 한다[63]고 강조하였다. 동양의 형이상학적 가치를 유난히 강조하고 있는 것은 내면의 심상과 외형의 관상이 밀접하게 연결되어 있음을 밝히는 것이다.

더욱이 심상론에서 볼 때 사람의 마음은 음양오행에서 한걸음 나아가 오장육부에 있으므로, 우주의 기운과 심기心氣가 서로 통한다. 우주의 기운과 인간 오장육부 기운이 결합된 형이상학적인 형태인 심기를 고려해보자는 것이다. 우주의 기운을 보아 우리 인간의 심기를 연계하여 미래를 가늠하는 사고력은 그 사람의 운명에 긍정적 영향을 주기 때문이다. 이를테면 오장五臟이 본래의 위치보다 위쪽으로 몰려 있으면 자부심이 많으나, 이와 달리 오장이 본래의 위치보다 낮으면 남에게 순종하는 성격으로 남의 의견에 합류한다.[64] 당연히 오장이 본래 위치에 있으면 사람의 본래 마음도 중용中庸이 되어 편안하고 성격도 원만

---

62 『麻衣相法』身相可以見如來否. 凡所有相皆是虛妄 示諸衆生 無復我相人相. 富貴相, 壽者相, 無法相亦無非法相 示諸衆生 若心取相 方備諸相 卽見如來.

63 이정욱, 『심상 관상학』, 천리안, 2006, p.86.

64 이정욱, 『심상 관상학』, 천리안, 2006, pp.52-53.

하다. 오장의 위치가 인간의 육체에 균형 있게 위치지어 있을 때 그 사람의 건강도 좋으며 화를 내거나 슬퍼하지 않고 감정의 조절이 이루어져 미래 운명도 밝게 다가선다.

이처럼 인간은 육체와 마음으로 연결되어 있다는 것을 인지한다면 마음 관리는 상생기운으로 접근이 가능한 것으로, 마음 작용은 우리가 살아가는 현실의 생명력이다. 나의 현재 마음상태가 어떠한 감정의 상태인가를 살펴보는 지혜가 필요하다는 것이다.[65] 나의 굴곡이 심한 감정 상태에 매달려 살다보면 우리의 신체도 영향을 받아 바람직하지 않은 방향으로 행동된다는 것이다. 따라서 우리의 현재 마음이라는 것은 누구나 직면하게 되는 현실적인 감정의 문제라는 것을 직시할 필요가 있다. 우리가 희로애락으로 인해 느껴지는 마음 작용은 곧 나의 육체로 전달되어 기쁨과 노함, 슬픔과 즐거움이라는 현상을 낳게 되므로 현재의 마음작용은 우리가 살아가는 실제의 감정인 셈이다. 이것은 일상에서 마음작용을 잘하자는 것으로 '마음공부'가 필요한 이유이며, 결국 밝은 미래를 기대하기 때문이다.

밝은 미래를 향도하는 심상학心相學은 동양 고전을 통하여 그 정신을 찾아볼 수 있다. 맹자는 사람을 관찰할 때 눈동자를 잘 보라고 했다. 눈동자가 숨길 수 없는 현재의 마음과 직결되기 때문이다. 그는 이에 다음과 같이 말한다. "사람을 관찰할 때에는 눈동자를 살피는 것보다 좋은 것이 없다. 눈동자는 그 사람의 악한 마음을 감출 수 없기 때문이다. 마음이 바르면 눈동자는 밝으며, 마음이 바르지 않으면 눈동자도

---

65 관상은 그 사람의 운명을 보는 것이 아니라 인간관계에서 필요한 코드를 보는 것이다. … 또한 이런 현상은 지극히 현재적인 것이다. 그 사람의 과거나 미래는 중요하지 않다. 현재의 보이는 모습 자체가 목적론적·존재론적 당위성을 획득하는 것이다(설혜심, 『서양의 관상학, 그 긴 그림자』, 한길사, 2003, pp.189-190).

어둡다. 그 사람의 말을 들을 때 그 눈동자를 관찰한다면 사람이 어찌 (선악을) 감출 수 있겠는가?"[66] 말하자면 눈동자가 흐리다면 그 사람의 마음도 흐리다는 것이다. 마음작용이 흐리다는 것을 알아서 마음관리를 하고자 하는 심상心相의 중요성은 고금을 통하여 잘 아는 사실이다.

무엇보다도 심상학이 중요한 것은 온전한 '인간'의 성립에 있어서 육체와 마음이라는 1/2의 비중을 차지하기 때문으로, 이에 마음을 대상으로 학문화하는 것은 인문학적인 온전한 삶을 지향하자는 뜻이다. 육체와 마음의 이분법적 사유도 가능하지만 육신관리와 마음수련을 겸한다면 행복이 더해진다고 본다. 마음에는 두 마음이 있는데, 하나는 행복을 지향하는 마음이라면 다른 하나는 불행으로 치닫는 마음이다. 전자의 경우 정신을 가다듬듯이 마음을 잡는다는 것이다. 그리고 후자는 마음 절제를 하지 못하는 방심으로 이어진다. 온전한 인간의 삶을 지향하기 위해서 외형적인 상相을 대상으로 하는 관상학에 비례하여 마음을 대상으로 하는 심상학에 관심을 갖고 넓은 심법心法을 갖도록 하는 것이 필요하다.

결과적으로 심상학을 넓은 의미의 관상학과 관련지으면 '심상관상학'이 된다. 마음을 관상학의 한 대상으로 학문화한다는 것은 길흉을 미리 판단하여 길을 지향하되 흉을 극복하는 마음을 갖자는 것이다. 『주역』「계사상전」 11장에서 말하기를, 성인은 역(易)으로써 마음을 씻어내고 천도의 은밀한 곳에 자신을 감추며, 길과 흉에 백성과 더불어 근심한다[67]고 하였다. 탁해진 마음을 깨끗하게 씻어내고 우주 자연의 도에 합일하여 길을 지향하되 흉을 극복하는 자세를 가지라는 의미이

---

66 『孟子』「離婁」上, "存乎人者, 莫良於眸子. 眸子不能掩其惡. 胸中正, 則眸子瞭焉, 胸中不正, 則眸子眊焉. 聽其言也, 觀其眸子, 人焉廋哉?"

67 『周易』「繫辭傳」上 11章, 聖人則之. 易有四象, 所以示也, 繫辭焉, 所以告也, 定之以吉凶, 所以斷也 참조.

다. 마음을 맑게 씻어내는 것에서 심상관상학이 비롯되며, 거기에서 길흉을 판단하도록 하는 『역경』의 심오한 가르침을 새겨볼 일이다.

잘 알다시피 인간의 운명은 주로 마음에 달려 있다. 어떠한 마음을 사용하느냐에 따라 그 사람의 운명이 달라지기 때문이다. 이에 우리의 행동은 마음작용에 의해 전개되며, 어떠한 마음으로 행동하느냐에 따라 그것이 습習이 되고, 그 습이 성격으로 변화되어 자신의 운명이 결정된다는 사실을 알아야 할 것이다. 인간의 운명은 우리의 심층心層에서 발생한 생각이 발하여 그것이 행동으로 이어지기 때문에 운명은 마음에 달려 있다는 것은 틀린 말이 아니다. 운명이 마음에 달려 있다는 것은 마음이 외부의 상황에 의해 감정 작용이 발생한다는 것으로, 이를테면 순수 마음이 외경에 의해 칠정七情 곧 희로애락애오욕의 감정으로 표출된다. 순수마음은 외부적 작용의 의해 칠정이 발함으로써 행동이 나타나며, 감정 조절을 하지 못하면 좋지 않은 결과가 되므로[68] 그것은 부정적 운명과 직결되는 것이다.

그렇다면 외형적 얼굴 관상학과 내면적 심상관상학의 연관성을 좀 더 살펴보고자 한다. 곧 우리의 얼굴에 나타난 15개의 변화궁들은 모두 마음작용과 관련되어 있다는 것을 모르는 경우가 있다. 이정욱의 『심상관상학』에 의하면, 얼굴에 있는 어느 한부분이라도 마음과 연관되지

---

68 다음 정이천의 언급을 참조할 필요가 있다. "형체가 이미 생기면 外物이 형체를 감촉하여 마음을 동하게 하니, 마음이 동하여 七情이 나오는 바, 이것을 희·노·애·락·애·오·욕이라 한다. 情이 이미 치성하여 더욱 방탕해지면 性이 깎이게 된다. 그러므로 밝게 깨달은 자는 情을 절제하여 中道에 합하게 해서 그 마음을 바루고 그 性을 기르며, 어리석은 자는 情을 절제할 줄 말로 정을 풀어놓아 사벽함에 이르러서 性을 질곡하여 잃는 것이다."(『近思錄』 「爲學」 3章, 形旣生矣, 外物觸其形而動其中矣. 其中動而七情出焉, 曰喜怒哀樂愛惡欲. 情旣熾而益蕩, 其性鑿矣.是故覺者約其情, 使合於中, 正其心 , 養其性. 愚者則不知制之, 縱其情而至於邪僻, 梏其性而亡之).

않는 곳이 없고, 얼굴에 있는 어느 한 부분이라도 운명적인 의미가 없는 곳이 없으며, 얼굴에 있는 어느 한부분이라도 마음에 반하여 생겨나지 않는다는 것이다. 마음의 작용에 따라 얼굴의 각 부위에 관련된 표정이 나타나기 때문이다. 각자의 운명을 얼굴과 관련지어 보되 그 바탕에는 마음의 작용에 기반하고 있다는 것을 안다면, 운명의 흐름은 마음과 관련되어 있음을 알고 마음을 바르게 사용하는 것이 요구된다. 이것이 심상 관상학의 가치이며, 마음을 순수하게 작용하여 어떠한 외적욕망에도 흔들리지 않는 자세가 운명을 순연하게 흐르도록 하는데 도움이 된다.

운명의 순연함을 직시하면서 얼굴의 형상 가운데, 뇌와 마음의 관련성에 대하여 살펴본다. 인간의 뇌는 마음에서 발하는 상념想念을 인지함으로써 신경조직을 통해 육신에 하달하는 중간자의 역할을 한다. 두뇌의 활발한 활동이 육신의 신경세포에 전달됨으로써 우리는 그것을 사유하고 행동에 옮기게 된다. 이를테면 이마의 상부에 흠집이 없는사람은 뇌기능이 좋고 나아가 신경기능도 활발하며, 그리하여 사고력과 이해력, 나아가 학구열을 지니게 된다.[69] 이 모두가 마음의 사고력, 마음의 이해력, 마음의 학구열과 관련되므로 뇌와 마음의 작용은 매우밀접한 관련성을 지닌다. 『뇌내혁명』이란 책으로 유명해진 하루야마시게오는 "긍정적이고 즐거운 상상은 모두 명상이다."라고 하여 뇌내혁명과 마음의 관련성[70]을 언급하였다.

---

69 이마의 중간 부위에 흠집이 없는 사람은 천성적으로 기억력이 아주 뛰어나며 지식이 풍부하다. 그래서 귀인의 눈에 들어 등용된다. 이마의 하부에 흠집이 없는 사람은 직관력과 실행능력을 타고났으며, 이로 인해 30세 이전에 사업에서 크게 성공한다(오현리 편, 『정통오행상법 보감』, 동학사, 2001, p.68).

70 전현수, 『정신과의사가 붓다에게 배운 마음치료 이야기』, 불광출판사, 2010, pp.99-105 참조.

관상학에서 코의 경우 마음작용과 연결된다. 쉽게 생각하여 코와 마음작용이 전혀 관련이 없다고 할 수 있을지 모른다. 그러나 코는 나의 주체로서 마음의 강약과 활동성을 잘 나타내준다. 코가 나의 주체는 것은 그것이 내 마음에 나타나는 자존심의 일종으로서 마음에서 나오는 기氣 에너지는 코를 중심으로 하여 안면의 상을 이루고 있다. 마음의 정직성도 코와 관련이 있다. 코가 똑바르면 마음이 바로 서 있어 정직하다는 뜻이므로, 마음이 정직하지 못하면 자존심도 사라지는 관계로 "코가 납작해진다."는 것이다. 사람의 마음이 성실하다는 것도 코가 길어 수려하고 깨끗하며 준두가 풍성할 때 나타난다. 나의 마음이 성실하게 작용함으로써 맡겨진 일에 충실하다는 것은 코의 형상과 연결할 수 있다는 것이다. 마음으로 성실하게 임하는 사람은 코의 형상도 길고 수려하게 된다는 뜻이다. 그러나 나의 마음에 탐욕심이 많으면 코가 지나치게 클 경우이며, 마음의 탐욕심이 신체에 영향을 준다는 점에서 관상과 심상의 관련성은 적지 않다.

다음으로 얼굴 관상학에서 중시되는 눈과 눈썹도 심상 관상학의 마음작용과 관련된다. 눈은 현재 감성의 상태를 숨김없이 드러내는 부위이자 얼굴의 주요 모습으로서 눈은 마음의 창이자, 마음을 담는 그릇이다. 마음이 정화되고 기화氣化하면 눈도 맑아진다는 것으로 맑은 눈의 모습과 밝은 눈동자에서 마음의 안정된 상태가 잘 드러나는 것이다. 눈의 표정에서 알 수 있듯이 마음이 안정되어 있다면 그의 운명 또한 안정된 방향으로 간다는 면에서 얼굴 관상학이 곧 심상 관상학과 밀접한 관련성을 가지고 있다.

눈의 방패가 되는 눈썹 역시 마음작용과 관련된다. 관상론에서 볼 때 눈썹은 눈을 보호하는 곳으로 순수마음의 상태이므로 눈썹이 고우면 마음도 곱고 눈썹이 탁하면 현재의 마음도 탁하게 되며, 눈썹이 산란하면 현재의 마음도 산란해진다. 또한 눈썹이 거칠면 마음이 거칠어지므로 눈이나 눈썹이나 모두 마음작용과 관련되어 있음을 알아둘 일이다.

이 같은 눈썹의 중요성에 비추어 상서相書에서는 이에 대하여 주목하고 있다. 아름다운 눈썹으로 '청수미淸秀眉'를 말하고 있는데,『마이상법』에서는 다음과 같이 말한다. "청수한 눈썹은 부귀하며 정이 있다. 청수미는 3, 4형제가 있다. 청수미는 눈썹이 빼어나며 굽고 길며 따라서 천창을 지나고 눈을 덮고 살쩍鬢에 들어가서 다시 맑고 길다. 청수미는 총명하여 일찍 과거에 등극하니 아우는 공손하며 형은 우애하여 성명姓名이 향기가 난다."[71] 이처럼 눈썹이 아름답고 빼어난다면 그것은 심상心相에 있어서 형제간에 우애하는 심법心法을 사용하여 부귀공명을 누린다는 것이다.

심법의 중요성에서 비추어 볼 때 심상관상학이 주목받는 이유는 무엇인가? 이는 한마디로 말해서 관상 내지 인상을 개선하려면 마음부터 바르게 가져야 한다는 것이다. 온전한 마음을 갖지 않으면 얼굴의 형상도 온전하지 못하기 때문이다. 일반적으로 '정신을 차려라.'는 말이 있는데, 이것은 육체의 방심을 벗어나야 한다는 뜻으로 이해된다. 마음을 바르게 가다듬으면 인상도 바르게 된다. 심상 관상학에서 만상萬相이 심상心相만 같지 못하다고 언급하는 것은 마음의 상이 바르게 될 때 주변의 모든 것이 바르게 보인다는 뜻이다. 다시 말해서 "만상이 불여심상이라."[72]는 말은 토정의 유언으로 전해진다. 토정이 어느 겨울 산에서 길을 잃고 지쳐 쓰러졌다. 정신을 차리고 눈을 떠보니 가난한 오막살이 주인집이었다. 하지만 오두막집 주인이 사람들을 구해주곤 하자 이웃 대감이 그에게 집을 사주어 나중에 부자가 되자, 토정이 깨달은 것이 만상이 심상만 같지 못하다는 것이었다. 그리하여 제자들에게

---

71 『麻衣相法』,「論眉」. 淸秀眉 富貴有情. 三四兄弟 秀灣長順過天倉하고, 蓋目入鬢更淸長이라. 聰明早歲登科第이요, 弟恭兄友姓名香이라.

72 최형규,『꼴값하네』, FACEinfo, 2008, pp.229-231.

마음의 상相을 보는 사람이 되라고 유언하였다.

아쉽게도 오늘날 마음의 상보다는 얼굴의 상에 의존하는 성형수술의 만능주의적 사고를 지닌 사람이 적지 않다. 세계 1위 성형대국이 한국이라는 사실을 알고 있는지도 궁금하다. 영국 이코노미스트지는 국제미용성형학회가 각국의 회원들을 대상으로 실시한 조사를 바탕으로 "2011년 기준으로 인구 천명당 성형수술이 가장 많았던 나라가 한국이었다."[73]고 보도했다. 각박한 경쟁사회에서 살다보면 다른 사람의 시선을 의식할 수밖에 없어 성형수술이 한다고 볼 수도 있다. 성형수술을 통해 콧대를 올리고 볼륨을 키우며, 쌍꺼풀 수술을 하며, 주름과 반점 수술이 유행하는 것이 대세이기 때문이다. 성형만능의 시대가 된 것을 탓할 수만은 없을 것이며, 성형을 통해서라도 자신감을 회복하여 자신을 남에게 잘 보이려는 본능을 탓할 수 없다. 그러나 외형의 성형을 한다고 해서 내면의 심상을 곧게 하지 않는다면 그것은 성형미인은 될지언정 진정한 마음 미인은 될 수 없다.

외부 성형을 넘어서는 내면 심상이 중요하다는 교훈은 소중하게 다가온다. 성형수술을 통해 쌍꺼풀을 함으로써 미인의 대열에 선다고 해도 운명 개선에는 크게 도움이 되지 않는다면 어떻게 할 것인가? 예컨대 전택궁(눈두덩)은 넓을수록 내림복(상속운)이 많다[74]고 하는데, 여

---

73 한국에선 인구 1000명당 13.5건 정도의 성형수술이 이뤄졌던 것으로 나타났다. 여기엔 한 명이 여러 번 시술을 받은 경우도 포함돼 있다. 2위는 그리스로 12.5건이었다. 뒤이어 이탈리아(11.6건), 미국(9.9건), 콜롬비아(7.9건), 대만(7.8건) 등이 상위권에 올랐다. 대한성형외과학회 이사인 김우섭 중앙대 주임교수는 "국내에서 시술받는 외국인이 포함돼 순수하게 한국인만 집계된 게 아닌 듯하다."며 "어쨌든 한국은 인간관계가 너무나 조밀해 다른 사람의 시선을 의식할 수밖에 없어 성형이 많은 건 사실"이라고 말했다(강남규·주정완, 「세계 1위 '성형 대국'은 한국이었다」, <중앙일보>, 2013.2.1. 2면).

74 최형규, 『꼴값하네』, FACEinfo, 2008, pp.93-94 참조.

기에 주름살(쌍꺼풀)을 수술을 하면 기존의 전택궁은 좁혀지기 마련이다. 전택궁이 좁아지면 상속운은 물론이고 주어진 주택운도 없어지는 것이다. 인위적 수술만으로 운명을 개척하기에는 한계가 있다는 뜻이다. 성형을 통해서 자신감을 회복하거나 미모를 뽐낸다고 할 수 있어도 운명 개선에 큰 도움이 되지 못하는 경우가 적지 않으므로 마음의 성형 곧 심상 관상학에 관심을 가질 필요가 있다. 예로부터 상이 좋기로는 관상觀相보다는 수상手相이고, 수상보다는 족상足相이며, 족상보다는 심상心相이라고 했다.[75] 진정한 관상학의 귀결처는 심상에서 찾아보는 지혜가 요구된다.

오늘날 심상에 관심을 갖고 마음 수련을 통해 살아가는 지혜가 요구되는 이유를 알아야 한다. 외물外物에 집착한 나머지 내 마음을 욕심에 굴복하여 살아가는 사람이 얼마나 많은가? 물질만으로 행복을 보장할 수 없다는 사실을 알면서도 자족할 줄 모르고 산다면, 결국 생긴 대로밖에 살 줄 모르면 어찌할 것인가? 그로 인해 정과는 천살天殺을, 기과는 인살人殺을, 신과는 아살我殺을, 혈과는 지살地殺을 피하지 못한다고 했으니 생긴 대로 살다가 생긴 대로 죽는다.[76] 아무리 관상이 좋아도 심상心相이 굴욕스러우면 복이 없는 것은 당연한 일이니, 현대인들은 물질의 탐욕에서 벗어남으로써 내면의 마음 성찰을 우선해야 할 것이다.

마음 성찰은 외형의 미모가 아니라 내면의 마음에서 우러나오는 자신의 행동을 고요히 살펴보는 마음이다. 인간은 자신이 가져다준 '행위'를 통해서 길흉을 달게 받으며 살아간다. 다른 사람이 어떻게 보든 개인의 용모가 그의 참다운 존재일 수 없듯이 헤겔은 "인간의 참된

---

75 얼굴을 보면 관상보다는 손금을 보는 수상이 더 정확하고, 족상을 보면 더욱 많은 것을 알 수 있으며, 그보다 심상 즉 마음에 가장 많은 것이 나타난다는 말이다(오현리 편, 『정통오행상법 보감』, 동학사, 2001, pp.4-5).

76 정창환, 『얼굴여행』, 도솔 오두막, 2006, p.17.

존재는 어디까지나 얼굴이 아닌 그의 행위를 통해서 나타난다."고 주장한다.[77] 성형미인이 유행하는 시대에 처하여, 아름다운 행동으로 유도하는 마음을 하나하나 성찰해보는 지혜가 요구되는 것이다. 내면의 심상心相이 외형적 관상보다 중요한 이유가 여기에 있다. 오늘을 살아가는 현대인들 가운데 참된 자아自我를 찾아나서는, 그리하여 맑은 마음으로 살아가는 사람들이 많아질수록 세상은 희망으로 가득찰 것이다.

희망찬 세상으로 나아감은 심상 관상학에 의존할 필요가 커지고 있다. 성현의 세계에 눈을 돌려보도록 한다. 외형의 형상보다는 내면의 마음에 비중을 크게 두자는 뜻이다. 즉 공자는 만상불여심상萬相不如心相, 석가는 일체유심조一切有心造, 예수는 원수를 사랑하라고 하여 모든 것은 마음에서 연유한다고 설파하였다.[78] 형상에 집착하는 관상보다는 형상 없는 마음의 세계, 곧 심상心相의 지혜가 필요하다는 것이다. 유형有形의 상은 무형無의 마음에 의해 지배되고 조종된다는 사실을 알아야 한다. 우리가 신체를 온전히 유지하기 위해서는 그 신체를 조종할 온전한 마음이 필요하다. 외적 관상의 대상인 신체와 내적 성찰의 대상인 마음은 상호 표리의 관계에 있다. 물론 심상만이 만능은 아니라는 사실도 알아둘 필요가 있으며, 우리는 정신과 육신을 겸비하여 살아가기 때문이다.

---

[77] 「아리스토텔레스와 관상학-서양 관상학의 역사적 연원」 해설: 이 책은 19세기 이마누엘 벡커가 편집한 '아리스토텔레스의 저작 모음집'에 실린 『관상학』을 번역하고 주해한 것이다(아리스토텔레스 지음, 김재홍 옮김, 『관상학』, 도서출판 길, 2014, p.64).

[78] 엄원섭, 『관상보고 사람 아는 법』, 백만문화사, 2007, p.15.

Chapter 4

인상론의 실제적 분석

얼굴
경영이란?

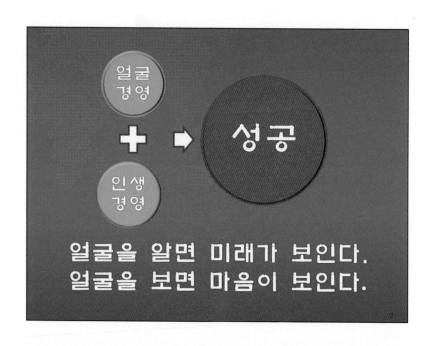

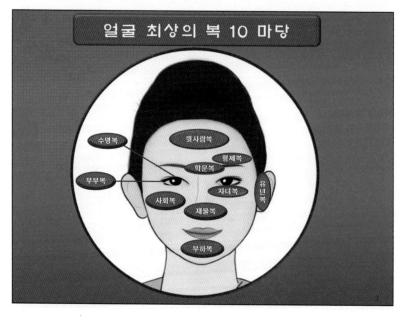

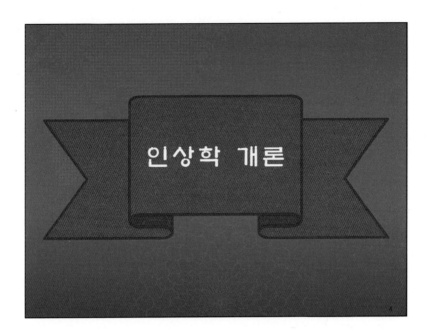

인상학 개론

1. 인상학의 기원

- 1대 관상가 : 기원 2274년 전 고대 중국대륙 동주시대 숙복(叔服)이 관상학의 창시자이다. 골상(骨相)시대.
- 2대 관상가 : 춘추시대 가장 유명한 관상가는 고포자경(姑布子卿)이다. 골상(骨相)시대.
- 3대 관상가 : 전국시대 (BC475-221) 초나라의 당거(唐擧)이다. 기색보는 법을 관철시켜 관상학의 체계를 완성시킨 사람이다.
- 양한시대(전한과 후한)에는 여공이다.
- 4대 관상가 : 주나라 말기에는 4대 관상가 허부(許負)가 출생했다.
- 한나라 시대에는 5대 관상가인 겸도(鉗徒)이다
- 삼국시대(220-280)에는 주건평이다.

5

- 마의(麻衣)대사가 있다. : 어느 나라 사람인지 알 수가 없다. 마의상법(麻衣相法)이 유명하다.
- 마의대사 제자인 진단(陣搏) 즉 송나라 태종께 호를 희사 받은 희이(希夷)가 있다. 희이 선생 때 관상에 관한 이론을 책으로 발표한다. 후인이 정리한 신상전편(神相全編)이 있다.
- 당나라시대는 원천강 이다.
- 원나라는 벽안도사이다.
- 명나라는 원공(1334-1410), 원충철(1377-1459) 부자이다. 유장상법(柳裝相法)이 유명하다.
- 청대에는 상리형진(相理衡眞)이 있다.
- 우리나라 1400년 전 선덕여왕 때 승려에 의해서 전파되었다. 달마상법을 최초로 전파된 것으로 보고 있다.

5

- 기회는 한번 뿐이다. 만회할 기회가 없다. 신속하다는 특징을 가지고 있다. 일방적으로 전달되고 상상과 연상을 한다.
- 1위 47.1% 눈, 2위 24.2%가 얼굴을 보고 인상 전체를 결정한다. 0.1초 안에 이미지가 결정되며 최대 0.5초 안에 상대방 평가가 이루어진다.
- 이목구비의 생김새 보다는 얼굴 상하 좌우 대칭의 균형과 조화가 가장 중요하다.

7

3.성공적인 얼굴경영이란?

 • 인상은 0.3초안에 결정된다.

- 눈은 돌출된 뇌이며 마음의 창이다.
- 그윽하다는 것은 길게 멀리 본다는 뜻이다.
- 빛이 난다는 것은 지식과 지혜를 갖추었다는 것이다.
- 신뢰가 드러나는 대표적인 곳이다.

- 우리 얼굴은 80개 이상의 근육으로 되어 있다.
- 표정으로 쓰이는 근육은 44개이다.
- 탄력유지 비결은 웃음이다.

- 얼굴은 오케스트라와 같다.
- 단전에서 나오는 힘있는 소리가 되어야 한다.

<글인용>, 얼굴경영, 주선희, 동아일보사, 2007.

8

4. 관상보는 순서 : 얼굴은 사람의 마음을 반영해 주는 거울이다

- 얼굴 형을 본다.

- 얼굴이 가지고 있는 찰색의 기(氣)를 본다.

- 얼굴과 신체 각 부분을 하나하나 본다.

- 얼굴 표정과 얼굴 형태를 부위별로 분석한다.
- 삼정 분석.
- 이목구비의 부분별 판단.
- 연령, 현재, 미래 판단.
- 위의 세부 상황을 통한 종합 판단을 한다.

9

연령 부위도

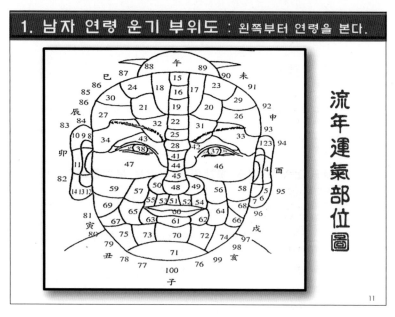

流年運氣部位圖

2. 남자 면부백위도

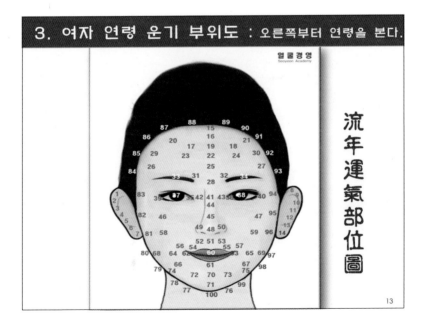

면부백위도

12

3. 여자 연령 운기 부위도 : 오른쪽부터 연령을 본다.

流年運氣部位圖

13

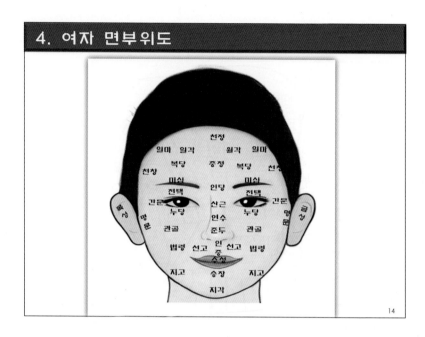

4. 여자 면부위도

삼정

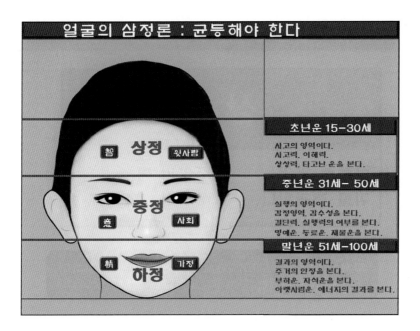

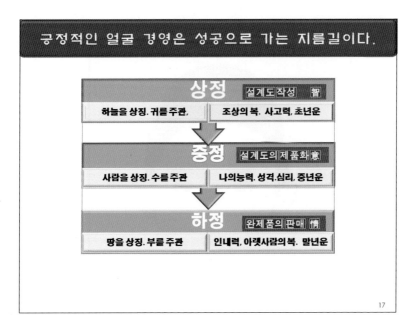

1. 상정 : 넓고 둥글면 대귀하다.

상 정 설계도 작성

하늘을 상징, 귀를 주관한다.	조상의 복, 사고력, 초년운.

형체는 넓음을 아끼며 20세 이상은 살찌면 불길하며 40세이후에는 형체가 붙어나도 발달한다.

18

1) 상정 : 하늘 상징(초년운, 윗사람운, 부모운)

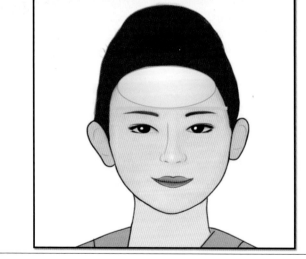

19

2) 상정의 암시 : 하늘과 운, 손윗사람을 의미한다.

부모의 덕과 윗사람의 운이 좋다.

윗사람과의 관계와 미래를 의미한다.

정중선의 범위는 미래를 암시한다.

심장, 폐의 상태와 지혜를 가늠한다.

상정은 하정보다 좋아야 길하다.

20

이마 보는법

21

1) 윗부분이 나온형 : 천중이 발달 하였다.

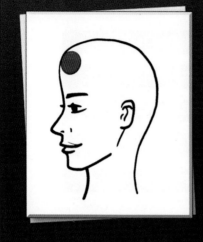

- 추리력, 상상력, 예지력,
  창조력, 선악의 판단력이
  발달 되어 있다.
- 이해력이 풍부하다.
- 재치가 있다.
- 운이 빨리 트인다.
- 도덕적이다.
- 신앙심이 강하다.
- 비교능력 경기나 거래상황
  예측 능력이 탁월하다.
- 논리적 재능이 강하다.

2) 중간부분이 나온 사람 : 관록이 발달 하였다.

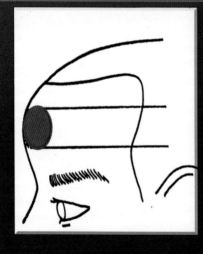

- 관청운, 계획성, 책임감,
  판단력이 강하다.
- 철학적, 운이 강하며
  성공할 가능성이 높다.
- 추리력, 상식, 기억력이
  뛰어난 편이다.
- 상식과 교양이 풍부하며
  출세가 빠르다.

3) 아랫부분이 나온 사람 : 천창이 발달하였다.

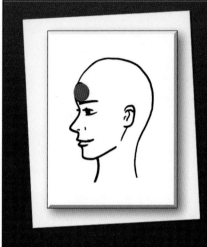

- 재물복이 있다.
- 노력형이다.
- 지각능력이 뛰어나다.
- 분석력이 발달하였다.
- 직관력, 관찰력이 발달
  하였다.
- 현실적이며 침착한 집중력
  을 가지고 있다.
- 진취적이다.

4) 뒤로 넘어간 이마

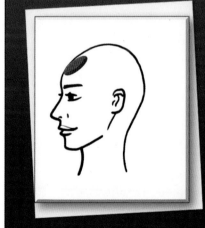

- 관찰력, 분석력이 좋다.
- 진취적이다.
- 용의주도형이다.
- 처세술이 발달하였다.
- 허세가 있는 편이다.
- 일이 많다.

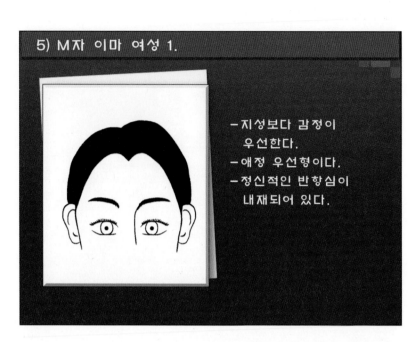

5) M자 이마 여성 1.

- 지성보다 감정이 우선한다.
- 애정 우선형이다.
- 정신적인 반항심이 내재되어 있다.

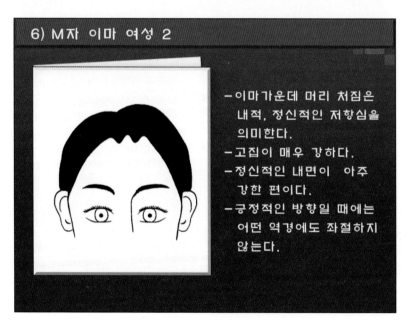

6) M자 이마 여성 2

- 이마 가운데 머리 처짐은 내적, 정신적인 저항심을 의미한다.
- 고집이 매우 강하다.
- 정신적인 내면이 아주 강한 편이다.
- 긍정적인 방향일 때에는 어떤 역경에도 좌절하지 않는다.

7) M자 이마 남성 1 : 설계사, 학자, 연구기획형 계통.

- 의지가 강하다.
  옳다고 생각하는 것은
  끝까지 밀어붙인다.
- 성격이 완고하다.
- 독창성과 이론적인 면이
  강하다.
- 상상력, 명철함, 집중력이
  있다.
- 반골기질이지만 긍정적인
  방향일 때에는 성공형
  이마로 나타난다.
- 지나치게 완고함과 독선적
  인 면을 주의해야 한다.

8) M자 이마 남성 2

삼차

- 삼차 이마라고도 한다.
- 뾰족할수록 반항심이
  강하다.
- 말과 행동이 대개 반항
  적인 성향이 깊다.
- 고집으로 손해보기 쉽다.
- 윗사람에 따라서 능력이
  발휘되는 형이다.
- 중앙이 뾰족한 완만한
  하나의 삼차형 이마.
- 예술가형, 교육형이다.
- 협조성, 솔직함, 세심함,
  과 인내심이 강하지만
  따지는 편이다.
- 남에게 지기 싫어하고
  질투심이 강하다.

2. 중정 : 바르고 두터우면 부와 수(壽)를 누린다.

중 정 설계도의 제품화

사람을 상징.
수를 주관.

나의능력, 성격,
심리, 중년운.

30

1) 중정 : 사람을 상징(금전, 명예, 소망운)

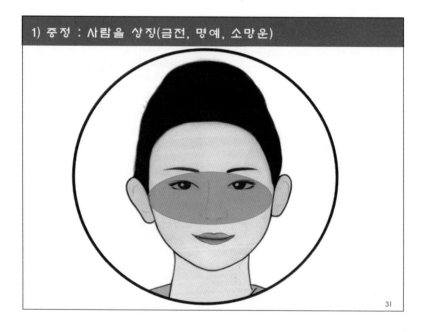

31

2) 중정의 암시 : 본인의 신체와 행운 여부와 권위를 본다.

형제와 친구들의 덕을 보는 자리이다.

사회생활을 나타내고 현재 자신의 상황을 보는 곳이다.

눈과 코, 간장, 췌장의 상태와 의지의 강약, 결단력, 실행력을 본다.

32

3. 하정 : 모지고 두터우면 말년이 행복하다.

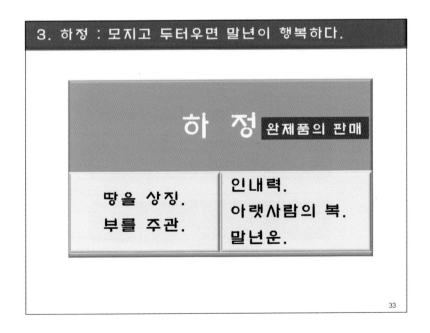

하 정 완제품의 판매

땅을 상징.
부를 주관.

인내력.
아랫사람의 복.
말년운.

33

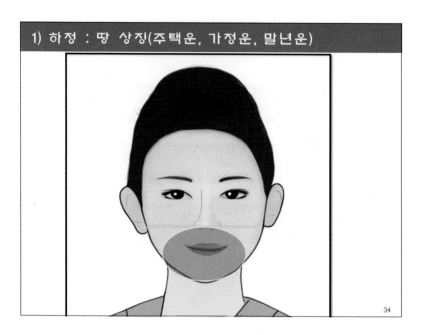

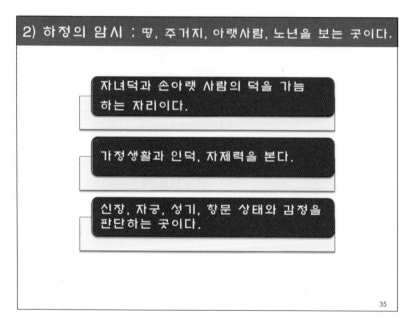

3) 턱은 지각이며 말년을 관장한다.

- 턱과 눈썹이 같이 좋아야 인기가 있고 아랫사람 운이 좋다.
- 주택, 가정, 부하, 애정, 자식, 70대의 운기를 본다.
- 턱이 길면 언행이 신중하고 사리분별력이 있다.
- 턱이 짧으면 순발력이 좋다.
- 아감뼈가 발달한 턱은 물욕, 정복욕, 식욕, 투쟁심이 많다.
- 중앙에 홈이 파여진 턱은 정열적이며 창조적이다.

36

4) 턱(61세-77세) 턱없이 까분다.

- 완벽한 턱의 조건은 길이, 넓이, 두께, 좌향, 무게
- 부모덕은 이마에서 보고 자식덕은 턱에서 찾는다.
- 귀에서 뿌리를 찾는다면 턱은 가통을 본다.
- 턱 관상법

  길이, 폭 ➡ 자녀의 수와 됨됨이 판단.

  두께 ➡ 재물의 정도 판단.

  좌향 ➡ 신분의 높고 낮음.

  전체 ➡ 수명을 가늠한다.

좌향: 턱끝이 뒤로 젖혀진 형, 수직으로 빠진 형, 앞으로 내민 형.

37

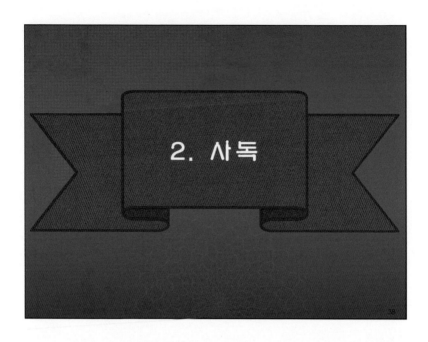

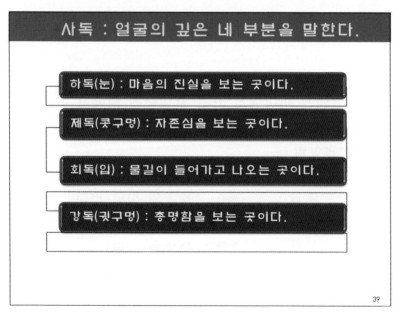

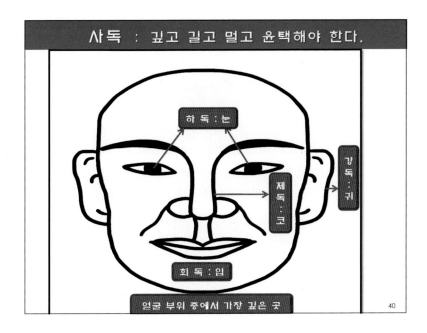

사독 : 깊고 길고 멀고 윤택해야 한다.

하독 : 눈

강독 : 귀

제독 : 코

회독 : 입

얼굴 부위 중에서 가장 깊은 곳

40

---

1. 귀(江瀆): 귀를 하나의 큰 호수나 물길로 본 것이다.

- 귓 구멍이 크고 깊어야 하며, 귀의 윤곽이 두텁고 튼실해야 길하다.

- 사람의 근본, 조상의 음덕, 크고 두터울수록 총명하다.

- 운과 건강을 보며, 눈과 함께 그 사람의 지혜의 폭과 유무를 나타낸다.

41

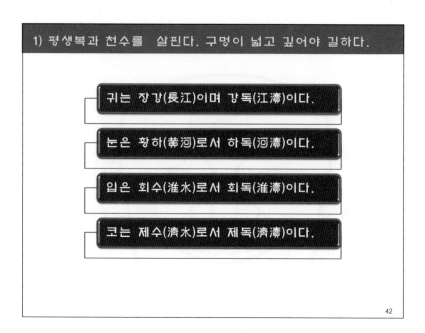

1) 평생복과 천수를 살핀다. 구멍이 넓고 깊어야 길하다.

귀는 장강(長江)이며 강독(江瀆)이다.

눈은 황하(黃河)로서 하독(河瀆)이다.

입은 회수(淮水)로서 회독(淮瀆)이다.

코는 제수(濟水)로서 제독(濟瀆)이다.

42

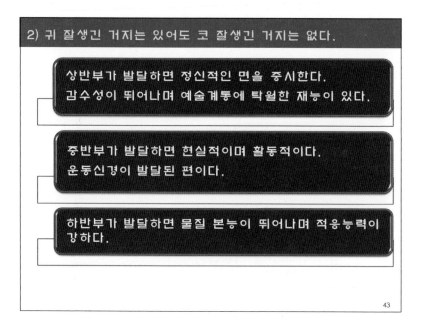

2) 귀 잘생긴 거지는 있어도 코 잘생긴 거지는 없다.

상반부가 발달하면 정신적인 면을 중시한다. 감수성이 뛰어나며 예술계통에 탁월한 재능이 있다.

중반부가 발달하면 현실적이며 활동적이다. 운동신경이 발달된 편이다.

하반부가 발달하면 물질 본능이 뛰어나며 적응능력이 강하다.

43

2. 눈(하독) : 흑백이 분명하고 가늘고 길고 맑아야 상격이다.

인체 부위 중에서 정신이 모이는 핵심부위이다.

정신상태, 인격, 감성의 발현 처이다.

눈은 마음의 거울이다.

얼굴이 천냥이면 눈은 구백 냥이다.

1) 눈(河瀆) : 운명의 흐름을 본다. 정신이 머무는 집이다.

깊으면 장수하며, 작고 길면 귀하며,
광명이 있으면 총명하다.

• 눈

눈이 얕으면 단명하며, 혼탁하고 정체가 많고
둥글면 요절함이 많으니 크지도 않고 작지도
않아야 귀하다.

• 눈

마음을 비우는 창이다.
어떤 삶을 살 것인가를 보는 자리이다.
부귀영화의 상징을 의미한다.

2) 눈(河瀆) : 생긴 모습보다는 눈을 잘 살펴야 한다.

천유일월(天有日月)이요, 인유양목(人有兩目)이라.
하늘에 태양과 달이 있다면 사람의 얼굴에는
양 눈이 있다.

좌안위월(左眼爲日)이요, 우안우월(右眼爲月)이며,
좌안위부(左眼爲父)이고 우안위모(右眼爲母)이다.
왼쪽 눈은 태양이고 오른쪽 눈은 달에 비유된다.
그런 이유로 왼쪽 눈은 아버지이고 오른쪽 눈은
어머니에 해당된다.

· 눈

46

3. 입(淮瀆) : 입은 대해이다.

- 얼굴의 모든 물길이 모이는 큰 바다이므로 크고
  둑이 튼튼해야 한다.

- 입은 말하는 문이며 음식을 먹는 기관이다.

- 입은 만물의 조화를 일으키는 곳이다.

- 입은 만물의 조화를 일으키는 곳이다.

- 입을 통해서 애정운과 생명력을 가늠한다.

47

194 • Chapter 4 인상론의 실제적 분석

1) 입(淮潯) : 운명의 흐름을 본다. 관능의 출입구이다.

입이 모가 지고 방하게 넓으며 입술이 잘 정합이 되어야 길격이다.

- 입술의 조화가 있어야 한다.
- 윗입술이 얇으면 덮지 못하고 아랫입술이 얇으면 싣지를 못한다.
- 덮고 싣지 못하면 장수하지 못하니 만년의 복이 없다.
- 에너지가 강하고 건강할수록 밖으로 돌출된다.
- 입꼬리가 길수록 통이 크고 대담한 추진력의 소유자이다.
- 입꼬리가 짧으면 소심하고 내성적인 편이다.
- 인생, 재산 , 자녀, 건강의 결과이며 말년운을 관장한다.

입술이 잘 다물어지지 않는 사람은 재산의 손실이 있다.

윗입술은 감정을 아랫입술은 욕망을 나타낸다.

48

2) 입(淮潯) : 가정을 나타낸다.

배우자를 고를 때는 입술의 윤곽을 봐야 한다.
입술은 미각신경과도 밀접한 관계가 있다.
입술이 두꺼우면 요리솜씨가 좋다.

윗입술선이 분명하면 유복한 가정 출신이 많다.
윗입술선이 분명치 않으면 경제적, 정신적으로 가난한 집안 출신이 많다.

음식그릇을 입에 대고 먹는 습관이 깊어지면 입술윤곽이 볼품없이 희미해진다. 입술윤곽이 선명한 사람은 음식도 격조 있게 먹는다.

49

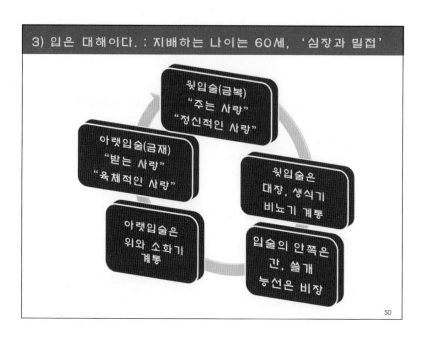

3) 입은 대해이다. : 지배하는 나이는 60세, '심장과 밀접'

윗입술(금복)
"주는 사랑"
"정신적인 사랑"

아랫입술(금재)
"받는 사랑"
"육체적인 사랑"

윗입술은
대장, 생식기
비뇨기 계통

아랫입술은
위와 소화기
계통

입술의 안쪽은
간, 쓸개
능선은 비장

50

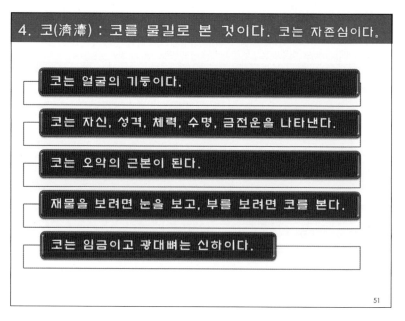

4. 코(濟瀆) : 코를 물길로 본 것이다. 코는 자존심이다.

코는 얼굴의 기둥이다.

코는 자신, 성격, 체력, 수명, 금전운을 나타낸다.

코는 오악의 근본이 된다.

재물을 보려면 눈을 보고, 부를 보려면 코를 본다.

코는 임금이고 광대뼈는 신하이다.

51

1) 코(濟濟) : 얼굴 전체와 조화를 이루어야 길상이다.

풍성하게 솟아야 하며 광채가 나고 둥글어야 한다.

콧대가 굵고 , 길고, 코끝(준두)이 풍원해야 한다

깨지지 않고 드러나지 않으면 집이 반드시 부유하다.

대화 도중에 자신의 코를 만지작거리면 자존심이 상했다는 신호이다. 평소에도 코를 자주 만진다면 열등의식을 나타낸다.

52

2) 코(濟濟) : 체질별로 코에 대해서 논해야 한다.

준두유원(準頭有圓)하고 비공불앙(鼻孔不昻)이면 (부귀겸전(富貴兼全)이다.
코끝의 준두가 둥글고 살이 찌면서 콧구멍이 벌렁하게 드러나지 않으면 부와 귀를 동시에 누린다.

영양질형은 주먹코(복코)가 어울린다.

53

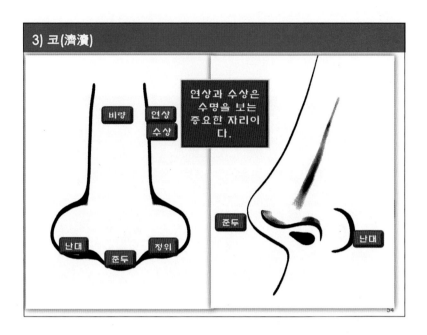

5. 좋은 인상 만들기

관상
- 변하지 않는다.
- 생긴 대로 산다.

인상   사람인(人)   서로 상(相)

- 그렇게 사니까 그렇게 된다.
- 변화, 만들어 나간다.
- 사는 데로 바뀐다.
- 때와 장소 상대방에 따라 변한다.
- 웃는 얼굴에 복이 온다.
- 많이 웃으면 뇌가 기억해서 탄력이 좋다.

<글인용>, 얼굴경영, 주선희, 동아일보사, 2007.

55

오악 · 오성 · 육부삼재론

성공적인
얼굴관리

1. 좋은 인상 만들기

관상
- 변하지 않는다.
- 생긴 대로 산다.

인상   사람인(人)   서로 상(相)

- 그렇게 사니까 그렇게 된다.
- 변화를 만들어 나간다.
- 사는 데로 바뀐다고 본다.
- 때와 장소 상대방에 따라 변한다.
- 웃는 얼굴에 복이 온다. 웃으면 복이 와요!
- 많이 웃으면 뇌가 기억해서 탄력이 좋다.
- 전체를 본다.<직업, 환경, 가족사는곳, 주변환경>

2

2. 인상학 개론

- 인상은 반드시 좋고 나쁨이 있다.
- 어느 한 부위가 좋다, 나쁘다를 정해서 판단하지 않아야 한다.
- 사람의 형상에는 굴곡이 있다. 좋은 곳이 있으면 나쁜 곳이 있기 마련이다.
- 좋은 곳이 나쁜 부위보다, 어느 정도가 더 많으냐를 보고 판단하는 것이 인상을 제대로 보는 것이다.
- 사람의 형상은 땅 밖의 나무 모양을 보는 것도 중요하지만, 바깥의 형상을 통해서 숨어 있는 뿌리인 마음을 보는 것이 관건이다.
- 서있는 것은 줄기이고, 누운 것은 가지이다.
- 세로로 서있는 우리 몸통과 코, 귀가 줄기이다.
- 가로로 누워있는 눈, 눈썹, 입, 손이 가지이다.
- 줄기는 움직이지 않는다.

.<꼴> .위즈덤 하우스.2010. 내용일부 인용. 3

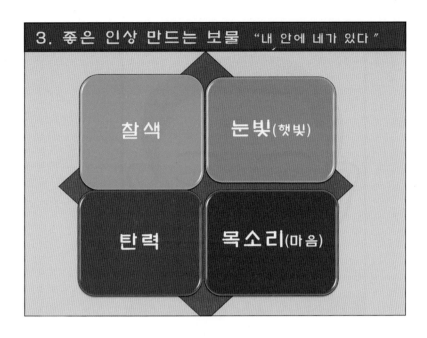

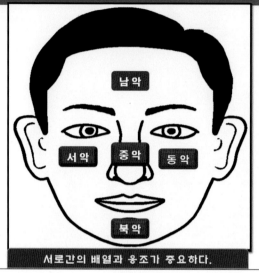

1. 五嶽(서로 바라보며 기운을 보내주는 것이 핵심)

남악

서악 **중악** **동악**

북악

서로간의 배열과 응조가 중요하다. 6

1) 얼굴의 다섯 산

1.額爲衡山, 頦爲恒山, 鼻爲嵩山, 左顴爲泰山, 右顴爲華山.
액위형산, 해위항산, 비위숭산, 좌관위태산, 우관위화산.

이마는 형산, 턱은 항산, 코는 숭산, 좌측 관골은 태산 , 우측 관골은 화산.

2.中嶽要得高隆, 東西嶽須聳而朝應, 不隆不峻則無勢, 爲小人, 亦無高壽.
중악요득고륭, 동서악수용이조응, 불륭부준즉무세, 위소인, 역무고수.

코는 높고 융성하고, 좌우관골은 솟아 코를 조응하며, 융성하지 않고 높지 않으면, 기세가 없어 소인이다. 역시 장수하지 못한다.

3.中嶽博而無勢, 則四嶽無主, 縱別有好處, 不至大貴, 無威嚴重權, 壽不甚遠.
중악박이무세, 즉사악무주, 종별유호처, 부지대귀, 무위엄중권, 수불심원.

코가 얇고 기세가 없으면 4악의 주인이 없고, 비록 다른 부위가 좋아도 크게 귀하지 못하고, 위엄과 막중한 권세도 없고, 장수와는 거리가 멀다.

7

4. 中岳不及且長者, 止中壽, 如尖博, 晚年見破, 到頭少稱意, 南岳傾到,
   則主見破, 不宜長家.
   중악불급차장자, 지중수, 여첨박, 만년견파, 도두소칭의, 남악경도,
   즉주견파, 불의장가

   코가 미치지 못하고 길면 중수에 그치고, 만약 뾰족하고 얇으면
   만년에 깨지고, 결국은 작게 뜻을 이루고, 이마가 기울면 주로
   집안이 깨지고 장남은 좋지 않다.

5. 北岳尖陷, 末至無成, 終亦不貴, 東西傾側無勢, 則心惡毒無慈愛,
   五岳須要相朝.
   북악첨함, 말지무성, 종역불귀, 동서경측무세, 즉심악독무자애,
   오악수요상조.

   턱이 뾰족하고 아래로 빠지면 말년에 이르러 성공하지 못하니, 마침내
   귀하지 못하고, 좌우관골이 좌우상하로 기울어 기세가 없으면, 마음이
   악독하고 자애가 없다. 오악은 반드시 서로 조응 하여야 한다.

8

2) 오악은 부(富)도 나타내지만 귀천을 더 중시한다

❖이마 : 남악(하늘, 남자, 陽, 남편)

- 내가 추구하는 높은 이상과 꿈을 의미한다.
- 남악이 발달하면 사물을 이성적으로 파악하고
  특히 수학에 재능이 많다.
- 존경받는 덕망이 두터운 사람이 많다.

❖턱 : 북악(땅을 상징, 여자, 陰, 부인, 입의 울타리)

- 아랫사람과의 관계와 현실적 문제인 금전적 운을
  의미 한다.
- 체력이 강한 편이고 만년에 길운을 받는 사람이
  많다.

9

오악은 부(富)도 나타내지만 귀천을 더 중시한다.

❖ 양관골 : 동서악, 광대뼈의 기운은 정력.
　(생활력, 승부욕, 조직력, 자금 동원력, 배짱, 지혜,
　열정, 주위사람, 최근의 운세를 본다.)
　중악이 나자신이라면 광대뼈는 세상이다.

- 주위와의 관계인 인덕을 나타낸다.
- 나를 둘러싸고 있는 주변 사회의 조건으로 보며 작게는
　인간관계, 크게는 사회와 나와의 관계를 나타낸다.
- 의지가 강하므로 자신의 꾸준한 노력으로 성공하는 편이다.
- 관골이 앞으로 튀어나오면 돌진하는 타입이다.
- 관골이 옆으로 튀어 나오면 참을성과 인내력으로 무장한
　사람이다.
- 관골에 적당한 살이 있으면 너그러운 사람이다.
- 관골이 전혀 없는 사람은 소극적이고 의지력이 약하다.

10

오악은 부(富)도 나타내지만 귀천을 더 중시한다.

❖ 코: 중악
　(사람, 줄기, 나 자신, 중매인, 집념, 재물운과 땅을 상징)

- 양과 음을 이어주는 다리이다.
- 소통의 역할을 한다.
- 재물운과 땅을 상징, 넓고 낮아야 부자 코다.
- 나를 표현한다.
- 코는 줄기이고 눈은 가지이다.
- 줄기가 있어야 가지가 존재한다.
- 얼굴의 주인은 눈이 아니라 코이다.
- 수려하게 높아야 하고 힘있고 두텁게 생겨야 한다.

● 줄기(가로) : 귀, 코
● 가지(세로) : 눈썹, 눈, 입

오악은 골육이 풍만해야 좋으며 흉터, 사마귀를 꺼린다.

11

3) 오악(五嶽)은 산의 형상이다.

"오악(五嶽) 중에 가장 흉한 상은 중심이 없는 것"

중악(中嶽)이 잘 솟았다는 것은 척추골격이 건장하다는 뜻이다.

사악(四嶽)들도 서로를 향해 어우러져야 한다.

중악(中嶽)만 높은 것은 '고봉이 홀로 우뚝 솟은' 흉한 상이 된다.

사악(四嶽)이 높아도 뼈가 튀어 나오면 흉상이다.

산(五嶽)좋고 물(四瀆)이 맑아야 길상이다.

12

2. 오악(五嶽)으로 보는 얼굴의 상관관계

1) 오악은 얼굴 전체의 조화를 봐야 한다.

2) 악(嶽)이 하나라도 높지 않다면 격국이 성립되지 않는다.

3) 관골(東. 西嶽)만 높으면 재산을 지키지를 못한다.

4) 코(中嶽)만 높고 풍만하면 고독한 상이다.

5) 오악이 좋으면 오지(五地)와 균형을 이루어야 길한 상이 된다.

6) 오지(五地)란 산림(山林), 천택(川澤), 구릉(丘陵), 분연(墳衍), 원습(原濕)을 말한다.

13

1) 오지(五地)란?

(1) 산림(山林) : 인체에서 털에 해당한다. 너무 빽빽해도 문제가 있다. 산에는 나무가 있어야 한다. 머리카락이 해당된다.

(2) 천택(川澤) : 산에 나무가 있으면 계곡에는 물이 흐르고 못이 형성 되어야 한다.
법령의 깊이. 인중의 상태, 턱의 형태에 따라서 천택을 본다.

(3) 구릉(丘陵) : 오악의 주변이 구릉이 된다.

((4) 분연 (墳衍) : 제방과 물의 흐름과 깊이와 속도를 보는 곳이다.

(5) 원습(原濕) : 물의 흐름이 가장 중요한 하류 부분을 일컫는다. 법령의 끝, 코의 끝, 인중의 끝, 입꼬리의 끝, 눈꼬리의 끝을 의미한다.

14

오성(五星)
하늘에는 오성이 있고
땅에는 오행이 있다.

15

오성(五星)은 얼굴에 있는 다섯 개의 별이다.

"오성(五星) 중에서 火星과 土星이 가장 중요하다."
이마의 상은 중년운세에도 영향을 준다. 화생토(火生土)

토성(土星)이 밝지 않으면 만년의 운도 좋아지기 어렵다.
코의 상이 나쁘면 중년의 운세가 나쁘고 만년운도 어렵다.

금성(金星)과 목성(木星)이 어두우면 유년의 운세가 나쁘다.
왼쪽 귀(金星)가 오른쪽 귀(木星)보다 나쁘면 더욱 심각하다.

16

오성론(五星論) : 하늘에 떠 있는 빛나는 별로 비유하여 보는 방법

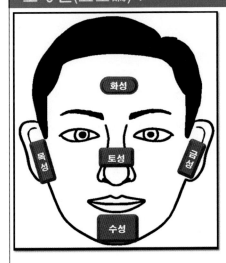

◆ 오성(五星)
五星者, 金, 木, 水, 火, 土 也.
오성자, 금, 목, 수, 화, 토 야.
오성은 금, 목, 수, 화, 토성 이다.

- 얼굴에 있는 다섯 개의 별이다.
- 인체 내부구조에도 적용이 된다.
- 오성 중에 하나가 밝지를 않으면 20년간 일이 잘 풀리지 않는다.
- 오성 중에 화성과 토성이 가장 중요하다.

17

1. 목금성 : 오성은 윤택하고 깨끗함이 가장 중요하다.

목금성(木金星) 양쪽 귀

木星- 木星須要朝, 五福並相饒, 右耳.
　　목성수요조 오복병상요 우이.
목성: 우측귀는 반드시 조용 하면, 오복이 서로 넉넉하다.

金星- 金星須得白, 官位終須獲, 左耳.
　　금성수득백, 관위종수획, 좌이.
금성 : 좌측 귀가 반드시 백색이면 끝내 벼슬을 한다.

- 금성과 목성이 밝지 않으면 유년의 운세가 불리하다.
- 특히 금성이 목성보다 어두우면 더더욱 불리하다.

18

2. 화성

화성(火星) 이마

火星須得方, 方者有金章, 額也.
화성수득방, 방자유금장, 액야.
화성 -이마는 반드시 넓어야 하고 넓으면 벼슬한다.

- 뒤로 넘어가지 않고 살집이 두둑하고 넓고 윤택하면 학문, 예술, 예능에 탁월하다.
- 발제가 높고 풍만하게 꽉 차고 넓으면 일찍 관록을 얻는다.
- 화성은 생명궁이 되므로 화성이 힘을 얻어야 장수할 수 있으며 부동산 복도 길하다.
- 이마가 꺼지거나 어지러운 주름이나 상처가 있으면 학문적 어려움이 따른다.
- 중년 고통이 심하며 말년은 병으로 어려움을 겪는다.

19

1) 화성(이마)는 지혜의 창고이다.

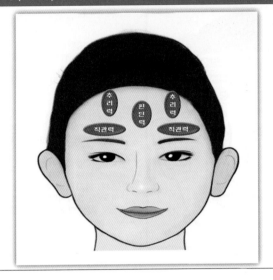

추리력　판단력　추리력

직관력　직관력

2) 화성(이마)는 손가락 세개의 넓이가 표준이다.

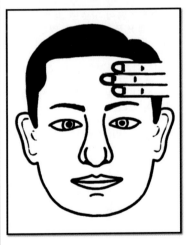

- 이마가 옆으로 넓은 사람은 시야가 넓고 좁은 사람은 시야가 좁다.
- 이마가 세로로 넓은 사람은 느긋한 성격이고, 좁은 사람은 성격이 급해서 인간 관계가 서툴다.
- 이마가 너무 넓은 사람은 성적 욕구가 강하고 이기적인 면도 있고 다정다감한 사람이 많다.
- 이마가 너무 좁은 사람은 소심하고 정이 없고 투쟁심이 강한 본능적인 성격으로 자기 억제능력이 결핍되어 있다.
- 좋은 이마는 넓고 빛이 나고 반듯하며 주름, 반점, 검버섯, 상처가 없고 튀어나온 뼈부분은 살집이 두둑하게 조금 튀어나와 보이면 총명하다.

3) 이마를 삼등분해서 추리력, 판단력, 직감력을 알아본다.

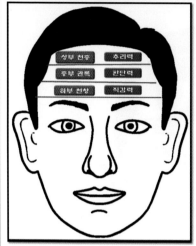

- 상부: 천중(天中)이 발달한 사람은 추리력이 특히 뛰어나고 예지력이 있다. 창조력, 상상력, 반사능력이 발달해 있으며 선악의 판단 능력도 좋다.

- 중부: 관록(官祿)이 발달한 사람은 기억력, 판단력이 뛰어나 있다. 책임감, 상식이 있으며 치밀하며 출세가 빠르고 금전운이 좋다.

- 하부: 천창(天倉)이 발달한 사람은 직감력이 뛰어나 있다. 판단력, 결단력이 뛰어나며 숫자에 강하고 합리적이며 현실적인 성격이므로 집중력이 있어 금전운이 좋다.

22

4) 화성(이마)의 주름으로 삶의 안정도를 본다.

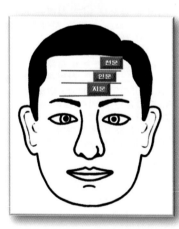

- 이마에 주름이 가로로 같은 간격으로 세개가 뚜렷하게 나 있는 사람 : 절조선(節條線)이 분명한 사람.
- 일생동안 큰 발전과 성공을 이룬다.
- 현실적이긴 하지만 너무 진지하고 꼼꼼한 성격이다.
- 희망적인 삶을 살아가며 생활이 안정되어 있다.
- 의식주가 풍족하다.
- 주름 끝이 위로 향하면 적극적이다.
- 주름이 아래로 향하면 소극적이다.
- 40이 넘어도 주름이 하나도 없으면 길하다고 본다.
- 30세 무렵에 주름이 있는 사람은 일상사를 견실하게 생각하고 있거나 조그만 일에도 걱정을 하는 성격이다.

23

화성(이마)의 주름으로 삶의 안정도를 본다.

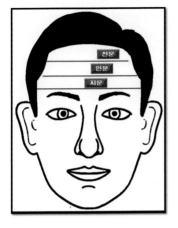

◆ 천문 : 본인의 운세, 윗사람과의
　　　　 관계를 본다.
◆ 인문 : 건강 상태나 금전운을
　　　　 본다.
• 선명하면 신분에 맞게 복과
　운이 오므로 큰 발전을 한다.
• 끊어지면 한번 이상 큰 파탄을
　만난다.
◆ 지문 : 가족운, 아랫사람과의
　　　　 관계를 본다.
• 지문이 선명하면 일찍 가정을
　이루며 특히 아랫사람 운이
　좋다.
• 지문이 끊어지면 가정 인연이
　약하며 고용인과의 관계도
　좋지 못한 편이다.

24

3. 토성(코)

토성(土星) 코

土星須要厚, 厚者得長壽, 鼻也.
토성수요후, 후자득장수, 비야
토성 - 코는 반드시 두툼해야 하니 두툼하면 길하다.

▪ 코 전체가 메마르지 않고 살이 두둑하면서 윤택하고
　수려하면 길상이다.
▪ 빈약, 연.수상이 함몰되어 낮거나, 툭 불거져 나오면
　주인 없는 떠돌이별 이라고도 하며 중년운을 주의해
　야 한다.

25

1) 코를 보는 중요한 포인트

크고 작은 가를 본다.

- 코가 크면 : 자신의 운이 강하며 리더격이다. 지나치면 독선적이다.
- 코가 작으면 : 운이 약하다. 자기주장은 약하지만 타인과 협조는 잘한다.

길고 짧은지를 본다.

- 코가 길면 : 이론적인 성향이 강하고 실천력은 부족하다.
- 코가 짧으면 : 순발력은 뛰어나지만 행동이 충동적이고 감정적이다.

콧방울의 유.무를 본다.

- 콧방울이 좋으면 : 친절하고 정열적이며 타고난 금전운이 강하다.
- 콧방울이 없으면 : 일생을 통해서 고독하며 금전운이 약하다.

26

4. 수성(입)

수성(水星) 입

水星須得紅, 紅者必三公, 口也.
수성수득홍, 홍자필삼공, 구야
입은 붉어야 하고, 붉으면 반드시 삼공의 벼슬이다.

- 정합하고 입술색이 홍색이면 길하다.
- 세로주름이 가지런히 있으면 심성이 좋고 받을 복과
  관직이 길하다.
- 입이 삐뚤거나 작으면 만물의 근본이 되는 물 관리가
  나빠져 가난하게 된다.

이마와 코의 밝음은 인생 전체에 영향을 끼친다. 특히 코의 빈약은
땅의 부실로 보아 각 성이 중앙의 지원을 받지 못한다.

27

1) 수성(입)은 그 사람의 그릇이다.

- 입(출납관)은 오관중의 하나이다.
- 수궁(水宮)이며 60세를 지배한다.
- 비장(脾臟)을 관장한다.
- 치아의 울타리이다.
- 입술은 전신 기혈의 성쇠를 반영한다.
- 입술은 소리를 내는 문이다.

28

2) 입을 보는 중요한 포인트

크고 작은 지를 본다.

- 입이 크면 : 도량이 넓고 본능적인 욕망이 강하면서 행동력이 강하다.
- 입이 작으면 : 소극적이고 체력이 약한 편이며 신중하나 끈기가 부족하다.

두꺼운지 얇은지를 본다.

- 입이 두꺼우면 : 본능적인 욕망이 강하고 감정적이며 정이 많다.
- 입이 얇으면 : 두뇌회전이 빠르고 이성적이다. 화술이 좋고 매사 신중하다.

탄력성의 유. 무를 본다.

- 탄력성이 있으면 : 의지가 강하고 총명하다.
- 탄력성이 없으면 : 의지가 약하고 결단력이 없다.

29

1. 육부삼재론(六府三才論) "인체 중요 골격의 선천적 우열 비유"

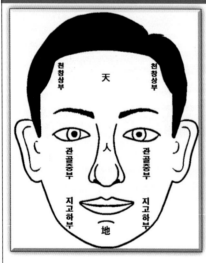

1. 육부

육부위 : 양 보골, 양 관골, 양 이골
- 충실하고 서로 조응해야 한다.
- 흩어지거나 낮게 드러나면 안 된다.
- 육부가 풍성하고 곧고 결함과 흉터가 없으면 재물운이 좋고 천창이 높게 일어나면 재록이 많다.
- 지각이 방정하면 전답운이 좋다

2. 삼재
- 이마는 하늘로 넓고 둥글어야 한다.
- 코는 사람으로, 바르고 가지런하면 장수한다.
- 턱은 땅으로, 모나고 넓으면 부자라 칭한다.

31

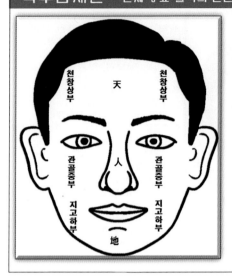

육부삼재론 "인체 중요 골격의 선천적 우열을 비유한 것"

- 육부
- 양보골, 양관골, 양이골을 의미한다.
- 얼굴의 육부는 성벽과 같은 것으로 보골을 말한다.
- 육부 여섯 군데가 기울거나 함몰된 부분없이 균형을 이루는 것이 가장 중요하다.

- 삼재
- 천(이마) 인(코), 지(턱)를 의미한다.

32

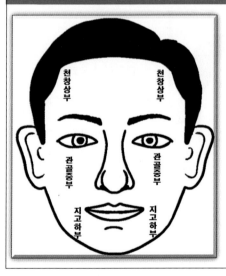

2. 육부위 : 양보골, 양관골, 양이골

- 육부의 각 부위가 길격을 이룰려면 오악과 상부상조하는 형세를 이루어야 한다.
- 충실하고 서로 조응해야 한다.
- 흩어지거나 낮게 드러나면 안 된다.
- 육부가 풍성하고 곧고 결함과 흉터가 없으면 재물운이 좋다.
- 천창이 높게 일어나면 재록이 많다.
- 지각이 방정하면 전답운이 좋다.

33

육부(六府) "인체 중요 골격의 선천적 우열을 비유한 것"

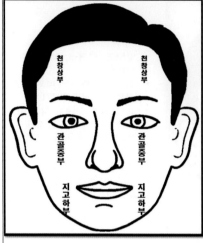

육부 : 외부에서 도와주는 힘이 있는지의 여부를 본다. 오악과의 조화가 중요하다.
육부위 : 양보골, 양관골, 양이골

◆ 상 2부 : 보각- 천창.
　귀인의 도움여부를 본다.
　일각. 월각 부위를 포함한다.
◆ 중2부 : 명문- 부이 : 중년 대인관계
　관골 부위를 포함한다.
◆ 하2부 : 시골- 지각 : 노년 운.
　지고 등의 부위를 포함한다.
* 충실하고 서로 조응하고 갈라지고 낮고 드러나면 안 된다.
* 육부가 풍성하고 곧고 결함과 흉터가 없으면 재물운이 좋고 천창이 높게 일어나면 재록이 많다.
　지각이 방정하면 전답운이 좋다.

34

1) 상이부 부위

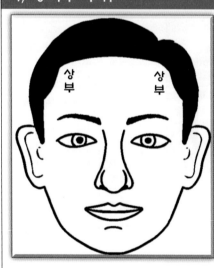

- 천창이 솟으면 재복이 많다.
- 보골이 솟으면 권세를 누린다.
- 상이부가 좋으면 청소년기에 부조(父祖)의 덕을 입으며, 귀인의 도움까지 얻는다.

35

2) 중이부 부위

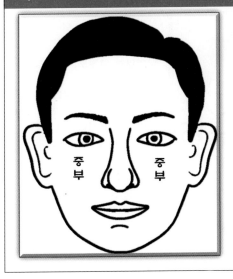

- 관골이 솟으면 권세를 누린다.
- 중이부가 좋으면 대인관계가 길하며, 집안의 도움을 많이 받는다.

36

3) 하이부 부위

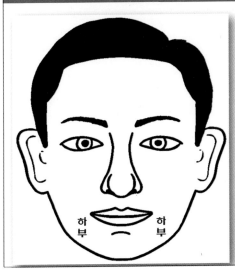

- 하이부가 발달하면 노년운이 더욱 좋아진다.
- 지각이 풍부하면 노년에 자식복이 많다.
- 땅을 많이 가진다.
- 아랫사람운이 좋으며 많은 존경을 받는다.

37

3. 삼재론(三才論) : 이마, 코, 턱

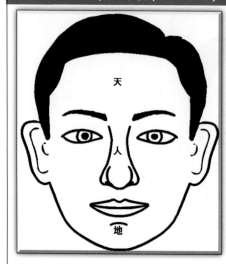

삼재

- 이마는 하늘로, 넓고 둥글어야 귀하게 된다.
- 귀(貴)를 알 수 있다.
- 코는 사람으로, 중앙이 되며 바르고 가지런해야 한다.
- 수(壽)를 알 수 있다.
- 턱은 땅으로, 모나고 넓으면 부자가 된다.
- 부(富)를 알 수 있다.

38

03

육요·오관·사학당·팔학당

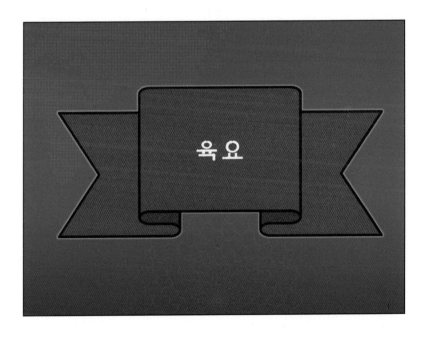

육요

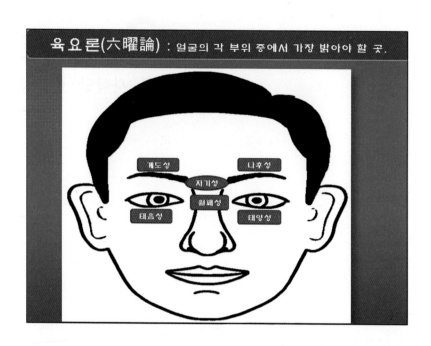

육요론(六曜論) : 얼굴의 각 부위 중에서 가장 밝아야 할 곳.

계도성　나후성
자기성
월패성
태음성　태양성

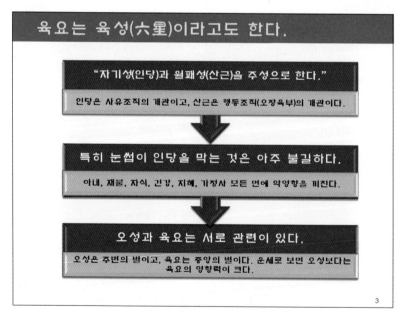

육요는 육성(六星)이라고도 한다.

"자기성(인당)과 월패성(산근)을 주성으로 한다."

인당은 사유조직의 개관이고, 산근은 행동조직(오장육부)의 개관이다.

특히 눈썹이 인당을 막는 것은 아주 불길하다.

아내, 재물, 자식, 건강, 지혜, 가정사 모든 면에 악영향을 끼친다.

오성과 육요는 서로 관련이 있다.

오성은 주변의 별이고, 육요는 중앙의 별이다. 운세로 보면 오성보다는 육요의 영향력이 크다.

3

육요의 길상

- 자기(紫氣 : 인당)은 둥글어야 높은 벼슬을 한다.

- 월패(月孛 : 산근)은 곧아야 의식이 풍족하다.

- 나후(羅睺 : 왼쪽 눈썹)는 길어서 천창에 닿아야 한다.

- 계도(計都 : 오른쪽 눈썹)는 가지런해야 가정운이 길하다.

- 태양(왼쪽 눈)은 빛나야 복록을 얻는다.

- 태음(오른쪽 눈)은 검어야 관직을 얻는다.

4

1. 나후와 계도 : 육요총단시(六曜總斷時)

나후(좌편)와 계도(오른편)성 : 양쪽 눈썹
심리상태와 대인관계를 반영한다.(현대)
눈썹머리 : 연인간의 감정을 본다.
눈썹꼬리 : 형제나 친구 사이의 감정을 본다.

- 윤기 있고 깨끗하게 누워 있으면 정신활동이 활발하다.
  또한 주변의 육친, 인척, 형제, 친구의 도움이 길하다.
  나후가 길면 천록을 먹고 계도가 고우면 처자가 좋다.
- 누런빛이 나거나 엷으면 가난하게 산다.
- 짧고 촉박하면 거슬리고, 역행하면 형제 간에 다치는
  사람이 있다.
- 눈썹은 눈을 지나 귀밑머리로 이어지면 의식과 녹이
  있는 상으로 자식과 부모 모두를 귀한 상으로 본다.
- 눈썹이 명궁으로 들어가면 미련하며, 붉은색을 띠고
  짧으면 형제와 자식 대부분이 악사하는 불길한
  상으로 본다.

5

1) 눈썹

교감, 부교감 신경을 관장하는 곳이다.

형제관계, 성격, 재운, 지혜를 보는 곳이다.

얼굴 윤곽을 결정짓고 눈을 돋보이게 한다.

현명함을 판정하는 중요한 포인트이다.

형제, 친척, 친구의 관계를 본다.

얼굴의 부드러움과 험상궂음을 결정한다.

6

2. 자기성 : 육요총단시(六曜總斷時)

자기성(28세, 인당) : 모든 별을 주관하는 곳.

- 인당이 넓고 둥글면 제왕을 보필하는 격이다.
- 콧방울이 바쳐주면 말년에 관직의 영화가 성대하고 돈도 있다.-신상전편-
- 인당은 세로 주름이 없어야 하며 둥글어야 길하다.-신상전편-
- 얼굴의 요처이고 지혜를 보므로 윤택하고 깨끗해야 한다.
- 양쪽 눈썹의 침범과 함몰되지 않아야 하고 주름이 없어야 한다.
- 흐리지 않고 항상 밝게 빛나야 한다.
- 인당이 중요하면 직장이 안정된다.
- 인당이 흐리면 인생의 운명이 흐려진다.
- 이마가 넓고 좋아도 인당에 큰 상처가 있으면 관운이 약하다고 본다.

인당은 명궁으로서 일생의 행복과 장수의 중심점이다.

7

3. 월패성 : 육요총단시(六曜總斷時)

월패성(41세, 산근) : 나(코)와 하늘(이마)을
연결하는 부위이다.

- 산근은 높아야 좋으며 낮으면 길하지 못하다.
- 코의 뿌리로 인당과 조화를 이루어야 길하다.
- 점이나 상처, 주름이 없이 윤택해야 한다.
- 깨끗하면서 밝고 힘차게 솟아야 한다.
- 인당이 아무리 좋아도 산근이 낮아서 함몰되면
  만사가 이루어지는 것이 없다.
- 학업과도 인연이 약하다.
- 산근이 패이면 자손에게 불리하다.
- 산근이 밝고 빛남이 유리 같으면 고위직
  관리가 된다. -신상전편-
- 산근이 좁고 뾰족하면 가산을 파하고 서로
  충돌이 많다.-신상전편-

8

4. 태양성, 태음성 : 육요총단시(六曜總斷時)

태양성(좌측눈), 태음성(우측눈) : 해와 달이다.

- 두 눈이 분명하여 해와 같으면 정신의 광채가 하나
  같이 강하다.-신상전편-
- 태음, 태양은 눈으로 흑백이 분명해야 하고 길고 가늘어
  흑점이 많고 흰창이 적어 광채가 나면 음양 두 별의
  조명으로 일이 순조롭고 형제가 함께 귀하다.-신상전편-
- 마음의 움직임을 나타낸다.
- 반드시 빛을 발하여야 한다.
- 좌측 눈은 검어야 하고, 검으면 관직운이 있다.
- 우측 눈은 빛이 있어야 하고, 빛이 있으면 복록이
  우월하다.
- 두 눈의 빛이 약하여 신기가 없으면 삶이 고달프다.

9

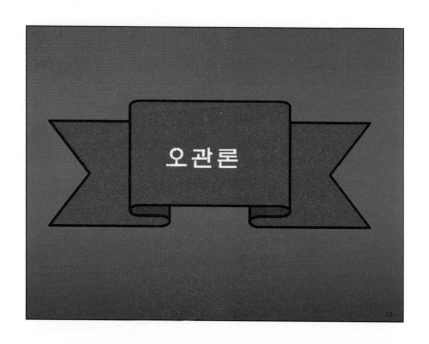

1. 오관 : 귀, 눈썹, 눈, 코, 입

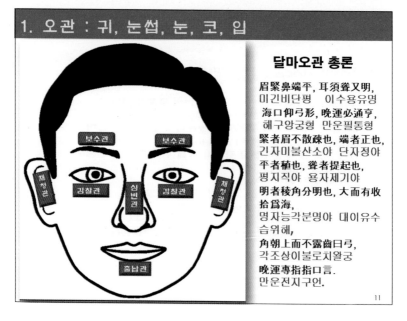

달마오관 총론

眉緊鼻端平, 耳須聳又明,
미긴비단평   이수용유명
海口仰弓形, 晚運必通亨,
해구앙궁형 만운필통형
緊者眉不散疎也, 端者正也,
긴자미불산소야 단자정야
平者植也, 聳者提起也,
평지직야 용자제기야
明者稜角分明也, 大而有收拾爲海,
명자능각분명야 대이유수
습위해,
角朝上而不露齒曰弓,
각조상이불로치왈궁
晚運專指指口言.
만운전지구언.

달마오관 총론

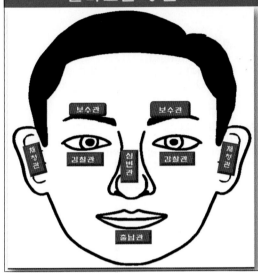

보수관   보수관

채청관   감찰관   심변관   감찰관   채청관

출납관

- 눈썹은 긴밀하고 코는 단정하며 평평하고, 귀는 반드시 솟고 맑아야 하며, 입은 꼬리가 올라가면 말년 운이 반드시 형통한다. 긴밀하다는 것은 눈썹이 흩어지지 않는 것이다.
- 단정하다는 것은 바른 것이고 평평하다는 것은 곧다는 것이다.
- 솟는다는 것은 들어올리는 것이다.
- 맑다는 것은 능각이 분명하다는 것이며, 입이 크고 수습해야 바다이며 꼬리가 상향하며 치아가 드러나지 않아야 활궁이라 하며, 말년운은 오로지 입을 말한다.

12

2. 오관론 부위별

1) 채청관(彩聽官 : 귀) 체신부, 교통부 역할 :
- 모든 소리를 들어야 하는 관청을 의미한다.
- 눈썹보다 약간 높고 귓구멍이 크게 벌어지지 않아야 길하다.
- 인간의 판단력을 갖게 하는 전초기지이다.

2) 감찰관(監察官 : 눈) 내무부, 국방부의 역할 :
- 모든 것을 살피는 관청을 의미한다.
- 눈의 흑백이 분명하고 눈동자가 단정하며 광채를 머금은 듯 빛나고 모양이 가늘고 길게 생겼으면 길상이다.
- 눈이 큰 사람은 예술이나 공예 방면에서 성공한다.

3) 보수관(保壽官: 눈썹) 문교부, 보사부의 역할 :
- 수명을 보존하는 관청을 의미한다.
- 사람의 나이가 60세가 넘으면 수명을 보호하기 위해 호르몬의 분비와 함께 변화가 오며 눈썹의 길이가 달라진다.
- 털이 넉넉하고 약간 높은 듯이 위로 붙어야 길하다.
- 모양이 곱고, 빛은 맑고 윤기가 있으면 크게 성공하고 명성을 날린다.

13

오관론

4) 심판관(審判官 : 코) 문공부, 법무부의 역할 :
- 냄새를 분별하고 살피는 관청을 의미한다.
- 높고 중후하여 반듯하고 구부러지거나 꺾이지 않으며 콧구멍이
  드러나지 않고 끝이 뾰족하거나 오그라들지 않는 것이 길상이다.
- 호흡기관의 시작이다.
5) 출납관(出納官 : 입) 재무, 상공, 외무부의 역할 :
- 음식이 들어가는 관청을 의미한다.
- 입을 오므리면 작고 벌리면 크며 구각이 위로 치솟은 듯 약간 올라
  가 있고, 입술이 붉고 두툼하며 이가 희면 길상이다.
- 입을 벌리고 자면 단명상이고, 입술이 붉고 무늬가 많으면 귀자나
  현손을 가질 격이다.
- 소화기관의 시작이다.

14

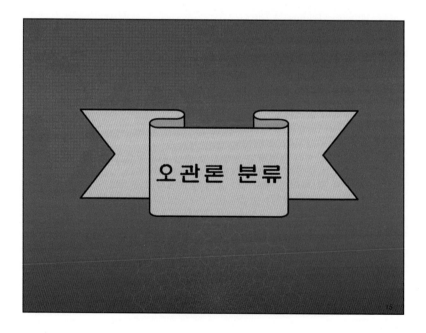

오관론 분류

15

1. 미위보수관첩경(眉爲保壽官捷輕)

- 눈썹은 화개(華蓋)이며 얼굴의 위의(威儀)가 되는 곳이다.
- 어진사람과 어리석은 사람을 구별하는 곳이다.
- 처첩과 재물과 수명을 보는 곳이다.
- 부위가 너그럽고 넓고 맑고 청정하고 길어야 한다.
- 눈썹은 삼농(三濃)해야 한다.
- 눈썹이 진하면 구렛나루, 턱 밑의 수염도 진해야 한다.
- 눈썹은 삼희(三稀)하여야 한다.
- 눈썹이 드문드문하게 나면 구렛나루와 턱 밑의 수염도 드문드문 나야 한다.
- 눈썹이 매우 짧으면 형제가 좋지 않다.
- 눈썹의 기색을 살필 때 눈썹위에 흰빛이 있으면 상을 당하고, 홍색이 있으면 3일이나 7일 이내에 구설이나 관청소송이 생기게 된다.
- 눈썹 머리에 푸르고 검은 기운이 동전크기로 생겨서 흩어지지 않으면 졸망한다.
- 눈썹사이의 한점의 붉은 빛은 구설이며 눈썹위의 황색 빛은 재물이다.
- 눈썹머리의 푸른 빛은 아내의 재앙이다.
- 홍색과 자줏빛의 중간 빛이 있으면 재산을 한 순간에 손실하게 된다.

16

2. 안위감찰관첩경(眼爲監察官捷輕)

- 안목(眼目)은 일월(日月)이다.
- 눈은 정신이 놀고 쉴 수 있는 집이다.
- 눈의 청정하고 맑음과 탁함을 잘 관찰하면 그 사람의 착함과 악함을 볼 수 있다.
- 눈은 길쭉하고 깊어야 한다.
- 눈을 지칭하는 데는 오른쪽은 삼음, 왼쪽은 삼양이라고 한다. 삼음, 삼양의 기색을 보고 그 사람의 길흉화복을 알 수 있다.
- 지성미는 눈에 나타난다.
- 눈은 푸른 하늘이다.
- 눈시울의 검은 빛은 14일 사이에 가정불화, 시비수가 있다.
- 눈 부위의 분홍 빛은 화재를 만나는 상이다.
- 눈 부위의 푸른 빛은 상복을 입게 된다.
- 눈 부위의 붉은 빛은 출산에 재액이 따른다.
- 눈꼬리에 검은 빛이 감도는 사람은 아내의 재앙이다.
- 눈 밑에 청색과 흑색이 나타나면 재물을 크게 잃어 버린다.
- 눈머리에 한 점의 푸른 콩과 같은 것이 있으면 젊은 나이에 요절한다.

17

3. 이위채청관첩경(耳爲彩聽官捷輕)

- 귀는 사람의 두뇌를 꿰뚫어 심장까지 관통하고 있다.
- 귀는 당사자의 신장이다.
- 귀는 신장의 뿌리이고 심장의 문호이다.
- 귀에서 가장 중요한 것은 빛이 선명해야 하며, 귀의 빛을 먼저 본다. 그 다음은 귀의 형체를 살핀다.
- 전체의 윤곽이 분명하게 나타나야 좋은 귀이다.
- 귀의 수주가 드리워진 사람은 총명하고 부귀하다.
- 큰 부자는 귀밑의 이주(耳株)가 두텁고 근육이 많으며, 중간부자는 귀 윗부분이 크고 밑 부분은 작다.
- 귀의 빛이 얼굴보다 흰 사람은 명망이 있는 사람이다.
- 귀에 붉은 빛과 검은 빛이 나는 사람은 가난하고 천한 사람이다.
- 귀가 길지만 낮게 붙어있은 사람은 녹(祿)이 있는 사람이고, 두터우면서 둥글게 생긴 사람은 의식이 있는 사람이다.
- 검은 점이 귀 둘레 윗부분에 있는 사람은 총명하고, 검은 사마귀나 검은 점이 귀 속에 있는 사람은 수명이 길며, 수주 주위에 검은 점이 있는 사람은 재물이 있고, 귀 앞 명문혈에 있는 사람은 재앙이 있으며, 귀 둘레 이현에 있으면 외롭고 고독하다.
- 귓속의 검은 점은 귀한 자녀를 낳는다.

18

---

1) 청각기관은 외이, 중이, 내이의 3등분으로 이루어져 있다.

외이(外耳) : 겉으로 보이는 귀
- 소리를 모으는 역할을 한다. 외이도라는 터널을 지나서 고막을 진동시킨다.

중이(中耳) : 고막이 있는 부분
- 고막의 진동을 다시 내이로 전달한다.

내이(內耳) : 달팽이관
- 감각세포를 자극해서 그 자극이 신경을 통하여 뇌로 보내져 소리를 느끼게 된다.

19

2) 귀는 금전운, 성격, 수명, 건강, 심장의 강약을 알 수 있다.

귀를 보면
- 총명(聰明)의 총(聰)이라는 글자는 '公'이라는 사회의 흐름을 '耳'로써 잘 듣고 '心'으로 이해하고 판단한다는 의미이다.

그 사람의 인생이
- 총명(聰明)의 '명' 은 잘 보고 옳게 판단한다는 말이다.
- 이 두가지가 가능한 사람은 총명(聰明)한 사람이다.

보인다.
- 귀의 모양은 얼굴 중에서 평생을 통해서 가장 변화가 적은 부분 중의 하나이며 양친으로 부터 유전자를 제일 잘 이어받는 부위이다.

20

3) 귀를 삼등분해서 본다.(건강, 지혜, 심성, 복록)

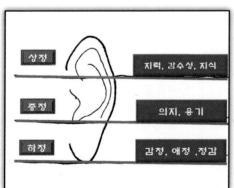

- 상정의 귓바퀴가 뚜렷하여 모양이 좋고 두툼하면 지력과 재능이 뛰어나 인간관계가 원만하다.
- 귀의 윗부분만 크면 감수성이 예민하고 허영심이 많아 꿈과 이상만 쫓는다.
- 중정의 귓바퀴가 얼굴 쪽을 향하면 상식적, 보수적이며 의지가 강하나 우유부단한 면도 있다.
- 중정의 귓바퀴가 뒷머리 쪽을 향하면 개성이 강하여 좋고 싫은 감정이 뚜렷하여 양보심이 부족하다.
  - 이기적이며 적극성, 독창성, 실행력이 있다.
- 하정의 귓볼이 두툼고 밑으로 처지면 애정이 두텁다. 성품이 좋고 포용력이 있으며 체력을 타고난다.
- 재산을 남긴다.

21

6) 귀의 발달 부위

상반부
- 정신적인 면을 중시한다.
- 감수성과 상상력이 풍부한 사유형 귀이다.
- 미술, 과학, 문학에 특히 재능을 나타낸다.
- 지혜롭고 기억력이 좋다.

중반부
- 창조적이고 용감하며 활동력이 왕성하다.
- 운동형 귀이다.
- 현실적이다.

하반부
- 물욕이 강하다. 귓불이 클수록 더욱 그렇다.
- 향유형 귀이다.
- 생활에 대한 적응능력이 강하다.

22

7) 귀는 수복(壽福)을 나타낸다.

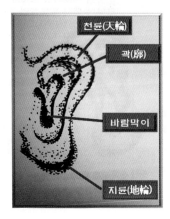

천륜(天輪)
곽(廓)
바람막이
지륜(地輪)

- 귀가 크고 단단한 사람은 오래 산다.
- 귀가 크면 지혜도 있고 용기가 있어 반드시 성공한다.
- 남성이 귀가 작으면 끈기가 없고 사소한 일에도 잘 놀란다.
- 귀 전체가 단단해 보이면 일생을 통해 모든 일을 잘 헤쳐 나간다.
- 귀가 단단하면 신장이 단단하다.
- 귀를 보고 장남 여부를 알 수 있다.
- 장남으로 태어난 사람은 곽이 륜(輪)과 평행으로 휘어 있다.
- 여성은 귀를 보고 장녀상을 논할 수가 없다.
- 천륜은 아버지이고 지륜은 어머니이며 곽(廓)은 나 자신이다.
- 귀를 보고 여성의 남편운을 본다.
- 귀에 점이 있는 사람 중에 효자가 많다.

23

귀는 수복(壽福)을 나타낸다.

곽(廓)

- 곽이 뮨쪽으로 튀어나와 있는 경우는 둘째나 셋째아들의 상이다.
- 천륜(아버지), 지륜(어머니)은 자식(곽)의 둘레를 싸고 있다.
- 귀의 곽이 튀어나온 형상은 자식이
- 부모의 테두리를 뚫고 나가려는 모양이라, 일찍 타향으로 나가거나 분가한다고 본다.
- 귓밥이 크고 넉넉하면 마음이 느긋하고 초조한 일이 없어 원만한 성격이다.
- 귓밥이 없는 사람은 목마른 사람처럼 조급하고 신경질적이어서 매사에 여유가 없다.
- 귀와 머리카락은 콩팥의 상태를 보는 신호등이다.
- 연한 흑색 빛이 보이면 콩팥이 약하다는 신호이다.

24

4. 비위심변관첩경(鼻爲審辨官捷輕)

- 코는 중악(中嶽)의 산이고 , 중앙 토(土)이며 한 사람 얼굴의 표면이 되고, 폐장의 신령스런 싹이 된다.
- 콧구멍은 창고의 문호가 된다.
- 얼굴은 큰데 코가 작은 사람은 조상과 고향을 이별하고 재산도 날리며, 남자는 아내를 상극하고 부인은 남편을 상극 한다.
- 얼굴의 전체 균형으로 보아, 코가 얼굴보다 움쑥한 느낌이 나면 고향을 이별할 사람이고, 윗부분의 뼈대가 노출되어 있는 사람은 부인의 사생활이 있다.
- 좌측이 비대하면 형님이 좋고, 오른쪽이 비대한 사람은 동생이 좋다.
- 난정 부위가 높은 사람은 귀한 벼슬을 한다.
- 코밑에 구슬이 있는 듯한 사람은 부자가 되고, 준두가 뽀족하고 둥근 사람은 예술을 좋아하고 솜씨와 재주가 빼어나다.

25

비위심변관첩경(鼻爲審辨官捷輕)

- 검은 점이 산근에 있으면 부인과 자녀에게 해롭고, 코 옆에 있으면 크게 흉하며, 수상 부위에 있으면 형제 사이에 우애가 어렵다.
- 인당 중앙에 검은 점은 귀하고 길하다.
- 코 오른쪽에 사마귀나 점이 있으면 독수공방을 하며, 콧등 연수 부위에 점이나 사마귀는 편벽된 질병이 있다.
- 검은 빛이 나면 큰 병이 있는 사람이며, 준두 부위가 분홍 빛이 있고 흰빛이 있는 사람은 실패하거나 소모하는 일이 많다.
- 준두 부위의 검은 기운은 심장과 배에 질병이 있다는 신호이다.
- 붉은 빛은 관재를 의미한다.

26

5. 구위출납관첩경(口爲出納官捷輕)

- 입은 천지만물의 조화가 되는 관문이다. 언어의 문이며, 음식을 먹는 문이며, 또한 마음 밖의 문이며, 상을 주고 처벌을 하는 문이며, 시비를 가르는 것이 모두 여기에 있으니 입은 방정하고 모나고 두터워야 한다.
- 입가의 양 끝부분은 열리고 크고 작아야 출납관이 이루어진다.
- 입이 단정하고 두터우며 망령되게 허탈한 말을 하지 않는 것은 구덕(口德)이 되고, 남을 비방하며 말을 많이 하는 것은 구적(口賊)이다.
- 입은 사람 몸의 바다이며, 입술은 성곽과 같고, 혀는 문호가 된다.
- 윗입술이 얇으면 아버지가 해롭고, 아래 입술이 얇으면 어머니가 먼저 돌아가신다.
- 윗입술에 검은 점이 있으면 술과 고기를 좋아하며, 입가에 있으면 물의 재앙이 있다.
- 입에 검은 점이 있으면 재물과 녹이 있고, 구각에 있으면 직장을 잃게 된다.
- 법령은 입가의 금이니 이것이 직접 턱에까지 닿으면 수명이 길다.
- 입은 향기 높은 낙원이며 감정의 아름다움은 입가에 나타난다.

27

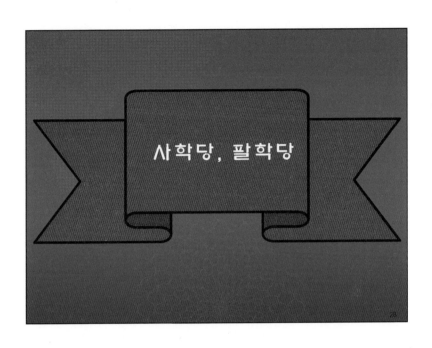

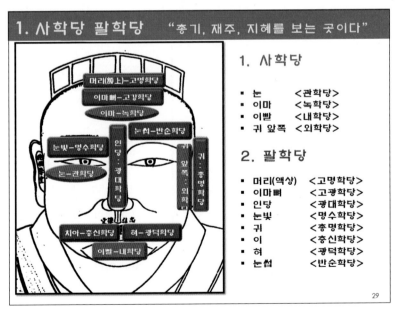

1. 사학당 팔학당　　"총기, 재주, 지혜를 보는 곳이다"

1. 사학당

- 눈　　　　　　<관학당>
- 이마　　　　　<녹학당>
- 이빨　　　　　<내학당>
- 귀 앞쪽　　　<외학당>

2. 팔학당

- 머리(액상)　　<고명학당>
- 이마뼈　　　　<고광학당>
- 인당　　　　　<광대학당>
- 눈빛　　　　　<명수학당>
- 귀　　　　　　<총명학당>
- 이　　　　　　<충신학당>
- 혀　　　　　　<광덕학당>
- 눈썹　　　　　<반순학당>

1) 사학당(四學堂) : 눈, 이마, 이, 귀 앞 부분 "관운, 벼슬 여부"

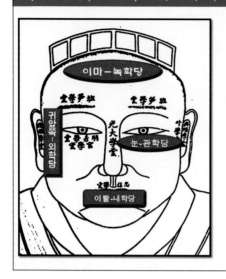

1. 눈(目) 官學堂
   길고 눈빛이 좋아야 한다.

2. 이마(額) 錄學堂
   넓고 반듯하고 길면 관운
   이 있고 장수한다.
   부동산 운을 보는 자리이다.

3. 이빨(齒) 內學堂
   바르고 고르면 충효와 신
   의가 있어 관록과 의식이
   풍족하다.

4. 귀 앞쪽 外學堂
   빛깔이 맑고 윤기가 돌고
   풍후하면 반드시 부귀하고
   장수한다.

30

2) 팔학당(八學堂) : 이마(額上), 이마뼈, 인당, 눈빛, 귀, 이, 혀, 눈썹

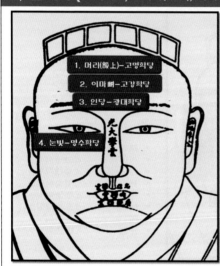

일생의 행복과 수명, 심성, 품덕.

1. 이마(액상) : 고명학당
   • 부(富) 상징. 이마는 맑고
     둥글어 높이 솟아야 부유하
     고 귀함이 있다.

2. 이마뼈(액각) : 고광학당
   • 복(福) 상징. 골이 솟고
     윤택하면 유복한 상이다.

3. 인당(인당) : 광대학당
   • 관(官) 상징. 거울처럼 맑
     고 깨끗하고 넓으면 길상
     이다.

4. 눈빛 : 명수학당
   • 귀(貴) 상징. 신기가 있어
     빛이 서려 있고 검은 빛
     이 나면 명성을 떨친다.

31

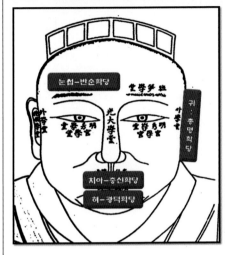

팔학당 : 이마(額上), 이마뼈, 인당, 눈빛, 귀, 이, 혀, 눈썹

눈썹-반순학당

堂學歩班

귀 : 총명학당

光大學堂

堂學命聰

치아-충신학당

혀-광덕학당

5. 귀 : 총명학당
• 명(明) 상징. 이를 떨칠 것인
  가를 묻는 곳이다. 귓바퀴가
  분명하고 색이 홍윤하면
  총명하다.
6. 이 : 충신학당
• 녹(祿) 상징. 희고 맑으면 심
  상이 착하고 충효함이 있다.
7. 혀 : 광덕학당
• 덕(德) 상징. 혀가 두껍고 길
  며 색이 붉으면 인덕이 풍후
  하다.
8. 눈썹 : 반순학당
• 수(壽) 상징. 눈썹이 청수하고
  가늘고 길며 윤기가 흐르면
  건강하고 장수할 상이다.

32

04

13부위론

13부위론

<참고문헌>
장동관상백과, 오현리, 동학사, 2016.
실용관상학, 이정욱, 천리안, 2008.

13 부위론(十三部位論) : 富貴貧賤. 賢愚壽夭, 吉凶禍福

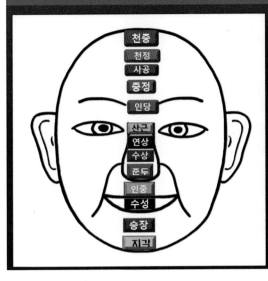

천중
천정
사공
중정
인당
산근
연상
수상
준두
인중
수성
승장
지각

인생의 유년길
에 거쳐가는
중요한 길목을
의미한다.

13부위 상법이란?

◆ 13부위 상법이란 얼굴 중앙의 수직선을 열세 개의
점(點)으로 구분한 후에 각 '點'에 관하여 상리의
좋고 나쁨을 보고 운세의 길흉을 가리는 것이다.

◆ 상리형진에 의하면?
13부위는 얼굴의 중요한 관문이 있는 곳이므로 운명의
추이가 여기에 달려 있다. 만약 이곳이 풍성하게 솟고
밝고 윤기가 흐르면 틀림없이 길하다. 그러나 만약 반점
이나 잔주름이 있고, 툭 튀어나왔거나 푹 꺼진 자국이
있으며, 상처가 있거나 비딱하게 틀어지고 납작하면
분명히 흉하다.

◆ 중요한 관문이 되는 이유는 이곳이 사람의 오장육부와
뇌조직, 척추신경 등이 모친의 태내에서 성장하는 과정을
나타내 주는 징표 역할을 하기 때문이다.

3

13부위론

얼굴의 삼정을 정밀하게 다시 세분화해서 나눈 것이다.

일상생활에서 항상 주의해야 하는 부위이다.

건강과 운명의 변화는 13 부위에서 징후가 나타난다.

얼굴의 양쪽은 속세를 의미한다.

정중선에는 중요한 일이 금방 나타난다.

4

1. 천중(天中) : 신경계통과 혈액순환 계통(척수와 골수)

존귀(尊貴)를 본다

위치 : 머리털과 이마의
　　　　경계선 중앙.

평평하게 낮았다가 풍성하게
올라오는 것이 좋다.

15-16세 유년운을 주관한다.
귀천과 부모와 인연 여부를 본다.
신불, 조상, 관공서를 본다.

높이 솟고 훤하고 넓고 뼈가
두툼하면 고위직에 오른다.

5

천중(天中) 신경계통과 혈액순환 계통 (척수와 골수)

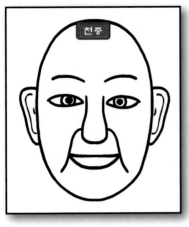

- 높고 존귀한 위치이므로 국가적으로 보아서는 임금의 형상과 같으며, 사방을 통제하고 거느리는 것과 같다.
- 귀한 사람이 되고 벼슬 유무를 알아볼 수 있는 곳이다.
- 천중혈이 높게 솟아 있으면 초년(20)에 벼슬길로 들어서는 관록이 있다.
- 천중혈에 뼈가 약간 위로 있고 힘줄과 같이 뜨고 능이 있으면 국가의 큰 중책을 맡는다.
- 천중혈에 결함이 있으면 전답과 토지가 부족하며, 관록을 취하는데 애로가 있다.

6

2. 천정(天廷) : 하늘에 있는 정원 (신경계통과 혈액순환 계통)

재판, 관청, 윗사람에 관한 일

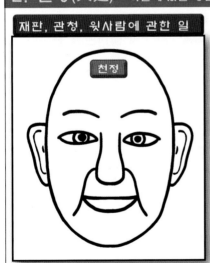

위치 : 천중 부위로부터 아래로 손가락 넓이 정도에 위치한다.

뼈가 불룩하게 올라오면 청소년기의 운수가 좋다.

19세 청소년운을 주관하며 윗사람, 부모, 스승, 은혜, 조상 여부를 본다.

살집이 두껍고 맑고 깨끗하면 학문성취를 한다.

7

천정(天廷) : 하늘에 있는 정원

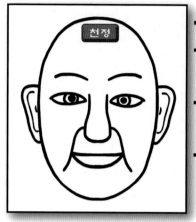

- 천정 부위는 귀한 품격의 벼슬을 할 수 있는 부위이다.
- 골격이 양쪽으로 일어나고 일월각과 부위가 서로 상응하고 있으면 반드시 재상의 벼슬을 맡게 된다.
- 환한 빛이 나는 사람은 벼슬로 이름을 날리나, 검은 점이나 사마귀 등 결함이 있으면 형벌과 재액이 따른다.
- 천정 부위를 일명 천재(天宰)라고 하는데 귀한 벼슬을 하는 사람의 부위이다.

8

3. 사공(司空) : 인후와 호흡기 계통을 대표한다. (자신과 관련)

관청, 윗사람, 일에 관한 여부를 본다

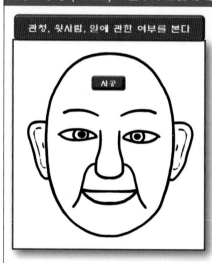

위치 : 천정 부위로부터 손가락 넓이만큼 떨어진 부위이다.

불룩하게 뼈가 솟은 것이 표준이다.

청년시절을 지나 사회로 출발하는 22세 유년운을 관장한다. 관록과 주위의 인덕을 본다.

뼈가 둥글게 솟으면 부모 유산과 직책을 보장한다. 여자는 사공 전체가 솟으면 이혼, 바깥활동을 해야 좋다.

9

사공(司空)

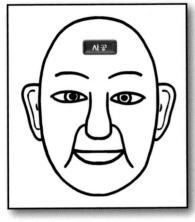

- 사도(司徒)라고 한다.
- 골격이 일어나면 삼공(三公)과 구경(九卿)의 벼슬을 책임지며, 뼈대가 약간 일어나서 옥침에 이르면 2품 3품 벼슬이 된다.
- 이쪽 부위에 빛이 좋지 못하면 놀라고 두려워할 일이 많다.
- 사공 부위에 피부금이 깨지고 함몰되는 것을 절대적으로 꺼리는 것은 귀한 벼슬을 하지 못하기 때문이다.
- 검은 점, 사마귀 역시 불길하며 특히 붉은 빛을 꺼린다.

10

4. 중정(中正) : 인후와 호흡기 계통을 대표한다.(자신과 관련)

윗사람과의 일 여부를 본다.

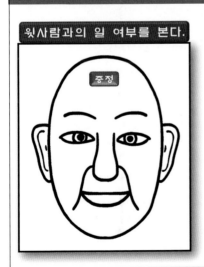

위치 : 사공에서 손가락 넓이 정도 아래 부위이다.

남녀 관계의 성숙도인 25세 유년 운을 주관한다. 관직과 평생직업을 본다. 여자: 남편궁, 부를 보는 자리이다.

두툼하게 뼈가 솟고 이마 전체가 넓게 열리면 부귀하다고 본다.

11

중정(中正) : 남녀모두 함몰되는 것을 가장 꺼린다.

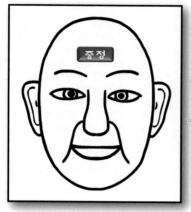

중정

- 중정 부위는 한 군의 관리에 대한 일을 주관하며, 물품과 인사관리를 맡고 또한 벼슬의 위치를 주관하기도 한다.
- 뼈대가 일어나 윤택한 빛이 나면 관직에 있지만 그 곳에 결함이 있으면 직책이 없다.
- 중정 부위는 하늘과 같이 활 처럼 휘어진 모양으로 생기면 길상이다.

12

5. 인당(印堂) : 인후와 호흡기 계통을 대표한다.

자신의 마음상태를 본다

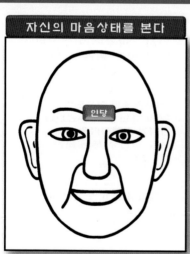

인당

위치 : 양 눈썹 앞머리 사이 의 부위이다.

평생의 운명을 보는 중심점 이다.
결혼적령기 28세 유년주관, 운명 의 척도, 운명의 총 본부, 학당의 본부궁, 심성궁, 가정궁 역할을 한다.

↓

손가락 두 개 합쳐진 넓이 이상은 귀하며, 맑고 윤택하면 높은 관직, 단체의 장이다.
좁거나 함몰되고, 현침문이 생기는 것은 금물이다.

13

인당(印堂) : 이마를 대표하는 부위이다.

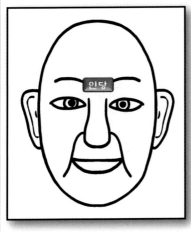

- 사람의 한 얼굴의 표면이 되는 곳이다.
- 안으로는 마음과 상응하고, 국가로 비유하면 군주가 있는 관청이라고 할 수 있으며 신명이 나타나는 곳이다.
- 눈이 청정하게 맑을 때, 꾀를 내고 생각하는 것이 바른 것이고, 귀가 밝은 즉 그 기술과 재주가 밝다.
- 인당 부위가 빛이 나고 광명하게 되는 것은 뭇사람들이 매진하는 선비를 초월할 수 있는 것이고, 인당 부위가 환하게 열리게 되면 살고 죽이는 권력을 잡을 수 있다.
- 흠이 있으면 28-32세, 41-43세, 52-53세, 56-57세의 운세를 주의해야 한다.

14

6. 산근(山根) : 심장순환 계통을 대표한다.

질병, 재난, 가정사의 길흉.

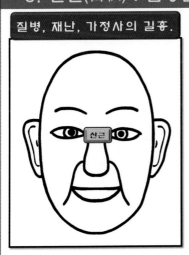

위치 :좌우 눈썹 사이 인당 바로 아래 살짝 들어간 부위를 말한다.

천부(天部)와 인부(人部)가 닿은 곳. 인생 중년의 고비길인 41세를 관장한다.
재백궁의 근본으로 복록을 주관하며 두텁게 솟고 인당보다 약간 낮으면 질병이 없다.
남자는 미인 아내를 맞으며 복록과 수명이 길다.
지나치게 발달하여 인당과 같으면 성공하지 못한다.

푹꺼진 산근은 가난하며 산근이 가늘면 운이 없고 재기도 어렵다.

15

산근 : 오장의 근원으로 질액과 육친 관계를 본다.

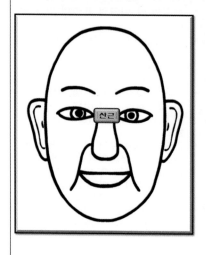

- 태양과 상대를 하는 곳이며, 태음 부위를 서로 바라보고 있는 것이며, 어미 부위와 간문 부위가 천창 부위와 서로 상접해 있고, 천정 부위와 천문 부위와 연관이 있다.
- 산근은 양 눈의 중간 부위로 큰 세력을 가지고 있는 지의 여부를 본다. 형제 간으로도 볼 수 있고, 전택과 근기, 혼인에 대한 일도 그 곳에서 살필 수 있다.

16

산근 : 오장의 근원으로 질액과 육친 관계를 본다.

- 산근 부위가 단절하면 액이 많고 형제도 없기 쉽다.
- 산근 부위에 결함이 있거나 검은 사마귀가 있고, 살결금의 무늬가 격절되어 있으면 재앙도 있고 재산도 파산하게 된다.
- 흠이 있으면 26세, 30세, 34세, 41세의 운세를 주의해야 한다.

17

7. 연상(年上) : 대사계통(간과 쓸개)을 대표한다.

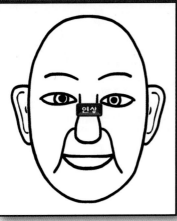

가정, 건강의 이상 유무를 본다

위치 : 산근의 아래 부위이다.

불룩하고 밝으면서 윤기가 흐르면 좋다.

- 수명을 누릴 수 있는지를 살피는 곳이며, 질병의 유무를 본다.
- 이 부위에 뼈가 솟아 있으면 일평생 병이 없다.
- 이 부위에 결함이나 흠이 있으면 재앙이 있으며, 검은 점이나 검은 사마귀가 있으면 가난하고 고초를 당한다.
- 연상 부위가 옴쭉하게 낮으면 아내에게 해롭다.
- 청색 빛이 나타나면 일년 내내 질병으로 아프다.

18

연상(年上) : 대사계통(간과 쓸개)을 대표한다.

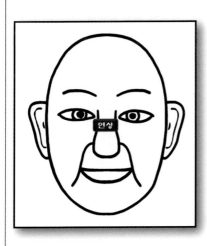

- 연상이 함몰되었거나 튀어나온 사람은 중년에 병이 많고 사업도 문제가 많다.
- 연상 부위에 세로줄 무늬가 있으면 아이를 낳기 힘들며 남의 아이를 키운다.
- 연상의 가로줄 무늬는 교통사고를 주의해야 한다.
- 흠이 있으면 31-32세, 37-38세, 44세-45세의 운세를 주의해야 한다.

19

8. 수상(壽上) : 대사 계통(간과 쓸개)을 대표한다.

건강과 재물의 상황을 본다

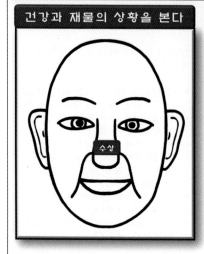

위치 : 연상의 아래에 위치한다.

⬇

연, 수상은 가정적 사회적으로 전성기인 44-45세 운을 관장한다.
연, 수상 부위가 높이 솟고 양 옆으로 굵고 튼실하면 비, 위장이 강하고 장수한다.
연상, 수상에 점이 있으면 남자는 일생에 도화의 재난이 있고 여자는 여러 번 시집을 간다.

⬇

낮거나 약하면 수명이 짧다.
너무 옆으로 강하게 퍼지면 기질이 강해서 폭력적인 기질이 있다.

20

수상(壽上) : 수명과 질액을 본다.

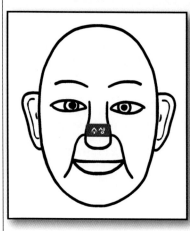

- 목숨의 길고 짧음을 살필 수 있고, 그 사람의 모든 길흉을 그 곳에서 결정할 수 있다.
- 수상 부위가 높이 솟아 오르면 수명을 누리고, 옴쭉하게 낮은 사람은 수명이 짧다.
- 연상이나 수상에 마디가 있으면 일생 동안 한 번은 크게 실패한다.
- 푸른 빛이 나타나면 불길하다.
- 흰빛이 나타나면 부모가 사망한다.
- 누런 황색 빛은 경사이다.
- 봄철에 흰빛은 30일 이내의 봉변을 의미한다.
- 봄철 이외의 흰빛은 3년 이내에 재앙을 당하게 된다.
- 흠이 있으면 31-32세, 37-38세, 44-45세의 운을 주의해야 한다.

21

9. 준두(準頭) : 소화기 계통을 대표한다.

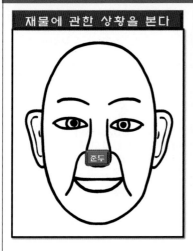

재물에 관한 상황을 본다

준두

위치 : 코의 가장 끝 부위.
단정하고 둥글면서 살이 두툼한
것이 좋다.

인생 절정기인 48세운을 관장한다.
풍원하고 쓸개를 매단 듯한 현담비
이면 크게 부유한다.
준두가 크고 두툼하면 이해폭은 넓
으나 결단력이 부족하다.
지나치게 살이 찐 통방울형 준두는
오히려 가난하다.

준두가 뾰족하면 재물이 없고 고독
한 인생이며 자존감이 강해 마음에
독기가 있다.

22

준두(準頭) : 심성과 재물운을 본다.

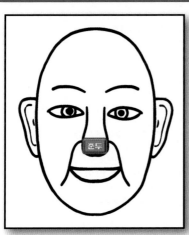

준두

- 얼굴 복판의 중앙 산이다.
- 콧등이 둥글며, 평평하고 바르
  면서 기운이 충만한 느낌이 나
  는 사람은 부귀를 누리고 관직
  의 기운이 좋다.
- 콧등이 둥글고 가지런하면 심
  성이 착하고 자비심이 많다.
- 준두혈이 송곳처럼 뾰족하면
  마음에 독기가 많아서 아내와
  자녀가 해롭다.
- 코가 노출되고 콧구멍이 보이
  면 남에게 손해를 보는 일이
  많다.
- 준두부위가 둥글고 흰빛이 나
  면 물의 재앙을 만나며, 구속당
  하는 일을 조심해야 하는데 60
  일 이내에 반응이 나타난다.
- 홈이 있으면 19세, 28세, 48세
  의 운세를 주의해야 한다.

23

10. 인중(人中) : 내분비 및 생식기 계통을 대표한다.

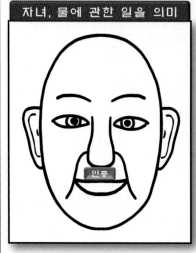

자녀, 물에 관한 일을 의미

위치 : 준두 아래 입 위에 걸쳐 있는 옴푹 패인 부위이다.

위가 좁고 아래가 넓으며, 깊으면서 길고 곧게 뻗은 것이 좋다.

인생 말년 51세운부터 관장한다. 아래쪽으로 힘차고, 똑 바르게, 깊고, 길게 뻗어 입술에 닿으면 품성이 단정하고 건강하다.

바늘처럼 가늘고, 짧고, 희미하거나 비뚤면 가난하고 자녀복이 없다.

24

인중(人中) : 수명과 인성, 자녀의 성장 관계를 본다.

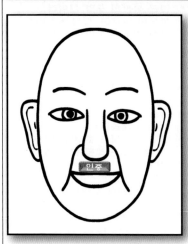

- 그 사람의 마음과 성품을 볼 수 있으며, 자식을 보는 자리이다.
- 인중은 깊고 길쭉하여 물의 소통이 잘 되어야 하며, 얕아 서는 안 된다.
- 인중이 좌측으로 편벽되어 있으면 아버지의 손상이 되고, 우측으로 편벽되어 있으면 어머니의 손상으로 본다.
- 인중이 위는 넓은데 밑이 좁은 사람은 말을 듣지 아니하고 싸움 하기를 좋아한다.
- 위는 좁은데 밑이 넓게 되어 있으면 재주 있고, 교묘한 계획을 잘 세우고 재물을 흐트러 버리기도 한다.
- 흠이 있으면 22세, 51세, 56세의 운세가 좋지 않다.

25

11. 수성(水星) : 소화 및 배설관련 조직을 대표한다.

물과 언어에 관련된 일 의미

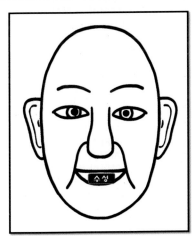

위치 : 입을 말한다.
윤곽이 뚜렷하고 크게 벌어지되
옆으로는 좁아야 한다.

⬇

노년의 길목인 60세운을 관장하
며 인생 말년의 운을 본다.
입이 크고 입술이 붉고 잘 정합
되면 열정적이고 정열적인 사람
이다.

⬇

입이 희고 얇으면 냉정하고 매몰
차다.

26

수성(水星) : 마음의 의지를 본다.

- 입은 오행으로 보아 북방수(水)이
  므로, 입을 보아 그 사람의 말년
  의 뜻을 가릴 수 있다.
- 체격은 큰데 입이 작으면 가난
  하지 않으면 단명하는 상이고,
  사람은 작은데 입이 큼직하면
  부자가 아니면 귀한 벼슬을 한
  다.
- 남자가 입이 크고 넓으면 어디
  에 가도 먹을 것이 있고, 여자의
  입이 넓으면 독신이 많다.
- 흠이 있으면 21세, 30세, 39세,
  48-50세, 57세, 60세, 75세의
  운세를 주의해야 한다.

27

12. 승장(承漿) : 소화 및 배설관련 조직을 대표한다.

음식물, 약의 길흉을 의미

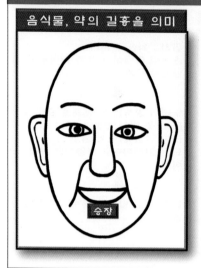

위치 : 입술 아래 함몰된 부위.

살이 두껍고 양쪽에 뼈가 솟아 있으며, 중심에 홈이 있으면서 위로 솟아야 길하다.

↓

61세 운부터 관장한다.

↓

이곳이 검게 변하고 어두우면 봄에 독이 크게 작용하는 것으로 본다.
약물중독, 식중독 의심 여부를 보는 자리이다.

28

승장(承漿) : 음식, 약물중독, 음주, 水厄여부를 본다.

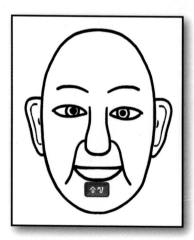

- 음식에 대해서 관찰할 수 있으니 주지(酒池)라고 한다. 그 속에 근육이 약간 솟아 있으면 그 것을 주해(酒海)라고 하며 , 만약 검은 사마귀나 점이 있으면 술을 마셔서는 안 될 것이다. 그 사람은 술에 취해서 죽게 되거나 물에 빠져 죽기 쉽다.
- 승장 부위의 피부금이나 검은 사마귀가 자주 생겨나면 술을 많이 마셔서 생긴 질병으로 목숨을 상실하게 된다.
- 승장 부위가 부실하면 수액이 있고, 약물이나 음식으로 해를 입게 된다.
- 홈이 있으면 61세의 운세가 좋지 않다.

29

13. 지각(池閣) : 골격구조의 완벽여부와 소뇌의 발육상태의 우수 여부

토지, 건물, 주거에 관한 일

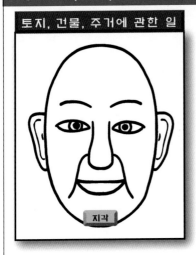

위치 : 얼굴의 가장 아래 정중앙 부위를 말한다.

단정하고 두툼하며 아래위가 서로 모여 있는 것이 길하다.

⬇

인생 말년 71세운을 관장한다.
말년의 복운, 수하인들, 자녀운, 주거운을 본다.
풍성하고 두텁고 둥근 듯 모나면 재산과 길운이 크다.
턱이 살짝 들려 조천하면 부귀영화를 누리며 무병장수한다.

지각이 뾰족하거나 물러나 낮게 뒤로 제껴지면 말년이 가난하고 고독하다.

30

지각(池閣) : 주거운과 정(情)의 유무를 본다.

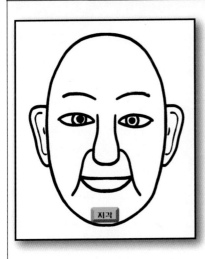

- 오행의 수성이고 전택궁이니 곧 북악을 의미한다.
- 지각 부위는 부자되고 귀한 벼슬하는데 기초가 된다.
- 전답과 토지가 되고 그 사람의 기초가 되니 가옥과 집과 노복에 대해서 알 수 있다.
- 양편의 근육이 겹겹이 되어 있는 사람은 부자 되고 귀한 사람이 된다.
- 지각 부위가 없는 사람은 일평생 근원이 되는 기초(고향)이 없어지게 될 것이며, 지각 부위가 홀로 길쭉하면 노년에 거주할 곳이 없다.
- 지각에 흠이 있으면 71세의 운세를 주의해야 한다.

31

05

십이궁론

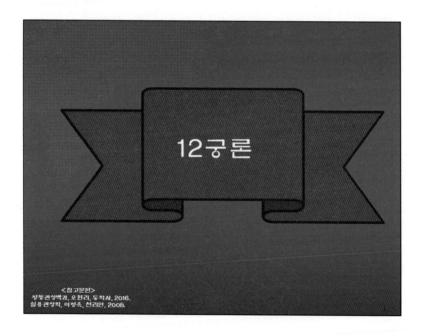

12궁론

<참고문헌>
정통관상백과, 오현리, 동학사, 2016.
실용관상학, 이정욱, 천리안, 2008.

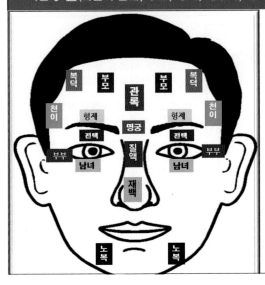

12궁론(자신의 운세, 부모, 형제, 배우자, 자녀, 부하, 주변생활)

1. 명궁(命宮)
2. 재백궁(財帛宮)
3. 형제궁(兄弟宮)
4. 전택궁(田宅宮)
5. 남녀궁(男女宮)
6. 노복궁(奴僕宮)
7. 부부궁(夫婦宮)
8. 질액궁(疾厄宮)
9. 천이궁(遷移宮)
10. 관록궁(官祿宮)
11. 복덕궁(福德宮)
12. 부모궁(父母宮)

2

1. 명궁(命宮 : 인당) : 천명(天命)과 직업에 관한 운수를 판단

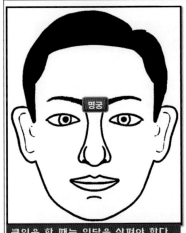

큰일을 할 때는 인당을 살펴야 한다.
적색(논쟁)이나 흑색(사망)이 나타나면
현재 상태유지. 분수를 지켜야 한다.

- 넓고 두둑하고 거울과 같이 밝으면 학문에 통달하고 일찍 관직에 나아간다.
- 지나치게 넓으면 성품이 치밀치 못하다. 낙천적, 무사안일, 집착력이 부족하다.
- 지나치게 좁으면 성품이 세심하고, 정신적 안정이 부족하며, 지능이 낮고, 끈기 부족, 신체가 허약하다.
- 성공 또한 늦은 편이며, 육친의 인연이 희박하고 평생을 통해서 직업의 애로가 많은 편이다.
- 인당의 기색은 뇌조직 운행의 결정표 라고 할 수가 있다.
- 어두운 빛, 오목하게 꺼짐과 같은 흠결이 있으면 모든 일이 순조롭지 못하고 돈이 궁핍한 생활을 한다.

3

명궁(命宮: 인당) : 천명(天命)과 직업에 관한 운수를 판단

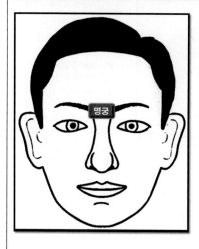

명궁

- 어지러운 잔주름은 부부간의 파란과 이별을 뜻하며 타향살이와 파산으로 인한 고생으로 본다.
- 명궁을 늘 오므리고 있으면 모든 일에 불성(不成), 실패수로 본다.
- 청황색은 헛것에 놀라고 붉은색은 관재수, 백색은 상복수, 흑색은 교통사고, 재액이나 사망수로 본다.
- 홍색, 황색, 자색은 장수하고 편안하다.

4

1) 명궁(두 눈썹 사이, 양미간을 말한다.)

사유 계통의 주조장치이다.
- 사람의 지혜와 정신, 의식을 표현하는 곳이다.

칠정과 육욕이 응집, 확산되어 있는 곳이다.
- 외부세계로부터 지식흡수, 사람이나 사물에 대한 정보를 수집하는 창구역할을 한다.
- 칠정이란 희노애락애오욕(喜怒哀樂愛惡慾)을 말한다.
- 육욕이란 눈, 귀, 코, 혀, 신체, 의식을 말한다.

일생 운명의 성패와 생명, 직업, 심덕을 본다.

부부의 운과 음덕을 본다.

5

2) 명궁의 주름 1

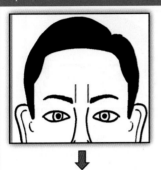 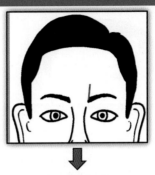

- 인당에서 유일하게 좋은 주름 이다.
- 남녀를 불문하고 뇌조직이 우수하며 자기중심이 서 있고 정의감이 풍부하며 성공운이 좋다.

- 왼쪽 눈썹머리 옆에 있으면 상해 문으로 불의의 사고와 관절염을 조심해야 한다.
- 오른쪽 눈썹머리 옆에 있으면 뇌 옥문으로 일생에 반드시 한번 은 감옥에 간다.

6

3) 명궁의 주름 2

  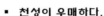

천자문(川字紋)
- 조상의 유업을 망친다.
- 중년의 재난을 조심해야 한다.
- 자식복을 극한다.
- 결혼생활을 필히 주의해야 한다.

- 일찍 부모를 이별한다.
- 일생 사업성취 운이 약하다.
- 성격이 괴팍하다.
- 제멋대로 형이다.
- 운수 사나운 일을 조심해야 한다.

- 천성이 우매하다.
- 지능이 낮다.
- 문제 성격을 주의해야 한다.
- 원망하는 마음이 많다.
- 일의 성과가 없다.

7

4) 명궁의 주름 3

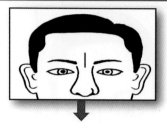 

생, 사별 주름

- 목형인은 꺼리지 않는다.
- 금, 토, 수, 화형인은 편업한다.
- 현침문 주름(여성에게 많다).
- 뇌나 심폐계통을 각별히 주의 해야 한다.
- 부부사이 이혼, 사별이 많으므 로 만혼이 길하다.
- 부부간의 심각한 갈등주름이다.
- 최소한 짧아야 한다.

- 큰 병치레를 한 과거나 가난으로 인한 주름으로 본다.
- 경험으로 인한 세상 이치에 밝다.
- 남의 부탁을 거절하지 못한다.
- 남의 일을 잘 돌보고 떠맡아 고 생한다.

8

2. 재백궁(財帛宮) 재복의 유무, 금전출납, 평생의 재산을 본다.

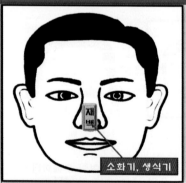

정신적인 사랑과 육체적인 사랑

- 코의 전체적인 모양, 아무진상태 : 육체적인 사랑을 본다.
- 코끝의 모양 : 정신적인 사랑의 깊이. 둥글고 살집, 윤기 : 마음이 따뜻하다.
- 코끝이 좁고 뾰쪽 : 계산적, 냉정하다.

- 얼굴의 제일 중앙에 위치해 있고 가장 높은 곳이므로 이곳이 풍만하고 밝고 윤택하게 잘 생겨야 재운이나 건강이 좋고 의지력이 강하다.
- 구부러졌거나 너무 낮거나 얼굴에 비해 너무 높거나 비뚤어져 있으면 일생을 통해 금전 풍파가 있다.
- 콧잔등의 세로 주름살이 많으면 건강에 유의해야 하고 부부운, 자녀운도 약하다.
- 특히 검은 사마귀, 흠집, 주름에 주의한다.
- 콧구멍이 크고 코가 크면 낭비벽이 있어 체면손상은 하지 않는다. 일확천금운도 있지만 인생 파란도 많다.

9

재백궁(財帛宮) 재복의 유무, 금전출납, 평생의 재산을 본다.

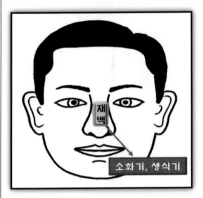

- 콧구멍이 너무 작으면 융통성이 결핍되어 편견적이고 인색하다.
- 콧대가 불쑥 높이 솟으면 저항심과 공격력이 많다.
- 메부리코는 욕심이 많고 냉정하고 이기적이다.
- 적색 빛깔은 금전장애로 바쁘게 허덕이며, 검은 빛깔은 건강 적신호를 의미한다.

10

3. 형제궁(兄弟宮) : 형제자매운, 인덕미(人德眉), 재덕미(財德眉), 감정의 바로미터

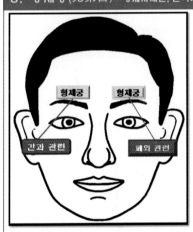

오복을 총 망라한 복의 집산지
"정신적인 사랑을 본다"

눈썹의 6대 조건
1. 미모가 싱싱하고 맑아야 한다.(淸)
2. 높이 나야 한다.(高) 동양인에 해당
3. 가늘고 부드러워야 한다.(細)
4. 빛나고 아름다워야 한다.(秀)
5. 완만한 곡선을 이루어야 한다.(灣)
6. 길어야 한다.(長)

눈썹의 미래 암시
- 눈썹은 미래에 일어날 사안을 3-4일 전에 예고하므로 조기에 발견하면 크게 도움이 된다.
- 기쁜 일이 있을 때는 눈썹 뿌리 부위가 일어나며 미상에 생기가 감돈다.
- 슬픈 일이 있을 때는 눈썹 털은 힘을 잃고 바닥에 착 가라 않는다.
- 눈썹 속 바닥에서 하얀 기색이 빛나면 형제나 자매 중에서 생명의 위험을 의미한다.

11

형제궁 : "뼈에 숨어 있는 정기는 눈썹에 나타난다." -상서-

한일자(一)형 눈썹
- 성품이 곧고 지적이며 친화력과 통솔력이 좋다.
- 재운이 좋아 30대 초반에 부를 이룬다.

칼 눈썹
- 눈썹 숱이 작고 눈썹 끝이 하늘을 향한다.
- 정의감이 강해서 상의용사, 무관으로 성공하는 경우가 많다.
- 여성은 자궁수술을 조심해야 한다.

단촉미(눈보다 짧은 눈썹)
- 숱의 유무를 보고 차이점을 본다.
- 체격이 견실하며 성질이 조급하다.
- 제멋대로형이 많으며 조기정착에 실패한다.

여덟팔자(八)형 눈썹
- 상당한 재력가가 많다.
- 결단력이 약한 것이 흠이다.
- 예술가, 학자, 정치가, 사업가, 운동선수.
- 사생활에 특별히 주의해야 한다.

12

4. 전택궁(田宅宮) : 주택과 전답의 상속관계를 본다.

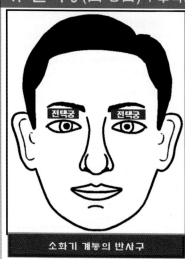

전택궁 전택궁

소화기 계통의 반사구

- 부동산을 비롯한 재산 및 가운과 명망을 보는 부위이다.
- 부조의 유산과 밀접한 관계이다.
- 소화기 계통의 반사구이다.
- 개인과 가족의 생활상 및 심성, 품덕과 이성관계를 본다.
- 전택궁이 좋으면 가정생활이 원만하다.
- 두 손가락 굵기의 넓이를 가진 사람은 부귀한 상으로 장수한다.
- 지나치게 넓으면 진취적인 마음이 부족하며 공상을 좋아하고 자기 주관이 약하다.
- 눈 두덩이가 넓은 사람은 종교를 숭앙하고 신앙심이 두텁다.
- 주택운을 가늠할 때, 중년까지는 전택궁을 보고 턱을 보지만, 중년 이후는 턱모양에 비중을 두고 전택궁 사정을 참조한다.

13

5. 남녀궁(男女宮) : 두 눈 아래 뼈가 없는 부분-자손 관계를 본다.

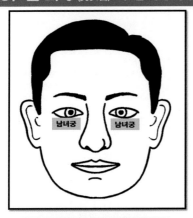

소뇌가 주관하는 내분비계통과
심장이 주관하는 혈액 순환기
계통의 기혈순환과 신경감응이
합치되는 곳이다.(父精母血)

- 자녀궁이라고도 한다.
- 누당, 음즐궁, 용궁, 붕대, 와잠, 삼양삼음, 육양으로 불린다.
- 심신지교의 장소로서 소뇌가 주관하는 내분비계통과, 심장이 주관하는 혈액순환기 계통의 기혈순환과, 신경 감응이 합치되는 곳이다.
- 출산기능과 수태여부를 본다.
- 눈아랫쪽 눈꺼풀의 반점과 흉터는 일생을 통해서 자녀걱정을 하며, 특히 남자는 왼쪽, 여자는 오른쪽을 더 중점적으로 본다.
- 누당에 푸른 힘줄이나 붉은 핏줄이 나타나면 마음의 경고이므로 심신을 수양해서 소뇌를 깨끗하게 해야 한다.

14

6. 노복궁(奴僕宮) : 지각, 지고, 노년운, 아랫사람과 자녀운

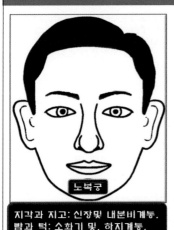

지각과 지고: 신장및 내분비계통.
빰과 턱: 소화기 및, 하지계통.

"본능적인 사랑을 본다"

- 지각과 지고 및 빰과 턱 등의 하악 부위를 포함한다.
- 지각과 지고는 신장 및 내분비 계통과 관련이 있다.
- 빰과 턱 부위는 소화기 및 하지 계통 관련이 있다.
- 지각, 지고가 등등하면 통솔력이 좋고 건강운, 재물운, 가정운이 길하며 기업가나 입신양명한 사람들이 많다.
- 지각이 뾰족, 경박, 주름, 점이 있으면 의지가 약하고 아집이 강하다. 또한 소뇌가 비정상적이며 인덕이 약하므로 부하운이나 배신을 주의해야 한다.
- 흉터, 주름이 있으면 조직생활이 길하다.
- 턱이 유별나게 튀어나오면 고혈압, 심장병을 주의해야 한다.
- 지각에 흠이 있으면 41세에 시비와 손재가 있고 71세운을 각별히 주의해야 한다.
- 아래턱은 본능적인 사랑의 판단과 애정에 대한 본질적인 자세를 나타낸다.
- 이중 턱은 너그러운 사랑의 소유자이며 박애주의적인 사랑을 의미한다.

15

7. 부부궁(夫婦宮) : 눈썹 끝의 눈초리-이성운의 길흉여부 판단, 배우자궁

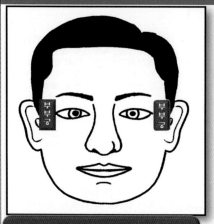

부위의 특성

- 소뇌가 간장 신경과 회합하는 반사구이다.
- 소뇌 : 성욕 생성의 중심부위로 육욕생활의 주재자이다.
- 간장 : 성격의 중심 발원지로 정신생활의 주재자이다.
- 간문 부위가 좋으면 소뇌와 간장의 발육상태가 정상이고 기능이 원활하다.
- 간문의 발육이 부진하면 부부간에 생이별, 사별운이 있다.
- 남성 간문의 주름은 간과 소뇌의 건강에 주의해야 한다.
- 간문에 살이 없어 뼈가 드러나면 정욕이 성한 것이므로 주의해야 한다.
- 점, 흉터, 옴폭 패인 것, 주름이 없을수록 길상이다.

소뇌가 간장 신경과 회합하는 반사구.
소뇌 : 성욕생성의 중심 부위이다. (육욕)
간장 : 성격의 중심 발원지이다. (정신)

16

8. 질액궁(疾厄宮) : 산근, 연상, 수상 "건강과 수명을 본다."

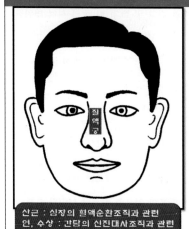

- 조상이 내려준 건강의 바로미터이다.
- 질병 발생전의 면역력과 발생후의 저항력을 보는 자리로 건강궁이다.
- 산근 : 심장의 혈액순환 조직과 관련되어 있다.
- 연상, 수상 : 간담의 신진대사 조직과 관련 있다.
- 산근, 연상, 수상 : 소화기 계통 신경의 반사구이다.
- 비골 : 척추와 관련이 있다.
- 산근의 끊어짐과 연수의 균열 : 교통사고 주의, 운전은 절대 서행해야 한다.
- 산근 가로주름 : 사업, 결혼생활의 실패를 각별히 주의하여야 한다.
- 산근 양 옆의 반점 : 위장의 고질병을 의미한다.
- 연수 정면과 양 옆의 점 : 간담과 신진
- 대사 계통의 고질병과 관련이 있다.
- 직업변화, 신분변화, 가족구성원의(생사별) 변화를 특히 주의해야 하는 부위이다.

산근 : 심장의 혈액순환조직과 관련인, 수상 : 간담의 신진대사조직과 관련
산근, 연상, 수상 : 소화기 계통 신경의 반사구이다.

41세-43세 특히 주의

17

9. 천이궁(遷移宮) : 복당, 역마 부위―이사, 장거리여행, 창업투자, 직위 이동

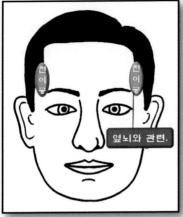

- 33-34세를 관장하는 변화궁이다.
  일거수일투족에 주의를 요한다.
- 2-3일간의 여행의 안정성 여부를 판단한다.
- 눈썹 끄트머리에서 귀밑머리가 난 곳까지 얼굴측면 부위이다.
- 옆뇌와 밀접한 관계가 있다.
- 옆뇌는 장소, 방위, 시간, 광각을 주관한다.
- 사람이 외적으로 겪는 모든 변화와 관련이 있다.
- 타향과 외국의 관련여부를 본다.
- 신분의 변화를 본다.
- 천이궁의 기색이 밝고 환한 기운은 길상의 징조이다.
- 어둡고 검은 암색은 흉상을 의미한다.

천이궁 옆뇌와 관련.

33-34세 특히 주의, 심사숙고.

18

천이궁 : 변화궁에 해당된다. 눈썹 끝부분을 본다

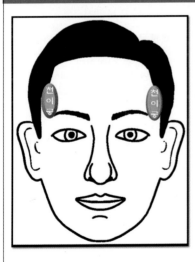

- 타향과 외국의 관련 여부를 본다.
- 신분의 변화를 본다.
- 천이궁에 기색이 밝고 환한 기운은 길상의 징조이다.
- 어둡고 검은 암색은 흉상을 의미한다.
- 천이궁이 살이 꽤여져 있으면 이혼율이 높다.
- 천이궁의 생김새가 좋지 않다면 특히 33세-34세 시기에 직업이동에 신중을 기해야 한다. 손해가 많다.
- 스카우트 제의가 왔을 때 천이궁이 암색을 띠면 절대 움겨서는 안 된다.

19

10. 관록궁(官祿宮) : 사공을 중심으로 위로 천정과 아래로 중정 포함

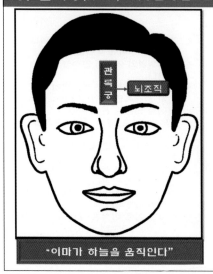

"이마가 하늘을 움직인다"

- 현대사회에서는 사업궁을 의미한다.
- 액면보다 약간 솟아오른 꼴에 높은 관운이 있다.
- 뇌조직의 우수성 여부가 보인다.
- 길상이면 학습능력, 사고력, 기억력, 창조력, 판단력, 외부 대응력, 사람 식별, 일처리 능력이 탁월하다.
- 관운을 보는 곳은 관록궁이 부실해도 눈모양과 관골, 콧대, 눈썹, 법령이 좋으면 높은 직위는 오른다. 그러나 관재구설에 주의해야 한다.

20

관록궁(官祿宮)

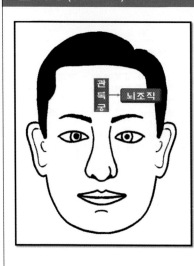

- 관록궁에 좁쌀꼴의 적반이나 불꽃같은 검붉은 색이 나타나면 송사를 의미한다.
- 새하얀 백기(白氣)는 애색(哀色) : 남성은 부모, 여성은 남편 사별운을 의미한다.
- 검은빛은 사색(死色)이다. 자신의 죽음을 예고한다.
- 단 여름철의 적색은 크게 해로운 색은 아니다.
- 적, 백, 흑색이 나타나면 3일에서 길게는 14일 안에 효력이 발생한다.
- 관록궁은 지각골(智覺骨)이라고도 하며 지혜를 가늠한다.

21

1) 관록궁 : 이마의 상, 이마가 나라를 움직인다

1-3대 이승만(1948-60)

4대 윤보선(1960-62)

5-9대 박정희(1963-79)

10대 최규하(1979-80)

11-12대 전두환(1980-88)

13대 노태우 (1988-93)

22

관록궁: 이마의 상 : 이마가 나라를 움직인다.

14대 김영삼 (1993-98)

15대 김대중 (1998-03)

16대 노무현 (2003-08)

17대 이명박 (2008-13)

18대 박근혜 (2013-17)

19대 문재인 (2017-

23

11. 복덕궁(福德宮) : 눈썹끝머리 상단에 접한 이마 일원 "복의 자리" 천창

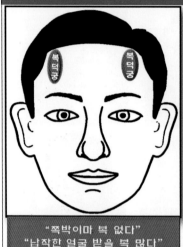

- 음덕의 출입문, 귀인궁이다.
- 일명 천창 즉 하늘의 유산이라 고도 한다. 천창에서 초기 재물 운을 본다.
- 천창이 없으면 오명을 남긴다.
- 부모에게 물려 받을 수 있나 없 나의 유산 유무를 본다.
- 이마가 지나치게 둥글면 이마 측면으로 빗겨난 꼴이 되어 내 림복(받을복)이 없다.
- 복덕궁의 기색은 재물의 득실을 의미한다.

"쪽박이마 복 없다"
"납작한 얼굴 받을 복 많다"

24

복덕궁 : 양쪽 이마의 가장자리

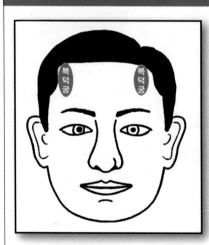

- 새로운 사업 구상, 업체 확장할 때 복덕궁의 기색관찰 유무를 반 드시 봐야 한다.
- 편평하게 펼쳐진 것이 길상이다.
- 복당, 천창, 지고, 오악을 칭한다.
- 복당 : 눈썹 1센티미터에 위치한 다.
- 일생의 재물 진위 여부를 보는 자리이다.
- 내복당 : 인당에 가까운 곳으로 현재 재운의 색을 본다.
- 외복당 : 눈썹꼬리에 가까운 곳으 로 미래 재운의 색을 본다.

25

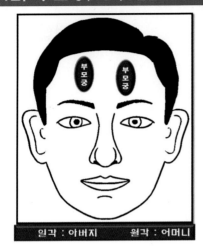

일각 : 아버지   월각 : 어머니

- 부모의 유전자가 우수하면 이마뼈가 둥글다.
- 높낮이, 좌우 균형을 최우선으로 본다.
- 관록궁과 함께 면이 넓고 약간 솟아난 꼴이 길상이다.
- 14세 이전의 청소년의 얼굴에서 부모운을 볼 때에는 일월각과 함께 필히 귀 모양을 참작해야 한다.
- 40대의 부모운은 산근과 복덕궁, 관골을 같이 본다.
- 여성의 일월각은 금물이다.

26

부모궁(父母宮) : 일월각 – 부모 유전인자의 도움 여부를 본다

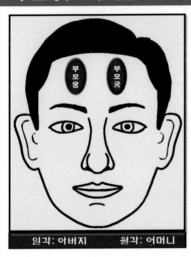

일각: 아버지   월각: 어머니

- 청색이면 부모의 우환, 구설수이다.
- 검거나 흰색 : 부모의 사망으로 본다.
- 홍색, 황색 : 부모에게 기쁜 경사가 있는 것으로 본다.
- 부모궁만 발달하고 복덕궁과 천이궁이 부실할 경우 부모는 장수하나 실물의 도움은 없다.
- 청소년 얼굴에서 부모운을 볼 때는 귀모양을 반드시 참조하여야 한다.
- 40대의 부모운은 산근과 복덕궁, 관골을 함께 봐야 한다. 해당부위가 약하면 그 나이에 부모운이 끊기게 된다.

27

06
비전십자면도

1. 유자(由字)도설

형상
* 이마가 좁고 빈약하며 광대뼈 밑으로부터 턱까지의 부위가 넓게 발달됨

"땅은 있지만 하늘이 없다"
* 이마는 산봉우리처럼 뾰족하고 턱 옆자리 시골이 좌우로 벌어져 있다.
* 화(火)형상과 유사하다.
* 부모운 특히 아버지 운이 없다.
* 타향에서 자립하고 성공한다.
* 인덕이 없다.
* 개운시기는 35세부터 이므로 만혼이 길하다.
* 상업 방면에 진출하는 것이 길하다.
* 초년 운세와 중년 초반기 운세가 약하다.

1) 유자(由字)도설 : 학업 인연이 약하다

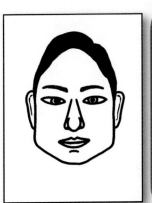

* 남자의 유(由)자형 관상은 조상의 덕이 약하여 20년 동안 고독하다.
* 초년은 힘들지만 중년과 말년은 본인의 노력 여하에 따라서 길상으로 바뀔 수가 있다.
* 여성의 유(由)자형은 고독함을 동반하며 자녀를 가지기 어렵다.
* 이마가 약하므로 관공서 계통보다는 상업계열이 길하다.
* 초년 25세까지는 고생이 심하며 26세부터 타향에서 성공할 형이다.
* 와잠이 좋지 못하면 의식은 풍족하나 자손운이 약하다고 본다.

3

유자(由字)도설 : 학업 인연이 약하다

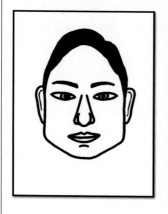

- 성격은 급하고 활동적이지만 사교성이 약하다
- 여성의 경우는 화술이 뛰어나므로 말과 관련된 직업이 길하다.
- 사상체질로는 태양인과 소양인에게서 많이 볼 수 있다.
- 행동력은 강한데 침착성, 사고력이 부족하다.
- 결단력이 있고 예의가 강하다.
- 소화기 계통이 발달되어 있으므로 비만을 조심해야 한다.
- 심장병과 고혈압에 취약할 수 있으므로 명상을 자주해서 마음의 안정을 가지면 좋다.

4

2. 갑자(甲字)도설

갑자형

형상
- 이마와 관골 부분이 넓고 얼굴 전체 상반부가 발달, 턱이 쪽 빠져 있다.

- 이마는 넓으나 뺨에 살이 없고 하관이 뾰족하다.
- 목형상과 유사하다.
- 대부분 유복한 가정에서 맏이로 태어난다.
- 맑고 청정하다.
- 조상의 운기가 좋고 26세에 출세운으로 들어설 수도 있다.
- 관공서 계통이나 학계에 종사하는 사람이 많다.
- 전성기 운은 50세까지 이다.
- 51세 신변 주의, 특히 말년 운기를 주의해야 한다.
- 배우자운, 자녀운이 아주 길하다.

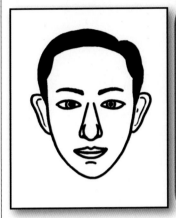

- 아버지 한 분에 어머니가 많은 인연이 될 수도 있다.
- 목형인에 속하며 심성질 형이다.
- 불기운을 상징하는 화성은 넓고 지각이 뾰족한 편이다.
- 재산과 복록은 부족한 편이나 맑고 청정함이 있다.
- 조상의 음덕으로 기인함이 많다.
- 오관이 좋아야 26세에 공명의 뜻을 이룬다.
- 오관이 평형을 이루지 못하면 51-52세에 재물이 흩어지는 어려움이 있다.
- 자녀운은 대체적으로 성품이 총명하고 길하다.

6

갑자(甲字)도설 : 이마는 좋으나 턱이 쭉 빠진 것이다

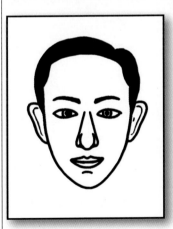

- 역삼각형에 가깝고 목형상과 흡사하나 목형 중에서도 특히 입이 작고 뺨에 살이 없는 사람으로 보면 된다.
- 솔직 담백하지만 급한 편이고 신경질적인 경향이 깊다.
- 체력은 약하나 정신력은 강하다.
- 감수성이 예민한 편이다.
- 실행력은 강하지만 결단력이 약하다.
- 문학가, 교육계통, 예능계통에서 능력을 발휘한다.
- 스트레스와 신경성 질환에 취약하다.
- 성격이나 품행이 일정치 못해서 성정을 구별하기가 모호하다.

7

3. 신자(申字)도설

형상 :
- 천정과 지각부위가 좁고 뾰족하다.
- 중정 발달에 비해 상, 하정이 좁다.
- 광대뼈가 발달되어 있다.

- 다이아몬드 형상처럼 이마와 턱은 좁지만 관골 부위가 유난히 솟아 있다.
- 남녀 다같이 초년운이 불길하다.
- 27세운이 길하다.
- 부모형제 운이 약해서 자수성가 하는 타입이다.
- 한 가지 일에 몰두하면 굳센 의지와 책임감은 있으나 완고함을 주의해야 한다.
- 의지가 강하고 근면하고 마음에 강기를 가지고 있다.
- 신경성 질환을 주의해야 한다.

신자(申字)도설

- 만혼이 길하다.
- 남을 신경 쓰지 않고 자신의 계획을 실천하는 형이다.
- 금속, 전자, 엔지니어 계통, 섬유, 화학계통에 적성이 있다.
- 신경성 질환을 주의해야 한다.
- 오관 중 삼관이 길하면 40대에 공명을 얻는다.
- 55세 이후 건강을 각별히 주의해야 한다.
- 말년을 조심하여야 한다. 특히 갑작스런 변동을 주의해야 한다.
- 산근이 꺼져 있으면 흉하다. 일생을 통해서 일이 많으므로 반드시 외부 일을 하여야 한다.

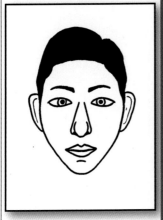

- 중정(中停)만 발달하고 상정, 하정이 부족한 형이다.
- 이마는 뾰족하면서 좁고 턱도 송곳처럼 좁은데 비해 코와 광대뼈가 발달한 형이다.
- 부모궁(일, 월각)이 좋지 못하여 육친의 덕이 없다.
- 남자가 이런 형상이면 초년에 어려움이 많고 부모 한쪽의 형극이 유추되며 조상의 조업이 작았다고 본다.
- 오관이 좋으면 수명은 길다.
- 삼관이 좋으면 공명은 있다.
- 귀와 산근 부분이 함몰되었다면 고향을 떠나 타관에서 자리잡는 것이 길하다.
- 중년은 길하다.
- 화재를 조심해야 하며 재산은 부동산이 좋다.
- 여자는 초혼 실패하고 재혼상으로 본다.

10

4. 전자(田字)도설

전자형

형상
- 반듯한 네모꼴 얼굴이다. 즉 이마와 턱 상하좌우 길이가 비슷하다.
- 사고(천창지고)가 풍만하다.
- 근육질이면서 장부형의 강골이다.

- 뼈가 강하고 근육이 발달하였다.
- 투쟁심이 강하다.
- 성질이 급하고 부지런하고 정열적이다.
- 활동적인 업무에 적합하다.
- 일생을 통해 부유하게 산다.
- 안색이 검으면 관계, 정계, 무관으로 이름을 날린다.
- 하얀 안색을 기피한다.
- 반드시 얼굴에 윤기가 있어야 한다.
- 여성의 얼굴이 검은 색의 전(田)자 상이면 아들을 두기 어렵다.

1) 전자(田字)도설 : 살이 많아야 재산가가 될 수 있다

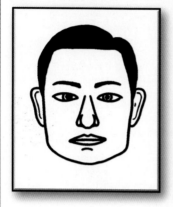

- 사고(四庫)가 풍만하고 얼굴이 모지고 뼈와 살이 고르게 붙은 형이다.
- 40전후에 큰 성공을 한다.
- 초년, 중년, 말년이 대체로 길하다.
- 이관이 좋으면 귀한 벼슬의 운이다.
- 오관이나 사관이 좋으면 장수하며 정승의 벼슬을 한다.
- 금의 기운이 지나친 흰빛은 쇠의 기운이라 꺼린다.
- 검은 빛을 띠면 귀한 벼슬과 수명을 누린다.
- 안색이 검고 윤이 날 경우 군인, 정치가, 사업가 들에게 많은 얼굴형이다.

12

전자(田字)도설 : 살이 많아야 재산가가 될 수 있다

- 얼굴의 오관이 분명치 못하면 부는 이루나 귀한 벼슬은 없다.
- 부동산 계통이 재산 형성에 길하다. 동산은 손해보기 쉽다.
- 여자는 초혼에 실패하고 남자는 재혼하는 사람이 많다.
- 전자형이 살집이 없고 뼈가 돌출되거나 흰색 빛이 과하게 되면 단명한다.

13

5. 동자(同字)도설

형상 : 약간 길게 네모진 형이다.
• 삼정이 길고 넓고, 오악이 높고
  밝으면서 육부와의 조화가 좋다.

- 육부가 풍만하고 오악이 솟아 있다면 최고의 길상으로 본다.
- 십자면도에서 으뜸가는 귀격, 부상(副相)으로 논한다.
- 삼관을 갖추었다면 고관대작의 신분이다.
- 성격이 온화하면서도 강직하고 부드러워 관계, 재계에서 성공할 상으로 본다.
- 금형상에 속한다. 그러나 살집이 풍부해서 금형상보다는 한결 부드러운 것이 특징이다.
- 부인은 어질고 자녀는 다 귀하다.
- 장수의 표본이다.

1) 동자(同字)도설

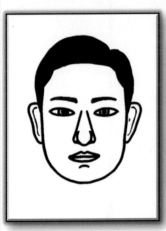

- 육부가 풍만하고 오악이 잘 솟고 근골질과 영양질의 혼합된 형이다.
- 근골질은 금국금체형에 속하지만 동자형은 금국토체형에 속하므로 균형이 잘 이루어진 것으로 본다.
- 어려서는 부모의 덕이 있고 30전에 기초를 이룬다.
- 마음이 어질어 보증을 잘 서고 사람을 너무 믿어 동업 때문에 낭패를 당할 수가 있다.
- 여성도 좋은 운명이다.

15

6. 왕자(王字)도설

왕자형

형상

- 이마의 양쪽 측면(복덕궁과 천이궁의 자리)과 관골사이, 관골과 시골 사이의 살집이 옴폭 파이듯 팎이나 이마뼈, 광대뼈, 시골뼈가 볼거진 꼴이다.

- 이마, 관골, 턱뼈는 볼거져 나온 반면에 좌우의 눈 부위와 볼 쪽은 꺼져 들어간 형태이다. 즉 얼굴 모양이 올통불통하다.
- 간빈노녹지상(奸貧怒錄之相) 이다. 즉 돈이 있으면 명예가 없고, 명예가 있으면 돈이 떨어져 가정과 사회 양쪽을 다같이 누리지 못한다.
- 성격이 단순하고 직선적이다.
- 융통성이 부족하고 소심하나 천성은 착하다.
- 경리직이나 참모 역할이 길하다.

1) 왕자(王字)도설

- 얼굴은 방정하나 뼈만 솟아 보인다.
- 천창과 지고가 함몰하고 골다육소(骨多肉小)하여 큰 부를 이루기 어렵다.
- 부모 유산은 지키지 못하지만 자수성가해서 평생 의식(衣食)은 걱정 없다.
- 고향을 떠날 상이며 농촌에 살면 아주 좋다. 도회지에 살면 이사를 아주 많이 다녀야 한다.
- 말년운은 길하다.
- 계산 능력이 탁월하다.
- 처궁이 박하고 자식 걱정도 많다.
- 큰 부자는 안 되나 의식은 풍족하다.
- 여자는 초혼에 실패하는 경우가 많으며 평생 고독할 상이다.

17

7. 원자(圓字)도설

형상 : 이마와 턱부분이 짧다.
- 눈 모양, 귀 모양, 코 모양, 입 모양이 둥글게 생겼다.
- 수형상과 동일하다.

- 전(田)자상과 혼돈하기 쉽다.
- 체상 전체가 뼈대를 느낄 수 없다.
- 청소년기에는 비만현상을 주의해야 한다.
- 초년운, 말년운을 주의해야 한다. 특히 33세-34세 운에 비만 여부에 따라서 각별히 주의해야 한다.
- 타향과 인연이 길하다.
- 긍정적이고 추진력, 통솔력은 강하나 개성이 약하다.
- 학술 쪽보다는 일반회사, 은행, 증권가와 인연이 깊다.
- 부모 인연, 자녀 인연이 약하다.

1) 원자(圓字)도설

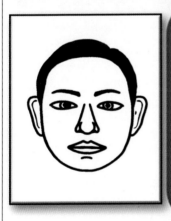

- 얼굴이 둥그스름하고 눈, 입, 귀가 둥글다.
- 성질 등은 영양질과 흡사하다.
- 타향에서 부를 이룬다.
- 자수성가 하며 상당한 재력가가 될 수도 있다.
- 회사 중역이나 은행 간부들은 대체로 원자형이 많다.
- 관록 계통은 사업관청이 좋다.
- 얼굴이 아무리 원만하더라도 눈이 지나치게 둥글고 살이 너무 찌면 뇌일혈로 급사할 수가 있다.
- 대체로 양처(良妻)를 둔다.
- 33-34세 전에 비만이 되면 처궁은 단명할 수도 있으니 각별히 주의해야 한다.

19

8. 목자(目字)도설

형상 : 이마가 높고 콧대가 길고 턱이 짧다.
* 금기운과 물기운의 상극이다.
* 말상이다.

* 20세 전에는 집안이 부유하게 산다.
* 감정이 예민하고 총명하다.
* 돈보다는 명예를 따른다.
* 빈틈이 없고 세밀하다.
* 교육계, 의료계, 컴퓨터산업, 정밀기계 계통이 유리하다.
* 신경과민형 이며 편협하고 도량이 좁다.
* 중매결혼이 길하다.
* 초, 중, 말년 원활하나 30대 시기의 흥패에 주의해야 한다.
* 직장을 기피하고 사행성으로의 진출을 주의해야 한다.

1) 목자(目字)도설

* 얼굴이 길고 좁다.
* 치밀한 판단력이 필요하다.
* 20세 이전에는 부모덕으로 비교적 행복한 편이나, 20세 이후는 부모유산을 다 소실해 버리는 운명이다. 자녀운도 약하다.
* 마음은 총명하나 큰 도량이 없고 신경질형이 많아서 대인관계의 여부에 애로가 많다.
* 감정이 예민하고 재치가 있으며 두뇌는 우수하나 근면성이 부족하다.
* 여성은 시모 등과 불협화음이 많으며 늘 불평하며 남편과도 생이별, 재결합을 하는 경우가 많다.
* 얼굴이 좁아서 마음도 좁고 그릇이 크지 못해서 큰 성공을 바라기는 어렵다.

21

9. 용자(用字)도설

용자형

형상 : 얼굴이 틀어진 형이다.
• 얼굴 한쪽이 삐뚤어졌거나 골육이 들쑥날쑥해 단정하지 못하다.

- 형제운이 없다.
- 25년간은 평범하나 그 이후는 인생 파란이 많다.
- 51세~52세에 위기(危機)운이 온다.
- 배우자 문제와 자녀 문제 주의해야 한다.
- 여성도 자기주장이 강하다.
- 여성은 부를 누리면 수명이 없고 가난하면 수를 누린다.

1) 용자(用字)도설

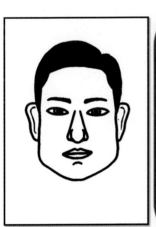

- 얼굴을 우선 보기에는 동(同)자와 흡사하나 동자는 얼굴이 반듯한 반면에 용(用)자는 얼굴이 고르지 못하고 울퉁불퉁하다.
- 초년 25세까지는 고생이 있으나 중년부터 50세까지 활동해서 상당한 성공을 이룰 수 있는 상이다.
- 그러나 재앙이 많으며 여러 번 실패할 수도 있으니 매사에 심사숙고 해야 한다.
- 일찍 고향을 떠나며 타관에서 성공하나 말년운이 박해서 상처하기 쉽고 자식운도 약하다.
- 말년에 재산관리를 잘 해야 한다.
- 신(申)자의 운명과 흡사하며 중년에 덕을 많이 베풀면 좋아진다.

23

10. 풍자(風字)도설

형상
- 이마 천정 부위가 모나고 넓으며 지각 부위가 넓고 비대하다.
- 관골이 팎여 나듯 흔적이 없고 이마의 좌우측면과 얼굴 하단 좌우측면인 시골이 벌어진 형상이다.

- 좌우 광대뼈가 들어간 형상이다.
- 허풍이 세다. 수완탁월, 외교력이 능수능란하다.
- 외국인 상대의 직업이 길하다.
- 사회에서 격리되는 위기를 겪는다.
- 말년에 의식주 생활에 어려움을 겪는다.
- 여성은 특히 모든 면에서 불운을 겪는 편이다.
- 기분에 따른 생활보다는 미래를 위한 저축을 하고 지출 자제를 해야 한다.

풍자(風字)도설

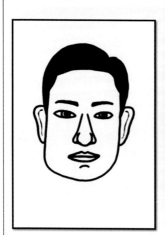

- 천정이 모지고 넓은 반면에 턱은 비어지고 살이 많이 찌며 좌우관골이 좁은 형이다.
- 사교술이 대단히 좋아서 고관이나 큰 실업가를 이용할 수는 있으나 오래가지 못한다.
- 투기성이 있고 방랑성이 많다.
- 초년은 부모덕으로 학업을 이룰수는 있으나 인내력이 없어서 관록운을 오래 지속하지 못한다.
- 변동을 자주한다. 고정적인 정착력이 부족하다.
- 여자는 화류계로 흐르기 쉽고, 가정부인이면 팔자가 세어서 남편과 자식을 둘다 보전하기는 어렵다.

25

07

동·서양 상학. 눈으로 보는 상학

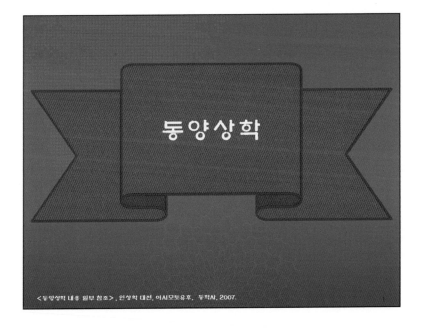

동양상학

<동양상학 내용 일부 참조>, 인상학 대전, 이시모토유후, 동학사, 2007.

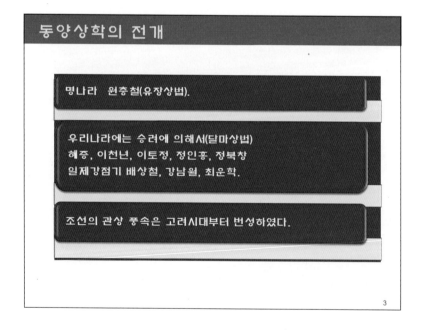

1. 동양상학의 전개

동양 관상학의 4대가
숙복. 고포자경. 당거. 허부

삼국시대 : 관로

남북조시대 : 달마

송대 : 마의대사, 진박
인상학의 비약적인 발전 (신상전편)

2

동양상학의 전개

명나라 원충철(유장상법).

우리나라에는 승려에 의해서(달마상법)
혜중, 이천년, 이토정, 정인홍, 정북창
일제강점기 배상철, 강남월, 최운학.

조선의 관상 풍속은 고려시대부터 번성하였다.

3

2. 달마상법

1. 달마대사
- 470년 무렵 중국에서 건너와서 선종을 퍼뜨렸다.
- 당송시대 선종의 발전과 더불어 그의 전기가 추가, 보완되고 선종의 1대조가 되었다.

- ### 2. 달마상법
- 중국의 위진 남북조시대에 남인도의 달마대사가 불교를 전파하러 중국에 들어왔다가 당시 현학의 유행으로 상법에 대한 관심이 높아지자 9년 면벽수행을 통해 깨우친 상법을 불교 포교의 수단으로 삼아 선종을 창시하여 후세에 전하였다.
- 515년 <달마상전 비결>을 나오게 된다.
- 송나라 초기 마의선사가 창안한 <마의상법>과 함께 수록되면서 마의 상법과 함께 2대 상전이 되었다.

4

3. 마의상법

1. 마의대사

- 마의라는 이름은 송나라 희녕(熙寧) 1068-077 연간에 석문영이 편찬한 <상산야록>에 처음으로 등장한다.
- 국내의 경우 연대 미상, 작자 미상의 필사본인 <마의결>, <마의경초> 등이 한국정신문화연구원 고서 소장본으로 등재되어 있다.
- 어느 책이 마의도사가 남긴 진본인지 확인할 길이 없다.

5

4. 한국에서 인상학의 수용

◆동국야사

승려나 도학자들이 영걸들의 인상을 보고 미래의
운명을 예견하였다는 사실들이 기록되어 있다.

◆신라말의 도선국사(풍수학의 시조)

당나라 일행선사의 학설을 배웠으며 왕건을 보고
장차 국왕이 될 것을 예언한 것으로 유명하다.

◆고려시대의 문익점

상서가 도입되었다는 역사적 사실이 있다.

◆고려말엽의 무학대사

풍수와 인상학으로 유명하였다.

6

한국에서의 인상학 수용

◆고려 말엽의 혜중

이성계가 가까운 장래에 조선을 창국(創國)할 것을
예언하였다.

◆조선초기 세조대왕 시절, 영통사의 도승

칠삭동이 한명회의 상을 보고 장래에 재상이 될
것을 예언하였다.

◆대동기문

인상가들의 예언들이 상당수 기록되어 있다.

◆서경덕, 토정 이지함, 서산대사, 사명당, 권율장군,
정약용, 격암 남사고, 정북창 등이 있다.

7

◆ 인상학이란 ?
사람의 겉모습(얼굴과 신체 포함)보다 내면(마음, 성격, 행동)을 관찰하여 판단하는 것으로 형모학, 면상학, 인상술, 독안이 포함된다.

◆ 신상전편 "인상에 있어서 마음이 생기는 것이 아니라, 마음이 만든 것이 인상이다."

◆ "유심무상 상축심생(有心無相 相逐心生)"
인상은 마음을 따라 생겨난다.
"심재형선 형거심후(心在形先 形居心後)"
마음은 인상보다 먼저 존재하며, 인상은 마음의 다음에 존재한다.

◆ 인상학의 첫 등장시기는 전설의 세계인데, 약 2400-2700년 전으로 유추한다.

◆ 춘추시대의 역사서인 <좌전>과 <국어>에 인상만으로 점을 보는 기록이 있다.(BC 770년)

◆ 불교의 경전인 법화경, 금강경 속에도 인상학의 비법이 내재되어 있다.

8

◆ 공자(BC552- 479)와 맹자(BC372?-289?)
맹자 : "사람에게는 눈동자가 있어서 악한 마음을 감출 수 없으니, 마음이 바르면 반드시 눈동자가 맑아진다. 그러나 마음이 바르지 않으면 반드시 눈동자가 흐려지니 그 사람의 눈동자를 본다. 이러니 어찌 속마음을 감출 수 있으랴."

◆ 의학서인 황재내경 <소문>편을 보면 질병의 원인을 묻는데 그 중에서 오태설, 오행설, 안면 표상에서 미세한 안면 관찰법을 설명하고 있다.

◆ 초나라의 당거는 인상학의 대가로 골상학으로 내려오던 내용에 더하여 인상의 비결인 '기색'을 논하였다. 이 시즘을 발판으로 동양상학의 모체인 얼굴을 언급하는 학문체계가 완성되는 계기가 된다.

9

상학속에 내재된 내용?

◆ 주나라 말기의 허부는 인륜식감(人倫識鑑)에서 글로만 해설
되는 상학을 눈, 코, 입 등의 부분을 그림과 함께 해설하는
오늘날의 인상학 학문서와 가장 밀접하게 발전시킨다.

◆ 중국 인상학의 정점은 <신상전편>이다.

◆ <신상전편>의 원류는 <마의 상법>이다.

◆ 마의선사에게 사사받은 후나라의 도남 진박(陳搏)은 <마의
상법>을 세상에 알리고 <신상전편>을 남긴 사람이다.

◆ 명나라 태조 때에는 원류장이 이전에 나온 <신상전편>을
증보 개정하여 세상에 알렸으며, 이러한 원인으로 인상학이
집대성되어 현재까지 전해지고 있다.

◆ <신상전편>, <마의도사>, <진희이>, <원류장> 으로
400년의 세월이 흘러간 것으로 본다.

◆ 1400년에는 왕문계의 <십자면법>이 발표된다.

10

<서양상학 내용 일부참조>, 인상학 대전, 이시모토유후, 동학사, 2007.

◆ 인상학에서 두각을 나타낸 사람들은 철학자들이다
◆ 인상학의 창시자는 기원전 6세기의 피타고라스이다.
◆ 인상을 최초로 본 사람은 의학적 인상학자인 히포크라테스이다.
   "인상을 본다"라는 개념이 최초로 사용되었다. 의학의 아버지
   "히포크라테스"는 관상학의 최초 발견자로서 사람의 얼굴 모양
   과 그의 성격과의 관계를 밝히고자 하였다. 또한 질병 퇴치를 위한
   예방과 치료에 적극적으로 활용되었으며 인종 비교분야에 가장
   많이 활용되었다는 특징이 있다.
   체액설 주장(인체가 혈액, 황담즙, 흑담즙, 점액)으로 구성되어 있다.
◆ 사람을 동물이나 식물에 비유한 '유형적 발상'의 인상학은 아리스
   토텔레스(BC384-349)에 기인한다.
◆ 진화론자인 찰스 다윈도 <인간과 동물의 감정 표현에 대하여>라는
   저서에서 순간적으로 나타나는 표정 속의 동물 유형별 발상을 표현
   하고 있다.
◆ 서양에서 인상학이 제대로 발전을 하게 된 계기는 1775년 츄리히의
   목사이자 시인인 라바터에 의한 라바터 상법에 기인한다.

12

◆ 프톨레마이우스(100-178)에 의하여 점성학이 체계가 완성되었다.
◆ 폴레몬은 133-136년 사이에 인상학을 집대성하였다. 폴레몬의 인상
   학은 몸의 부위에 대한 구체적인 연구라면 아리스토텔레스의 경우
   분석적 인상학이다.
◆ 이탈리아의 정신의학자이며 범죄 인류학의 창시자인 롬브로스는
   (1863-1909)는 범죄자 1700명의 얼굴을 유형별로 정리하였는데, 그
   결과 머리 형태의 이상과 귀의 변형, 얼굴의 좌우 불균형이 많다는
   결론을 내렸다.
◆ 계측적 인상학은 네덜란드의 해부학자인 캄페르이다. 그는 인종마다
   생김새의 특징이 다르다는 것을 도출해 내었으며 특히 안면각도에
   주목하여 계측법과 계측 각도를 발표했다.
◆ 골상학은 인상학의 최고봉으로 거론되는데, 골상학의 창시자는 독일
   의 프란츠 조셉 갈(1758-1828)이며, 그는 뇌의 모양과 성격의 관련
   설을 주장하는 27개 기관을 인상학적으로 거론하였다.
◆ 2세대 골상학자는 슈프르츠하임으로 골상학의 부위를 35개로 거론
   하였다.
◆ 3세대는 조지콤으로서 골상학의 부위는 42-43개로 거론하는 오늘의
   학설을 내놓았다.

13

서양 상학의 전개

◆ 고대 메소포타미아의 인상학은 봄을 통해서 개인의 길흉화복
   과 미래를 통찰하는 예언적 인상학이었다.
   즉 미래 지향적이고 개인적인 성격을 추구하는 학문이었다.
   그러나 예언적 인상학은 과학의 발달로 쇠퇴기에 접어들었다.
◆ 그리스 로마시대는 경험적, 분석적 인상학이었다.
   즉 현재나 과거를 중심으로 사회적인 목적과 기능을 가지는
   학문이다.
   과학의 발달은 경험적, 분석적 인상학을 발전 시키게 되었다.
◆ 인상학의 두각을 나타낸 사람들은 철학자들이었다.
◆ 기원전 3세기의 아리스토텔레스의 Physignomonics, 서기
   2세기의 폴레몬의 "De Physiognomonica, 서기 4세기의
   소피스트 아드만티우스의 Physiognomonica 등의 저서가
   원류이다.

14

2. 서양 상학자별 분석

1) 소크라테스(BC 470 - 399)
   "이성을 통하여 악덕을 극복하는 법"을 보면 인상으로 파악
   되는 다양한 개인의 특성이 숙명적인 것이 아니고 개인의
   노력 여하에 따라 수정될 수 있다.
2) 히포크라테스(BC 460? - BC 377?)
   증후학(症候學)과 예후학(睿候學)에 대한 연구가 깊었다. 특히
   빈사환자(瀕死患者)의 얼굴 표정에 대해서 한 말은 오늘날에도
   통용되고 있다.
   체액설과 더불어 분석적 인상학의 원칙들을 질병에 적용하였
   으며, 인상학적 개념을 가장 많이 적용한 분야는 인종비교 분야
   이다.
3) 플라톤(BC 428/427 - BC 348/347)
   영혼의 아름다움이 외형의 아름다움과 일치 한다는 소크라테스
   의 이론을 받아들였다.

15

4) 아리스토텔레스(BC 384-322)
   : 세 가지 방법에 기초한 관상의 원칙
① 다양한 동물과 인간을 비교하여 신체의 특성과 성품을 추론.
② 인종에 따라서 사람을 구분하고, 각 인종별로 특색 찾기.
③ 다양한 표정을 통하여 표정이 의미하는 감정이나 감성을 추론.
◆ 그리스의 관상학에서 가장 중요한 사람으로 거론된다.
◆ 분석론 저서, 영혼론, 동물의 역사, 동물의 생체학 등의 많은 저서에
   관상학에 대한 관심이 드러나 있다. 특히 <동물의 역사>라는 저서를
   발표하면서 부록에서 사람의 얼굴을 보고 그의 성격을 읽는 방법을
   정리하였다.
◆ 독립적인 관상학 만을 다룬 저서로는 관상학을 꼽을 수가 있는데 아
   리스토텔레스의 관상학은 "외양을 보고 성격을 추론할 수 있다"는
   논리가 기본으로 되어 있고 몸과 정신이 하나라는 고전적 믿음에 근
   거한다는 뜻에서 시사하는 바가 크다.
◆ 정신과 육체를 하나로 보는 아리스토텔레스 관상학의 개념은 유럽 관
   상의 기본이 되었다.
◆ 중세를 거쳐 16세기에는 절대적으로 대접받는 텍스트의 원형이 된다.

16

5) 라바타(1741-1801) 취리히의 목사이자 시인이었다.
   1775년 인상학에 대한 수필이라는 책을 발표하면서
   본격적인 연구를 하였다.

6) 스탠튼
   1913년 사람의 얼굴과 전체 모습을 읽는데 도움이
   되는 백과사전을 출판하면서 상당한 호응을 얻었다.

얼굴 읽기가 처음에는 성공을 거두었으나, 골상학 이론의
오류로 인해 인기가 떨어지고 다시 합법적으로 존경을 받
기까지 반세기가 걸리게 된다.

17

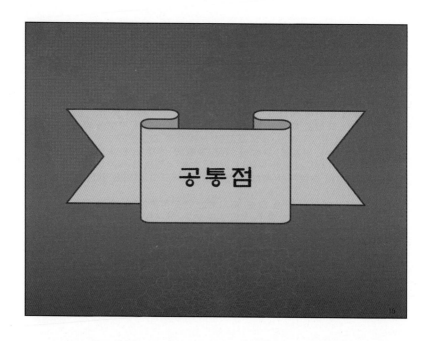

1. 동, 서양 상법의 공통점

1. 인상학이 우리 일상생활에 너무 깊숙이 스며들어 있어서 오히려 학문적 연구가 이루어지지 못하였다.

2. 남자와 여자의 상을 비교하는데 있어 여자를 비하하고 폄하시키는 듯한 태도이다.
   서양 : 요부의 상, 남자를 해롭게하는 상.
   동양 : 이제마의 사상체질론과 히포크라테스의 4가지 체액설.

3. 동양의 달마상법과 아리스토텔레스의 상법에서 인간의 인상학적 특징을 동물 혹은 물형에 비교해서 설명하였다.

4. 상을 대하는 접근 방법과 발달 과정은 서로 다르더라도 상을 보는 방법은 동일하다.

19

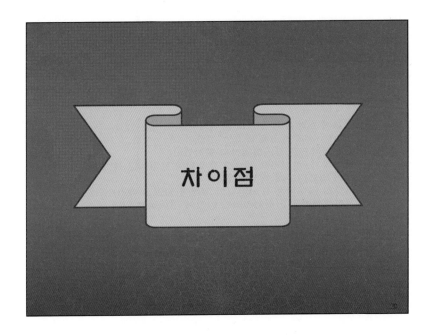

1. 동, 서양 상법의 차이점

1. 동양

- 분석적, 부분적 접근방법만이 아니라 무형의 상과 유형의 상을 동시에 분석하여 사람에 대한 더 많은 것을 간파하여 직관적, 종합적인 관찰을 중시하였다.
- 서술적이며 일시적 내지 개별적이다.
- 응용과학으로서 사회적인 기여를 하게 된다.
- 기업에서는 구성원의 결집을 통한 생산성 제고에 응용되었다.
- 다른 학문 체계로 편입되지 않고 독립된 학술 체계로 유지된 특징이 있다.
- 한국의 인상학은 은둔학문으로 은거했다.
- 인상학에 대한 분석적인 설명과 논리적인 접근이 없다.

21

동. 서양 상법의 차이점

2. 서양

- 얼굴에 초점을 맞추면서 분석적이고 축적적이면서 유형의 상에 초점을 맞추는 경향이 더 강하다.
- 응용과학으로 자리매김하지 못하였다.
- 해부학, 인지심리학 등으로 수용되어 독자적인 체계를 잃어 버렸다는데 특징이 있다.
  서양의 골상학은 두뇌연구의 기반이 되었고 에라스무스의 감정분석법은 인지심리학의 발전에 기여하게 된다.

22

동. 서양 상법의 차이점

3. 동물의 모양
- 달마대사는 동물의 모양을 사람과 비교하여 성품을 구별하였다.
- 아리스토텔레스는 동물의 형상을 인간의 특징에 근거하여 비교하면서 귀하고 천한 성정으로 구별 지었다.

4. 얼굴의 측면 연구
- 동양에서는 얼굴의 돌출된 면만을 중시해서 오목형, 돌출형, 일자형으로 나누었다.
- 서양에서는 측면을 더욱 세분화해서 구체적인 연구를 하였다.

이유는 표정관리에 있다.

- 동양인은 서양인에 비해 체면을 중시하므로 인위적인 근육활동을 한다.
- 서양인은 사생활을 중시함으로 적극적이고 자연스러운 감정표현 으로서의 얼굴 근육활동을 한다.

23

1. 눈 은 '간의 상태가 나타나는 구멍' 으로 본다.

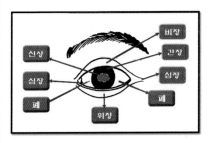

- 눈은 오장육부의 정기가 모여서 이루어졌다.

- 흰자위 : 폐와 관련.
- 검은자위 : 간.
- 눈동자 : 신장.
- 양 눈의 바깥쪽 끝과 눈 구석에 있는 빨간 핏줄 : 심장.
- 눈꺼풀 : 비장

25

2. 일곱 가지의 눈 "神은 눈 안에 있다."

일곱 가지의 눈

1. 장불회(藏不晦)
   내부에 감싸여서 눈동자가 밖으로 드러나지 않아야
   좋고, 눈빛이 어두우면 신도 없다.

2. 안불우(安不愚)
   눈동자는 흔들리지 않고 단정해야 좋지만, 융통성이
   없는 나머지 어리석음을 경계해야 한다.

3. 발불로(發不露)
   신은 밖으로 드러나지 않고 내부에서 깨어 있어야
   되며, 광대나 배우의 눈처럼 두리번거리는 것은
   가장 좋지 않다.

26

일곱 가지의 눈 "神은 눈 안에 있다."

4. 청불고(淸不枯)
   신이 맑아야 바르고 또렷하게 보일 것이고, 메마르지
   않고 윤기가 있어야 한다.
5. 화불약(和不弱)
   신은 온화하고 따뜻하며 친근성이 있어야 하며, 빈약
   하고 친절하지 못함을 경계해야 한다.
6. 노부쟁(怒不爭)
   신은 엄숙한 기운이 서려 있어야 하고 어긋나지 말아야
   한다.
7. 강불고(剛不孤)
   신은 씩씩해야 하고 존엄성을 띠어야 하며, 진정성을
   저버린 나머지 간악하지 말아야 한다.

27

3. "神은 눈 안에 있다."

- 남자의 자신감은 눈을 보면 알 수 있다.
- 눈이 크면 목소리도 크다.
  상학에 의하면 성량의 크기와 눈의 크기는
  일치한다고 한다.
- 얼굴에 비해 눈이 크면 성량도 풍부하고 음감,
  리듬감도 발달되어 있어 춤에도 소질이 있다.
- 유명한 작가나 과학자들은 대개 눈이 작다.
- 눈 사이가 넓으면 유혹에 약하다.
- 흰자위가 푸르면 히스테리 증상이 있다.
- 눈동자로 건강을 진단한다.
- 건강한 사람의 동공은 양쪽의 크기가 같다.

28

"神은 눈 안에 있다."

- 동공이 둥근 모양을 하고 있지 않은 사람은
  '단명의 상'이다.
- 동공의 크기가 극단적으로 다르면 신체에 심
  각한 병세가 있다.
- 동공은 교감신경이 흥분할 때 크게 열리고,
  부교감신경이 흥분하면 작게 줄어든다.
- 현대의학에서 뇌, 척추, 매독, 뇌혈관의 문제
  가 일어나면 동공 이상현상이 나타난다.
- 흰자위가 많은 사람은 조심하여야 한다.

29

- 눈의 높낮이가 다르거나 눈의 크기가 작작이면 거짓말을 잘 한다.
- 눈이 깊어서 눈동자가 보이지 않으면 음흉하다.
- 산(오악)의 으뜸은 코이고, 물(사독)의 으뜸은 눈이다.
- 물은 음이고, 산은 양이다. 즉 음양의 조화이다.
- 빈부귀천 선악을 보는 곳이다.
- 눈이 초롱하고 빛이 나면, 부를 이루고 장수하며 지혜가 높다.
- 눈이 튀어나온 사람에겐 비밀을 주의해야 한다.
- 크고 둥글고 성난 듯한 눈은 격이 낮고 외롭고 수명이 짧다.
- 실핏줄이 눈동자를 침범한 자는 빨리 피해야 한다.
- 눈을 마주할 때 눈을 피하지 않는 자는 배짱과 담력이 강하다.
- 눈이 짧고 작으며 눈꼬리가 없으면 지혜가 없다.

30

08
측면얼굴 마케팅. 입의 형상

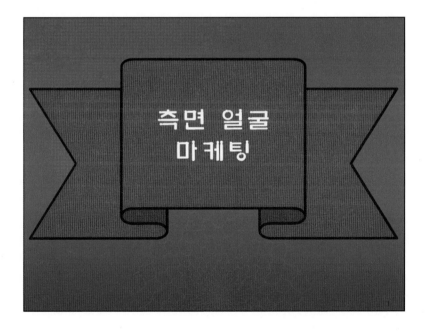

측면 얼굴
마케팅

1. 양성형

양성형

- 얼굴의 코 부분이 튀어나와 있다.
- 명랑하고 상쾌하다.
- 이마가 약하므로 깊게 생각하지 않는다.
- 코는 플러스이고 입은 마이너스이다.
- 실행력은 있으나 마무리가 약하다.
- 무슨 일이든 금방 반응을 나타낸다.
- 성격이 치밀하지 못하다.
- 구설수가 많다.
- 단순하고 정직한 성격이다.
- 무슨 일이 있으면 얼굴에 금방 나타나고 금방 식는다.

2

2. 직선형

직선형

- 얼굴이 평평하여 플러스 마이너스가 평균이다.
- 보수적이다.
- 모험심, 투쟁심이 없다.
- 성격도 모가 나지않고 원만하며 상식적이다.
- 사물에 대한 분별력이 있고 알찬 사고능력을 가지고 있다.
- 운세가 기복이 없고 평안하다.
- 무사안일주의에 빠지기 쉬운 단점이 있다.

3

3. 음성형

음성형

- 이마와 턱이 앞으로 튀어 나오고 중앙부가 옴쭉 들어간 초생달 모양의 형태이다.
- 성격이 음울하고 내향적이고 소극적이다.
- 머리는 좋고 이론적이며 입은 무겁다.
- 마음에 공상과 환상이 많다.
- 현실을 외면한 이상형의 소유자가 많다.
- 갑자기 돌출행동을 야기한다.
- 도움, 모욕, 배신당한 것을 끈질기게 가슴에 묻어둔다.
- 여성은 내조가 좋고 남성은 측근 보좌에 수완을 발휘하는 장점이 있다.

4

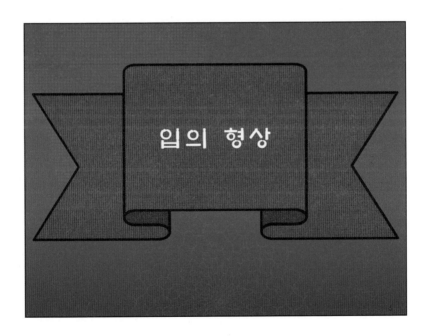

입의 형상

1. 입을 보는 포인트

입이 크고 작은지를 본다.

• **입은 마음을 표현하는 언어의 문이다.**

입술의 탄력성을 본다.

• **출납관, 내학당, 충신학당, 회독이라고 한다.**

입술이 두꺼운지 얇은지를 본다.

6

2. 입으로 보는 상징성

입은 그 사람의 그릇이다.

입에는 애정과 생명력이 나타난다.

운세의 강약과 의지력을 본다.

7

3. 입의 부위별 명칭

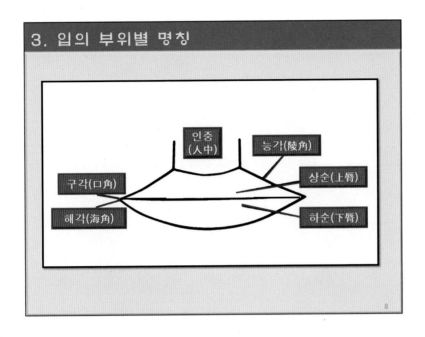

4. 삼형질의 입

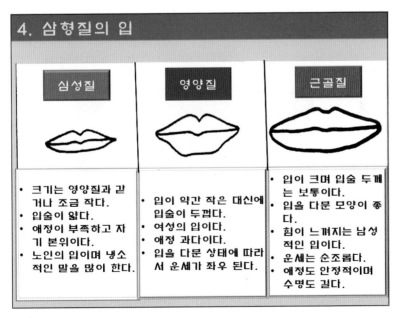

심성질	영양질	근골질
• 크기는 영양질과 같거나 조금 작다. • 입술이 얇다. • 애정이 부족하고 자기 본위이다. • 노인의 입이며 냉소적인 말을 많이 한다.	• 입이 약간 작은 대신에 입술이 두껍다. • 여성의 입이다. • 애정 과다이다. • 입을 다문 상태에 따라서 운세가 좌우 된다.	• 입이 크며 입술 두께는 보통이다. • 입을 다문 모양이 좋다. • 힘이 느껴지는 남성적인 입이다. • 운세는 순조롭다. • 애정도 안정적이며 수명도 길다.

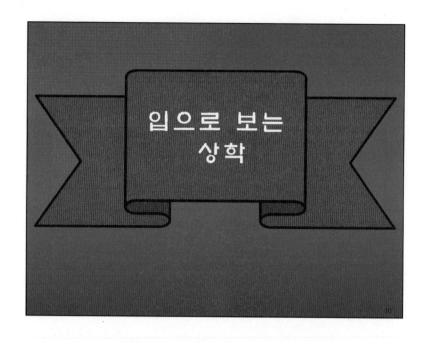

2. 큰 입과 성격

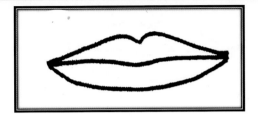

◆ 큰 입 : 주관이 뚜렷하고 도전적이다.
* 꿈과 희망이 크고 마음이 넓으며 본능적인 욕망이 강하다.
* 지도력, 통솔력, 판단력, 행동력이 강해서 성공하는 상이다.
* 생활력이 강하고 야심가이다.
* 배짱이 있고 명랑한 성격이다.
* 여성은 연애결혼을 하는 경우가 많다.
* 여성은 외부 활동을 한다.

12

3. 작은 입과 성격

◆ 작은 입 : 소심하다.
* 꿈, 희망, 포부가 작으며 지적 욕망만 있다.
* 경계심이 많으며 소심하고 소극적이다.
* 미적 감각이 뛰어나 고안, 기획 등의 지적인 일에
  적합하다.
* 여성은 의타심이 강하다.
* 의식주에 불평불만이 많다.
* 질투심이 강하다.

13

4. 앙월형(仰月型)의 입

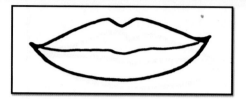

◆ 앙월형의 입
- 입 끝이 올라가면 금전운을 타고난다.
- 명랑하고 애정이 풍부하다.
- 환경이 좋고 유머가 있어 온화하고 원만한 성격이다.
- 두뇌가 명성하고 의지가 강하다.
- 행동력이 있다.
- 발표력이 뛰어난 편이다.
- 구각이 지나치게 위로 향하면 과유불급이다.
- 직업운이 좋다.

14

5. 복월형(伏月型)의 입

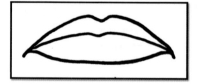

◆ 복월형의 입
- 성실하고 완고하며 보수적이다.
- 낭비와 소비를 잘한다.
- 변덕이 심하여 자기중심적이다.
- 고집이 강하고 협조성이 없다.
- 금전운이 약하다.

15

6. 뻐드렁니 입, 일자형 입

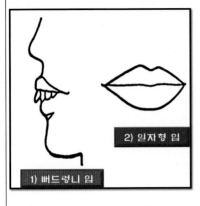

1) 뻐드렁니가 있는 입
* 호기심과 성적 관심이 많다.
* 뻐드렁니에 탄력이 있는 입술
  이면 행동력이 있고 야성적이다.
* 자기 주장이 강하며 생활 능력
  이 있다.
* 정력이 강하며 야성적이다.

2) 일자형 입
* 의지와 신념이 강하다.
* 노력형이며 성실하다.
* 타고난 건강체질이다.

16

7. 사자형 입, 길게 찢어진 입

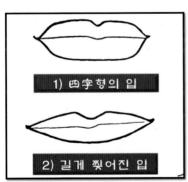

1) 사자형의 입
* 개성이 강하고 정직하다.
* 의리와 인정이 두텁다.
* 성격이 온화하고 원만하다.
* 문장에 재주가 있다.
* 건강하고 장수한다.
* 금전운이 좋다.

2) 길게 찢어진 입
* 성격이 명랑하며 성실하고
  품위가 있다.
* 밝고 쾌활하다.
* 의리와 인정이 두텁다.
* 사교적이다.

17

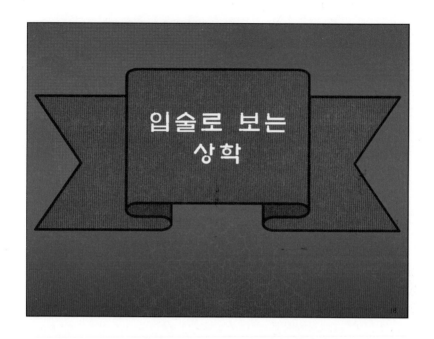

1. 두꺼운 입술

환대문

◆ 두꺼운 입술 : 고집이 세다
- 애정이 많고 박애주의자이다.
- 입술색이 선명하면 금전운과 건강운이 좋다.
- 도전적이며 주관이 뚜렷하다.
- 여성은 동정심이 많다.
- 입술에 뚜렷하게 세로선(환대문)이 있으면 자식덕이 많다.
- 애정문제를 조심하여야 한다.

2. 얇은 입술

◆ 얇은 입술 : 책임감이 강하다.
* 냉정하며 동정심이 약하고 다른 사람에 대해서 경계심이 강하다.
* 물욕이 강하며 부정적이다.
* 수동적이다.
* 여성은 특히 성격이 냉정하며 허리 냉증을 특히 조심해야 한다.

20

3. 윗입술이 튀어 나온 경우

◆ 윗입술이 나온 입
* 정의감이 강하다.
* 덜렁이이다.
* 보통은 말이 없지만 말을 하면 경솔하게 말한다.
* 평생 출세하기가 어려운 편이다.
* 시시콜콜 따지지만 가정을 소중히 여긴다.

21

4. 아랫입술이 튀어 나온 경우

◆ 아랫입술이 튀어 나온 입
- 따지기를 좋아한다.
- 무조건 반대의사를 표해야 적성이 풀린다.
- 거만하고 이기적이나 정은 많다.
- 다른 사람을 믿지 못하고 성격이 강하기 때문에 신뢰를 받지 못한다.
- 단 입술이 조금 나온 사람은 건설적인 의견을 내놓고 자신이 납득해야 행동하는 철저한 사람이다.

22

5. 말려 올라간 입술

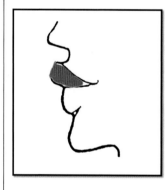

◆ 입술이 말려 올라간 입
- 잘난 척한다.
- 감정적이다.
- 고독한 편이다.
- 타인의 말을 잘 믿는다.
- 속임을 잘 당한다.

23

6. 입술이 합죽한 입

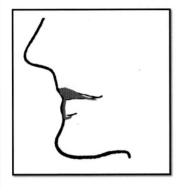

◆ 합죽한 입
- 책임감이 강하고 성실하다.
- 잘난 척 한다.
- 감정적 이다.
- 고독한 편이다.
- 타인의 말을 잘 믿는다.
- 속임을 잘 당한다.
- 지나치게 신중하다.

24

7. 입술이 뾰족하게 튀어 나온 입

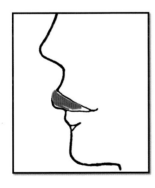

◆ 뾰족하게 튀어 나온 입
- 덕이 없으며 자식과 인연이 약하다.
- 혼자 잘난 척한다.
- 성격이 거칠고 직선적이며 완고하다.
- 인간관계에 다툼이 많다.
- 남의 말 하기를 좋아한다.

25

1. 윗입술이 두꺼운 사람 : 적극성, 양성(陽性), 부성(父性).

윗입술이 두꺼운 경우

- 적극적인 성격이며 인정이 많고 과묵하며 남을 위해 헌신적인 사람이 많다.
- 두꺼우면 두꺼울수록 정이 많고 헌신적이다.
- 미각이 뛰어나며 성욕도 강하다.
- 단, 탄력성이 없거나 윤곽이 확실하지 않으면 머리가 둔하며 욕망만 강해서 이성문제가 많다.

27

2. 윗입술이 얇은 사람

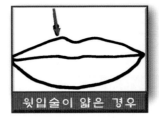

윗입술이 얇은 경우

- 지적이며 감정이 담백하여 이성에 대한 애정 표현이 부족하다.
- 지식욕이 왕성하고 요령이 있다.
- 신중하며 일처리를 잘 한다.

28

3. 아랫입술이 두꺼운 사람 : 소극성, 음성(陰性), 모성(母性).

아랫입술이 두꺼운 사람

- 자기 중심적이며 개성이 강하다.
- 항상 자신이 주위 사람들에게 관심을 받지 않으면 마음이 불안해지는 사람이다.
- 애정에는 소극적이나 관능적인 면이 강하다.

29

4. 아랫입술이 얇은 경우

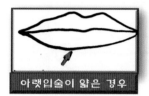

아랫입술이 얇은 경우

◆ 아랫입술이 얇은 사람
* 개성이 부족하고 주변 사람을 지나치게 의식한다.
* 주체성이 약하다.
* 식욕, 성욕, 체력, 생활능력이 약한 편이다.

30

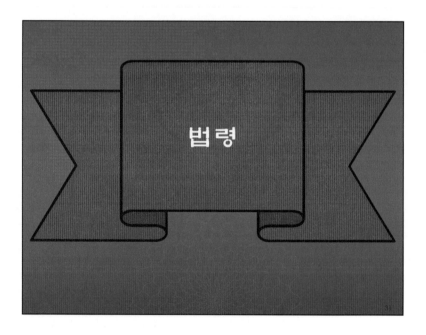

법령

1. 법령(法令)의 의미 : 부하운 직업운을 본다.

- 1. 법령은 수대(壽帶) 이다.
- 2. 법령은 복대(福帶)이다.
- 3. 법령은 힘을 상징한다.
- 4. 법령은 미소가 만든다.

32

2. 법령이란 : 직업줄이다.

- 법령이란 입가 좌우를 스쳐 내려간 굵직한 주름살을 말한다.
- 사회적인 활동을 본다.
- 부하운, 가정운, 직업운, 주거운을 보며 질병 점을 볼 때는 다리와 허리의 건강을 본다.
- 길이에서 수명을 가늠한다.
- 선이 풍기는 힘에서 관록을 읽는다.
- 주변과의 조화에서 그 사람의 위상을 읽는다.
- 40대 후반 남성의 얼굴에는 필수 존재이다.
- 법령이 지배하는 나이는 54세와 55세이다.
- 51세에 접어든 여성의 얼굴에 법령이 없다면 54세 까지 재산과 남편 안전에 각별한 주의를 요한다.
- 복대란 직업줄을 의미한다.
- 부실한 법령은 54-55세가 절대 위기이다.

33

3. 법령으로 보는 관상

- 법령으로 사회적인 면을 알 수가 있다.
- 법령이 선명하고 깨끗하면 귀한 상이다.
- 좌우 법령이 선명하고 지각까지 길게 내려가면 장수하며 부를 이룬다.
- 법령의 끝이 입으로 들어가면 곤란한 일이 생기며 심신이 불안정해진다.
- 법령의 길이로 장수를 가늠한다,
- 법령의 대운은 입과 함께 55-64세를 지배하고, 소운은 56세-57세를 지배한다.
- 법령이 흐릿한 사람은 질서를 지키지 않는다.
- 법령의 상태를 보고 사업, 직업, 권위, 수명의 길고 짧음을 가늠한다.
- 법령은 자신의 세력을 활성화시키는 세력 충전선이다.
- 법령선이 뚜렷하게 2개가 있으면 관상에 따라서 복록을 보는 것으로 최하에서 최고까지를 가늠할 수가 있다.

34

09
인상학의 범주. 안면상학

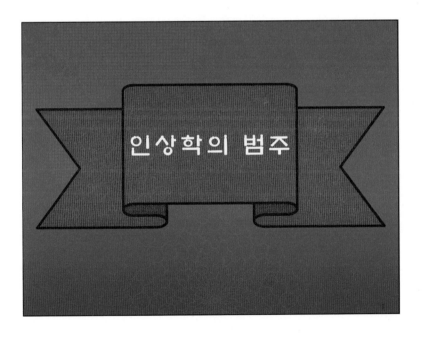

인상학의 범주

1. 유형의 상

◆ 얼굴모습

　귀, 이마, 눈썹, 눈, 코, 광대뼈, 인중, 법령, 입, 볼, 턱.

◆ 손모습

　손바닥, 손금, 손등, 손가락, 손톱, 손목.

◆ 뼈모습

　머리뼈, 턱뼈, 목뼈, 어깨뼈, 빗장뼈, 가슴뼈, 갈비뼈.

◆ 몸모습

　신체의 강약, 거대함과 왜소함, 머리, 목, 어깨, 팔,
　손, 가슴, 등, 다리, 발.

2

2. 무형의 상

◆ 마음씨

　만상이 불여심상이다.

◆ 말씨

　사람의 됨됨이와 운명을 판단한다.

◆ 맵씨

　인격은 태도와 행동에 의하여 외부로 표출된다.

- 윌리엄 제임스 -

"생각이 바뀌면 행동이 바뀌고, 행동이 바뀌면 습관
이 바뀌고, 습관이 바뀌면 성격이 바뀌고, 성격이
바뀌면 인격이 바뀌고, 인격이 바뀌면 운명이 바뀐다."

3

3. 인상의 3요소

◆ 생김새
  : 겉으로 나타나는 꼴의 됨됨이.
    눈이 실눈이다. 코가 높다. 범상이다.

◆ 짜임새
  : 위치와 적당한 크기와의 어울림, 조화와 균형.
    얼굴에 비해서 봄이 너무 작다.
    코에 비해서 입이 너무 크다.

◆ 빛깔
  : 내면적인 마음 작용이 외부로 형상화 되어
    표출되는 것.

4

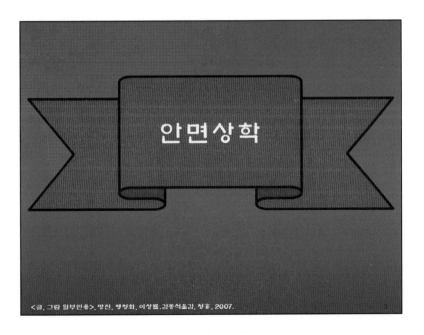

안면상학

<글, 그림 일부인용>, 망진, 쟁청화, 이상틀, 김종석옮긴, 청홍, 2007.

1. 얼굴

1. 인체에서 가장 잘 드러나는 부위이다.

2. 체내 장부와 기혈을 외부로 드러내는 곳이다.

3. 경락이 모이는 곳이다.

4. 얼굴은 질병을 알 수 있는 인체 제1의 문이다.

6

2. 얼굴(안면) 색진 부위도

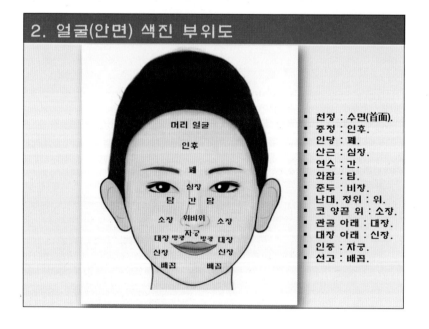

- 천정 : 수면(首面).
- 중정 : 인후.
- 인당 : 폐.
- 산근 : 심장.
- 연수 : 간.
- 와잠 : 담.
- 준두 : 비장.
- 난대, 정위 : 위.
- 코 양끝 위 : 소장.
- 관골 아래 : 대장.
- 대장 아래 : 신장.
- 인중 : 자궁.
- 선고 : 배꼽.

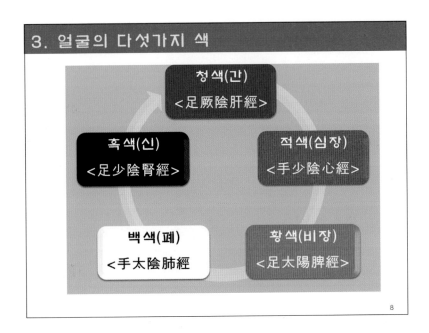

3. 얼굴의 다섯가지 색

청색(간)
<足厥陰肝經>

흑색(신)
<足少陰腎經>

적색(심장)
<手少陰心經>

백색(폐)
<手太陰肺經

황색(비장)
<足太陽脾經>

8

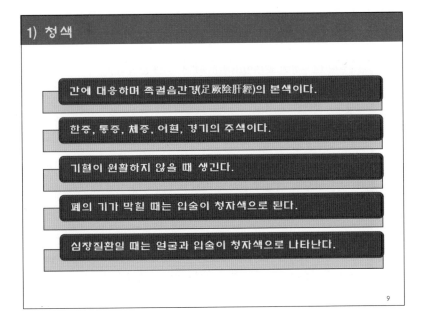

1) 청색

간에 대응하며 족궐음간경(足厥陰肝經)의 본색이다.

한증, 통증, 체증, 어혈, 경기의 주색이다.

기혈이 원활하지 않을 때 생긴다.

폐의 기가 막힐 때는 입술이 청자색으로 된다.

심장질환일 때는 얼굴과 입술이 청자색으로 나타난다.

9

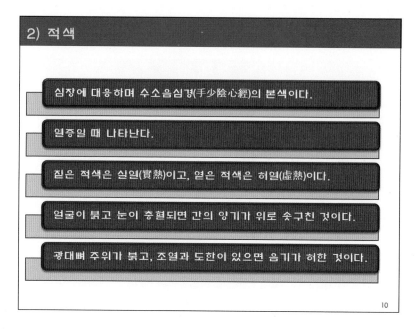

2) 적색

심장에 대응하며 수소음심경(手少陰心經)의 본색이다.

열증일 때 나타난다.

짙은 적색은 실열(實熱)이고, 옅은 적색은 허열(虛熱)이다.

얼굴이 붉고 눈이 충혈되면 간의 양기가 위로 솟구친 것이다.

광대뼈 주위가 붉고, 조열과 도한이 있으면 음기가 허한 것이다.

10

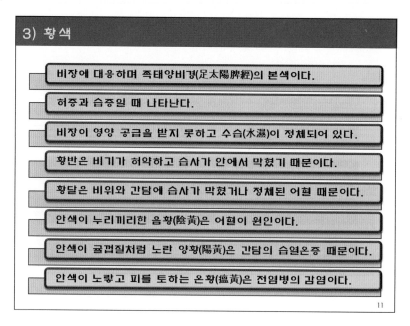

3) 황색

비장에 대응하며 족태양비경(足太陽脾經)의 본색이다.

허증과 습증일 때 나타난다.

비장이 영양 공급을 받지 못하고 수습(水濕)이 정체되어 있다.

황반은 비기가 허약하고 습사가 안에서 막혔기 때문이다.

황달은 비위와 간담에 습사가 막혔거나 정체된 어혈 때문이다.

안색이 누리끼리한 음황(陰黃)은 어혈이 원인이다.

안색이 귤껍질처럼 노란 양황(陽黃)은 간담의 습열온증 때문이다.

안색이 노랗고 피를 토하는 온황(瘟黃)은 전염병의 감염이다.

11

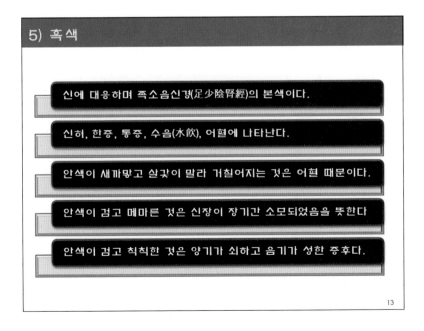

4) 백색

폐에 대응하며 수태음폐경(手太陰肺經)의 본색이다.

허증, 한증, 탈혈(奪血), 탈기(奪氣)일 때 나타난다.

양기가 허한 기혈불영(氣血不榮)의 증상이다.

안색, 입술, 손톱이 하양게 빛이 없는 것을 담백(淡白)이라 한다.

안색이 하얀 가운데 청색을 띠는 것을 창백(蒼白)이라 한다.

12

5) 흑색

신에 대응하며 족소음신경(足少陰腎經)의 본색이다.

신허, 한증, 통증, 수음(水飮), 어혈에 나타난다.

안색이 새까맣고 살갗이 말라 거칠어지는 것은 어혈 때문이다.

안색이 검고 메마른 것은 신장이 장기간 소모되었음을 뜻한다

안색이 검고 칙칙한 것은 양기가 쇠하고 음기가 성한 증후다.

13

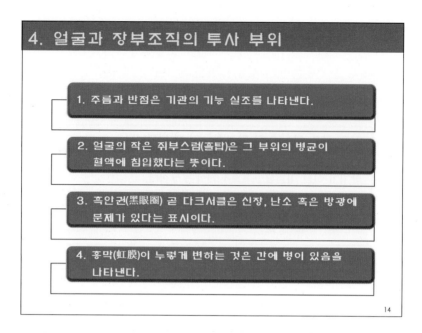

4. 얼굴과 장부조직의 투사 부위

1. 주름과 반점은 기관의 기능 실조를 나타낸다.

2. 얼굴의 작은 쥐부스럼(흠탑)은 그 부위의 병균이 혈액에 침입했다는 뜻이다.

3. 흑안권(黑眼圈) 곧 다크서클은 신장, 난소 혹은 방광에 문제가 있다는 표시이다.

4. 홍막(虹膜)이 누렇게 변하는 것은 간에 병이 있음을 나타낸다.

14

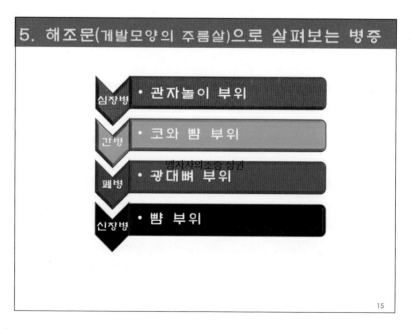

5. 해조문(게발모양의 주름살)으로 살펴보는 병증

심장병 • 관자놀이 부위

간병 • 코와 뺨 부위

명사자의소증 상권

폐병 • 광대뼈 부위

신장병 • 뺨 부위

15

6. 얼굴의 삼분법으로 보는 질병과의 관계

상정 — 뇌

중정 — 호흡

하정 — 소화

1) 상정부분의 질병

뇌일혈이나 뇌동맥 병증

- 아픈쪽 안구가 아래로 쳐진다.
- 반대쪽 관자놀이 부분에 주름이 생긴다.
- 코끝이 오른쪽으로 휜다.

뇌일혈 병증

- 눈동자가 안으로 몰린다.
- 두 눈의 눈동자 크기가 다르다.

17

2) 중정부분의 질병

자궁병증

- 눈꼬리 부위가 푸르스름한 여자는 대부분 자궁병이 있다.

결핵

- 광대뼈가 나온 사람은 자존심이 강하므로 일단 호흡기 질병이나 결핵을 앓으면 치료하기가 매우 어렵다.

18

3) 하정부분의 질병

입으로 보는 방법

- 입을 굳게 다물고 있는 사람은 항문이 긴장되어 있다.
- 입을 벌리고 있는 사람은 항문이 느슨하다.

19

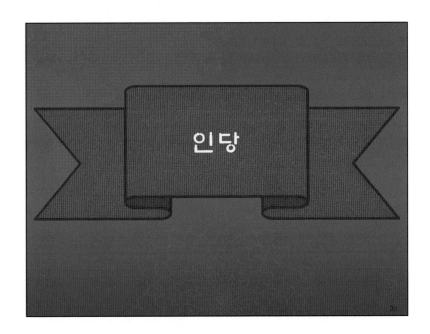

1. 인당의 주름

- 어린아이의 양미간에 핏대가 서는 것은 태변이 막혀 있기 때문이다.
- 감기, 신경성 질환, 위장병, 소화불량에 걸리기 쉽다.
- 인당의 색이 흰 것은 정신을 과도하게 써서 피로하다는 뜻이다.
- 인당에 세로 주름이 강하게 한 줄 있는 사람은 성격이 강해서 병이 악화되어야 병원에 가는 사람이다.
- 화를 내면 혈관이 팽창한다. 심장병을 앓는 사람이 많다.
- 인당에 한 줄이나 두 줄 주름이 있는 사람은 담이 작고 우울한 성격이다.
- 신경쇠약, 소화불량에 취약하다.

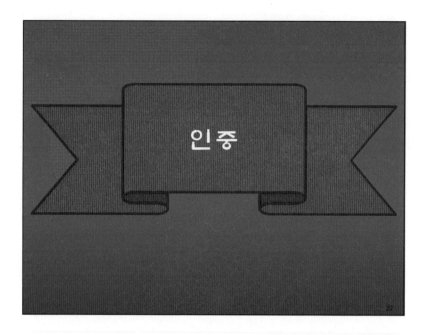

1. 인중보는 방법

- 인중은 경락이 교차하고 경기가 관주하는 요지로 경맥과 관계가 밀접하다.
- 수양명대장경, 족양명위경, 족궐음간경, 수태양소장경 등의 모든 경맥은 직접 인중으로 순행한다.
- 인체 장부의 기능과 기혈 진액 등의 변화는 인중의 형태와 색깔의 변화를 통해서 밖으로 반영되어 나타난다.
- 인중은 자궁 형태의 이상과 자궁 발생학과 관계가 깊다.
- 윗입술이 형성되는 시기는 중신 방관이 형성되는 시기로 배태성장(제6-7주) 시기와 일치한다.
- 인중의 변화와 남녀의 비뇨기계통 및 생식계통의 상황과 연계 가능성이 매우 깊다.

23

2. 인중구 길이의 측량 방법과 기준

1. 비하점(鼻下點)에서 상순 가장자리의 중간점까지를 연결한 선을 인중의 길이로 정한다.

2. 인중의 길이가 12mm보다 작으면 짧은 편이다.

3. 인중의 길이가 12-19mm사이면 보통이고, 19mm보다 크면 긴 편에 속한다.

24

3. 인중구 깊이의 관찰 방법과 기준

1. 수검자와 검사자가 마주앉아 손전등으로 측면에서 인중구를 비춘다.

2. 각도는 광선과 상순의 평면이 30-50도 를 이루게 하여 인중구의 양측 융기한 부분이 선명하게 나타나는지를 관찰한다.

3. 인중의 골이 얕거나 상순이 평평하여 인중구 양측의 융기가 선명하지 않으면 인중구가 얕은 것이다.

4. 인중구 양측 사이가 선명하게 오목 들어가 융기가 분명하게 드러나면 인중구가 깊은 것이다. 3번과 4번의 중간이면 보통의 인중구이다.

25

4. 인중으로 보는 특징

1. 신체 발육이 성숙했을 때 형태가 분명해진다. 인중의 온도와 색깔은 얼굴 전체의 온도, 색깔과 일치한다.

2. 정상인의 인중은 곧고 골의 양측 가장자리가 뚜렷하고 가운데는 골이지고 바깥은 넓으며 길이는 식지의 한 마디와 비슷하다.

3. 키가 크고 얼굴이 긴 사람은 인중이 약간 길며, 키가 작고 얼굴이 짧은 사람은 인중도 약간 짧다.

4. 뚱뚱하고 얼굴이 넓은 사람은 인중이 넓고, 마르고 얼굴이 좁은 사람은 인중도 약간 좁다.

26

5. 인중으로 보는 연구보고서 사례

1. 인중의 길이가 중지 동신촌(中指同身寸)보다 0.5cm 이상 짧은 남성의 경우 발기부전, 유정, 불임증이 나타났다고 한다. 정액을 검사해보면 죽은 정자가 대략 70%를 차지한다고 한 사례가 있다.

2. 인중의 길이가 중지 동신촌보다 긴 경우에는 자궁하수가 자주 보이고, 인중의 골이 깊은 여자는 자궁이 주로 뒤에 위치하며, 골이 얕은 여자는 자궁이 앞으로 기울었고, 골이 넓은 여자는 자궁근종이 있다고 한 사례가 있다.

27

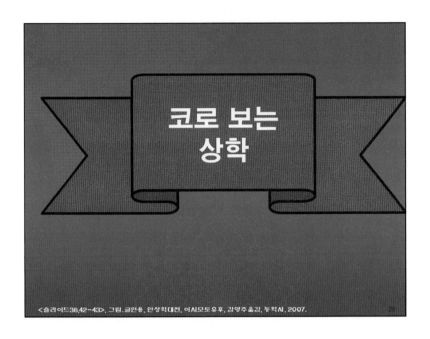

<슬라이드38,42-43>, 그림,글인용, 인상학대전, 이시모토유후, 김영주옮김, 동학사, 2007.

1. 코는 나 자신이다. 사람의 본질을 읽는다.

- 주변과 균형을 이루어야 한다.
- 토성, 중악, 제독, 재백궁, 심변관 이다.
- 수명, 질액, 재물, 부부, 성격, 자존감, 체력을 본다.
- 코는 마음의 표상이다.
- 코는 나이고 관골은 주위환경과 사회적인 면이다.
- 코는 오악의 근본으로 마디가 맺히면 안 된다.

29

2. 코를 보는 포인트, 실행력을 나타낸다

코의 크고 작음을 본다.

코의 길고 짧음을 본다.

콧방울의 부풀음 유무를 본다.

30

3. 코의 판단 방법

1. 중년 운세의 강약

2. 의지력의 강약

3. 재물운

4. 건강운

5. 두뇌

31

코의 판단 방법

1. 중년운세의 강약
   다부지고 높이가 있는 코가 좋은 상이다.
2. 의지력의 강약
   높이가 중요하며 콧방울이 잘 부풀어 있을수록 의지가 강하고 실행력이 있다.
3. 재물운
   코끝이 둥글고 크며, 콧방울이 부풀어 있고 살집이 좋을수록 재물운이 강하다고 본다.
4. 건강운
   높은 코보다 낮고 넓으며 듬직한 느낌의 코가 건강하다.
5. 두뇌
   일반적으로 높고 좁은 코는 머리가 좋다고 본다.

32

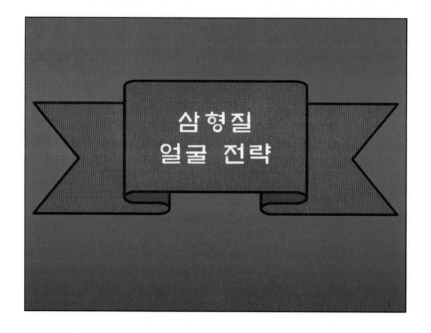

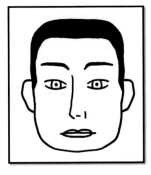

- 얼굴이 사각형에 가깝고 살이 없으며 광대뼈가 특징이다. 울퉁불퉁하며 턱 아래 부분은 U자로 넓게 퍼져 있다.
- 코가 높고 크며 눈이 크고 귀가 파진 듯 억세다.
- 눈썹과 수염이 짙고 머리카락도 빳빳하다.
- 굳고 강직한 느낌이 나는 형상이다.
- 정의감이 돋보이고 자신의 영역안에 있는 사람들에 대한 보호본능이 강하다.
- 추진력이 강하여 매사 실수가 적다.
- 융통성 보다는 정면 돌파형이다.
- 평상심을 유지하며 마음을 유연하게 매사에 임하는 것이 길운으로 바꾸는 방법이 된다.

2

1) 특징

① 성격
- 근면하고 경쟁심, 자존심이 강하고 실천적이며 행동적이다.
- 목적을 위해서는 수단방법을 가리지 않는다.
- 자기주장이 강해서 교제에 능하지 못하다.
- 융통성이 부족하여 적을 만들기 쉽다.
- 가정에서는 독선적이고 엄격하다.

② 운기
- 20대에서 50대까지는 재산형성을 한다.
- 만년에는 원만하지 못한 인간관계로 고독한 신세를 주의해야 한다.
- 평소 원만한 인간관계를 유지하고 주위 사람들의 조언에 귀 기울일 줄 알아야 한다.

3

특징

③ 적성
- 명령과 복종의 관계가 엄격한 상하 지휘계통의 직업이 유리하다.
- 군인, 경찰관, 소방관, 교도관, 스포츠맨, 무술인, 체육교사.

④ 취미
- 스포츠, 등산과 같은 활동적인 운동을 좋아한다.

⑤ 건강
- 관절염, 근육통, 신경통, 신장병을 주의하여야 한다.

4

2) 개선방법

개선의 방법 :
- 항상 미소를 띠고 부드럽고 여유 있는 표정을 띤다.
- 금속 테 안경보다는 뿔 테 안경이 인상을 부드럽게 만든다.
- 상대방의 조언에 귀 기울이는 온화함이 중요하다.
- 경쟁자와 항상 선의의 경쟁을 하는 관대함이 중요하다.
- 남의 말을 받아들이는 덕이 필요하다.

5

3) 대처방향 (간단명료함이 가장 중요하다.)

- 체면을 중시하기 때문에 여러 사람들 앞에서 의견을 무시하지 않는다.
- 잡다한 논리로 토론하는 것은 금물이다.
- 면전에서 얘기하는 것 보다 메모지에 요점만 간단명료하게 써서 혼자서 읽을 수 있도록 책상위에 둔다.
- 상담에서 NO 화법보다는 O×식의 대화가 좋다.
- 요점만 간단명료하게 말해야 한다.
- 직접 거래를 선호한다.
- 말투에 신경 쓰지 말아야 한다.
- 토론을 해서는 안 된다.
- 호화로운 분위기를 좋아한다.
- 누구나 살 수 있는 물건이 아니라 특별함을 강조해야 한다.

6

2. 심성질

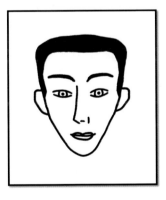

- 머리부위가 전신에 비해 약간 큰 체격이다.
- 근육이 없고 어깨는 처져 있고 가냘프다.
- 하부로 내려갈수록 좁아 보이는 날렵한 인상이다.
- 원만하고 부드러움 보다는 날카롭고 까칠함이 많은 성격이다.
- 정신력이 탁월하여 뇌를 활용하는 직업분야로 진출하는 경향이 많다.
- 경제적 관념은 높지만 부를 지키지 못하는 경향이 있다.
- 집착심이 강하다.
- 수양을 즐기며 마음의 힐링을 도모하는 시간을 자주 가지는 것이 길한 운명으로 유도를 한다.

7

1) 특징

① 성격
- 두뇌가 명석하고 판단력, 비판력이 좋다.
- 연구분석에 탁월한 처리능력이 있다.
- 내향적이면서 실천력이 부족하고 비사교적이다.
- 자존감이 강하고 예의범절을 중요시하며 신경질적이다.
- 용의주도형이다.

② 운기
- 일찍 성공하여 젊어서 중견의 자리에 오르지만 40대 이후에는 운기가 약하다.
- 친구가 없고 상대하는 사람도 완벽하기를 바란다.
- 매사를 긍정적으로 보고 덕을 쌓아야 하며 적극성을 기르고 섭생을 주의하여 건강에 신경을 써야 한다.

8

특징

③ 적성
- 머리 쓰는 직업에 종사하여야 한다.
- 기획, 입안 등의 사무직이나 학자, 연구가 예술가, 시인 작가, 평론가 계통에서 능력을 발휘한다.

④ 건강
- 결핵, 위장병, 불면증, 노이로제, 결핵에 주의하여야 한다.

9

2) 개선방법

개선의 방법 :

- 매사를 긍정적으로 보고 덕을 쌓아야 하며 적극성을 기르고 섭생을 주의하여 건강에 신경 써야 한다.
- 상대방의 장점을 보고자 노력한다.
- 자신의 장점인 두뇌를 사용하여 새로운 사물을 창출하는 생활의 발견이 필요하다.
- 남의 비평에 동요되어 신념이 흔들리지 말아야 한다.
- 항상 낙천적인 마음으로 생활하는 습관을 길러야 한다.

10

3) 대처방향 (솔직함이 가장 중요하다)

- 본인과 대립된 의견이라도 끝까지 경청하기 때문에 솔직함이 가장 중요하다.
- 유명인의 이름이나 권위를 앞세우는 사람을 경멸한다.
- 같은 실수를 두 번 다시 거듭하지 않도록 주의해야 한다.
- 우회적인 표현방법을 가장 싫어한다.
- 약속을 반드시 지켜야 한다.
- 이론을 좋아하므로 순서를 세워서 대한다.
- 내용의 충실함과 성능의 우수성에 포인트를 맞춰야 한다.
- 이미지를 팔려고 하는 사람을 가장 싫어한다.
- 낯가림이 심하기 때문에 성실함을 보여야 한다.
- 말을 잘하는 사람보다 순수하고 성실한 사람을 선호한다.
- 품질과 값의 비교를 설명 : 예산의 범위 내에서 상품을 구입한다.

11

3. 영양질

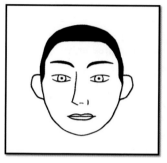

- 몸집이 둥글둥글하고 살이 쪄서 토실토실하고 부드러워 보인다.
- 성격이 원만하고 부드럽다.
- 얼굴이 둥글고 오관이 두툼하고 모가 없으며, 귓불이 크다.
- 한곳에 정착하기보다는 새로운 영역을 개척하는 것을 좋아한다.
- 융통성이 탁월하다.
- 순간적인 재치가 돋보이며 눈치가 빠르다.
- 물욕이 많은 편이다.

12

1) 특징

① 성격
- 교제가 넓고 명랑하며 행동과 판단이 실리적이다.
- 남을 의심치 않고 협조심이 좋으며 원만하고 적이 없다.
- 호인의 상이며 가정적이고 애정이 많다.
- 변덕이 심한 편이고 질서나 이성이 결여되어 일을 자기 나름대로 처리하여, 미숙한 결과를 낳는 경향이 있다.
② 운기
- 주변에 베푼 사랑의 덕이 수확으로 나타난다.
- 신용이 있어 사람이 많으며 말년까지 안락하다.
- 정에 약하므로 남녀관계를 주의해야 하며, 싫증을 내기 쉬운 성격과 지속력 부족으로 직업을 자주 바꾸므로 인생을 그르치기 쉽다.

13

③ 적성
- 사람을 상대하는 직업에 적합하다.
- 접객업 등의 영업, 사업가, 종교가, 법조인, 정치가, 언론 출판, 방송관계에 종사하면 길하다.

④ 건강
- 고혈압, 심장병, 뇌일혈, 동맥경화, 당뇨병에 취약하다.

14

2) 개선방법(질서와 순서를 지키는 목표가 중요하다.)

- 강한 신념과 조직적인 사업경영이 필요하다.
- 향락생활을 지양하고 폭음 폭식에 주의해야 한다.
- 집념을 가지면 반드시 대성하므로 집념을 불태울 끈기를 길러야 한다.
- 중간에 일을 포기하지 않는 인내력을 길러야 한다.
- 심사숙고하는 의식이 중요하다.
- 질서와 순서를 가지고 모든 것을 처리해야 하며, 특히 사업을 할 때에는 먼저 조직을 만들고 나서 추진해야 한다.
- 조직과 체계가 중요하다.
- 정에 치우치지 말고 공사의 구분을 명확히 하여야 한다.
- 수입과 지출의 기록을 철저히 해야 한다.
- 차분한 성격을 길어야 한다.

15

3) 대처방향(성심성의껏 대하는 것이 가장 중요하다.)

- 상품 설명보다 기분 좋은 화제를 더 좋아한다.
- 마음의 성의를 소중히 여긴다.
- 숫자 계통에 약하기 때문에 주관적인 성격이지만 논리성이 부족하다.
- 상대방이 기분이 좋을 때를 포착한다.
- 변화가 심하므로 기회 포착을 잘 하여야 한다.
- 이치보다 감정, 의리보다 인정이 앞선다.
- 상대의 입장이 되어 융화 롭게 대처 하면서 측면 공격해야 한다.
- 동조성 성격이다. "인기있는 상품을 강조."
- 계약 후에도 해약의 가능성이 높으므로 신속한 처리가 중요하다.

16

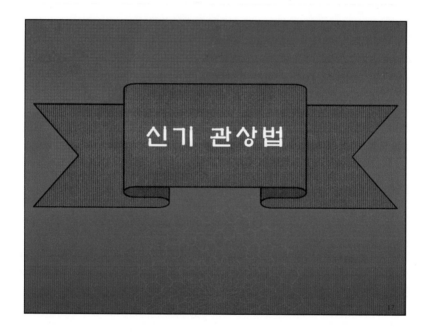

1. 형(形)과 신(神)의 상법

◆ 형(形)은 물건의 내부구조와 외양의 디자인이 우수여부를 평가하는 것이다. : 골격과 오장육부의 우수성 여부에 대한 구체적인 표현이다.

◆ 신(神)은 성능이 완벽하며 기능이 뛰어난 지를 알아보는 것이다. : 정신과 기질 및 체내에서 방출하는 에너지의 강약에 대한 구체적인 표현이다.

◆ 회남자
"형(形)은 생명이 머무는 집이고, 기(氣)는 생명을 충실하게 하는 것이며, 신(神)은 생명을 제어하는 것이다. 하나라도 위치를 상실하면 형기신(形氣神) 모두 상처를 받게 된다."

18

형(形)과 신(神)의 상법

◆ 신(神)은 만물의 정신으로 사람에게 있어서 내면적인 기운, 즉 정신상태를 의미하고, 골(骨)은 외부의 형상을 만드는데 그 근본이 된다. 형상은 신(神)에서 나오고, 형상은 신(神)의 표(表)에 해당하는 것이다.

◆ 신골(神骨)을 선천적으로 타고난 상이라고 본다면 기색(氣色)은 현재의 상황을 파악하는 것이다. 사람의 상(相)을 보고자 한다면 먼저 형체와 신골(神骨)을 관찰하고, 그 사람의 현재 상황을 보려면 기색을 보는 것이다.

◆ 깨어 있을 때 신(神)은 눈에 머물고 잠들어 있을 때는 신(神)이 마음에 머물고 있다. 형상은 신(神)으로부터 나타나는 것이니 형상의 표(表)가 되는 것이다. 오직 일월(日月)의 빛은 밖으로 만물을 비추지만 그 신(神)은 진실로 일월(日月)의 안에 있는 것과 같은 것이다.

19

1) 형지유여(形之有餘)

◆ 형이 풍족한 사람 (形之有餘)
- 정수리가 둥글고 두텁다.(뇌조직이 우수하다.)
- 배와 등이 불룩하다.(내장기관이 건강하다.)
- 이마가 넓고 입이 네모지다.(기억력, 언변이 탁월하다.)
- 입술이 붉고 치아가 희다.
- (골격, 소화기, 순환기계통이 잘 발달되어 있다.)
- 귀가 둥글고 코가 곧고 눈의 흑백이 분명하다.
- 눈썹이 수려하고 목소리가 크고 낭랑하다.
- 걸음걸이와 앉은 모습이 단정하다.
- 무병장수 하고 부귀를 누린다.

20

2) 신지유여(神之有餘)

◆ 신이 풍족한 사람 (神之有餘)
- 눈빛이 맑고 시선을 어지러이 두지 않는다.
- (뇌조직과 오장육부의 구조가 훌륭하다.)
- 눈썹이 길고 수려하며 광택이 있다.
- (골격 발육상태가 우수하고 뼈 속에 골수가 가득.)
- 활기 넘치고 안색이 맑고 행동거지가 대범하다.
- 의지가 강하고 친화력과 통솔력이 강하다.
- 기쁨과 슬픔에 마음이 움직이지 않는다.
- 영욕에 뜻을 굽히지 않고 마음이 늘 한결같다.
- 호연지기가 강해서 국가와 사회의 큰 동량감이다.
◆ 존귀한 사람이 되고, 재앙도 피해가며, 하늘에서
내려 주신 복록이 영원토록 지속된다.

21

3) 신지부족(神之不足)

◆ 신이 부족한 사람 (神之不足)
- 항상 술에 찌든 듯하다.
- 항상 근심하고 비통해 하는 듯하다.
- 잠을 자지 않아도 자는 것 같고, 잠깐 잠들면 바로 깬다.
- 늘 울고 있는 듯하고 겁에 질린 것처럼 보인다.
- 화를 내지 않아도 화내는 것 같고, 기쁘지 않은데도 기뻐하는 것 같다.
- 기색이 탁하고 정신이 흐리멍텅하고 항상 두려움에 떠는 듯하며 말을 더듬거린다.
- 말할 때는 수줍은 듯 웅얼거리고, 모욕을 당한 듯 말을 삼킨다.
- 감옥에 들락거리고 재난을 당하며 지위도 없다.

22

4) 빙감(氷鑑)에 나타난 신기(神氣)의 중요도

◆ 빙감(氷鑑) : 저자 증국번(曾國藩 1811-1872)
- 중국 청대의 행정가, 군사 지도자이다.
- 청나라 말기에 발생한 태평천국의 난(1850-1864)을 진압하였다.
- 청조의 붕괴를 막는데 공헌하였다.
- 문관(文官)에게 수여하는 시호 가운데 가장 높은 문정(文正)을 하사받았다.
- 저서 <증국번가서(曾國藩家書)> 용인편(用人篇)을 보면 인재를 등용할 때는 관상도 참고해야 한다는 말이 나온다.
❖ 가서(家書) : 전쟁터에서 자식들에게 보낸 편지 묶음을 칭한다.

23

빙감(氷鑑)에 나타난 신기(神氣)의 중요도

◆ 빙감 : 중국편의 상(相)을 보는 학문을 말한다.
- 인재의 상(相)을 논하는데 그 중에서도 그 격(格)을 논하는데 중점을 두었으며 오직 인재의 상(相)을 논한 책이라는 데에 특징이 있다.
- 상(相)을 논하는 데 있어서 신(神)을 중요하게 보고 형(形)을 겸하여 보며, 항상성을 중요하게 보고 기이함을 버리며, 이(理)를 중요하게 생각하고 술(術)을 경시하였다.
◆ 형상, 기이함, 술수를 중요시하는 다른 상서와의 차별점이 특징이라고 할 수가 있다.

24

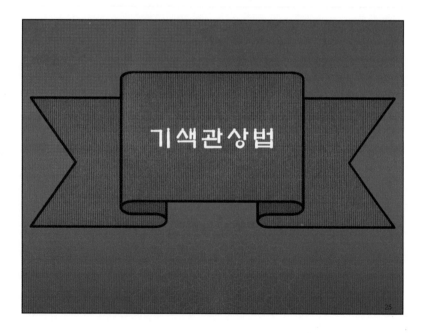

기색관상법

25

기색이란 ?

- '기(氣)' 는 피부안에 있다.

- '색(色)' 은 피부 밖에 있다.

- 피부속에 있는 기는 미래지사를 나타낸다.

- 피부밖에 있는 것은 과거지사를 나타낸다.

- 현재의 색이 선명하면 현재운이 왕성하다.

- "사람의 골격은 일생을 좌우하고 기색은 당년당일의 운세를 나타낸다"

26

기색이란 ?

- 기색의 도는 천지의 기와 합하여 사계절로 나뉘어진다.

- 현재의 운은 먼저 부위를 살피고 소속궁을 파악해야 한다.

- 기색은 아침이 되면 일출과 동시에 나타난다.

- 기색은 밤이 되면 일몰과 동시에 폐부로 들어간다.

- 기색은 오장육부 사이를 주류하며 칠정에 의해 밖으로 표현된다.

- 처음에 발할 때는 기가 되나 기가 정해지면 색이 된다.

27

1. 월별 기색 부위도

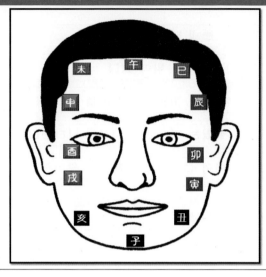

1) 월령기색도

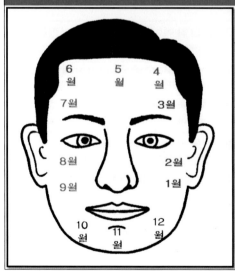

◆ 봄운(1월, 2월, 3월)은 왼쪽 관골 주위를 본다.
• 푸른색이 눈 주위에 있는 것이 길하다.

◆ 여름운(4월, 5월, 6월)은 이마, 인당, 산근을 본다.
• 홍색과 엷은 녹색이 산근과 인당에 나타나면 길하다.

◆ 가을운(7월, 8월, 9월)은 코와 오른쪽 관골을 본다.
• 황자색이 코와 광대뼈에 나타나면 길하다.

◆ 겨울운(10월, 11월, 12월)은 턱부분의 찰색을 본다.
• 흑색과 백색을 겸한 것이 턱주위에 나타나면 길하다.

1. 음력 1월

◆ 음력 1월(寅月) 양력 2월 4일부터 3월 5일 :
　　입춘-경칩 까지.

- 안변의 인(寅)궁, 귀부분과 법령의 위들 실색 한다.
- 봄의 색인 목(木)왕절의 색이므로 청색이 윤택하면
　길하다.
- 청, 백기가 윤택하고 밝으면 재물의 기쁨이 있다.
- 흑, 황, 적기의 막힌 색은 재물의 손실이 있다.
- 인궁이 밝지 못하고 어두우면 1월은 불리하다.

❖ 적색은 화재나 실물을 당하고, 황색은 손해를 보며,
　흑색은 관형(官刑)을 주의한다.

31

2. 음력 2월

◆ 음력 2월(卯月) 양력 3월 6일~4월 4일까지 :
　　경칩~청명 전일까지.

* 안면의 왼쪽(여자는 오른쪽)인 묘(卯)궁을 보며, 좌측(여자는 우측) 관골 주변과, 눈의 끝쪽인 어미, 귀앞 부위인 명문(命門)과 와잠을 같이 본다.
* 밖에 있는 청색은 길색이며 안에 있는 청색은 흉하다.
* 길게 일자로 생긴 것이 좋다.
* 2월에 만물이 발하므로 피부 밖으로 노출된 것이 길하다.
* 2월에 묘(卯)궁에 푸른색과 홍황색이 돌면 길하다.
* 홍자색이 생기면 기쁜 일이 있다.
* 백, 청과 어두운 황적색은 흉하다.
* 백, 흑, 적, 황색은 재액이 따른다.

3. 음력 3월

◆ 음력 3월(辰月) : 양력 4월 5일~5월 5일까지 :
　　청명일~입하 전일까지.

* 3월의 기색은 辰궁이므로 좌측(여자는 오른쪽)의 천창과 복당, 역마, 천문, 좌측(여자는 오른쪽) 눈썹 끝을 본다.
* 옅은 황색이 가장 길색이다.
* 홍, 황기에 윤기가 통하면 기쁨이 있다.
* 흑, 백, 적기에 진한 청기는 재물의 손해와 구설이 따른다.
* 靑黃한 것 도 꺼리지 않는다.
* 황색이 밝고 윤택하면 길색이다.
* 백색과 흑색을 특히 금한다.

4. 음력 4월

◆ 음력 4월 (巳月) : 양력 5월 6일 – 6월 5일까지
　　　　　　　　 입하일 – 망종 전일까지.

- 4월의 기색은 사(巳)궁이므로 좌측(여자는 오른쪽)의
  눈썹 부위와 일월각 아래를 본다.
- 홍자색이 광채가 있으면 대길이다..
- 왼편(여자는 오른편)으로 화(火)의 본색인 홍적색이
  밝으면 길하다.
- 사궁 부위가 어둡고 탁하면 재난과 질병이 발생한다.
- 흑색은 사망한다.
- 청색은 형사상의 상해가 있다.
- 황색은 실패를 당한다,
- 백색의 기색은 부모의 상복을 입는다.

5. 음력 5월

◆ 음력 5월(午月) : 양력 6월 6일 – 7월 6일까지
　　　　　　　　 망종일 – 소서 전일까지.

- 5월의 기색은 이마의 정중앙 윗부위인 오(午)궁에 있다.
- 전중과 양 눈썹 윗부위인 일월각 모두를 보고 결정한다.
- 5월의 인낭은 화왕(火旺)한 것이 길하다.
- 여름 계절에는 인당을 본다.
- 기색은 홍자색이 길하며 엷은 황색도 좋다.
- 홍, 자, 약한 적기는 주로 기이한 사람의 도움을 받으며
  추구하는 일을 이룰 수가 있다.
- 청, 측, 백기는 아주 흉한 식으로 본다.
- 미세한 청색은 형파가 따른다.
- 수색(水色)을 띤 흑색은 금한다.
- 어두운 기색이 돌거나 푸른색이 돌면 형파가 심하다.
- 백색은 상을 예고한다,

6. 음력 6월

◆ 음력6월(未月) : 양력 7월 7일 - 8월 7일까지
    소서일 - 입추 전일까지.

- 6월의 기색은 미궁에 있으며 우측(여자는 왼쪽) 천창과 역마부위를 말한다.
- 황자(黃紫)의 기색이 대길이다.
- 자색이나 황색이 생기면 가까운 시일 내에 직장인은 진급하고, 관직인은 영전되며, 상인은 재물을 얻는다.
- 약한 적색은 화생토(火生土)로서 본색이니 꺼리지 않는다.
- 청암백색(靑暗白色)은 해(害)가 있다.
- 흑색은 큰 손해가 따른다.
- 백색은 상을 예고한다.

7. 음력 7월

◆ 음력 7월(申月) : 양력 8월 8일 - 9월 7일까지
    입추일 - 백로 전일까지.

- 7월의 기색은 신(申)궁에 있으며 와잠과 관골 옆 명문까지 본다.
- 밝은 황색이 길하며 백색의 기색도 좋다.
- 황색, 백색 두 색 모두 재물의 기쁨이 있다. 반드시 밝고 윤택함을 요구한다.
- 적, 흑기에 충기를 띠면 재물의 큰 손실이 있다.
- 어두운 황색은 흉하며 큰 재액이 있다.
- 흑색 또한 흉한 색이다.

8. 음력 8월

◆ 음력 8월(酉月) : 양력 9월 8일 - 10월 7일까지
백로일 - 한로 전일까지.

- 8월의 기색은 유(酉)궁에 있으며 우측 관골(여자는 좌측)
부위 상하를 본다.
- 8월은 화기(火氣)가 서서히 물러가고 금기(金氣)가 성하여
금생토(金生水)의 이치로서 수기(水氣)를 생한다.
- 황, 백기가 윤이 나고 밝은 것이 길하다. 가택이 평안하
고 특히 안식구의 내조로 큰 이익을 얻는다.
- 흑암청적(黑暗靑赤)은 불길하여 재앙이 따른다. 특히 적
색, 홍색은 꺼리는 기색이다.

9. 음력 9월

◆ 음력 9월(戌月) : 양력 10월 8일 - 11월 7일까지
한로일 - 입동 전일까지

- 9월의 기색은 술궁(戌宮)에 있으며 우측 지고(여자는 좌측)와
시골의 위를 본다.
- 술(戌)월은 토왕절(土旺節)로 황색은 외(外)에 있고, 홍기는 내
(內)에 있는 것이 좋다.
- 이와 반대로 황색이 내에 있고, 홍색이 외에 있으면 좋지 못
하다.
- 홍, 황기가 윤택하게 깔리면 시대나 때의 운수가 통달 한 것
으로 본다.
- 청, 적, 흑기로 막히면 가운이 다르지 않고 관재시비나 재물
의 손실로 근심걱정을 하게 된다.

10. 음력 10월

◆ 음력 10월 (亥月) : 양력 11월 8일 - 12월 6일까지
입동일 - 대서 전일까지.

- 10월의 기색은 해궁(亥宮)에 있으며 우측 턱아래와 (여자는 좌측)구각과 지각을 본다.
- 백기가 투명하게 윤이 나고 빛나면 대운이 열리며 일이 뜻대로 이루어진다.
- 백색은 재물이 들어온다. 그러나 백색이 점점으로 있거나 쌀알처럼 있는 것은 이익이 없다.
- 적색은 재액이 있다.
- 황색은 토극수(土克水)로 병사한다.
- 흑, 청, 적색 모두 금한다.

40

11. 음력 11월

◆ 음력 11월 (子月) : 양력 12월 7일 - 다음해 1월 5일까지
대설일- 소한 전일까지.

- 11월은 자궁(子宮)에서 관장한다. 지각과 그 주위를 본다.
- 남녀 모두 같은 부위를 본다.
- 기색은 백색이 길하며 동지 후에는 양이 생하므로 청색도 길하다.
- 이곳은 수(水)의 정위(正位)이므로 흑기 또한 금하지 않는다. 그러나 윤택한 흑색이라야 한다.
- 흑색이 어둡고 탁하며 구슬같이 생기면 큰 흉이 된다.
- 자궁(子宮)은 백색이 길하다.
- 황, 적, 백기가 점점이 있는 것은 흉하다.

41

◆ 음력 12월 (丑月) : 양력 1월 6일 - 2월 3일까지
소한일 - 입춘 전일까지.

- 12월은 축궁(丑宮)에서 관장한다. 좌측(여자는 우측) 턱
아래와 지고와 지각의 좌측(여자는 우측)을 본다.
- 자궁(子宮)과 축궁(丑宮)은 서로 연결되어 있으나 기색이
상이(相異)하니 자세히 보아야 한다.
- 기색은 청색, 황색이 길하다. 청기나 황기에 흑기를 겸
하고 있으면 원하는 일을 이룬다.
- 밝은 흑색은 좋으나 어두운 흑색은 흉하다.
- 축궁(丑宮)은 백색이 흉하다.

42

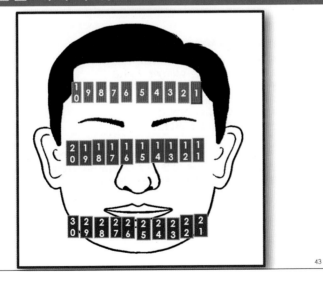

43

3. 코에 나타난 색상으로 살펴보는 질병

◆ **코는 인체의 생리변화가 가장 잘 반영된 곳이다.**

- <영추 장부병형편(靈樞 臟腑病形篇)>에 보면 "12경맥 365락(絡)의 모든 기혈이 안면을 거쳐서 공규(空竅)로 들어간다." 라고 되어 있다. 즉, 안면부의 색상을 관찰하면 전신의 질병을 알 수 있으며 특히 코의 각 부위에 나타나는 색깔의 변화를 면밀하게 분석하면 상응하는 장부의 질병상태를 파악하는데 도움이 된다.
- <영추 오색편(靈樞 五色篇)>의 기록에도 오색을 살피면 장부의 질병을 알 수 있다고 되어 있다.

1) 코와 장부의 상응관계

◆ 코는 장부조직의 축소판이다.
◆ 석실비록(石室秘錄)에 의하면
- 두 눈 사이 명궁은 심(心)에 속하고
- 명당 아래 연수 부분은 간(肝)에 속하고
- 코끝 준두는 비(脾)에 속하고
- 콧방울은 위(胃)에 속하고
- 인중은 방광과 상응한다.

➢ <석실비록> : 중국 청나라 진사탁이 전 6권에 걸쳐 편술하여 1687년에 간행된 종합 의서로 치료법과 처방 및 기타 내용에 독특한 치료법을 제시한 책이다.

2) 코의 색상

◆ 적색의 코
- 콧구멍 안쪽이 빨간색을 나타내면 궤양이나 매독이다.
- 콧구멍 바깥쪽이 홍색을 띠면 기생충으로 인한 장의 병이다.
- 여성의 콧방울 근처가 적색이면 월경부족, 폐경 등의 부인과 질병이다.

◆ 황색의 코
- 코만 황색이면 봄속의 습열 때문이지만 얼굴 전체가 황색이면 급성 황달성 간염인지 살펴봐야 한다.

46

코의 색상

◆ 청색
- 코끝부위가 청색이면 통증이 있다는 증거이며 심한 복통환자 이다.
- 코끝의 색깔이 청색을 띠면서 좁쌀모양이 작은 돌기가 생겼다면 : 내분비 이상인 경우가 많다.
- 여성의 경우 월경 양이 많고 월경 혈이 검붉은 색을 띠고 아랫배가 지속적으로 아프면서 코 끝이 청황색이면 임질병인 경우가 많다.

◆ 흑색
- 수기로 인한 위병이다.
- 남자가 코 부위에 흑색이 나타나서 인중까지 내려왔으면 복통이 심하여 음경과 고환까지 땡기고 아픈 증상이 있다.
- 여성의 코 부위에 흑색을 띠면 월경불순, 생리통이 심하다는 것을 의미한다.

47

코의 색상

◆ 남색 :
- 신장질환 의심.

◆ 남색, 갈색 혹은 흑색이 나타나면 :
- 병상태가 위독하다.

◆ 코 중앙에서 코끝에 걸쳐 자색이 나타날 때 :
- 몸에 음성기운이 강하다는 것을 의미하며 심부전에 걸릴 염려
  가 있다는 신호이다.

◆ 코 색깔이 하얀색이면 :
- 모세혈관 수축을 나타내며 전신에 순환 장애가 있다는 것을
  의미한다.

◆ 산근(췌장, 비장과 연관이 있다.)
- 비장은 '의지와 지혜'에 영향을 미치는 장기이다.
  비장이 약해지면 피부는 노란색을 띠며 의지력이 약해지고,
  끈기가 없어지며, 머리가 둔해지고, 기억력이 감퇴한다.
- 심장질환과 특히 소아과 임상에 탁월하다.
- 청색을 띠면 중풍이 발작할 징조이다.
- 산근의 색깔이 몹시 어두우면 졸도할 징조이다.
- 저혈당이 되면 산근 부분에 숯으로 그은 듯한 검푸른 선이
  나타난다.

48

11

얼굴속 12개 복권찾기

<참고문헌>
관상의 비밀, 김효민, 창비숲, 2010.

1. 관록궁(천중 : 아침 태양이 떠오르는 장소)

관록궁(관운, 출세, 상운)

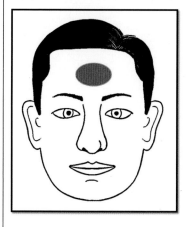

- 이마중앙부분 천중과 천정, 사공을 말한다.
- 몸의 좌우 균형이 중요하다.
- 여자의 관록궁이 좋을 경우 남편운도 보지만 직장운과 본인의 운세를 본다.
- 앞이마뼈 위에 앞이마근이 붙어 있는 곳이다.
- 뒤통수 위에 있는 앞이마 근육과 연결되어 있다.
- 뒤통수의 움직임이 좋아야 개선된다.
- 뒤통수뼈와 도르래처럼 작용하는 엉치뼈를 개선하면 관록궁이 좋아진다.

2

2. 명궁

명궁 (건강, 학문적 성취)

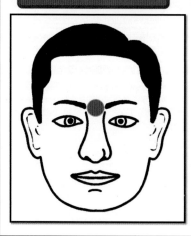

- 자기 신상의 일을 암시한다.
- 제 3의 눈이다.
- 선천적 운명자리이다.
- 무형의 정보를 그래픽화 해서 현상으로 보여지는 곳이다.

- 악관절의 균형이 맞아야 되는 곳이다.
- 목이 바로 서야 한다.
- 목에 있는 목빗근을 개선시켜서 목의 위치가 좌우중심선 중앙에 있어야 한다.

3

3. 복덕궁

복덕궁(금전운, 평생의 복록)

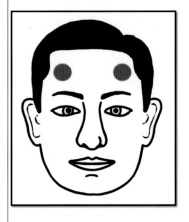

- 천창과 지고를 말한다.
- 천창에서 지각까지 오성(五星)을 살펴보는 것이 중요하다.
- 평생의 복을 보는 곳으로 이마의 양각과 천창 입꼬리를 가리키는 지고와 함께 봐야 한다.
- 가장 중요한 부위는 천창을 보고 결정한다.
- 천창과 하정이 조화를 이루면 덕이 많고 오복이 함께 한다.
- 양쪽의 어깨라인이 균형이 잡혀야 한다.
- 앞이마근 바깥쪽 라인으로 형성되므로 승모근이 바로 잡혀야 한다.

4

4. 부모궁

부모궁(부모와의 인연

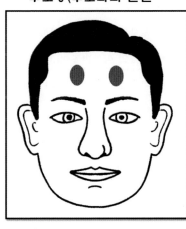

- 눈썹 바로 위 눈동자를 수직으로 그어 관록궁 사이에 위치한다.
- 자식의 이마를 보고 본인의 현재를 보기도 한다.
- 왼쪽을 일각, 오른쪽을 월각이라 한다.
- 일각이 월각보다 낮으면 부(父)가 먼저 죽는다.
- 앞이마근 안쪽라인으로 등 뒤에 있는 기립근이 좋아야 한다.
- 기립근은 천골이 틀어지면 좌우 불균형이 초래되어 일각과 월각의 상이 좋지 않게 된다.

5

5. 형제궁

형제궁(형제, 대인관계, 친구)

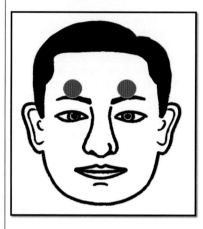

- 좌우의 앞이마근이 어떻게 활성 되느냐에 따라 눈썹의 숱이나 형태가 만들어진다.
- 부모에게 받은 교육에 따라 사회생활 역량이 달라지기 때문에 부모궁의 영향이 중요하다.
- 천골의 불균형에 의해서 생기므로 부모궁을 좋게 만들면 형제궁도 같이 좋아진다.
- 앞이마근 안쪽라인으로 등 뒤에 있는 기립근이 좋아야 한다.
- 기립근은 천골이 틀어지면 좌우 불균형이 초래되어 일각과 월각의 상이 좋지않게 된다.

6

6. 천이궁(이동궁, 미래의 흥망성쇠를 본다.)

천이궁 (이사, 여행, 직장변동)

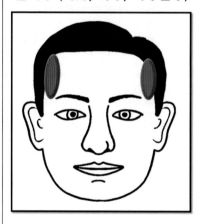

- 좌우 눈썹 끝에서 고정지대가 있는 천창, 역마부위를 말한다.
- 평생의 직장변동이나 이동수를 보는 곳 이다.
- 이곳에 색이 변하거나 뾰루지가 나면 위치 변동수를 의미한다.
- 흉터나 반점이 있으면 주거가 불안정하고 일신이 편치 않다.
- 관자근막이 제대로 자리 잡고 있어야 앞이마근과 연결되어 있는 천이궁 부위가 좋아진다.

7

7. 처첩궁(나비뼈를 관리해야 한다.)

처첩궁(부부관계, 결혼, 가정사)

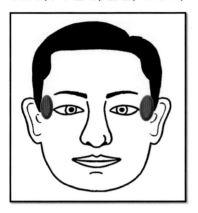

- 자식을 낳는 가장 중요한 정보가 들어 있다.
- 머리뼈 중 가장 중심뼈인 나비뼈가 유일하게 밖으로 나와 있는 부위이다.
- 부부화목을 보는 자리에 자식을 낳는 가장 중요한 정보의 의미를 가진다.
- 나비뼈가 전후좌우의 균형이 맞아 움직일 때 처첩궁이 좋아진다.
- 가장 중심뼈인 나비뼈의 정보를 처첩궁 자리로 본 관상학은 철저한 인체의 오묘한 질서를 의미한다.

8

8. 전택궁(눈둘레근, 앞이마근을 관리해야 한다.)

전택궁(주택, 부모유산, 인덕)

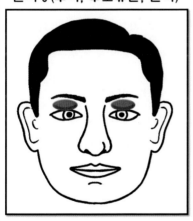

- 눈썹아래 부분을 보며 논과 밭을 의미한다.
- 전택궁은 천창과 지고를 같이 살펴야 한다.
- 눈동자에 붉은 선이 눈동자를 침범하는 것이 가장 큰 악상이다.
- 전택궁이 좋지않은 사람이 너무 넓은 집에서 살면 운세가 불리하다.
- 살 집이 어떤가를 본다.
- 눈두덩은 눈둘레근이 덮고 있다.
- 눈둘레근은 부모궁, 형제궁이 있는 앞이마근 아래에 붙어 있다.

전택궁은 부모궁도 함께 본다.

9

9. 질액궁(앞이마뼈, 위턱뼈, 나비뼈, 눈썹주름근 관리.)

질액궁(건강, 운세, 재난)

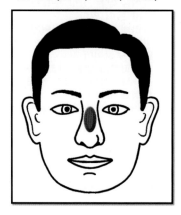

- 산근(山根)이라 칭한다.
- 인당 바로 아래 산근에서부터 콧등의 연상(年上)을 통틀어서 본다.
- 건강한데도 불구하고 이 부분에만 흑색이 있으면 수술 한 뒤에 건강을 되찾는다는 전화위복의 의미로 본다.
- 사고나 질병을 본다.
- 코뿌리점이며 앞이마뼈, 위턱뼈, 나비뼈등 세개의 뼈가 만나 이루어진 곳이다.
- 이곳에 생기는 잔주름은 앞이마에 달려있는 눈썹주름근이 약해지면 생긴다.

10

10. 재백궁(위턱뼈, 엉치뼈, 장요근을 관리해야 한다.)

재백궁 (재산, 성격, 기질)

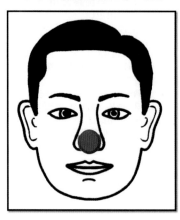

- 천창, 지고, 눈 아래, 윗입술 위 좌우를 본다.
- 가장 중요한 중심 부분은 코 끝이다.
- 자본주의 사회에서 재백궁의 중요도는 크다.
- 연골이 들어가 있는 부위이다.
- 코의 모양과 형태, 흉터를 보고 판단한다.
- 골반에 있는 엉치뼈의 포인트이다.
- 특히 인중을 이루는 위턱뼈의 균형이 중요하다.
- 상하좌우 균형이 잘 맞아야 한다.

11

11. 남녀궁(자녀궁) : 빗장뼈를 관리해야 한다.

남녀궁 (자녀, 혼사, 정력)

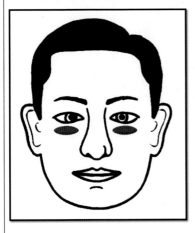

- 누당, 와잠을 말한다.
- 와잠 부위와 눈빛이 맑으면 자녀들은 출세운이 길하다.
- 자식의 운은 부모의 관상으로 알 수가 있다.
- 부모와 자식은 한 나무의 운명선으로 연결되어 있다.
- 부모는 나무이며 꽃이고 자식은 열매에 해당된다.
- 자녀궁은 나쁘지만 노복궁이 좋으면 말년에 자식덕을 본다.
- 남녀궁이 검푸르면 정력을 과소 진했다는 의미이다.
- 부모궁을 나타내는 이마와 말년운을 나타내는 입에 4개의 근육으로 연결되어 있다.

12

12. 노복궁(꼬리뼈를 관리해야 한다.)

노복궁(부하, 아랫사람, 말년)

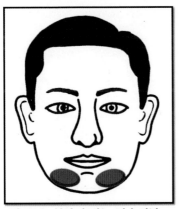

턱 끝은 석양이 지는 장소이다.

- 좌우의 지각(아래턱)이다. 즉 아랫입술 밑에 옴쭉 들어간 부분 바로 아래 약간 도톰한 부분을 말한다.
- 부하운과 자녀운을 본다.
- 턱에 주름이 많고 이지러져 있으면 主(주)적인 운명이 아니고 從(종)적인 운명으로 본다.
- 아래턱뼈는 다른 뼈와 달리 매달려 있는 해부학적 구조를 가졌다.
- 아래턱뼈는 얼굴이 만들어질 때 제일 먼저 만들어진다.
- 인생의 말년을 본다.
- 턱이 길고 평편하게 생길수록 길하다.

13

13. 움푹 꺼진 이마를 좋게 하려면 !

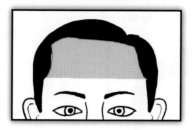

- 이마는 두툼해야 좋다.
- 이마가 꺼지면 직장의 변동이 잦고 윗사람의 복이 없으며 살아가는 여정에서 장애가 많이 따른다.
- 움푹 꺼져 있는 이마는 이마뼈와 나비뼈, 마루뼈 사이의 움직임이 원활하지 못해서 꺼지는 원인이 된다.
- 꺼진 이마를 둥글게 하려면 어깨의 삼각근과 상완이두근의 혈행(血行)을 원활하게 마사지 해주면 이마가 두툼하게 살아난다.

14

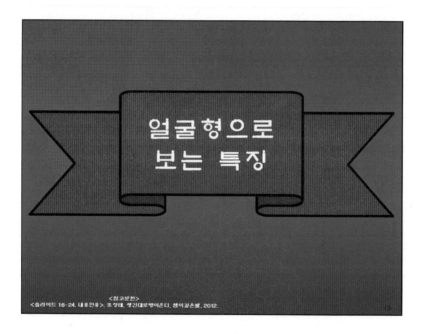

얼굴형으로
보는 특징

<참고문헌>
<슬라이드 16-24, 내용인용>, 조성태, 생긴대로병이온다, 샘이깊은물, 2012.

15

1. 눈이 큰 사람

- 눈이 큰 사람은 겁이 많다. 간담이 허한 이유이다.
- 간담이 허하기 때문에 목에서 가래가 잘 끓고 편도가 자주 붓는다.
- 감기에 걸리면 열이 많이 난다.
- 편도가 붓게 되면 반드시 열을 동반한다.
- 간담의 연유로 손톱이 얇으면서 잘 부러진다.
- 간담의 기능이 좋으면 손톱이 단단하다.
- 눈이 크면 두통증상도 많이 나타난다.
- 간담의 기를 도와주는 식품으로 모과, 밀, 총백, 부추 등이다.
- 더덕을 달여서 먹거나 나물을 만들어 먹어도 간기를 보해줄 수 있다.

16

2. 눈꼬리가 위로 올라간 사람

- 눈꼬리도 올라가 있고 코도 위로 들려 있는 사람은 한의학에서는 육경에 의한 분류로 '태양형' 이라 부른다.
- 예민하고 섬세하며 감정의 기복이 크다.
- 헛된 망상을 잘 하고 변화가 많으며 현실감이 부족하다.
- 감성이 풍부하고 상상력이 뛰어나기 때문에 미술이나 음악에 남다른 재능을 보인다.
- 디자이너나 음악가 등 예술적 감각을 십분 발휘할 수 있는 직종에 탁월하다.
- 신경성질환에 잘 걸린다.
- 기가 제대로 운행하지 못해서 가슴탑탑증이 오며, 뒷목이 뻣뻣하면서 목에 뭔가 걸린 듯 불편할 때가 많다.
- 관절이 약해서 무릎, 어깨, 허리병이 잘 생기며 발이 자주 저리며 항상 피곤해 한다.
- 발열 오한, 두통으로 고생하기도 한다.

17

3. 눈꼬리가 아래로 쳐진 사람

- 눈꼬리가 아래로 쳐지고 코도 아래로 쳐진 듯 내려온 사람은 한의학에서는 육경에 의한 분류로 '태음형'이라 부른다.
- 순하고 선한 느낌이 들지만 현실적인 감각이 아주 뛰어나며 절대 손해보지 않으려는 이기적인 면이 강하다.
- 실리를 따지는 완벽주의 형이다.
- 책임감이 강하다.
- 주위 사람들로부터 인정을 받는다.
- 꽉쟁이 소리도 많이 듣는다.
- '태음복통'이라고 하여 명치끝이 자주 아프며, 대변을 잘 참지 못하는 경향이 있다.
- 헛배증상, 복통증상 등 배가 자주 아픈 경향이 있다.

18

4. 눈이 안쪽으로 들어간 사람

- 눈이 안으로 쑥 들어간 사람을 한의학에서는 육경에 의한 분류로 '궐음형'이라 분류하며 대체로 젖꼭지가 큰 편이며 간혹 왼쪽 젖꼭지가 들어가 있기도 한다.
- 추위를 많이 탄다.
- 봄이 냉해서 날씨가 조금만 추워도 쉽게 봄이 상한다.
- 차가운 물종류는 피하고 냉방에서는 장시간 생활하지 말아야 한다.
- 불임이나 자연유산에 주의해야 한다.
- 혀가 말리는 증상이 있다.
- 만성 장염이나 두통, 허리 통증의 증상도 심한 편이다.
- 눈이 들어가 있다는 것은 비위가 좋지 않다는 뜻이므로 위장병에 주의하여야 한다.
- 생강으로 봄을 보해주면 좋다.

19

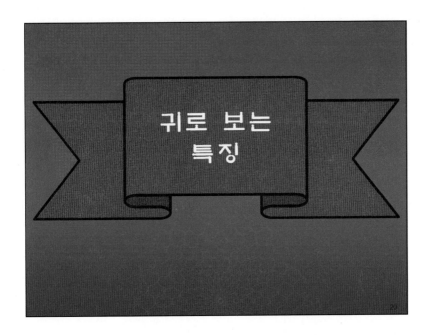

귀로 보는
특징

20

1. 귀가 크고 힘이 없는 사람

- 귀의 크기는 신장의 크기와 직결된다.
- 귀는 작고 단단한 것이 좋다.
- 귀가 작으면 신장도 작고 신장이 작으면 내장의 여러 기관들이 편안하고 잘 상하지 않는다.
- 신장이 크면 허리가 잘 아프고 나쁜 기운에 상하기 쉽기 때문에 귀가 큰 것은 건강 면으로는 좋지 못하다.
- 귀가 크고 단단하면 체력과 정신력이 강하다.
- 귀가 크고 단단하지 못하면서 힘이 없는 사람은 신장이 약하다.
- 조금만 피로해도 중이염, 귀울림증, 허리통증, 뒷목과 어깨죽지가 불편해진다.
- 어지럼증도 많으며 헛배가 부르고 소화가 안 된다.
- 겁이 많으면서 마음이 공연히 초조해지기도 하며, 당뇨병에도 걸리기 쉽다.

21

2. 귀가 위로 올라 붙은 사람

- 귀는 위치상 하악골 앞에 단정하게 붙어 있어야 신장의 모양도 좋으며 건강하다.
- **귀가 너무 올라 붙어 있으면 신장도 제 위치보다 높이 있으므로 병이 오게 된다.**
- 등과 척추가 아파서 구부렸다 폈다 하는 동작을 잘 하지 못한다.

22

3. 귀가 내려 붙은 사람

- 신장이 제 위치에 비해 아래로 내려 붙어 있다.
- 허리와 엉덩이가 아프고 호산 증으로 고생하는 수가 많다.
- 호산 증에 걸리면 아랫배에서 옆구리, 허리 쪽으로 돌아가면서 통증을 느낀다.
- 항상 소화가 잘 되지 않는다.
- 가슴통증, 어깻죽지가 아프면서 신경질을 잘 낸다.
- 감기몸살처럼 온몸이 오슬오슬 한기를 느끼면서 잘 아프고 땀이 많이 난다.
- 등과 척추가 아파서 구부렸다 폈다 하는 동작을 잘 하지 못한다.
- 귀가 종이처럼 얇고 짧고 작으면 단명할 상이므로 건강에 각별히 신경을 써야 한다.

23

4. 귀가 때가 낀 것처럼 색깔이 나쁜 사람

- 귀의 색깔은 맑고 윤택해야 좋다
- 때가 낀 것처럼 색깔이 나쁘면 신장도 좋지 못하다.
- 귀가 붉어지는 것은 신장에 열이 있다는 표시이다.
- 귀가 검은 것은 신장에 병이 들었다는 표시이다. 이때는 이마와 광대뼈 부위도 검어진다.
- 과로해서 귀가 먹었을 때는 얼굴의 광대뼈 부위가 시커멓게 되고 귓바퀴가 마르면서 때가 낀 것처럼 보인다.
- 귓병이 왼쪽 귀로 오는 것은 대체로 성을 잘 내는 사람이다. 즉 화로 인해 오는 병은 주로 왼쪽으로 나타난다.
- 여자들은 기가 쉽게 울체되어 마음에 화가 많이 쌓이므로 왼쪽 귀를 앓는 경우가 흔하다.
- 남자들은 오른쪽 귀를 앓는 경우가 많은데 체력 소모가 심한 일을 많이 한 이유이다. 과도한 성생활에도 오른쪽 귀가 아프다.

24

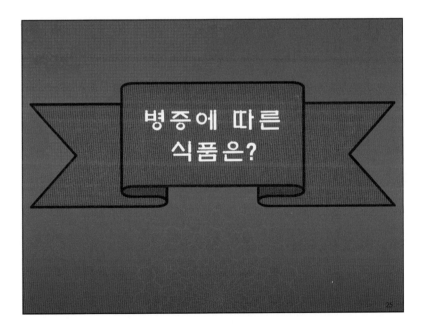

병증에 따른
식품은?

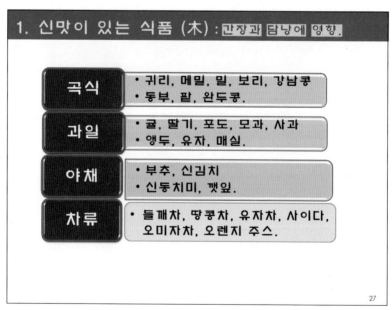

곡식	• 수수
과일	• 살구, 은행, 자몽, 해바라기씨.
야채	• 풋고추, 근대, 냉이, 상추, 쑥갓, 샐러리, 쑥, 씀바퀴, 고들빼기. 취나물, 산나물.
차류	• 홍차, 작설차, 커피, 초콜릿, 영지차, 쑥차.

28

쓴맛이 있는 식품 (火) : 심장과 소장에 영향.

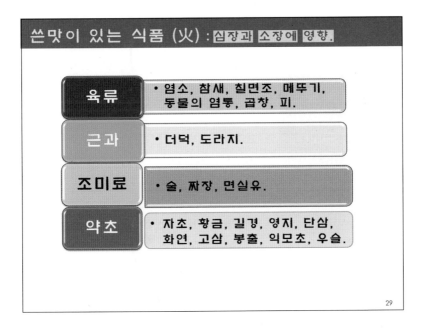

육류	• 염소, 참새, 칠면조, 메뚜기, 동물의 염통, 곱창, 피.
근과	• 더덕, 도라지.
조미료	• 술, 짜장, 면실유.
약초	• 자초, 황금, 길경, 영지, 단삼, 화연, 고삼, 봉출, 익모초, 우슬.

29

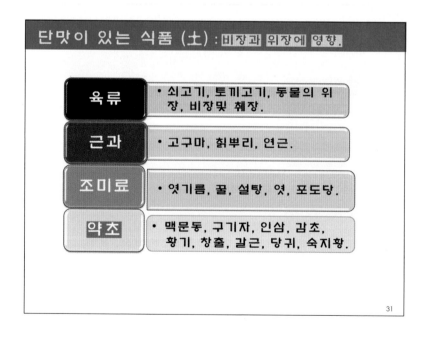

3. 단맛이 있는 식품 (土) : 비장과 위장에 영향.

곡식	• 기장쌀, 피쌀
과일	• 참외, 호박, 대추, 감.
야채	• 고구마줄기, 미나리, 시금치, 마, 고구마.
차류	• 인삼차, 칡차, 구기자차, 식혜, 두충차, 대추차, 꿀차.

30

단맛이 있는 식품 (土) : 비장과 위장에 영향.

육류	• 쇠고기, 토끼고기, 동물의 위장, 비장및 췌장.
근과	• 고구마, 칡뿌리, 연근.
조미료	• 엿기름, 꿀, 설탕, 엿, 포도당.
약초	• 맥문동, 구기자, 인삼, 감초, 황기, 창출, 갈근, 당귀, 숙지황.

31

4. 매운 맛이 있는 식품 (金) : 폐장과 대장에 영향.

곡식	• 현미, 율무.
과일	• 배, 복숭아.
야채	• 파, 마늘, 달래, 양파, 배추.
차류	• 생강차, 율무차, 수정과.

32

매운 맛이 있는 식품 (金) : 폐장과 대장에 영향.

육류	• 말고기, 고양이고기, 조개류 생선, 동물의 허파, 대장.
근과	• 양파, 무우.
조미료	• 박하, 고추, 후추, 고추장, 겨자, 와사비.
약초	• 천궁, 천마, 세신, 육두구, 백두 구, 마황, 부자, 홍화, 계피.

33

5. 짠 맛이 있는 식품 (水) : 신장과 방광에 영향.

곡식	• 콩, 쥐눈이콩.
과일	• 밤, 수박.
야채	• 미역, 다시마, 김, 콩떡잎, 파래, 해초류.
차류	• 두향차, 배지밀, 두유.

짠 맛이 있는 식품 (水) : 신장과 방광에 영향.

육류	• 돼지고기, 해삼, 젓갈류, 동물의 생식기, 개구리, 조개젓.
근과	• 마.
조미료	• 소금, 된장, 간장.
약초	• 녹용, 녹각, 홍합, 몰약, 전갈, 진주, 해분, 모려분, 망초, 잠아.

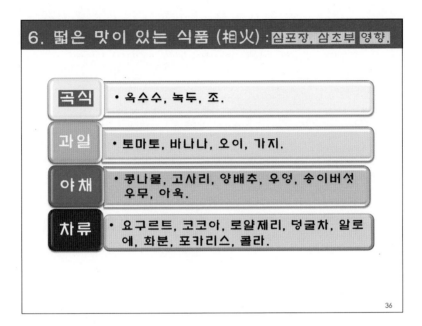

6. 떫은 맛이 있는 식품 (相火) : 심포장, 삼초부 영향.

곡식	• 옥수수, 녹두, 조.
과일	• 토마토, 바나나, 오이, 가지.
야채	• 콩나물, 고사리, 양배추, 우엉, 송이버섯, 우무, 아욱.
차류	• 요구르트, 코코아, 로얄제리, 덩굴차, 알로에, 화분, 포카리스, 콜라.

36

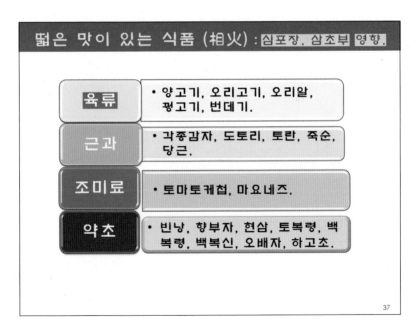

떫은 맛이 있는 식품 (相火) : 심포장, 삼초부 영향.

육류	• 양고기, 오리고기, 오리알, 꿩고기, 번데기.
근과	• 각종감자, 도토리, 토란, 죽순, 당근.
조미료	• 토마토케첩, 마요네즈.
약초	• 빈낭, 향부자, 현삼, 토복령, 백복령, 백복신, 오배자, 하고초.

37

Chapter 5

오행론의 실제적 분석

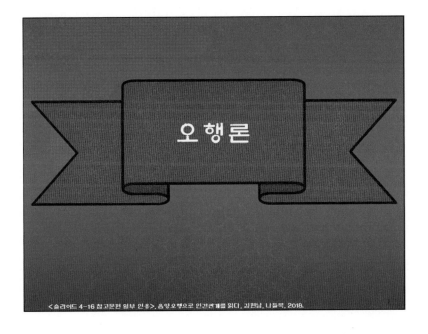

오행론

<슬라이드 4-16 참고문헌 일부 인용>, 음양오행으로 인간관계를 읽다, 김현님, 나들목, 2018.

1. 오행은 자연의 이치이다.

- 동은 양이고 서는 음이다.
- 지구가 東과 西로 역(易)하여, 東은 西로 西는 東으로 陰과 陽이 교차되듯이, 우주는 陰陽으로 공전과 자전을 역하고 있다.
- 무에서 유로 유에서 무로 음양이 교차하는 것과 개체 간의 음양이 서로 움직이는 것은 모두 자연의 이치이다.
- 음과 양은 서로 교차되며, 동서와 남북은 모두 음양이며 사상(四象)이고, 사상을 중화하는 것이 오행이다.

인용, 관상오행, 정상기, 삼한, 1996.

2

2. 상학에 인용된 역

人禀陰陽之氣, 肖天地之形, 受五行之資, 爲萬物之靈者也, 故頭象天, 足象地, 眼象日月, 聲音象雷精, 血脈象江河, 骨節象金石, 鼻額象山嶽, 毫髮象草木, 天欲高遠 地欲方厚, 日月欲光明, 雷霆欲震響, 江河欲潤, 金石欲俊, 草木欲秀, 此皆大概也, 然郭林宗有觀人八法是也.
인품음양지기, 초천지지형, 수오행지자, 위만물지영자아, 고두상천, 족상지, 안상일월, 성음상뇌정, 혈맥상강하, 골절상금석, 비액상산악, 호발상초목, 천욕고원 지욕방후, 일월욕광명, 뇌정욕진향, 강하욕윤, 금석욕준, 초목욕수, 차개대개아, 연곽임종유관인팔법시아.

무릇 사람은 음양의 기운을 받았으며 하늘과 땅의 형상을 닮았다. 오행의 자질을 받은 만물의 영장이다. 그러므로 머리는 하늘을 닮고 발은 땅을 닮으며 눈은 해와 달을 닮고 음성은 천둥소리를 닮고 혈맥은 강과 냇물을 닮고 뼈와 뼈마디는 금속을 닮았다. 코와 이마는 산맥을 닮고 몸에 털과 머리카락은 초목을 닮았다. -마의상법 논형(論形)-

3

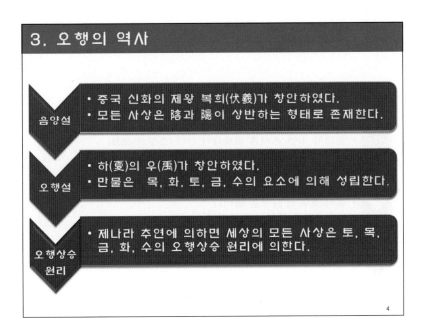

3. 오행의 역사

음양설
- 중국 신화의 제왕 복희(伏羲)가 창안하였다.
- 모든 사상은 陰과 陽이 상반하는 형태로 존재한다.

오행설
- 하(夏)의 우(禹)가 창안하였다.
- 만물은 목, 화, 토, 금, 수의 요소에 의해 성립한다.

오행상승 원리
- 제나라 추연에 의하면 세상의 모든 사상은 토, 목, 금, 화, 수의 오행상승 원리에 의한다.

4

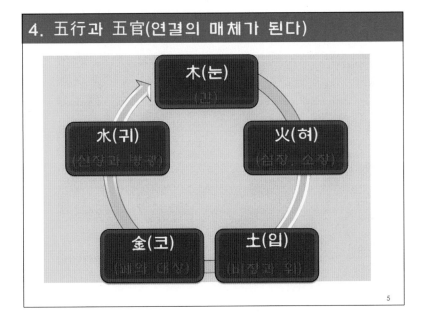

4. 五行과 五官(연결의 매체가 된다)

木(눈)
(간)

火(혀)
(심장, 소장)

土(입)
(비장과 위)

金(코)
(폐와 대장)

水(귀)
(신장과 방광)

5

1) 오행과 오관의 표리 관계

木
- 와잠이 탄력이 없으면 간이 피곤하다.

火
- 혀 색깔이 빨강이나 보랏빛이 되면 심장병을 주의해야 한다.
- 설태가 끼면 음식을 절제해야 한다.(소장의 문제)

土
- 구내염이 생기면 위장의 문제이다.
- 입주위의 피부가 거칠어진다.(위, 비장의 문제)

金
- 흉식 호흡의 담당은 폐이다.
- 복식호흡은 대장과 관계가 깊다.

水
- 귀울림, 난청의 문제는 신장과 관계가 깊다.
- 귀에 붉은 빛이 돌면 성적 체력이 떨어졌다는 신호이다.

6

5. 五行과 五藏 (감각기관의 바탕이 된다)

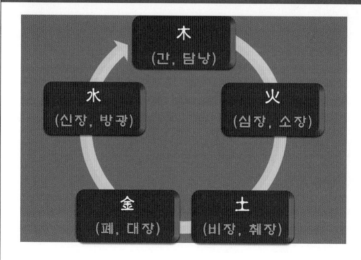

7

1) 오행과 오장의 표리 관계(감각기관의 바탕이 된다)

木
- 간은 음이고 담낭은 양이다.
- 활동력, 실행력, 감정의 근원이 된다.

火
- 심장은 음(에너지 보급)이고, 소장은 양(영양분 흡수)이다.
- 투쟁심과 자기방어를 담당한다.

土
- 위는 양(음식소화)이고, 비장은 음(혈액조절)을 담당한다.
- 의욕과 지혜를 담당한다.

金
- 폐는 음(산소공급, 탄산가스 배출)이고, 대장은 양(배설담당)이다.
- 사랑과 의협심을 담당한다.

水
- 신장은 체내 수분을 조정하며 혈액을 걸러 방광에 보낸다.
- 정력, 에너지, 끈기를 담당한다.

8

6. 五行과 五液(몸속에 흐르는 체액)

木(눈물)
(간에 해당)

水(가래)
(신장에 대응)

火(땀)
(심장에 해당)

金(콧물)
(폐에 대응)

土(침)
(비장에 해당)

9

1) 오행과 오액의 표리 관계

木
- 눈물은 간과 관계가 깊다.
- 봄철의 알레르기는 눈물로 연결된다.

火
- 심장박동이 빨라지면 땀이 배출된다.
- 심장의 양기가 허해지면 땀이 멈춰지지 않는다. 여름철의 땀.

土
- 비장기능의 이상은 침을 흘린다.
- 비장이 약해지면 입이 잘 다물어지지 않는다. 환절기 입의 형태.

金
- 폐에 이상이 오면 가래나 콧물이 생긴다.
- 폐가 차가워지면 점액이 줄어들고 콧속이 건조해진다.

水
- 신장의 기능이 약해지면 침을 자주 뱉는다
- 겨울의 추위는 신장의 에너지 저하를 일으켜 타액의 감소가 온다.

10

7. 五行과 향기(체취)

11

382 • Chapter 5 오행론의 실제적 분석

8. 五行과 五役(각 장기와 감각기관의 관계)

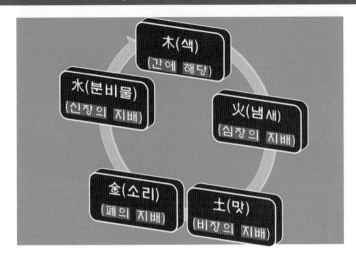

12

1) 오행과 오역의 표리 관계

木	• 색은 시각과 연결되어 있다. • 간에 이상이 있으면 얼굴과 피부의 기색으로 나타난다.
火	• 심장에 이상이 있으면 후각이 민감 해진다. • 냄새는 코와 상응되나 心의 속성인 화는 냄새를 강하게 한다.
土	• 비장 기능이 약해지면 미각이 변한다. • 맛은 소화 흡수의 중심인 비장과 관련된다.
金	• 폐의 이상은 소리의 변화를 가져온다. • 소리는 폐의 생리기능으로 발성을 한다.
水	• 신장의 이상은 부종을 일으킨다. • 분비물은 신장의 생리기능에 의해서 수분이 조절된다.

13

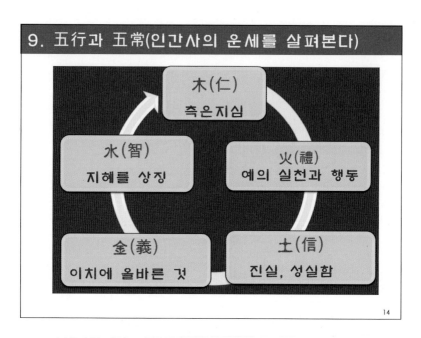

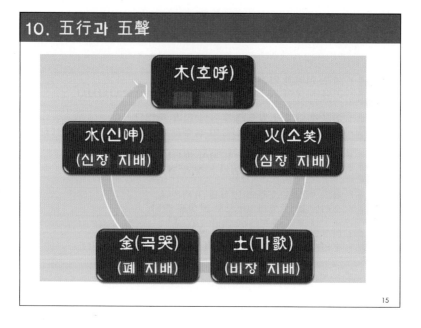

1) 오행과 오성의 표리 관계

 木
- 호(呼)는 목성이다.
- 간이 허약하면 어조가 강하고 고함치듯 소리를 낸다. -분노-

 火
- 소(笑)는 화성이다.
- 심장에 이상이 있으면 잘 웃거나 혼잣말로 중얼거린다.

 土
- 가(歌)는 토성이다.
- 비장의 문제는 노래하는 것처럼 흥분된 목소리가 나온다.

 金
- 곡(哭)은 금성이다.
- 폐의 문제는 소리가 끊어지고 감정이 없는 가라앉은 말투이다.

 水
- 신(呻)은 수성이다.
- 신장의 문제는 귀찮은 듯 신음하는 말을 한다.

16

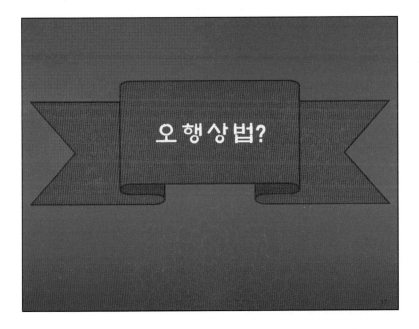

오행상법?

17

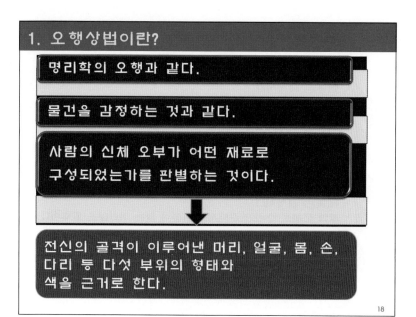

1. 오행상법이란?

> 명리학의 오행과 같다.

> 물건을 감정하는 것과 같다.

> 사람의 신체 오부가 어떤 재료로 구성되었는가를 판별하는 것이다.

⬇

> 전신의 골격이 이루어낸 머리, 얼굴, 몸, 손, 다리 등 다섯 부위의 형태와 색을 근거로 한다.

18

오행상법이란?

◆의약서 <영추>의 형태설이 기원이다.
➤서양상법
    형질분류법 : 영양체질, 근골체질,
                심성체질로 분류한다.
    - 생리학과 병리학적인 인식에 기초한
      것으로 사람의 오형과 건강상태 및
      질병, 성격 등을 판단하는 근거가 된다.

➤오행상법
    - 우주 생명의 기원에 근거해서 성립된
      것이므로 배우자 선택 및 일생 운세의
      순역(順逆) 등의 현상까지 판단한다.

19

2. 논형?

◆ 人稟陰陽之氣, 肖天地之形, 受五行之資, 爲晩物之靈者也
　인품음양지기, 초천지지형, 수오행지자, 위만물지영자야

－사람은 음양의 기를 받고, 천지의 형체를 본받고, 오행의
　바탕을 받아서 만물의 영장이 되었다.

◆ 故頭象天, 足象地, 眼象日月, 聲音象雷霆, 血脈象江河, 骨節
　象金石, 脾額象山岳, 毫髮象草木.
　고두상천, 족상지, 안상일월, 성음상뢰정, 혈맥상강하, 골절
　상금석, 비액상산악, 호발상초목.

－고로 머리는 하늘을 상징하고 발은 땅을 상징하고 눈은
　해와 달, 음성은 우레, 혈맥은 강하, 골절은 금석, 코와
　이마는 상악, 머리털은 초목을 상징한다.

20

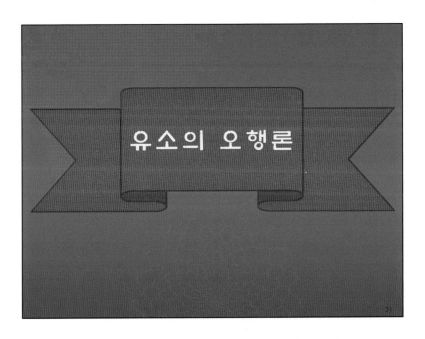

유소의 오행론

21

1. 인물지에서 말하는 오행론

오행	신체 부위	오덕	외재된 특징	성정의 특징
木	뼈	仁	뼈가 곧고 유연함.	성정이 온화, 정직, 유순, 과단성.
金	근육	義	근육이 강인하여 야무짐.	의지 견고, 뜻이 크고 원대하다.
火	기운	禮	기운이 맑고 명랑함.	언어가 확실하고 요점이 분명하며 세세하게 살핀다.
土	피부	信	몸이 단정하고 건실함.	너그러움, 위엄, 부드러움, 확고함이 있다.
水	피	智	혈색이 고르고 원활함.	성실하면서도 공경 받고 유능하면서도 신중하다.

2. 유소의 인재이론에서 말하는 음양오행이란?

1. 음양오행과 신체 부위의 상관관계를 파악해서 그 사람의 품격과 성정을 헤아린다.

2. 사람의 외양은 성정이 겉으로 드러난 것이다.

• 인물을 판단하는 첫번째 기준은 겉으로 드러난 모양과 행동을 본다.

3. 겉만 보고 사람을 평가해서는 안된다.

4. 구징 학설의 강조는 외모나 첫인상이 아니라, 사람의 타고난 바탕, 즉 내면이 외부로 드러난 징신(徵神)의 개념을 인물 감별의 기초적인 전제로 두고 있다.

1. 오행의 상생도

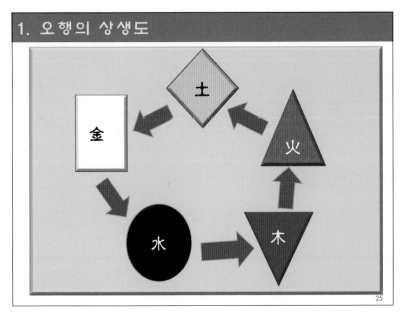

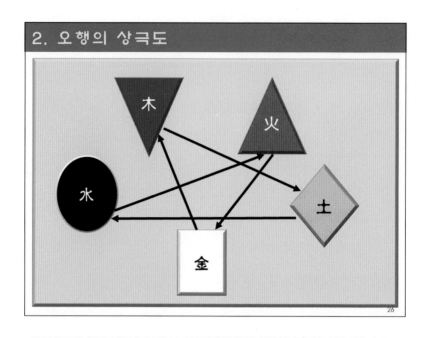

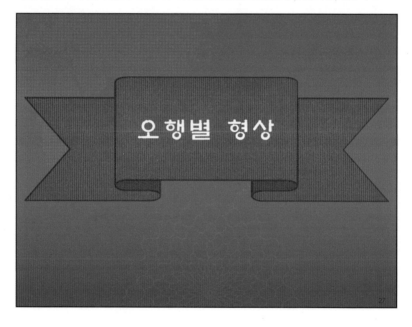

1. 木形相

퇴계 이황(1501 -70)
43세 : 주자대전입수
49세 : 독서를 시작해서
학문의 경지를 이룸

28

2. 火形相

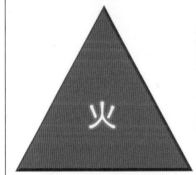

장유 (1587-1638) : 애연가
조선중기의 문신
예판, 이조판서 역임
효종의 장인
우의정 김상용의 사위.

29

3. 土形相

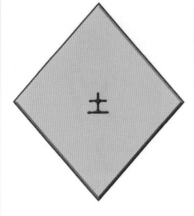

정약용 (1792-1794)
조선정조 시대 사헌부 수창
실학자이며 시인이고 과학자이다.
저서 : 목민심서 등.

30

4. 金形相

박세당 : 1629(인조)-1703년
주자학을 비판, 실학사상을
체계화 하였다.

31

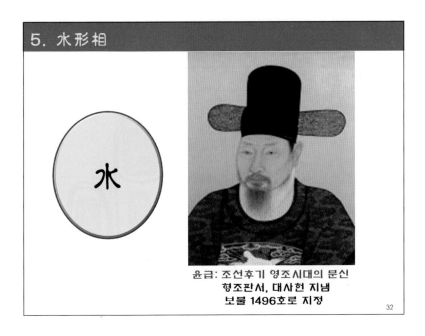

5. 水形相

水

윤급: 조선후기 영조시대의 문신
형조판서, 대사헌 지냄
보물 1496호로 지정

32

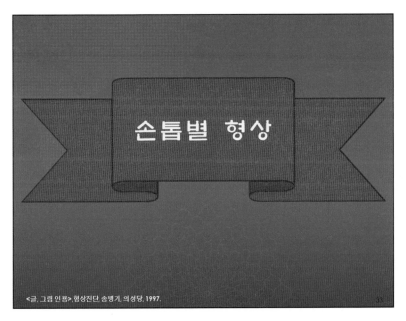

손톱별 형상

<글, 그림 인용> 형상진단, 송병기, 의성당, 1997.

33

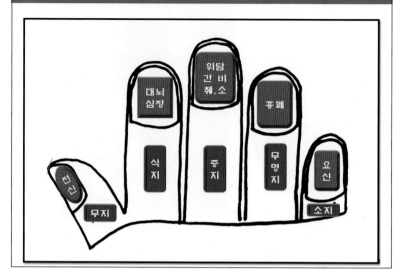

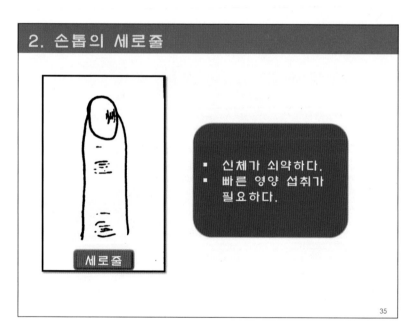

3. 손톱의 흰점(신경쇠약, 정서불안)

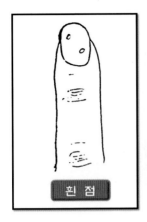

흰 점

◆ 반드시 병에 걸린다.

▪ 엄지손가락 : 신체 내부
  의 이상을 암시한다.
  뇌병에도 관계가 있다.
▪ 식지 : 눈병, 인후병.
▪ 중지 : 위병.
▪ 소지 : 다리, 관절, 성병.

4. 손톱의 반월구

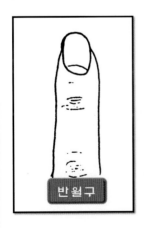

반월구

❖ 지나치게 큰 반월구
▪ 심장의 과도한 압박,
  맥박이상을 나타낸다.
▪ 심장이나 뇌수의 혈관
  파괴 위험성이 있다.
 –뇌졸증. 동맥경화에
  걸리기 쉽다.
❖ 지나치게 작거나 희미
  한 경우
▪ 심장의 움직임이 약한
  것을 나타낸다.
 –뇌빈혈을 주의해야 한다.

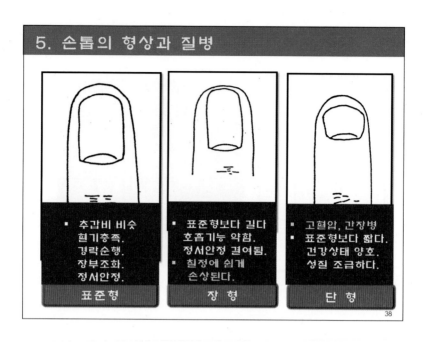

5. 손톱의 형상과 질병

표준형
- 추갑비 비슷
  혈기충족.
  경락순행.
  장부조화.
  정서안정.

장 형
- 표준형보다 길다
  호흡기능 약함.
  정서안정 결여됨.
- 칠정에 쉽게
  손상된다.

단 형
- 고혈압, 간장병
- 표준형보다 짧다.
  건강상태 양호.
  성질 조급하다.

38

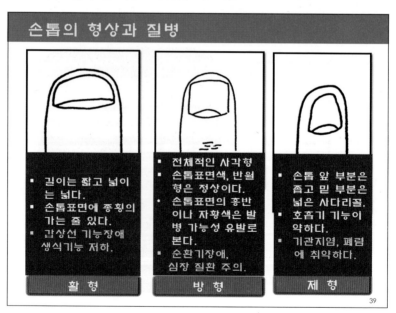

손톱의 형상과 질병

활 형
- 길이는 짧고 넓이
  는 넓다.
- 손톱표면에 종횡의
  가는 줄 있다.
- 갑상선 기능장애
  생식기능 저하.

방 형
- 전체적인 사각형
- 손톱표면색, 반월
  형은 정상이다.
- 손톱표면의 홍반
  이나 자황색은 발
  병 가능성 유발로
  본다.
- 순환기장애,
  심장 질환 주의.

제 형
- 손톱 앞 부분은
  좁고 밑 부분은
  넓은 사다리꼴.
- 호흡기 기능이
  약하다.
- 기관지염, 폐렴
  에 취약하다.

39

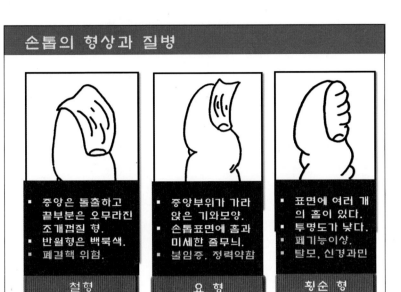

손톱의 형상과 질병

- 중앙은 돌출하고 끝부분은 오무라진 조개껍질 형.
- 반월형은 백묵색.
- 폐결핵 위험.

철형

- 중앙부위가 가라 앉은 기와모양.
- 손톱표면에 홈과 미세한 줄무늬.
- 불임증. 정력약함

요형

- 표면에 여러 개의 홈이 있다.
- 투명도가 낮다.
- 폐기능이상.
- 탈모, 신경과민

횡순형

40

손톱의 형상과 질병

- 흑색선이 세로로 나타난다.
- 반월형의 색이 한 쪽으로 기울어짐.
- 내분비기능 실조.
- 월경불순, 월경통

흑선

- 손톱표면에 불투명한 백색반점이 여러 손가락에 나타난다.
- 소화기계통 질병, 위장기능이 약하다.

백반

- 표면에 홍반이나 홍점이 나타남.
- 뿌리부위 피부가 거칠다.
- 순환기이상. 심장병. 만성출혈증. 혈소판문제.

홍반

41

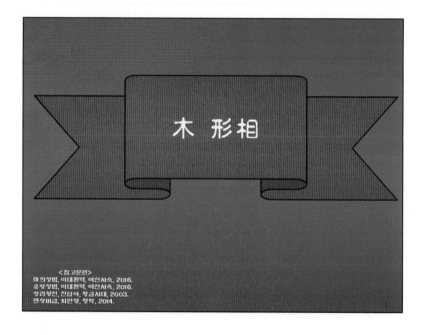

木 形相

<참고문헌>
마의상법, 이대환역, 여산서숙, 2016.
유장상법, 이대환역, 여산서숙, 2016.
상리형진, 진담야, 황금시대, 2003.
면상비급, 최인영, 청학, 2014.

木形相 : 정신적인 가치에 비중을 둔다.

퇴계 이황(1501 -70)
43세 : 주자대전입수.
49세 : 독서를 시작해서
학문의 경지를 이룸.

2

木이란? (간장. 담낭) 발생과 시작의 기운, 음양의 소생, 신맛.

木克土
• 적색과 홍색은 木生火이다.
• 목형은 황색을 얻어야 재물을 얻는다.

金克木
• 백색은 金克木이다.
• 본신을 상하게 한다.

水生木
• 흑색은 水生木이라 너무 왕성하다.
• 재앙을 조심해야 한다.

3

1. 목형상 －목불혐수(木不嫌瘦) : 야윈것을 꺼리지 않는다.

- 成和者 云 : 木形主長, 得氣五長. 氣色不雜, 精神不亂, 冬至溫柔涉久而淸也.
  성화자운 : 목형주장, 득기오장.기색부잡, 정신불란, 동지온유섭구이청야.

- 성화자가 이르기를 목형은 주로 길고 머리 얼굴 손 발 신체가 길고 기색이 혼잡하지 않고, 정신이 산란하지 않고 행동 거지가 온유하고 오래 걸어도 맑다.

4

2. 마의상법으로 보는 목형상.

- 似木得木, 資財足(사목득목, 자재족)
  목형 같은데, 목형을 얻으면 재물이 풍족하다.

- 목형:
  仰藏而瘦, 猋而直長, 露節頭隆而額聳, 或骨重而肥, 腰背匾薄, 非木之善
  앙장이수, 정이직장, 로절두융이액용, 혹 골중이비, 요배편박, 비목지선

  목형인은 풍채가 좋고, 마르고 곧고, 길고, 마디가 드러나고, 머리와 이마가 솟고 뼈가 장중하다. 만약 허리가 살찌고 등이 얇으면 목형의 좋은 것이 아니다.

5

- 시왈 :
稜稜形瘦骨, 凜凜更悠長, 秀氣生眉眼,
須知晩景光.
능릉형수골, 늠름갱유장, 수기생미안,
수지만경광.

시로 말하면 : 위엄이 있는 형체에 뼈가
마르고, 늠름하고 또 가늘고 길다,
빼어난 기를 생하는 눈썹과 눈은, 반드시
만년에 상서롭다.

6

3. 유장상법으로 보는 목형상.

- 凡木形宜疊直修長, 睛淸口闊, 神足,
不宜偏削歪斜, 故陷聲破, 如腰圓體,
正方可棟樑.
범목형의첩직수장, 정청구활, 신족,
불의편삭왜사, 고함성파, 여요원체,
정방가동량.

목형인은 곧고 약간 마르고 길다.
눈동자가 맑고 입이 넓고 신이 족하다.
기울고 깎이고 삐뚤어지면 좋지 않다.
마르고 퍼지고 음성이 깨지면 좋지 않
다. 허리가 둥글고 바르면 가히 동량
이다.

7

- 偏薄携削, 小人之相, 浮筋露骨, 何須
  若問攻名, 些須帶火, 乃作木火通明.
  편박휴삭, 소인지상, 부근로골, 하수
  문공명, 사수대화, 내작목화통명.

기울고 얇고 헐고 깎이면 소인 상이다.
살이 들뜨고 뼈가 드러나면 공명을 묻
기 어렵다. 목형은 적색을 띠면 목화통
명격 이다.

- 若是土赤金紅, 不宜取用, 有宜帶些金,
  還是求名之客, 木削金重, 一生成敗之人.
  약시토적금홍, 불의취용, 유의대사금,
  환시구명지객, 목삭금중, 일생성패지인.

만약 황색 적색 백색 홍색이면 취용이 불
가하고 약간의 백색은 좋으니 명예를 구
한다. 나무를 극하는 백색이 중하면, 성공
도 하고 실패도 한다.

8

- 書云 :
  稜稜形瘦格, 稟稟更修粧, 秀氣生眉眼,
  方言作棟樑.
  능능형수격, 품품갱수장, 수기생미안,
  방언작동량

능능하고 형이 마른 격이며 당당하고,
약간 여위고 눈과 눈썹에 빼어난 기가
발생하면, 비로소 동량이라고 말한다.

9

4. 면상비급으로 보는 목형상.

- 木形人 取秀而清 木不嫌瘦 木宜帶水.
  목형인 취수이청 목불혐수 목의대수.

  목형인은 푸르고 빼어난 기운을
  취하여야 하고 목은 마른 듯하지
  않은 것을 싫어하며 목형은 마땅히
  수의 기운을 띠어야 한다.

- 木形瘦直骨節堅 色帶青兮人卓肇.
  목형수직골적견 색대청혜인탁조

  목형은 여윈듯 곧고 뼈마디가 튼튼
  하여야 하며 피부색이 푸른빛을 띠면
  일찍부터 뛰어난 사람이다.

10

1) 면상비급으로 보는 吉相.

- 木水相資 富而且貴 文學英華
  出塵之器.
  목수상자 부이차귀 문학영화
  출진지기.

  수와 목은 서로 도우니 부하고
  또 귀하게 되며 문학으로 뛰어
  나서 빛나고 세간을 넘어서는
  도량을 가졌다.

11

면상비급으로 보는 吉相.

- 木形主長 得基五長氣色不什,
  精神不亂, 動止溫柔, 涉久而挺直也.
  목형주장 득기오장기색불심
  정신불난 동지은유 섭구이정직야.

목형은 길게 빼어난 기운을 갖춘
그 오장의 기색이 열 사람이면
열 사람이 다른 것으로 정신이
어지럽지 않고 움직임과 멈춤이
따뜻하고 부드러우며 아무리
오랫동안 돌아다녀도 곧은 모습
이 특출하다.

12

2) 면상비급으로 보는 凶相.

- 形體疲弱, 而削薄乙木也, 氣薄色百者
  金也, 眇細之木, 豈宜金來砍削.
  형체피약, 이삭박을목야, 기박색백자
  금야, 모세지목, 기의금래감삭.

체형은 지친 듯 약하고 꽑여서 보잘것
없는 을, 목이다. 얇은 흰색의 기운은
금 이다. 가늘고 작은 나무가 어찌 베고
꽑으러 다가오는 금이 마땅하겠는가?

- 木形多金, 一生剝落, 父母무刑, 妻子不成.
  목형다금, 일생악락, 부모조형, 처자불성.

목형에 금 기운이 많은 사람은 일생을
꽑이고 떨어지니 부모를 일찍 떠나고
처와 자식을 두지못하여 가정을 지키지
못한다.

13

5. 상리형진으로 보는 五音론 중 (木音론)

- 목에 소속되면 조급하고 초조한 소리가 난다.
- 음성이 아주 우렁차게 일어나면서 음성의 가지가 중단하게 되는 것이고, 음성이 격동하면서 멈춰서 올라가면 청정한 표준이 되는 것이다.

- 聲音詩(성음시)로 살펴보면
  목의 기운은 듣는 사람으로 하여금 화합하고 윤택 함을 느끼게 하는데, 오행의 소리 중 가장 부유하 고 넉넉한 소리이다.

14

6. 풍감에 나타난 목형상

<風鑒>曰 : 稜稜形瘦骨, 凜凜更收長.
　　　秀氣生眉眼, 秀知晚景光.
<풍감> 왈 : 능능형수골, 늠름갱수장.
　　　수기생미안, 수지만경광.

-풍감에 이르기를 위엄이 있는
　형상이 마르고 뼈가 늠름하고
　다시 호리호리하고 길다.
　빼어난 기가 눈썹과 눈에 발생
　하면 반드시 말년에 빛이 있음
　을 알아라.

15

7. 오행형상론(五行形相論)으로 보는 목형론.

- 木기운은 전체적으로 길게 되어 있다.
- 몸이 곧고 길어서 나무가 곧은 것 같고 형색이 맑으며 기운이 수려하면 바른 기상을 얻었다고 할 수 있다.
- 허리가 편벽되고 등이 얇으면 목기운이 아름답다고 할 수 없다.
- 木기운이 수려하고 골격이 견고한 사람이 파리한 듯 하지만 가볍지 않고 걸음걸이가 편안한 사람은 바야흐로 기둥과 대들보와 같은 인격자이다.
- 木形相으로 木局에 바탕을 얻는다면 움직이고 거처하는 것이 따스하고 부드러우며, 어려움을 잘 헤쳐 나가고 기상이 맑다.
- 木의 형체는 어진 마음이 되어서 주로 아주 밝고 청정하며 수려하게 되니, 귀하고 천한 것을 정할 수 있다.

16

8. 오행형상시단(五行形相時斷)으로 보는 목형

- 木기운의 형체를 가진 사람은 전체가 길쭉하고 꾸꾸하며 곧아 팔다리 사지가 길쭉하게 보이니, 우러러 보듯이 모든 사람한테 노출됨이 두려울 것이 없고, 만약 골격은 진중하고 무거운 것 같으면서 몸에 비해 살이 찌고 허리 부위와 등 부위가 작고 또한 얇으면 이 사람은 木形에 좋은 것은 아닌 것이다.

17

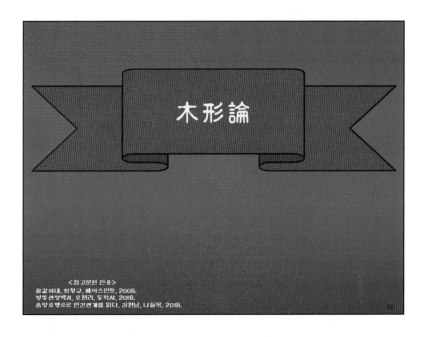

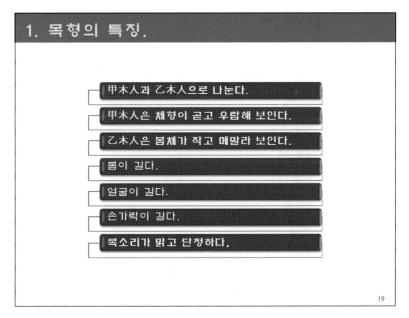

2. 木形相의 귀

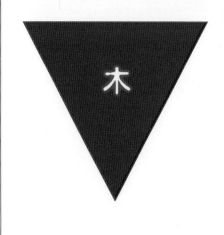

20

1) 목형의 귀형상 (木耳)

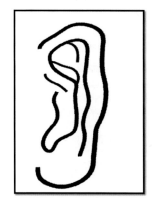

- 바퀴(이륜)은 날아오르는 듯 하고 이곽은 뒤집혀져 있다.
- 천륜의 형태가 뾰족하고 이 곽이 돌출되어 있으면 화형을 득했으므로 길하다.
- 귀가 흰색을 띠면 금국을 겸하였으므로 형극이 된다.
- 재물운이 약하다.
- 가족 인연이 원만하지 못하다.
- 자녀가 귀하다.
- 여성이 목형의 귀를 가지고 있으면 부인과 계통의 질병으로 고생한다.

21

2) 목형의 귀형상 (木耳(목이))-상리형진-

- 가난하고 고초를 당하여 이루
  어지는 것이 없으니 안타깝다.
- 귀의 윤곽이 반대로 뒤집혀지
  고 바르지 못하면 육친의 덕을
  입지 못한다.
- 재산과 인연이 멀다.
- 한곳에 정착 하지를 못한다.

22

3) 목형의 귀형상 (木耳(목이) -면상비급-

- 木耳破祖(목이파조)
  목형의 귀는 조상과 인연이
  없다.
- 귀의 윤곽이 반대로 뒤집혀
  지고 윗부분이 크고 아랫부
  분이 작다.
- 얇으면서 수주가 없고 색깔
  이 탁해서 깨끗하지 못하다.
- 子. 午 축이 바르지 못하고
  구멍은 큰데 비하여 털이
  없다.

23

3. 木形相의 수염

24

1) 영락백문 중 30번째 문항 -목형의 수염-

1. 對日鬚乃腎經之苗 丹田元神.
   대왈 수내신경지묘 단전원
   수염은 신장 경락의 싹이며 단전의 원신이다.

2. 木形人火旺, 故此無鬚 還須有子 不可以鬚言人子息
   恐誤基大事.
   목형인화왕 고차무수 환수유자 이수언인자식
   공오기대사.
   **목형인은 화가 왕성하므로 수염이 없어도 다시 자식
   이 있다. 수염으로써 아들을 말함이 불가하니 큰일
   을 그르칠까 두렵다.**

25

2) 영락백문 중 30번째 문항 -목형의 수염-

3. 書云 木形相髮爲嗣 水土看髮爲後.
서운 목형상 발위사 수토간발위후.
**책에서 말하길 '목형의 관상은 모발이 후대를
이으며 수형인 과 토형인 은 모발을 봐서 후사를 본다.**

4. 木形落髮 卽死無疑.
목형락발 즉사무의.
목형에 모발이 탈락하면 곧 죽음이 의심할 것이 없다.

26

4. 木形으로 보는 실제 형상화

마음을 안정화 시켜서 신념을 강하게 하는 것이 운을
바꾸는 포인트이다.

27

목형에 목형을 얻으면 재물이 풍족하다.

- 두상, 체상이 다같이 심성질 형이다.
- 이마쪽, 어깨쪽이 넓다.
- 하관과 엉덩이는 좁다.
- 두상, 체상에 살집이 없다.
- 장신을 귀품으로 친다.
- 왜소한 木局木體相은 하품이다.
- 살이 잘 찌지않는다.
- 성격 : 남성은 정신력이 강하고,
- 여성은 지조가 강하다. 선비형 이며
- 신뢰형이다. 식성이 까다롭다.
- 배우자운 : 水형상, 土형상의 배우자 를 만나면 부를 누린다.
- 배우자 水형상은 대길하다.

28

- 건강운 : 수명장수, 자녀운이 길하다.
- 직업운 :
- 長木相 : 관계, 언론, 금융, 약사, 의사, 교수직 계통이 많은 편이다.
- 小木相 : 경공업 기능직, 초중등교사, 초급관리, 전자기능직, 기타 서비스업, 경노동 현장 계통 의 종사자가 많은 편이다.

29

- 입술이 붉고 잔 주름이 많다.
- 코가 길고 마디가 있다.
- 입이 길다.
- 눈과 눈썹이 수려하면서 길다.
- 귀가 길고 큰 편이다.
- 이마는 불룩하게 나오고
- 머리는 높이 솟아 있다.
- 목에는 결후가 있다.
- 갑목의 관상은 대머리를 꺼리지 않으나 탈모증은 기피한다.
- 을목은 대머리를 꺼린다.

30

2) 목국화체상

- 두상은 역삼각형이며 체상은 정삼각형이다.
- 정수리가 뾰족하고 귀가 높게 걸려 있다.
- 피부색이 붉고 윤기가 흐른다.
- 성격이 동적이고 조급하다.
- 목이 유난히 길어 보인다.
- 갑목. 을목 모두 불을 너무 많이 가져서는 안된다.
- 불의 세력이 심하면 봄을 다친다.
- 목국화체상은 흔하지 않다.

31

3) 목국토체상

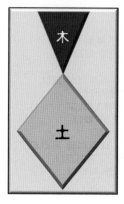

- 심성질성질의 역삼각형 두상과 부육
  질 성질의 두둑한 마름모꼴 체상의
  결합이다.
- 얼굴에 살집이 없어 하관(뺨)이 홀쭉
  하다.
- 봄집은 물렁살이 부풀어 나서 육중한
  체구이다.
- 상극관계지만 서로 화합한다.
  그러나 토를 너무 많이 가지면
  좋지 않다.
- 뼈가 굵고 살이 매끄럽지 못하면 서
  로 화합하지 못한다.
- 운동신경이 둔해서 봄놀림이 무딘 편
  이다.

32

목국토체상

- 성격 : 두뇌는 우수하고 이론은 밝은
  편인데 비해서 민첩한 행동력이 없어
  명예나 재물운은 따르지 않는다.
- 학업운 : 학운은 길하다. 고고학, 철학,
  민속학, 심리학이나 미술, 음악을 선호
  한다.
- 배우자운 : 대부분 부모의 주선으로
  이룬다. 배필운이 좋은 편이다.
- 직업운 : 작가나 고미술상, 점술가, 일
  반 소상인계통이 많다.
- 건강운 : 고혈압, 당뇨병을 주의해야
  하며 나이가 들면 치매질환도 각별히
  신경을 쓰야 한다.

33

- 역삼각형 두상과 긴 네모꼴 체상의 결합이다.
- 얼굴이 작고 각이 졌으며 색이 하얗다.
- 운동신경이 발달해서 봄자랑 힘자랑을 많이 한다.
- 성격 : 봄이 얼굴을 해친다.
- 금극목 형상으로 두뇌는 좋은데 체력 또한 너무 좋아서 두뇌를 생산적인데 쓰지를 못한다.
- 건달세계, 행동책이나, 해결사역을 떠 맡는다.
- 한탕주의 도박심리가 강해서 돈이 잘 모이지 않는다.
- 여성도 통이 크다. 큰 계주 노릇을 하다가 세상을 놀라게 한다.

34

- 학업운 : 학업을 중도에 포기하거 나 전공한 학문을 사회에 환원하 지 못하는 경우가 많다.
- 배우자운 : 최상의 배우자는 수국 수체상이다.
- 직업운 : 운동선수, 선원, 해운업, 수산업 이며 공직계통은 주의를 요한다.
- 건강운 : 중년이후는 뇌손상주의, 말년에는 중풍과 치매를 주의하 여야 한다.
- 목국금체상의 아이를 둔 가정에 서는 페어플레이 정신 길러 주기, 정당하게 겨루는 도리와 협동정 신을 길러주는 것이 좋다.

35

5) 목국수체상 (상생관계이다)

- 심성질성질의 역삼각형 두상과 영양질 성질의 水體相의 결합이다.
- 눈이 크고 총기가 있다. 얼굴이 길고 둥글다. 용모가 수려하다.
- 최고급의 인생을 산다.
- 자연의 섭리를 따른 결합이다.
- 나무는 물을 먹고 자란다는 논리이다. 그러나 水氣를 너무 많이 가지면 키가 크고 몸집이 크며 살이 많고 둥글둥글한 체형이 되는데 화합하지 못한다. 재난과 불행이 많이 초래된다.

36

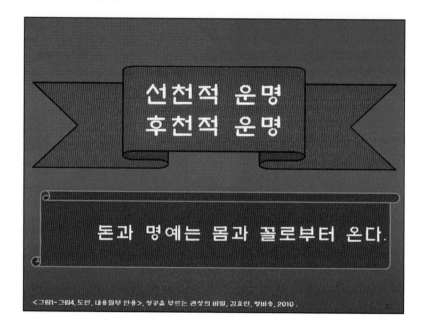

선천적 운명
후천적 운명

돈과 명예는 몸과 꼴로부터 온다.

<그림1-그림4, 도안, 내용일부 인용>, 성공을 부르는 관상의 비밀, 김효린, 청비송, 2010 .

1. 선천적 운명과 후천적 운명

선천적 운명 : 나 자신의 그릇(오장육부의 생김새. 뼈, 근육의 형태)

쌀이 보리가 될 수 없고, 콩이 보리가 될 수가 없다.

후천적 운명 : 그릇안에 담을 내용물(오장육부. 뼈. 근육의 사용관리 여부)

선천적 숙명의 정보를 정확히 인지했을 때 쓰임에 맞는 후천적 운명
의 정보를 잘 사용할 수가 있다.

38

1) 몸과 마음의 감응

◆ 사람이란?

- 감성과 이성의 동물이다. 생각하고 그 생각에 따른 행동이 습
  관을 만들며, 습관은 성격형성에 영향을 끼치고, 성격에 따라
  그 사람의 운명이 만들어진다.
- 사람이 생각하는 것은 이목구비에서 나타나는 정보를 통하여
  오장육부가 활성화되고 오장육부의 활성도에 따라서 얼굴이
  만들어진다.
- 상학이란 사람의 마음이 드러난 마음의 경작지를 얼굴에서
  보는 학문이다.
- 얼굴을 보고 변해가는 후천적 운명을 읽어낼 수가 있다.
- 생긴 골격은 그대로 있지만 마음 씀씀이에 따라서 형태는 변
  한다.
- 머리와 얼굴을 형성하는 뼈는 스물세개의 뼈인데 본래 가지고
  태어난 얼굴뼈는 선천적 숙명이다.
- 조각난 뼈위를 덮고 있는 근육이나 피부는 후천적 숙명이다.

39

2) 꼴을 변화 시키려면?

- 꼴을 변화시키는 것은 후천적으로 가능하다.
- 얼굴은 하나의 뼈로 만들어진 것이 아니고 조각난 뼈들로 이루어져 있기 때문이다.
- 얼굴을 덮고 있는 조직들을 개선시키면 가능하다.
- 얼굴이 바뀌려면 조각난 뼈들의 움직임이 변해야 하고 조각난 뼈들이 움직이려면 오장육부의 움직임이 바뀌어야 한다.
- 숙명적 구조를 가지고 태어났어도 후천적 구조를 개선시켜 운명을 바꿀 수 있다.

3) 선천적 숙명이란?

- 태어나면서 가지고 나온 정보 즉, 오장육부의 각 생김새나 뼈의 형태, 각 근육의 형태나 결합조직에 내장되어 있는 정보를 말한다.
- 나의 생김새이다.
- 타고난 위장이 작으면 그에 맞는 용량만 먹으면 되는데 작은 위장을 가진 사람이 큰 위장을 가진 사람의 용량을 먹으면 위장이 과부하가 걸린다.
- 위장은 척추앞근막 이라는 막으로 쌓여서 인두수축근이라는 근육이 식도와 연결되어 얼굴뼈의 중심이 되는 나비뼈에 직접 매달려 있기 때문에 위장이 나쁘면 얼굴 중심뼈에 반영되어 나비뼈가 변화되고 이는 곧 관상의 변화를 만든다.

4) 후천적 구조개선이란 ?

- 선천적 숙명이 나의 생김새라면 후천적 운명은 생김새를 이루는 각 조직들의 활동으로 본다.
- 타고난 오장육부를 어떻게 사용하느냐, 타고난 근육을 어떻게 사용하느냐, 뼈를 어떻게 관리 하느냐에 따라 달라지는 것을 뜻한다.
- 타고난 선천적 정보인 오장육부에 대한 정보를 알고 거기에 맞는 후천적 정보를 사용하게 된다면 우리가 원하는 가장 편안한 삶을 유지할 수가 있게 된다.
- 마음이 편안해지면 나라는 개체는 같으나 얼굴이 환하게 바뀌게 된다.
- 궁핍하고 어려우면 얼굴이 그늘져 보인다.
- 얼굴이 바뀌는 것은 스물세개로 이루어진 얼굴뼈와 머리뼈의 움직임에 변화를 주고, 뼈를 지탱해주는 뼈막과 뇌를 싸고 있는 뇌막의 변화를 주면 자율신경절을 통해 오장육부의 변화와 뇌에서 나오는 신경전달물질들의 변화를 가져온다.

42

2. 인체 구조로 숙명과 운명을 논하면?

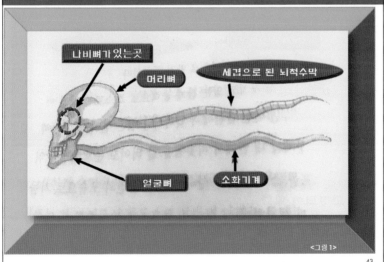

<그림1>

43

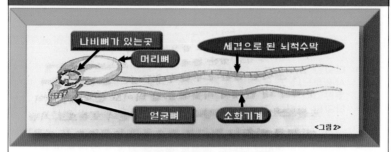

1) 뇌척수막 "선천적 정보를 주관한다."

뇌척수막: 뇌를 싸고 있다.

- 세개의 겹으로 되어 있다.
- 세개의 막은 머리의 앞면 가운데 인당의 머리뼈에 고정되어 있고 양쪽 측면과 후두부 척추안 꼬리뼈에 고정되어 있다.
- 고정되어 있는 이유는 머리뼈나 얼굴뼈들이 움직일 수 있도록 안에서 붙잡는 역할을 하기 때문이다.
- 두개골 안에서 중심이 되는 뼈를 나비뼈라 한다.

44

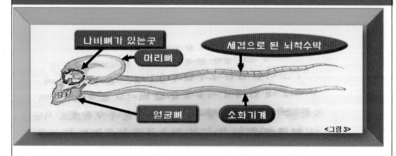

2) 소화기계 "후천적 정보를 주관한다."

- 혀부터 항문까지 하나의 관으로 연결되어 불기뼈와 엉치뼈에 고정되어 있다.
- 뇌척수막과 소화기계 이 두개의 관은 마음이 표현되는 이목구비에 변화를 가져온다.

45

3) 인당 : 혜안 이라고도 한다

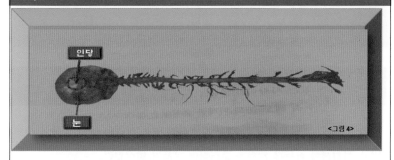

인당

눈

<그림4>

- **인당**은 뇌에 저장되어 있는 98%의 잠재능력을 활용할 수 있는 곳이다.
- 눈으로 본 후천적 정보와 선천적 정보가 교류되는 곳이다.
- **눈은** 선천적인 숙명과 정보교환을 하고 **입은** 후천적 운명 의 정보를 주는 곳이고 **코는** 선천적 숙명과 후천적 운명이 만나는 곳이다.

46

3. 관상학은 인체구조를 토대로 한 학문

초년운 : 이마(생각을 관장하는곳)

올바른 생각과 긍정적인 사고의 판단은 재물을 가져온다.

중년운 : 코

얻어진 재물을 잘 쓰게 되면 말년운을 보는 아래 턱에 그 정보가 나타나게 된다.

말년운 : 턱

노년에 복이 온다는 것은 자식이 잘 되는 것이다.

47

4. 섭생은 후천적인 운명을 나타낸다.

입은 실질적인 물질을 섭취해야 하는 구조로서 늘 변화속에 있는 후천적 운명과 같다.

자신의 타고난 오장육부의 생김새를 알고 섭식을 하면 건강은 물론이고 관상이 바뀐다.

간이 큰 사람은 담즙을 많이 생산하고 간이 작은 사람은 담즙이 적게 생산된다. 담즙에 따른 지방섭취가 중요. 간이 큰 사람은 일정량의 지방을 섭취해야 하는데 채식을 고집하면 문제가 발생한다.

오장육부의 모습이 중요하다. 일반적인 정보의 오류를 주의 하여야 한다.

내 그릇을 알고 정보를 취득해야 한다.
결과는 당사자의 몫이다. 육류와 생야채의 문제이다.

48

5. 운을 바꾼다는 것은?

간은 혼을 저장하고 분노를 나타내는 장기로 중년운과 재물을 잘 보필하는 역할을 하는 광대뼈와 재물이 들어오는 입구인 산근 부위의 지장을 초래한다.

개선 : 몸의 견갑골과 하부늑골을 개선시키면 품격있는 광대뼈로 변하며, 뒷목을 개선시켜주면 산근이 살아나게 된다.

화가 나면 횡경막이 충분히 내려가지 않게 되면 간을 싸고 있는 결합조직막이 굳는다.

이러한 내부적인 장부들의 움직임 변화는 결국 얼굴뼈의 변화를 가져오는데, 특히 광대뼈를 이루는 위턱뼈나, 앞이마뼈와 위턱뼈가 만나는 산근 부위의 변화를 가져오게 된다.

49

03

화형상 · 공독상법

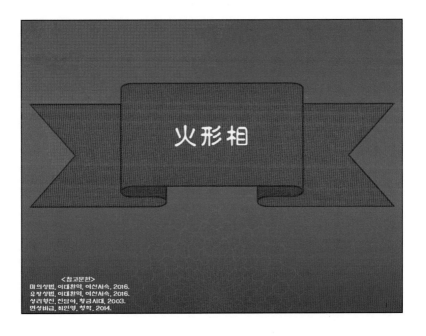

火形相

<참고문헌>
마의상법, 이대환역, 어산서숙, 2016.
유장상법, 이대환역, 어산서숙, 2016.
심리학진, 진담아, 청금시대, 2003.
면상비급, 최인영, 청학, 2014.

火形相

장유 (1587-1638) : 애연가

마음을 편안하게 하여 여유로움과 타인을 배려하는
사랑을 넓히면 운의 흐름을 길운으로 유도하게 된다.

1. 화형상 — 似火得火, 見機科 — (사화득화 견기과)

화형 같은데 화형을 얻으면 기민한 과단성이 나타난다.

- 어깨폭과 가슴폭은 좁고 가슴 앞뒤 두께는 두껍다.
- 옆구리와 엉덩이는 폭과 두께를 다 갖춰 묵직한 느낌을 준다.
- 몸집 전체에서 하단부가 유별나게 굵은 체상이다.
- 피부색은 불그스름하다.
- 심장과 깊은 관계가 있다.
- 머리가 뾰족한 럭비공 모양이다.

3

화형상

- 얼굴이 불규칙하게 생겼고 불꽃이 타는 모양처럼 뾰족하게 생긴 삼각형▲과 불이 타올라 번지는 역삼각형▼형태가 있다.

4

2. 마의상법으로 보는 화형상

- 上尖下闊, 上銳下豊, 氣性躁急,
  騰上赤色, 火之形也.
  상첨하활, 상예하풍, 기성조금,
  등상적색, 화지형야.

화형은 위가 뾰족하고 아래가 넓다.
위는 예리하고 아래는 풍부하다.
성질이 조급하며 진홍색이 비치면,
화형의 참모습이다.

5

화형상·공독상법•425

마의상법으로 보는 화형상

- 詩曰 : 欲識火形貌, 下闊上頭尖,
  舉止全無定, 頤邊更少髥.
  시왈 : 욕지화형모, 하활상두첨,
  거지전무정. 이변갱소염.

시로 말하면 : 화형의 형모는 아래가
넓고, 윗머리가 뽀족하고, 행동거지가
온전히 일정하지 않고, 턱 주변과 턱
아래에 수염이 적다.

6

3. 유장상법으로 보는 화형상

- 凡火形人相尖下闊, 形動燥, 鬚少面紅,
  鼻喬, 不帶滯色, 宜明潤而紅, 又宜髮少,
  不宜腹大, 不宜口大.
  범화형인상첨화활, 형동조, 수소면홍,
  비교, 부대체색, 의명윤이홍, 우의발소,
  불의복대, 불의구대.

화형인은 위가 뽀족하고 아래가 넓다.
동작이 조급하고 수염이 적다. 얼굴이 붉
고 코가 활처럼 굽고, 색이 띠면 좋지않고,
밝고 윤택한 홍색은 좋다. 모발의 숱은 적
어야 좋다. 배와 입이 크면 좋지 않다.

7

유장상법으로 보는 화형상

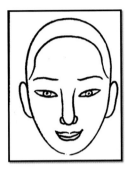

- 凡火形, 貴不過武職, 富不過百金,
  非大富貴之相也.
  범화형, 귀불과무직, 부불과백금,
  비대부귀자상야.

화형은 귀해야 무직에 불과하고, 부유해도
백금에 불과하다. 큰 부자나 귀한 상이
아니다.

- 凡火形右宜頭高, 方有子, 不然子赤難超.
  범화형우의두고, 방유자, 불연자적난초.

화형은 머리가 높아야 자식을 두고, 그렇
지 않으면 역시 두기 어렵다.

8

4. 면상비급으로 보는 화형상

- 火形人 取尖而赤, 火不嫌尖 火宜帶木.
  화형인 취첨이적, 화불험첨 화의대목.

화형인은 뾰족하고 붉은 기운을 취하여
야 하고, 화는 뾰족한 기운을 싫어하지
않으며 화형은 마땅히 목의 기운을
띠어야 한다.

- 火形豊銳赤焦燥, 反露氣枯 無常好.
  화형풍예적초고, 반로기고 무상호.

화형은 예의 바르며 날카롭고 마르게
타는 듯한 적기와, 뒤집어지고 드러난
기운이 마르지 않아야 언제나 좋다.

9

면상비급으로 보는 화형상

- 火形水性, 兩不相竝, 剋破妻兒, 錢宰無剩.
  화형수성, 양불상병, 극파처아, 전재무잉.

화형에 수성을 띠면 화와 수의 두 가지 상은 서로 아우르지 못하므로 처와 자녀를 극하고 파하여 돈과 재물 또한 남는 것이 없다.

10

1) 면상비급으로 보는 화형상의 吉

- 火國遇木, 鳶肩騰上, 三十爲卿, 功名蓋世.
  화국우목, 연견등상, 삼십위경, 공명개세.

화국에 목을 만나고 솔개처럼 차 올라간 어깨라면 삼십에 높은 벼슬을 하게 되고 세상에 이름을 날린다.

- 火形主明 得其五露氣色不什, 精神不亂, 動止發揚, 聰明而敏捷也.
  화형주명 득기오로기색불십, 정신불난, 동지발양, 총명이민첩야.

화형은 밝은 기운을 갖춘 그 오로의 기색이 열 사람이면 열 사람이 다른 것으로, 정신이 혼란스럽지 않고, 움직임과 멈춤에서 정신을 떨쳐 일으키듯 하며, 총명하고 민첩하다.

11

- 火形水性, 兩不相竝, 剋破妻兒, 錢財武剩.
  화형수성, 양불상병, 극파처아, 전재무잉.

화형에 수성을 띠면 화와 수의 두가지 상은 서로 어울리지 못하므로 처와 자녀를 극하고 파하여 돈과 재물 또한 남는 것이 없다.

- 頭尖耳尖鼻尖耳露目露火形也, 肉肥氣靜而色黑者水也, 爲火形水相, 兩不相容.
  두첨이첨비첨이로목로화형야, 육비기정이색흑자수아, 위화형수상, 양불상용.

머리가 좁고 귀가 뾰족하며 코가 날카롭고 귀가 드러나고 눈이 나오면 화형이다. 살이 찌고 기운이 고요하고 피부색이 검으면 수이다. 화형에 수의 상이 되므로 서로가 어울리지 못한다.

12

5. 상리형진으로 보는 화형상 (五行形相論)

- 오행의 불기운은 밝은 것을 주장한다. 땅에서 노출되는 기색이 혼잡 되지 아니함을 얻고, 정신이 산란하지 않고 그 형체가 날카로우면서도 밑의 부분이 풍부하다.
- 형색이 초조하고 기우는 마른 나무 막대기와 같으며, 움직이고 고요한 것은 떳떳하지 못하다. 오히려 초조한 기운만 노출하게 되어 전체 기상의 윗부분은 날카롭고 뾰족해서 불 기운이 위로 솟아오른 것과 같다.

13

상리형진으로 보는 화형상 (五行形相論)

- 화형으로 태어난 사람은 대부분
이 조급함이 많고 초조하며 급
한일이 많고, 밑의 부분은 넓지
만 머리 윗부분은 뾰족한 느낌
이 나고, 동작하고 멈추는 것이
완전히 정할 수는 없으나 턱 주
변 수염의 수효가 작다.

14

1) 상리형진으로 보는 五音論 중 (火音)

- 화에 소속되면 초조하고 맵고
조급하며 사나워서 불꽃이 큰
수레가 달릴 때 나는 소리가
난다.

- 聲音時로 살펴보면
- 화의 불기운 소리는 초조한데,
비유하자면 화약 터지는 소리
와 총소리에 해당한다.

15

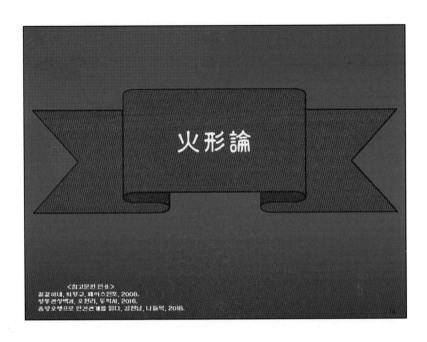

<참고문헌 인용>
꼴값하네, 최형규, 페이스인포, 2008.
정통관상백과, 오현리, 동학사, 2016.
음양오행으로 인간관계를 읽다, 김현남, 나들목, 2018.

1. 화형의 특징

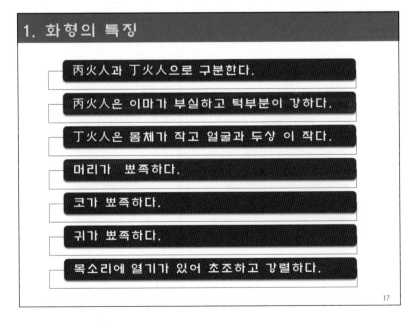

丙火人과 丁火人으로 구분한다.

丙火人은 이마가 부실하고 턱부분이 강하다.

丁火人은 몸체가 작고 얼굴과 두상 이 작다.

머리가 뾰족하다.

코가 뾰족하다.

귀가 뾰족하다.

목소리에 열기가 있어 초조하고 강렬하다.

17

화형의 특징

- 보수적이며 예의가 있고 다혈질형이 많다.
- 정열적이며 흥분을 잘하고 급한편이다.
- 손바닥이 얇고 신체 끝부분이 날카로운 편이다.
- 감성이 발달하고 민첩하며 화려한 것을 좋아한다.
- 추진력은 있으나 결단력이 약하다.
- 자유분방한 성격이며 조직과는 불협화음이 많다.

18

2. 火形相의 귀

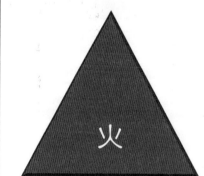

19

1) 화형의 귀형상 (火耳(화이)

- 눈썹보다 높이 있으며 윤곽이 단단하다
- 귓바퀴(이륜)는 단단하고 이곽 은 뒤집혀진 형태이다.
- 귓불은 드리워졌으나 부족함 이 많다.
- 산근과 와잠이 서로 조화를 잘 이루면 장수는 하지만 고 독하고 자식운이 부족하다.

20

2) 화이(火耳) -상리형진-

- 火耳 :孤壽勞碌(고수노록) 오행의 불에 소속되는 귀는 고독 하고 수고로운 일이 많으며 일마다 순조로움이 적다.
- 귀의 생김새가 불꽃의 형상과 같이 윤곽 이 뾰족하게 생겼으면 독한 기운이 많고 뱀과 같이 모질다.
- 수주가 낮게 붙어 있으면 자랑할 바가 아니다.
- 하는 일마다 장애가 많고 수고로움이 많 아서 늘 피로하다.
- 늙어서는 자녀도 없고 모든 일이 순조롭 지 못하다.

21

3) 화이(火耳) -면상비급-

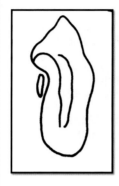

- 火耳孤壽 [화이고수]
  화형의 귀는 고독하게 오래 산다.
- 귀가 뾰족하고 약간 윤곽이 뒤집어져 있다. 길고 매우 단단하다. 눈썹을 지나서 높게 달려 있다.
- 이러한 귀를 가지면 재치가 넘친다.
- 갖은 고생을 하며 심성이 기이하고 소탈하다.
- 처를 극하고 자식을 극하여 육친과 인연이 좋지 못하다.
- 부와 귀는 갖추더라도 고독하다.
- 금, 수형인 과 어울리면 가난하고 단명한다.
- 화형이나 목형인과 짝하면 중귀 의 격은 갖추게 된다.

22

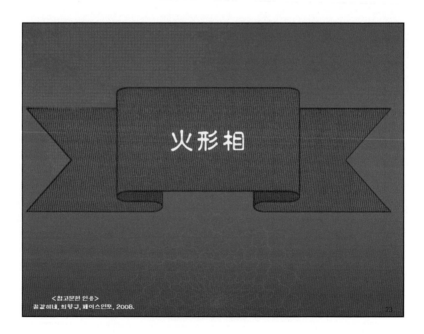

火形相

<참고문헌 인용>
꼴값하네, 최형규, 페이스인포, 2008.

23

1) 화국 화체상

- 힘이 세며 다혈질 성질이다.
- 이마 상단쪽이 좁은 산 모양이다.
- 흉곽 상단부가 좁고 가슴팍은 두텁다.
- 이마가 좁고 여러 가닥의 주름살이 많다.
- 배, 엉덩이가 넓고 두텁다.
- 팔에 비해 다리는 짧은 편이다.
- 이마가 언제 벗겨 지는가에 따라 생활의 안정도를 알 수가 있다.
- 이마가 벗겨질수록 길조이다.
- 화형상의 신생아가 많이 태어나면 천재지변이나 전쟁으로 인한 인명피해가 일어날 징조로 본다.
- 성격: 성급하다. 강인한 체력의 소유자이며 폭력적인 면이 있다.
- 여성은 대부분 편모슬하에서 자란다.

24

화국 화체상

- 학업 : 면학열은 있으니 학업 기회를 놓치는 경우가 많다.
- 배우자운 : 혼기가 늦을수록 길하다.
- 30세 이후가 길하다.
- 토형상 의 배우자가 제격이다.
- 수형상 이나 금형상 을 만나면 생사별을 하는 경우가 많다.
- 직업 : 초기 직업운이 없다. 35세 이후가 길한편이다.
- 연료관계, 기계정비, 전기, 운송업, 토목직, 수사관, 정보원, 승려계통과 관계가 깊다.
- 건강운 : 어릴 때는 호흡기 질환, 중년기에는 심장병을 주의하여야 한다.

25

- 성격 : 이마가 빈약해 초년운이
  없는 편이다.
  봄집에서는 하체가 빈약해 말년이
  약하다고 본다. 히스테리가 많으며
  조급하다.
- 35세-50세 까지가 전성기이다.
- 학업운 : 두뇌가 좋은 편은 아니다.
  학운이 없는 편이다.
- 배우자운 : 좋지 못하다.
  초혼유지가 힘든다.
  35세 이후에 만나야 길하다.
  토국토체상 이 길하다.

26

화국 목체상

- 직업운 : 체력이 열악해서 적응을
  잘하지 못한다.
  부동산 중개업, 경비직, 오락사행장,
  잡화상 계통과 인연이 깊다.
  오관이 좋으면 수사계, 정보계 쪽으로
  인연이 깊다.
- 건강운 : 조급함으로 외상을 잘 입는
  편이다.
  특히 허리와 다리를 조심해야 한다.
  대소장과 직장암 등 배설기관 계통에
  각별한 주의를 기울여야 한다.

27

3) 화국 토체상

❖ 얼굴이 붉고 몸은 검고 누른빛이다.
❖ 어깨는 쳐지고 몸집은 육중하다.
❖ 몸집이 크고 외견상 팔끔함이 없다.
▪ 성격 : 이마가 빈약해 부모복이 없다.
　친화력이 부족하여 주변이 없다.
　음성이 컬컬하고 화술이 서툴다.
▪ 학업운 : 학운이 없다.
　이공계 고교를 나와 각종 기능직
　자격증 소유자가 많다.

화국 토체상

▪ 배우자운 : 이성교재에 둔감하여 혼기가
　늦어지는 경우가 많다.
　늦은 결혼을 해야 한다. 正木體相이나
　土局金體相을 만나야 부를 이룬다.
❖ 중년이후 배우자운과 재물운이 있다.
▪ 직업운 : 토목, 건축, 목재업, 연료, 중장
　비업 등이 적격이다.
▪ 건강운 : 조급함으로 외상을 잘 입는다.
　특히 허리와 다리를 조심해야 한다.
　대소장과 직장암 등 배설기관 계통
　에 각별히 신경을 기울여야 한다.

❖ 얼굴이 붉고 눈동자는 황갈색이다.
❖ 인상이 조금 험상궂은 느낌을 준다.
❖ 부모와 인연이 없고 청소년기는
  말썽 소지가 있다.
❖ 대부분 한두개의 별을 달고 있는
  경우가 많다.
▪ 성격 : 불같이 급한 성격이다.
  운동신경이 발달한 체력이다.
  인성이 약한편이다.
  40대가 지난 이후에 안정권에
  들어서는 경우가 많다.
▪ 학업운 : 학운이 거의 없는 편이다.

30

화국 금체상

▪ 배우자운 : 30대에 한두차례 실패
  경험을 겪는다.
  43세 이후에 土局土體相을 만나게
  되면 길운이 도래 된다.
  여성은 상당기간을 홀로 사는 경우
  가 많다.
▪ 직업운 : 투기종목의 운동선수로 찰
  나의 영광에 이르기도 한다.
  운송업, 중장비업, 건설현장, 도급업
  과 인연이 깊다.
▪ 건강운 : 뇌질환, 심혈관 질환을
  주의 하여야 한다.
  여성은 폐경기가 일찍 온다.
  두둑한 겉모양에 비해 수명이 짧은
  편이다.

31

5) 화국 수체상

- 상극 하면서 서로가 화합하는 격이다.
- 눈썹. 수염. 구레나룻이 짙다.
- 얼굴이 윤기가 흐르면서 붉은 편이다.
- 성격 : 개방적이면서 적극적이고 밝고 솔직한 편이다.
- 미각에 뛰어난 편이고 술을 좋아하고 여자문제가 일어날 수도 있다.
- 육친과 인연이 약해서 고향을 떠나 타향에서 성취하는 경우가 많다.
- 丁火格으로 水體를 너무 강하게 띄면 가난하거나 단명하는 경우가 많으므로 건강에 각별히 유의하여야 한다.

32

6. 화국 잡체상 (오형의 요소가 부적격 형태로 배합되어 있다)

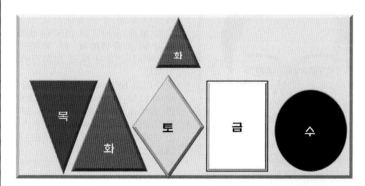

서로 억제하는 경향이 강하므로 건강, 재물, 성격 형성에 좋은 영향을 주지 못하므로 얻는 것이 적고 수명도 짧은 편이다.

33

공독상법
"제백궁 포괄론"

34

1. 재백궁 (財帛宮:코) 재복의 유무, 금전출납, 평생의 재산관계를 본다

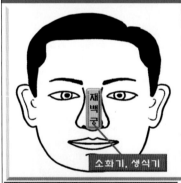

소화기, 생식기

"정신적인 사랑과 육체적인 사랑"

- 코의 전체적인 모양, 아무진상태 :
  육체적인 사랑을 본다.
- 코끝의 모양 : 정신적인 사랑의 깊이
  둥글고 살집. 윤기 : 마음이 따뜻하다.
- 코끝이 좁고 뾰족 : 계산적. 냉정하다.

- 얼굴의 제일 중앙에 위치해 있고
  가장 높은 곳이므로 이곳이 풍만
  하고 밝고 윤택하게 잘 생겨야
  재운이나 건강이 좋고 의지력이
  강하다.
- 구부러졌거나 너무 낮거나 얼굴에
  비해 너무 높거나 비뚤어져 있으
  면 일생을 통해 금전 풍파가 있다.
- 콧잔등의 세로 주름살이 많으면
  건강에 유의해야 하고 부부운, 자
  녀운도 약하다.
- 특히 검은 사마귀, 흠집, 주름에
  주의한다.

35

재백궁 (財帛宮:코) 재복의 유무, 금전출납, 평생의 재산관계를 본다

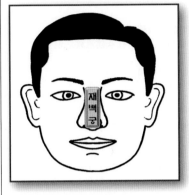

- 콧구멍이 크고 코가 크면 낭비벽이 있어 체면손상은 하지 않는다. 일확천금운도 있지만 인생 파란도 많다.
- 콧구멍이 너무 작으면 융통성이 결핍되어 편견적이고 인색하다.
- 콧대가 불쑥 높이 솟으면 저항심과 공격력이 많다.
- 메부리코는 욕심이 많고 냉정하고 이기적이다.
- 적색빛깔은 금전장애로 바쁘게 허덕이며 검은 빛깔은 건강 적신호를 의미한다.

---

2. 공독상법(公篤相法)에서 논하는 재백궁론

◆公篤曰 : 近世風鑑家, 斷財帛官之富業, 單據土星而論之,
    並且盲指而瞎.
공독왈   근세풍감가, 단재백관지부업, 단취토성이론지,
    공차맹지이할.

공독 선생이 말하길 근래의 풍감가는 코인 재백궁을 부의 업으로
판단하며 단지 토성을 근거하여 논의하나 맹인이 지적하며 애꾸가
지적해 허풍 떤 것이며 항상 인정의 학설에 가깝지 않다.

(공독상법) 에서 논하는 재백궁론

◆ 又以土星-部, 而包括各項, 是爲相法之誤解, 蓋財星之種類頗多,
　有正受之祖業, 有坐守之自創, 有官祿之致富, 有承祧承祧之偏受,
　有偏孚之發達, 有交際之利益,
　우이토성이부, 이포괄각항, 시위상법지오해, 개재성지종류파다,
　유정수지조업, 유자수지자창, 유관녹지치부, 유승조승조지편수,
　유편부지발달, 유교제지리익,

또 토성 일부는, 각 항목을 포괄하며, 상법의 오해가 되니, 재성의
종류는 많아, 바로 받은 조업이 있기도 하며, 앉아서 스스로 창조함
도 있고, 관록으로 부유하게 됨도 있고, 조상의 종묘를 이어받아 치
우쳐 받음도 있고, 치우쳐 발달함도 있고, 교재의 이익도 있고, 자손
의 넓고 큼도 있고, 족친이 발탁함도 있고, 교류로 보좌함도 있고,

(공독상법) 에서 논하는 재백궁론

◆ 有子孫之宏恢, 有族戚之提拔 提拔, 有知交知浦佐,
　有速發之外業, 有妻妾之暗助, 有奴僕之勤勞, 故非
　中岳一部, 而可包括矣.
　유자손지굉외, 유족척지제롱, 제롱, 유지교지포좌,
　유속발지외업, 유처첩지암조, 유노복지근로, 고비
　중악일부, 이가포괄의.

자손의 넓고 큼도 있고, 족친 이 발탁함도 있고, 교류로
보좌함도 있고 멀리서 외부 생업이 있기도 하며, 처첩이
몰래 도와 줌도 있고, 노복들의 근로도 있으니 그래서 중
악인 코 한 부분으로 포괄함이 가능하지 않다.

04
토형상·심상이란?

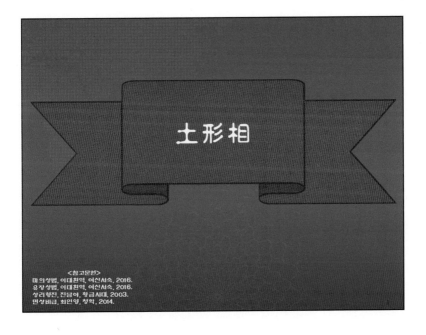

土形相

〈참고문헌〉
마의상법, 이대환역, 여산서속, 2016.
유장상법, 이대환역, 여산서속, 2016.
상리형진, 진담야, 청금시대, 2003.
면상비급, 최인영, 청학, 2014.

土形相 (부드러운 중용의 마음을 가진 소유자)

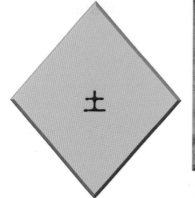

정약용 (1792-1794)
조선정조 시대 사헌부 수창.
실학자이며 시인이고 과학자이다.
저서 : 목민심서 등-.

2

1. 마의상법으로 보는 토형상- (비장과 위장이 발달)

- -似土得土 厚櫃庫-
  -사토득토 후궤고-

  토형 같은데 토형을 얻으면
  금고와 창고가 두둑하다.

- 土形 : 肥大, 敦厚二重實,
  背隆而腰厚, 基形如龜.
  토형 : 비대, 돈후이중실,
  배륭이요후, 기형여구.

  토형은 비대하고, 돈후 하여
  무겁고 실직하고, 등이 솟고
  허리가 두텁고, 그 모양이
  거북이와 같다.

3

마의상법으로 보는 -토형상-

- 詩曰:
  端厚仍深重, 安詳若大山,
  心謨難測度, 信義中人間.
  단후잉심중, 안상약대산,
  심모난측탁, 신의중인간.

시왈:
단정하고 중후하고 깊고 무겁다.
어찌 보면 큰 산과 같아, 마음의
모사를 헤아리기 어렵고, 신의를
중히 여기는 사람이다.

4

2. 유장상법으로 보는 토형상 -論形-

- 凡土形肥大敦厚, 面重實背高, 皮黑,
  聲大如雷, 項短頭圓, 乃真土也.
  범토형비대돈후, 면중실배고, 피흑,
  성대여뇌, 항단두원, 내진토야.

토형은 살이 찌고 크고 육중하다.
얼굴이 중후하고 실하며 등이 높다.
피부는 검고 음성이 우레 같고, 목이
짧고 얼굴이 둥글면 참 토형이다.

5

- 端厚乃沈重, 安詳若泰山,
  心謨難測度, 信義重人間.
  단후내심중, 안상약태산,
  심모난측도, 신의중인간.

  토형은 단정하고 후하고,
  신중하고 태산과 같다.
  심지를 측정하기 어렵고,
  신의를 중시하는 사람이다.

6

3. 면상비급으로 보는 토형상

- 土形, 取厚重, 骨重肉實頭面厚大, 鼻準
  豊隆, 口闊脣厚頤風, 腰背如龜聲重, 手
  足皆重厚色明黃, 氣魄廣大, 眞土形也.
  토형, 취후중, 골중육실두면후대, 비준
  풍륭, 구활순후이풍, 요배여귀성중, 수
  족개중후색명황, 기백광대, 진토형야.

  두텁고 무거움을 취하는데, 뼈가 무겁고
  살 비듬이 튼튼하고 머리와 얼굴이 크
  고 두터워야 하는 것으로, 콧마루가 풍
  요롭게 솟아야 하며, 입이 넓고 입술이
  두껍고 턱이 넉넉하여야 하며, 허리와
  등이 거북이와 같고 음성이 무겁고, 손
  과 발 모두 두텁고 밝은 황색으로서, 진
  취성 있는 씩씩한 기상이 크고 넓어야,
  참으로 토형이라 할 수 있다.

7

면상비급으로 보는 토형상

- 土形, 敦厚肥大而重實背高皮厚, 氣魄宏大聲響如雷, 恒短頭圓骨肉完全, 乃眞土形也, 如骨肉土薄神昏聲細步輕, 氣暗色滯, 乃土形, 不得土格如土性, 不貧則賤, 是亦屬於下格.
토형, 돈후비대이중실배고피후, 기백굉대성향여뢰, 항단두원골육완전, 내진토형야, 여골육토박신혼성세보경, 기암색체, 내토형, 부득토격여토성, 불빈즉천, 시역속어하격

토형인은 두텁게 살이 쪄서 크고 실하며, 등이 높고 피부가 두터워 튼튼하여야 한다. 씩씩한 기상이 크고 음성이 우레와 같이 울리며 ,정수리가 짧고 머리가 둥글고 뼈와 살이 붙어 조화롭게 이루어져야, 참으로 토형이 되며, 뼈와 살 비틈이 얇아 드러나고 정신이 혼미하고 음성이 가늘고 걸음이 가벼우며, 기가 어둡고 색깔이 막힌 ,이러한 토형은, 토의 성정과 품격을 얻지 못하여, 가난하지 않은 즉 천하여, 하격에 속하게 된다.

8

1) 면상비급으로 보는 토형상 -五行總論-

- 土形人 取黃而厚, 土不嫌厚, 土宜帶火.
토형인 취황이후, 토불형후, 토의대화.

토형인은 두터운 황색 기운을 취하여야 하고 두텁지 않으면 안되고, 토형은 마땅히 화의 기운을 띠어야 한다.

- 土形端厚色黃之, 臀背露兮性樂靜.
토형돈후색황지, 둔배로혜성락정

토형은 친절하고 정중하며 피부색은 황색으로서, 둔부와 배가 드러나고 성품은 고요하고 낙천적이다.

9

2) 면상비급으로 보는 토형상 -五行形吉-

- 土形主重, 而實得其五藏氣色不什,
  精神不亂, 動止持重, 臥久而安泰也.
  토형주중, 이실득기오장기색불십,
  정시불난, 동지지중, 와구이안태야,

  토형은 주로 무겁고 탄탄함을 갖춘
  그 오장의 기색이 열 사람이면 열 사
  람이 다르고 정신이 문란하지 않으며
  움직임과 멈춤을 신중히 하여 오랫동
  안 쉬어도 직장이나 가정에 아무 탈
  이 없다.

3) 면상비급으로 보는 토형상 -五行形凶-

- 土形重木, 作事不成, 若不夭折,
  家道怜仃.
  토형중목, 작사불성, 약불요절,
  가도영정.

  토형에 목기운이 많으면, 하는
  일마다 이루지 못하고, 만약
  요절하지 많으면, 집에서 홀로
  걸으며 고독하다.

면상비급으로 보는 토형상 −五行形凶−

- 形體敦厚, 骨重肉實土也, 鬚多廉亂,
  木重也, 若木露而神昏, 爲太歲氣也,
  不利.
  형제돈후, 골중육실토아, 수다미란,
  목중아, 약목로이신혼, 위태세기아,
  불리.

친절하고 인정이 두터운 형체에 뼈가
튼튼하고 살 비듬이 단단한 것이 토형
이다. 수염이 많으면 죽 먹기도 어려우
니 목기운이 많은 탓이라, 만약 목기운
이 드러나고 정신이 혼미하면 그 해
년도의 기운이 이롭지 못하다.

12

4. 상리형진(相理衡眞)으로 보는 五行形相論 중 (土形論)

- 토에 소속되어 있는 사람은 풍채가 좋고
  의기가 당당하고 근육은 가벼우면서도
  골격은 무겁고 황색의 빛을 가지면 길상
  이다.
- 두텁고 무거운 사람은 토기운이 왕성하
  고 근육은 비대하며, 얼굴에 분홍빛이
  나고 윤택하면 모든 일이 순리대로 이루
  어진다.이런 사람은 토의 사람이 토의
  환경을 얻었다고 할 수 있다.
- 골격이 무겁고 근육이 엷으며, 정신이
  어둡고 힘이 없어 보이면 운이 막혀 있
  는 선비다.

13

1) 상리형진으로 보는 五音論 중 (土音論)

- 土에 해당되는 음성은 깊고 두터움이 있다.
- 무거우면서도 묵직한 느낌이 든다.
- 질그릇 독 밑에서 나는 소리처럼 울림이 있다.

- 성음시로 살펴보면
  土에 해당되는 음성은 문득 깊은 독 속에서 우러나오는 것과 같이 웅장하다. 이러한 소리를 갖고 있는 사람은 곧 성공한다.

14

2) 상리형진으로 보는 오행형상시단 (五行形相詩斷)

- 토형으로 태어난 사람은 몸 전체가 비대한 듯 하고, 도탑고 두터우면서도 진중하며 무겁고 착실한 느낌이 나고, 등 부위는 위로 솟은 듯하며 허리는 두텁게 되어 있다. 그 형체가 거북이와 같은 사람은 토형의 형상이 된다.

15

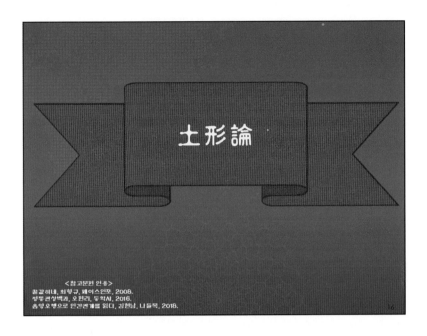

<참고문헌 인용>
칠갑혀내, 최형구, 페이스인포, 2008.
정동권상백과, 오현리, 동학사, 2016.
음양오행으로 인간관계를 읽다, 김현남, 나들목, 2018.

1. 토형의 특징

戊土人과 己土人으로 구분한다.

戊土人은 얼굴과 두상이 크고 두터우면서 턱이 풍요롭다.

己土人은 몸체는 적으나 견실하고 아무져 보이는 상이다.

머리가 둥글고 목이 짧다.

손가락이 짧다.

살이 중후하고 뼈대가 튼튼하다.

입이 크고 입술과 턱이 두텁다.

목소리가 중후하다.

코가 둥글고 준두가 풍릉 하다.

키가 작다.

17

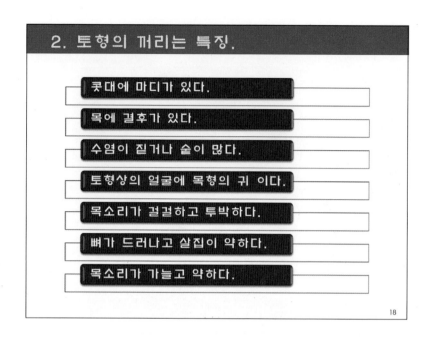

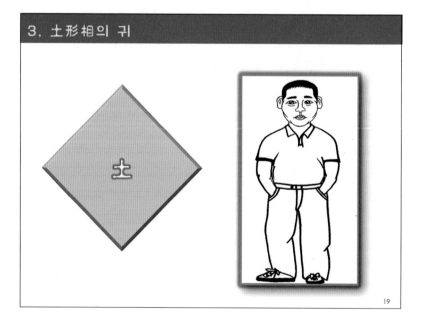

1) 토형의 귀형상 (土耳)

- 두텁고 크며 윤택한 붉은색 빛이 난다.
- 붉은색이 토국토체상의 체형에 토형의 귀를 가지면 부귀영화와 장수를 누린다.
- 두텁고 단단하고 비대하다.
- 주변이 넓으면서 외곽이 없는 경우의 토귀는 가난하면서 병약하다. 여자의 경우는 명예가 있는 집안과의 결혼은 조심해야 한다.

20

2) 토형의 귀형상(土耳) -상리형진-(福壽榮昌)

- 복수영창: 오행의 土에 소속되는 귀는 복과 수명이 영화롭고 날로 번창한다.
- 귀의 형체는 두텁고 견고하고 크면서 비대하다.
- 분홍빛과 누런빛이 있고 윤기를 띠고 있으면 권위와 위엄이 있다.

21

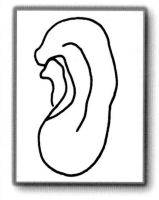

- 토이부이무귀: 토형의 귀는 부하고 무관 으로서 귀하게 된다.
- 두텁게 맺혀져 있고 크고 살이 쪄 있다.
- 깨끗한 붉은색으로 윤곽이 분명하고 수주가 입을 향하여 조우하고 있으면 길상이다.
- 목형인과 만나면 힘든 노력이 따르며 부유함도 오래가지 못하고 고독 해진다.
- 금형인과 화형인과는 좋은 관계가 된다.

22

4. 토형으로 보는 실제 형상화

타인을 항상 품는 마음으로 대하는 후중한 마음가짐이 필요하다.
산을 무너뜨리는 것은 내가 아니라 타인이다.

참고문헌인용, 꼴값하네, 최형규, 페이스인포, 2008. 정통관상백과, 오현리, 동학사, 2016.   23

토형상 -사토득토 후궤고(似土得土 厚櫃庫)-

- 좌우 관골이 발달하였다.
- 얼굴 전모가 넓고 두툭하며, 안색은 누르스름하다.
- 이마상단과 하정이 좁은 편이다.
- 귀는 큼직한 편이나 귓바퀴가 없어 느슨하다.
- 눈썹 숱이 희박하고 색깔이 누른 편이다.
- (안상)眼相 전모에서 미(美)티나 귀(貴)티가 느껴지지 않는다.
- 콧대는 낮으나 콧방울은 두툭하다.
- 입은 큰 편이나 입술이 얇고, 형상이 뚜렷하지 않다.
- 부육질 이며 성질이 무디다.
- 행동이 느리며 말재주가 없다.
- 옆구리가 벌어진 복부비만형 체상이다.

24

1) 토국토체상

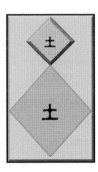

土

土

- 광대뼈가 유별나게 벌어져 얼굴전체가 넓다.
- 옆구리가 벌어져 복부가 넓고 두텁다.
- 토체형의 근육은 단단한 맛이 없다
- 부육질이 불어나는 것을 주의해야 한다.
- 토형상은 특히 피부에 윤기가 있어야 한다.
- 누르스름한 안색에 윤기가 없다면, 굶주림과 질병의 도래를 의미한다.
- 성격 : 행동이 느리나 인내심은 강하다.
  순발력은 없지만 뚝심은 있다.
  변혁을 싫어한다.
- 학업운 : 높은 학업운은 없는 편이다.

25

토국토체상

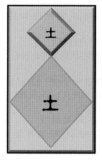

- 배우자운 : 전형적인 중매결혼형이다.
남성- 결혼은 늦지만 배우자운이 길하다.
여성 : 미모와 애교는 없지만 모성애가
강하다
봄색괄이 맑으면 금형상이 짝이 되고,
어둡고 긴 체형이면 목형이 길하다.
- 직업운 : 건설업, 연료, 화학물질, 제조판매
업, 농산물, 환경학, 농학, 철물, 건축토목,
건축업, 장례업, 수송업등 어느 형상보다
적응범위가 넓다.
- 건강운 : 심장병, 고혈압, 당뇨병, 체중조절
에 각별한 주의를 기울여야 한다.

26

2) 토국목체상

- 상극이면서 화합하는 상이다.
- 신체가 길고 크면 안된다.
- 뼈가 드러나지 말아야 한다.
- 얼굴이 길고 살집이 많아도 좋지 않다.
- 긴 사각형의 눈썹이 인상적인 얼굴이다.
- 얼굴 광대뼈가 벌어져 안면이 두텁고 넓
적하다.
- 몸집이 야윈 편인데, 특히 하체가 약하다.
- 인성이 어질다.
- 두뇌회전이 무딘 편이다.
- 재물운, 명예운, 건강운이 약하다.
- 배우자 선택에 각별히 신경 쓰아 한다.
- 성격 : 끝마무리가 허술해 생애에 우여
곡절이 많으며 진취성과 개혁성향이
없는 편이다.

27

- 학업운 : 높은 학업운은 없는 편이며 이공계 계통과 인연이 깊다.
- 배우자운 : 혼기가 늦다.
  초년 배우자운이 약하다.
  金局水體相을 만나면 해로하며 총명한 자식 한 명을 둔다.
- 직업운 : 개인비서, 운전기사, 중소기업의 지배인, 경비원 계통과 인연이 깊다.
- 건강운 : 난청, 난시, 실명, 후각, 미각 등의 감각기관의 장애를 주의 하여야 하며 대소장 기능도 약하다.

28

3) 토국화체상

- 남성은 코와 입이 큰 중후한 얼굴이다.
- 여성은 살집이 좋고 큰 얼굴이다.
- 볼집은 두둑한데 비해 목이 가늘고 길다.
- 저력과 인내력, 순발력이 있고 날새면서 식욕이 왕성하다.
- 곱고 귀하게 보이는 여성이 별로 없으며 농어촌 여성에게 많은 얼굴형이다.
- 여성은 육체적인 아름다움으로 인기를 얻는다.
- 성격 : 언동이 거칠어 주변에 친숙한 사람이 별로 없다. 애교는 없지만 생활력은 강한편이다.
- 학업운 : 학운과 손재주도 없는 편이다.

29

- 배우자 : 正木相이 좋다.
  남성 : 미혼, 기혼을 가리지 않는다.
  여성 : 재취와 인연이 깊다.
- 직업운 : 농산물 생산판매, 옹기
  생산판매, 벽돌 건축자재상, 건축,
  현장근로직과 인연이 깊다.
- 건강운 : 심장, 간장등 오장이 취
  약하다. 장수형과 인연이 멀다.
  각별히 건강에 유의해야 한다.

30

4) 토국금체상

- 학업운 : 중간형이다. 두뇌가 아주
  우수하지는 않으나 노력가 이다.
- 공부보다는 일찍 사회에 진출해서
  사업기반을 이루는 경우도 많다.
- 배우자운 : 좋은 편이다. 생사별이
  없다.
  木局水體相이나 木局土體相이 좋다.
- 직업운 정치가, 고급공무원, 기업가,
  부동산 임대업과 인연이 깊다.
- 건강운 : 체중조절에 힘쓰야 한다.
  특히 심폐기능을 주의하여야 한다.
  장수형이다.

31

- 상극 하면서 화합하고 발전하는 형국이다.
- 흙이 물기를 머금은 격으로 거부의 표상이다.
- 코가 높고 입이 크야 한다.
- 입이 작고 턱이 뾰족하면 고생하는 고독한 운명이다.
- 만약 안색이 누렇고 눈이 크고 눈빛이 강하면 작은 성취를 취하고 의식주 또한 풍부하다.
- 성격 : 사람과 잘 어울리며 기질이 좋다. 먹는 것을 좋아하고 잘 베푸는 유형이다. 깊이가 있으며 대인관계와 재운이 좋다.

32

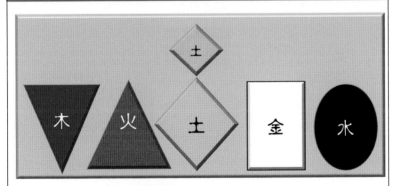

- 신체의 일부분이 두껍고 실한 것 외에는 토형 인들의 외부에 나타나는 특징과 성격이 감추어져 있다.

33

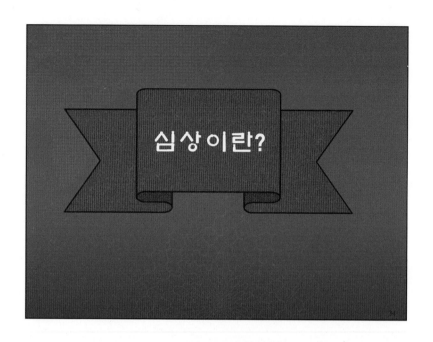

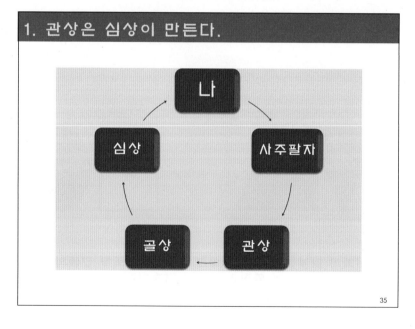

1. 관상은 심상이 만든다.

2. 눈빛 : 자연스러운 눈빛 읽어 내기가 중요하다.

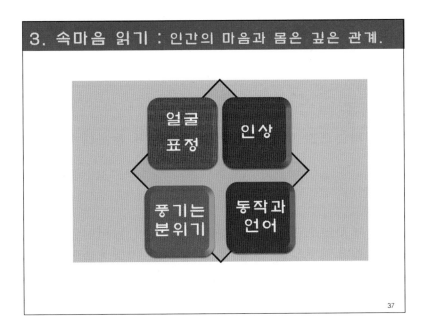

눈빛

진실 ↔ 거짓

36

3. 속마음 읽기 : 인간의 마음과 몸은 깊은 관계.

얼굴
표정

인상

풍기는
분위기

동작과
언어

37

4. 얼굴형으로 살펴보면 !

1. 낙천적인 사람은 둥근 얼굴이 되기 싶다.

- 인간의 마음과 몸은 깊은 관계가 있다.

2. 신경질적인 사람은 마른 얼굴이 되기 싶다.

- 교감신경 긴장형 이므로 소화흡수 기능이
  약해서 살이 찌기 힘들다.

5. 웃는 모습속에 성격이 보인다.

1. 진실한 미소

- 자연스런 미소는 주변을 따뜻하게 만든다.

2. 거짓미소

- 부자연스런 미소는 얼굴에 경련이 일어난다.
- 필요이상으로 크게 웃는 사람은 거짓웃음이다.

05
금형상·운기 보는 법

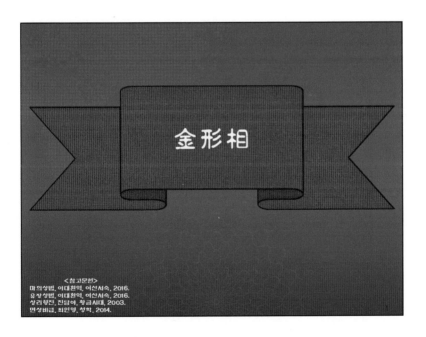

金形相

<참고문헌>
마의상법, 이대환역, 여산서숙, 2016.
유장상법, 이대환역, 여산서숙, 2016.
상리형진, 진담야, 황금시대, 2003.
면상비급, 최인영, 청학, 2014.

금형상(金形相)

박세당(1629-1703)
주자학을 비판,
실학사상을 체계화하였다.

2

금형상-분석력이 탁월하다-

- 얼굴이 네모이며 광대뼈와 이마가 좋은 서구적인 형이다.
- 위엄이 있다.
- 모진 것을 꺼리지 않는다.
- 안색은 흰색이다.
- 뼈대와 근육이 균등하게 발달 하였다.
- 귀모양의 상하가 골고루 발달 하였다.
- 적극적이며 개방적이다.
- 매사에 적극적인 근골질 형이다.
- 남성에게 많다.
- 여성인 경우 사회 적응도가 크다.

3

- 詩曰 : 部位要中正, 三停又帶方,
  金形人入格, 自是有名揚.
  시왈 : 부위요중정, 삼정우대방,
  금형인입격, 자시유명양.

  시로 말하면, 금형인의 부위는
  치우치지 않고 바르고, 삼정이
  방정하여, 금형인의 격에 맞으면
  당연히 명성을 드날린다.

마의상법으로 보는 금형상 -오행상설-

- 似金得金, 剛毅沈
  사금득금, 강의심
  금형 같은데 금형을 얻으면
  강하고 굳세다.

- 金形, 淸小而堅, 方而正, 形短謂之不
  足, 肉堅謂之有餘.
  금형, 청소이견, 방이정, 형단위지
  부족, 육견위지유여.

  금형은 맑고 작고, 단단하고 방정하니,
  형체가 짧으면 부족하다고 말하고, 살
  이 단단하면 여유가 있다고 말한다.

- 似金得金, 才智深, 金人火局,
  必成器用.
  사금득금, 재지심. 금인화국,
  필성기용.

금형이 금을 얻으면 지혜가 깊다.
금인의 화국은 반드시 그릇으로
사용한다.

- 金賢秀實, 方爲柱國之人.
  금현수실, 방위주국지인.

금이 견고하고 빼어나면 나라의
기둥이다.

6

- 夫金形人何取, 凡金形人, 面方而正,
  眉目淸秀, 脣齒得配, 手小腰圓白色,
  方是金形, 若聲高, 高如金聲, 主大貴.
  부금형인하취, 범금형인, 면방이정,
  미목청수, 순치득배, 수소요원백색,
  방시금형, 약성고, 고여금성, 주대귀.

금형인은 무엇을 취하는가. 얼굴이 네
모지고 귀가 단정하며, 눈썹과 눈이 맑
고 수려하며, 입술과 치아가 고르고,
손이 작고 허리가 둥글고, 하얀 피부면
금형이다. 만약 음성이 높고, 음이 쇠
소리처럼 높은 음이 되면 귀인이 된다.

7

유장상법으로 보는 금형상 -논형-

- 如一帶赤色, 如土埋金, 主困苦.
  여일대적색, 여토매금, 주곤고.

만일 적색을 띄게 되면 금이 땅에
묻이는 것과 같으니 곤란함을 겪게 된다.

- 赤在準頭三陽, 主有災難, 輕則破敗,
  重則主死, 金形人不宜帶火.
  적재준두삼양, 주유재난, 경칙파패,
  중칙주사, 금형인불의대화.

적색이 준두와 두 눈에 있으면 재난이
있다. 가벼우면 실패하고 중하면 죽는다.
금형인은 적색을 띠면 좋지 않다.

8

3. 면상비급으로 보는 금형상 -오관-

- 金形, 取端方, 耳額面鼻, 口頤腰背身手腹足,
  皆色白, 端方, 神淸氣正蘭庭紫色盈面者,
  眞金形也
  금형, 취단방, 이액면비, 구이요배신수복족,
  개색백, 단방, 신청정난정자색영면자,
  진금형야.

- 단정하게 모가 나야 하며 귀, 이마, 얼굴,
  코, 입, 턱, 허리, 등, 봄과 손, 배, 발 모두
  피부색이 희어야 하며 단정하게 모가 나
  고 정신이 맑고 기가 바르며 난대 정위에
  자기가 가득한 얼굴의 소유자가 참으로
  금형이다.

9

1) 면상비급으로 보는 금형상 -오관-

- 金形忌烈火, 部位要週重, 三停俱方正, 富貴有聲名.
  금형기열화, 부위요주중, 삼정구방정, 부귀유성명.

  금형은 맹렬하게 타오르는 불의 기운은 나쁘고, 부위에 골고루 돌아 순환되는 것이 매우 중요하고, 삼정을 네모 반듯하게 갖추고 품격이 있으면, 이름을 날리고 부귀를 함께 한다.

면상비급으로 보는 금형상 -오관-

- 金形火旺濁難淸, 面部多虧必主貧, 相中若有爲官者, 終是區區不出名.
  금형화왕탁난청, 면부다휴필주빈, 상중약유위관자, 종시구구불출명.

  금형에 화의 기운이 왕성하면 맑기 어려워 탁하고, 얼굴 부위가 이지러진 곳이 많으면 반드시 가난한 것으로, 상 가운데 만약 이러한 사람이 관직에 있으면 끝내 변변하지 못하여 이름을 날리지 못한다.

- 金形, 取方而白, 金不嫌方, 金宜帶土.
  금형, 취방이백, 금불혐방, 금의대토.

금형인은 깨끗하고 하얀 피부와 모가
난 듯한 기운을 취하여야 하고 금은
모가 나지 않은 것을 싫어하며 금형
은 마땅히 토의 기운을 띠어야 한다.

- 金形方正色白潔 肉不盈兮骨不薄.
  금형방정색백결 육불영혜골불박.

금형은 모가 난 듯 반듯하고 피부색
은 희고 깨끗하며 살이 찌지 않은 가
운데 뼈가 약하면 안 된다.

12

- 金逢厚土 足實足珍 諸事榮謨
  逐意稱心.
  금봉후토 족실족진 제사영모
  수의칭심.

금이 온후한 토를 만나면 재물이
충족되고 피하고 있는 모든 일이
마음먹은 대로 이르게 된다.

13

5) 면상비급으로 보는 금형상-흉-

- 金形主方得五方之氣色不什,
  動止規模坐, 久而端重也.
  금형주방득오방지기색불십,
  동지규모자, 구이단중야.

금형으로 모가 난 듯한 단정함을
갖춘 그 오방의 기색이 열 사람이
면 열 사람이 다른 것으로, 움직이
고 멈추며 앉아 있는 구조나 구상
의 크기가 오래 있어도 단정하고
정중하다.

14

6) 면상비급으로 보는 금형상-凶-

- 金形帶木, 斷削方成, 初主蹇滯,
  未主超群.
  금형대목, 단삭방성, 초주건체,
  미주초군.

금형에 목기를 띠면, 자르고 깎아서
어디서든 이루고, 처음은 주로 막히
고 절지만, 나중에는 뛰어난 사람이
된다.

15

470 • Chapter 5 오행론의 실제적 분석

4. 금형의 특징

- 입술이 얇은 편이다.
- 피부가 얇아 보인다.
- 손등이 얇은 편이다.
- 단아하고 모나고 방정하다.
- 신체 기색이 전반적으로 흰 편이다.
- 눈빛이 밝고 기운이 맑아 보인다.
- 승부욕이 강한 리더격이다.
- 목소리가 울림이 있는 연주음처럼 들린다.

16

5. 금형상의 귀

17

1) 금형의 귀형상

- 눈썹보다 높이 위치해 있다.
- 천륜이 작다.
- 귀의 기색은 얼굴빛보다 흰 편이며 귓불은 구슬을 늘어뜨린 것 같다.
- 작으면서 뾰족한 귀, 이곽이 돌출한 화형의 특징을 기피한다.
- 말년에 자손을 극할 수가 있으므로 인생 후반의 고독을 조심해야 한다.

18

2) 금형의 귀형상 -상리형진-

- 복수만형(福壽晩刑)

복과 수명을 누리지만 만년에 가서 형벌을 받는다.

- 눈썹보다 높이 붙어 있다.
- 복록과 수명이 융창하다.
- 귀에서 나오는 흰빛이 얼굴보다 더 흰빛으로 감돌면 명예가 많다.
- 말년의 형벌을 조심해야 하므로 늘 자중하는 마음으로 살아야 한다.
- 검은빛과 누른빛은 흉상이다.

19

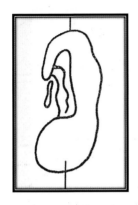

- 금이부귀(金耳富貴)
  금형의 귀는 부귀를 주관한다.

- 故居過眉輪小珠大, 厚而堅實輪郭分
  明不露, 色白過面是也.
  고거과미윤소주대, 후이견실
  윤곽분명불로,색백과면시야.

눈썹을 지나 높이 있고 수주가 크고
윤곽이 작다, 두텁고 단단하며 윤곽이
분명하고 뒤집어지지 않았다, 귀의 색
깔은 얼굴에 비해서 더욱 희다.

20

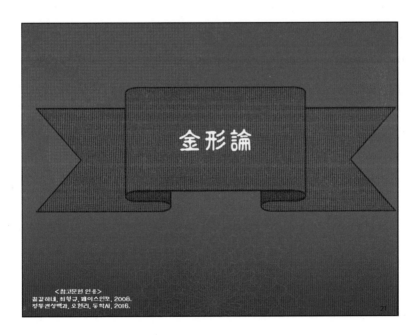

金形論

<참고문헌 인용>
끝까지내, 최형규, 페이스인포, 2008.
정통관상백과, 오현리, 동학사, 2016.

21

금형(金形)으로 보는 형상화

자신을 스스로 질책하는 경우가 많으므로 마음을 항상 밝고 건강하게 긍정적인 방향으로 유지하는 것이 운의 흐름에 도움이 된다.

22

1. 금국금체상

- 특징 : 긴 네모꼴 얼굴이다.
  어깨, 옆구리, 엉덩이가 고루 발달하였다.
  귀티와 부티가 돋보이는 형상이다.
- 성격 : 매사에 개방적이며 행동파이다.
  운동신경이 발달되었고, 승부정신이 강하다.
  수양을 즐겨하며 자신과 남에게 엄격하다.
  여성은 사리가 분명하고 지혜롭고 총명하며
  솔선수범형이 많다.
- 학업운 : 길하다.
  체력이 너무 좋아 공부할 기회를 놓치는
  경우가 있다.
  공부와 운동의 시간을 잘 조절해야 성공
  한다.
  학력이 낮은 경우 운동선수나 요식업,
  유흥업 계통으로 진출한다.

23

- 배우자운 : 애정표현이 서툴다. 싫고 좋고가 분명하다. 연애결혼에 성공한다. 토형상, 수형상이 길하다. 여성은 특히 토형상이 길하다. 수형상은 주의요망(바람기가 많다).
- 직업운 : 제복생활을 선호한다. 직업군인, 경찰관, 외항선원 간부직 정계, 학계, 관청 계통과 인연이 깊다. 경쟁이 치열한 종목은 필히 피할 것, 편법을 쓸 줄 모른다.
- 건강운 : 중년이후 관절통, 근육통을 주의해야 한다.

24

2. 금국목체상

- 특징 : 상극하면서 서로 화합하는 상이다.
- 광대뼈가 솟고 선이 굵은 형상이다.
- 강직한 얼굴의 위엄에 비해 하체가 부실하고 체력이 열악한 것이 흠이다.
- 얼굴이 방정하고 신체가 수려한 경금(庚金)의 형국으로 갑목(甲木)을 겸한 사람은 중년이후에 무관 계통으로 발전한다.
- 몸이 작고 살이 없어 피골이 드러난 사람이면 신금(辛金)에 을목(乙木)을 겸한 사람으로 성취도가 약하다.
- 명예운, 재물운, 건강운이 약하다.
- 남성에게 많으며 특히 정력이 약하다.
- 대인관계의 폭이 좁다.

25

금국목체상

- 성격 : 성질이 조급하고, 보수적인 면이 강해 체면을 중시하며 고집이 세다.
- 학업운 : 이상은 높고 두뇌는 우수하나 체력이 따라주지 않아 학업을 중도에서 그치는 경우가 많다.
- 배우자운 : 토국토체상, 수국수체상의 배필이 최상이다.
- 직업운 : 초기에는 하급관리직 계통과 인연을 맺으나 대부분 직장에 뿌리를 내리지 못한다.예술분야, 종교분야, 민약업, 기공관련, 철학, 역술가 계통이 길하다.
- 건강운 : 금국목(金克木)을 해서 상처자국이 많다. 일생을 통해 신금 겹국에 을목의 형상이면 3분의1은 병마와 싸운다. 폐질환에 특히 주의해야 한다.

26

3. 금국화체상

- 특징 : 상극하면서 화합한다. 얼굴은 네모형이며 정수리와 귀가 뾰족하고 얼굴색은 붉다. 눈썹과 수염이 맑고 두 눈에 생기가 있으면 지혜롭고 노련하다.
  뾰족한 네모형에 코, 귀가 뾰족하고, 눈동자에 화(火)의 기운이 드러나면 일생에 고통이 많다.
- 성격 : 자기 개발의 성공을 위해 끊임없는 도전을 한다. 어려서는 힘들지만 30-45세 사이에 목적한 바를 이룬다.
- 직업운 : 자영업 보다는 사회조직에서 역량을 발휘한다. 불황기에 성공하고 호황기에는 복이 줄어든다.
  전통업, 예능계통과 인연이 깊다.

27

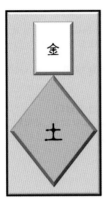

- 특징 : 상생하면서 화합한다. 네모난 얼굴에 등이 두텁고 벌어진 어깨에 단정한 오관을 갖추고 있다.
- 경금으로 토를 겸하면 난세에는 힘들지만 성세에는 부귀영화를 누린다.
- 신금의 형상에 토를 겸하면 작은 부귀를 누린다.
- 가장 기피하는 것은 인당의 흠집, 점, 주름이다. 우환을 겪은 후에 작은 발전을 이루는 격이다.
- 성격 : 기지와 배짱, 체력 3박자를 갖춘 무게감이 있는 형상이다.
- 음성은 높고 입은 험한 편이다.
- 불의와 타협하지 않는다.
- 정직하고 의리도 강하다.

28

금국토체상

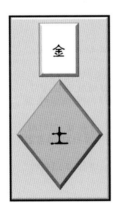

- 학업운 : 봄도 건강한 체질에 향학열이 높아 최고학부를 이수한다.
- 배우자운 : 외면으로는 잔정이 없어 보이나 속 깊은 애정은 남다르다.
- 수국목체상, 토국목체상-봄이 약해서 내면생활은 그리 밝은 편이 아니다.
- 토국금체상, 수국금체상-명예는 돋보이지 않지만 상당한 부는 축적한다.
- 직업운 : 배짱이 두둑해서 대부분 사업가로 변신한다. 토목, 건설업, 수송업, 정비업, 전문주택 사업과 인연이 깊다.
- 건강운 : 중년이후 심폐기능 주의, 체중조절을 주의하여야 한다. 수명은 걱정하지 않아도 되는 장수형이다.

29

5. 금국수체상

- 특징 : 단정한 얼굴에 눈매가 시원하게 보인다. 가슴팍 두께가 두텁고, 체상의 살결이 희다.
- 금국토체상은 남성에게 많고 금국수체상은 여성에게 많다.
- 최상의 형상이다.
- 명예와 재물, 수명을 타고났다.
- 성격 : 정의감과 투사적 정신이 강하다.
- 냉철하고 침착하다.
- 민첩하고 행동적이다.
- 정에 이끌리지 않는다.

30

금국수체상

- 학업운 : 대길하다. 수와 금의 상생관계로 인해 머리가 좋다. 대부분 석,박사 학위를 취득한다.
- 배우자운 : 정력이 강해서 외도경향이 있다. 봄이 수형상이면 색정이 강한 경우가 많다.
- 직업운 : 관계, 정계, 금융계, 의약사, 대기업의 단위사업장, 관리자 계통과 인연이 깊다.
- 건강운 : 노년기 당뇨병을 주의해야 한다.

31

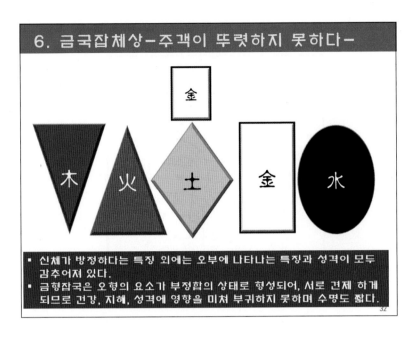

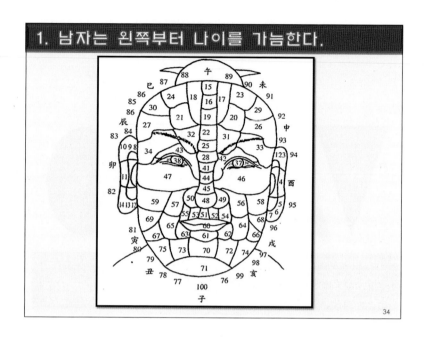

2. 여자는 오른쪽부터 나이를 가늠한다.

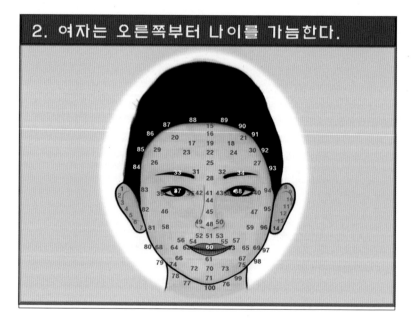

3. 월별 기색 부위도

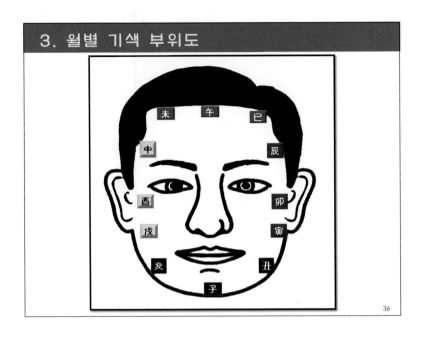

36

4. 일별 기색 부위도

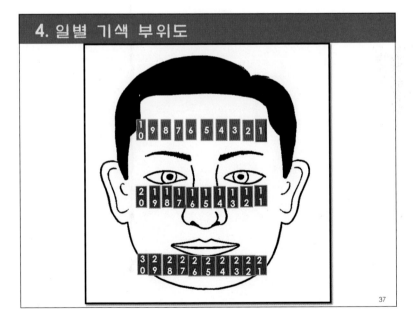

37

06
수형상 · 얼굴 부위론

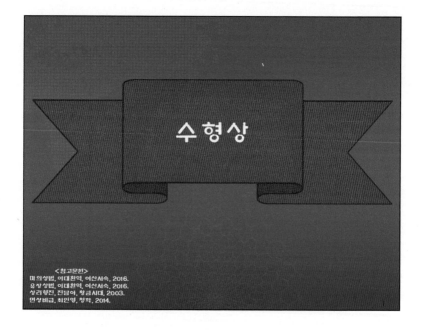

<참고문헌>
마의상법, 이대환역, 여산서숙, 2016.
유장상법, 이대환역, 여산서숙, 2016.
상리형진, 진담야, 청금시대, 2003.
면상비급, 최인영, 청학, 2014.

1. 수형상(水形相) : 성실 부지런하다.

윤급: 조선후기 영조시대의 문신
형조판서, 대사헌 지냄.
보물 1496호로 지정

2

수(水)?

물은 아래로 흐른다.

물이 많으면 풀이 잘 자란다.

물은 끊임없이 흐른다.

3

1. 마의상법으로 보는 수형상

- 似水得水, 文學貴,
  사수득수, 문학귀

수형 같은데 수형을 얻으면 학문이 귀하다.

- 水形 : 起而浮, 闊而厚, 形俯而趨下,
  基形眞也.
  수형 : 기이부, 활이후, 형부이추하,
  기형진야.

수형은 살이 일어나 뜨고, 몸이 넓고 후하고,
형체를 아래로 하고, 느리게 가는 형상이 참
다운 상이다.

4

마의상법으로 보는 수형상

- 詩曰, 眉粗並眼大, 城廓要團圓,
  此相名眞水, 平生福自然.
  시왈, 미조병안대, 성곽요단원,
  차상명진수, 평생복자연.

시에서 말하길 수형인은 눈썹이
거칠고 눈이 크며, 성곽은 둥글
어야 한다. 이런 상이 진실한 수
형 이라고 이름하니, 평생 복이
자연스럽다.

5

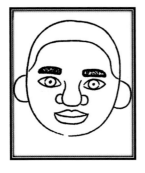

- 凡水形要骨正肉實, 色白大潤,
  體發面凹, 紋看如伏, 面觀如仰,
  腹大臀大, 方是水形.
  범수형요골정육실, 색백대윤,
  체발면요, 문간여복, 면관여앙,
  복대둔대, 방시수형.

  수형인은 골격이 단정하고 살이
  실하고, 피부색은 희고 윤기가
  있으며, 체형은 크고 얼굴은 오목
  하며, 주름은 숨어있고, 우러러
  보듯이 얼굴이 위를 향해 있고,
  배와 엉덩이가 크면 수형인
  이라고 한다.

6

- 不宜氣粗色黑, 皮白如粉, 面兼肉浮.
  불의기조색흑, 피백여분, 면겸육부.

  기가 거칠고 피부색이 검으며,
  피부가 분처럼 희고, 얼굴살이
  들뜨면 살이 많다.

- 凡水形人, 骨小肉多, 浮者主夭, 無鬚皮
  滑者無子, 肉冷者無子.
  범수형인 골소육다, 부자주요, 무수피
  활자무자, 육냉자무자.

  수형인은 뼈는 적고 살은 많지만,
  살이 들뜨면 요절하며, 수염이 없는
  데 피부가 좋으면 아들이 없을 수가
  있고, 피부가 차가워도 아들이 없다.

7

유장상법으로 보는 수형상

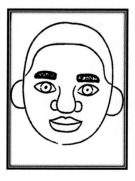

- 書云, 眼大並眉粗, 城郭要團圓,
  此相名眞水, 平生福自然.
  서운 안대병미조, 성곽요단원,
  차상명진수, 평생복자연.

  서운, 눈이 크고 눈썹이 거칠며,
  얼굴 윤곽이 둥글면, 이러한 상을
  진실로 수형이라 부르며, 평생의
  복이 자연히 생겨난다.

8

3. 면상비급으로 보는 수형상 ─오행총론─

- 水形, 取肥圓肉重, 骨輕頭面身手
  耳目口肥皆肥圓, 色黑而氣靜者,
  色玄而有寶光, 眞水形也.
  수형, 취비원육중, 골경두면신수
  이목구비개비원, 색흑이기정자,
  색현이유보광, 진수형야.

  살 비듬이 둥글둥글 살이 쪄야 뼈가
  가볍고 머리와 얼굴과 몸, 손, 귀, 눈,
  입, 코 모두 살이 찌고 기운이 고요
  하고 색은 검으면서 보석처럼 빛나면
  참된 수형이다.

9

1) 면상비급으로 보는 수형상 - 오행총론 -

- 水形人 取圓而黑 水不嫌肥 水宜帶金.
  수형인취원이흑 수불혐비수의대금.

수형인은 둥글고 검은 기운을 취하여
야 하고, 수는 살찌지 않는 것을 싫어
하며, 수형은 마땅히 금의 기운을 띠어
야 한다.

- 水形圓厚重而黑, 腹垂背聳眞氣魄.
  수형원후중이흑, 복수배용진기백.

수형은 둥글고 두텁고 무거운 가운데
피부가 검어야 하며, 배가 낮게 드리워
지고 등이 솟아야 늠름한 기상과 기품
이 있는 사람이다.

10

2) 면상비급으로 보는 수형상의 길상

- 水得金生, 利名雙成, 智圓行方,
  明達果毅
  수득금생, 이명쌍성, 지원행방,
  명달과의.

수형에 금의 기운을 취하면, 재물
과 명예를 이루고, 원만한 지혜와
원대한 넓은 행동이 사리에 밝게
통달하여 굳세고 용감 해진다.

11

- 水形主圓得基五圓氣色不什, 精神不亂, 動止寬容, 行久而條達也.
수형주원득기오원기색불심, 정신불난, 동지관용, 행구이조달아.

수형은 원만하고 지혜로운 기운을 갖춘 오원의 기색이 열 사람이면 열 사람이 다른 것으로, 정신이 혼란스럽지 않고, 움직이고 멈춤이 너그럽게 받아들이는 얼굴로서, 오랫동안 움직여도 나뭇가지가 자라서 사방으로 퍼지듯 하다.

12

3) 면상비급으로 보는 수형상의 흉상

- 水形遇土, 忽破家財, 疾苦然年, 終身逃遁.
수형우토, 홀파가재, 질고연년, 종신둔전.

수형이 토를 만나면, 갑자기 가정과 재물이 흩어지고, 질병과 고생이 매년마다 이어져서 종신까지 은둔하듯이 나아가지 못한다.

13

4. 상리형진으로 보는 수형상

- 수의 형체는 얼굴 전모가 둥글고, 만지면 돌과 같고, 일어날 때는 구름이 위로 뜨는 듯하고, 기상은 넓으면서 중후하고, 형체는 전신이 구부러진 듯하며 아래로 나아간 듯 하면 그것이 진실한 수형이다.
- 눈썹은 굵게 어우러지고, 눈은 크며 , 얼굴부위 전모가 둥글면서 완만한 듯한 상을 가지면 참다운 수형이며, 평생토록 복록이 자연히 이어진다.

14

1) 상리형진의 오음론 중 수음론(水音論)

- 수(水)의 소리는 둥글고 급하면서, 음운이 회오리 바람이 부는 것 처럼 표표하게 나타난다.
- 오행 수에 소속된 소리는 둥글고 완만하면서 맑고 청정하며, 급할 때는 소리의 여운이 남는다.
- 음성이 크면 바다의 파도같은 넓음의 폭이 있다.
- 음성이 작으면, 바위틈에 솟아 나오는 샘과 같은 좁은 폭을 가진다.

15

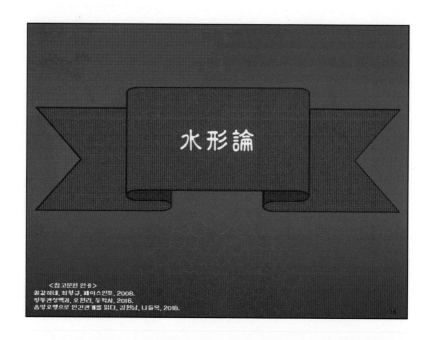

水形論

<참고문헌 인용>
꼴값하네, 최향규, 페이스인포, 2008.
정통관상백과, 오현리, 동학사, 2016.
음양오행으로 인간관계를 읽다, 김현남, 나들목, 2018.

16

1. 수형의 특징 -눈이 둥글어도 길하다-

- 임수인(壬水人)과 계수인(癸水人)으로 나눈다.
- 임수 인은 몸집이 풍원하고 둥글고 우람하게 보인다.
- 계수인은 왜소해 보이지만 체상 전모가 둥글어 보인다.
- 빼어난 수형은 머리가 좋은 수재형이다.
- 눈썹이 굵고 눈이 크다.
- 살집이 좋고 두텁다.
- 키가 작다.
- 상냥하며 지혜롭다.
- 치밀하며 자기 본위적이다.
- 신장기능이 강하다.
- 비위 기능은 약하다.
- 목소리가 원만하고 맑으면서 여운이 있다.

17

18

1) 수형의 귀형상(水耳)-상리형진-

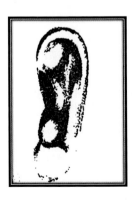

- 수이(水耳) : 부귀전미(富貴全美)

수[水]에 해당하는 형상은 부귀를
겸하므로 완전하게 아름답다.

- 귀의 형상은 두텁고 완만하며 눈썹보
  다 높이 있다.
- 최상의 수(水) 형상의 귀는 두뇌부에
  붙어 있어 앞에서 보면 크게 드러나
  지 않는 형상을 하고 있다.
- 귓불에 구슬이 드리워진 상을 귀상이
  라 한다.
- 귀가 너무 부드럽고 길쭉하면 의지가
  약한사람으로 본다.
- 귀의 색깔이 희면서 윤택하고 단단하
  며, 분홍색을 띠면 부귀상으로 본다.

19

2) 수형의 귀형상(水耳)-면상비급-

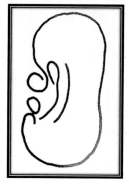

- 수이(수이) : 수이부귀(水耳富貴)

  수(水) 형의 귀는 부와 귀를 주관한다.

- 形相, 耳厚堅實高居過眉, 色白過面, 貼腦垂珠, 內郭微現, 孔較小是也. 형상, 이후견실고거과미, 색백과면, 첩뇌수주, 내곽미현, 공교소시야.

  귀가 두텁고 단단하고 실하며 눈썹을 지나서 이마 높이 달려 있고, 귀의 색깔은 얼굴보다 희면서 머리 쪽에 붙어 있고, 수주가 있으며 내곽이 살짝 나타나 있고, 구멍은 작은 편이다.

20

수형의 귀형상(水耳)-면상비급-

- 수이(水耳) : 수이부귀(水耳富貴)
- 수이(水耳)의 형상을 지니면 학문이 출중하면서 지모 또한 뛰어난 편이다.
- 모든 일에 지혜로운 대처능력이 있어 부귀로 이어진다.
- 금형인이 수이(水耳)를 갖춘다면 대귀(大貴)로 이어진다.
- 화형인과 토형인은 수이(水耳)가 부합되지 못한다.

21

1. 수국수체상

- 살이 쪄서 원형이다.
- 이마가 낮고 좁으며 턱이 짧은 것이 흠이다.
- 이마가 좁으면 초년운이 없다. 그러나 이마가 넓으면 걱정하지 않아도 된다.
- 얼굴에서 뼈마디를 느낄 수 없다.
- 안색은 뽀얀 경우와 아주 검은 안색 두가지다.
- 귀는 둥글고 두텁고 희다.
- 눈썹이 새까맣고 짙다.
- 눈동자도 포도알같이 새카맣고 굵다.
- 콧대는 약하나 코끝이 두터워 묵직한 느낌이다.
- 입이 작고 입술은 도톰하고 붉다.
- 여성에게 흔하며 미인이 많다.

수국수체상

- 인상 전모가 둥글둥글하게 생겼다.
- 이마가 넓은 경우는 의식구조가 생산적이다.
- 이마가 좁은 경우는 향락적으로 방향을 잡아서 오랫동안 방황을 일삼는다.
- 이마의 형태가 양극화 현상의 주체가 되므로 특히 이마의 형상을 잘 살펴야 한다.
- 식욕과 색욕이 다 같이 왕성하다.
- 학업운 : 두 유형이다.
- 이마가 좁은 경우는 학업에 대한 취미나 열의가 없고 널찍한 이마의 경우는 타고난 두뇌가 우수하고 향학열이 높아서 최고의 학벌을 갖는다.

수국수체상

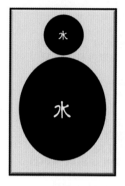

- 배우자운 : 이마를 보고 결정적인 결혼운의 길흉여부가 가려진다. 금형상, 목형상이 길하다.
  넓은 경우 : 혼기가 빠르며 잘 산다.
  좁은 경우 : 조기결혼 대부분 실패한다. 봄가짐이 단정하지 못해서 문제가 일어나는 경우가 있다.
  토형상, 화형상은 생사별운, 수형상은 이별운을 조심하여야 한다.
- 직업운 : 정계, 관계, 수산업, 전자기기업, 유통업과 인연이 깊다.
  이마가 좁은 경우에는 유흥업, 관광업, 주점, 요식업 계통이다.
- 건강운 : 신장질환, 생식기 질환, 당뇨병 계통이며 여성은 자궁질환을 주의하여야 한다.

2. 수국목체상

- ◆ 상하는 상생관계지만, 내용은 목국수 체상과 크게 다르다.
- 성격 : 사고방식이 유연하지 못하다. 체력이 약해서 진취적이지 못하며, 취직운이 약하다.
- 학업운 : 두뇌가 약해서 학운이 없다. 특히 이마가 빈약한 경우이면 더하다.
- 배우자운 : 20대에는 결혼운이 없고 대부분 30세를 넘어야 길하다. 이마가 넓은 경우는 예외이다.
  여성은 관능미, 세련미가 넘친다.
  목국수체상이 최고의 배필이다.
  목국토체상, 왜소한 목형상, 금형상은 재물복은 없는 대신 부부간 생사별은 일어나지 않는다.

수국목체상

- 직업운 : 단점은 봄이 약한데 있으므로 고도의 체력이나 두뇌를 요구하는 일터는 부적합하다. 서비스업, 세일즈맨, 유통업이 길하고 여성은 물장사가 적격이다.
- 건강운 : 소화기능이 부실하며 성기능이 약하다. 장수형이라고 말할 수는 없다.

3. 수국화체상

- 어깨폭이 좁고 축 늘어진 꼴이며, 엉덩이는 넓고 두텁다.
- 상하의 불균형이 일목요연하게 드러난다.
- 주로 여성에게 많다.
- 대표적인 실패작이며 흔하게 보는 형상은 아니다.
- 성격 : 천격과 빈격을 한 몸에 가지고 있어 남녀 다같이 가정운이 없다. 지능지수가 낮아 속임수에 걸려들어 여러 번 실패를 거듭한다.
- 학업운 : 취미도 열의도 없다.
- 배우자운 : 목국토체상이 길하다.
- 직업운 : 일정한 직업운이 없다.
- 건강운 : 심장병을 경계해야 한다. 수명이 짧다.

4. 수국토체상 : 얼굴은 둥글고 하관이 길다

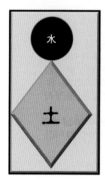

- 둥근 얼굴의 두상과 허리가 발달한 형상이다.
- 상극하면서 화합하는 형이다.
- 얼굴 볼 아래쪽이 발달하고, 어깨가 벌어져 있으며, 등은 두텁고 볼은 대체로 둥근 편이다.
- 입술이 붉고 얼굴에 윤기가 흐르고 치아가 희면 길상이다.
- 성격 : 행동이 대체적으로 느린 편이다. 충직한 성품을 가지고 있다.
- 수명운도 길하며 여유로운 생활을 즐기는 사람이 많다.
- 결혼운 : 수형의 형상에 토를 겸한 여성은 집안을 일으킨다.
- 지나치게 토를 많이 취하면 육친과 인연이 없고 역경운을 자주 접한다.

수국토체상

- 수국토체상은 금전 운용능력이 좋다. 생각이 깊고 사고력이 높으며 숨은 실력자가 많다.
- 단점 : 우월감에 빠져서 거만한 행동으로 인한 실수와 사고가 많다. 능력 범위를 넘어서서 중도하차 하는 경우가 많다. 자비심이 부족하다.
- 수양하는 마음의 힘에 따라 운명의 기복이 심하다.
- 건강 : 대식가가 많아서 위장 소화기 계통의 병이 많다. 혈압, 당뇨, 치질, 비만에 주의를 기울여야 하며, 폭음과 과식을 주의해야 한다.

- 막내로 태어나 일찍 한 부모를 여의는 경우가 많다. 이마가 좁은 경우에는 조기 출세운이 없으며 넓은 경우에는 앞에 예시한 불행한 일이 없다.
- 성공 여부는 이마 사정에 달려 있다.
- 수형상이면서 이마가 넓으면 사회 적응 범위가 넓다.
- 이마가 좁으면 30세까지 제 할 일을 제대로 해내지 못한다.
- 성격 : 덩치에 비해 자립심이 없다. 얼굴이 곱상하고 행동이 여성스럽다.

30

- 학업운 : 타고난 두뇌파는 아니지만 체상이 갖는 끈기에 힘입어 최고학부를 이수한다. 특히 이마가 빈약한 경우이면 더하다.
- 배우자운 : 남녀 다같이 끼가 많다. 목국토체상이 길하다.
- 직업운 : 초기에는 뿌리를 내리지 못하지만 30세 이후부터 제자리를 잡는다. 신문, 방송계나 호텔 및 관광계, 스포츠, 기타 서비스업 등이 적합하다. 중년 이후에는 정계로 진출하는 경우도 많이 있다.
- 건강운 : 잔병치레가 없고 수명이 길다.

31

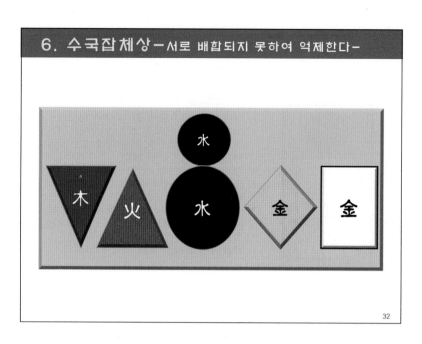

1. 관상의 상(相)은 상(像)이 아니고 상(相)인 이유?

관상(觀相) : 상(相, 생김새)을 본다(觀)는 의미.

사람의 얼굴은 '인상(人相)'이다.

인상을 보고 판단하는 것이 관상(觀相)이다.

34

관상의 상(相)은 상(像)이 아니고 상(相)인 이유

부처님의 얼굴을 높여 표현하는 방식을 채택하였다.

부처님의 얼굴은 '32상(相) 80종호(種好)이다.

부처님의 상(相)과 호(好)를 따 상호(相好)라고 부른다. 즉 상호(相好)에서 얼굴의 생김새를 뜻하는 상(相)을 보아 관상(觀相)이라고 부르게 되었다.

35

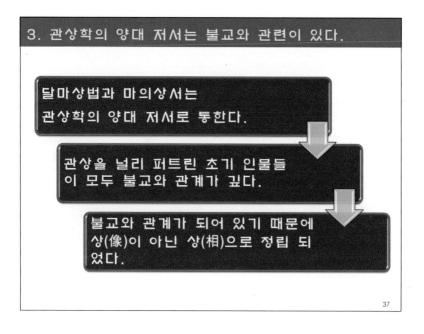

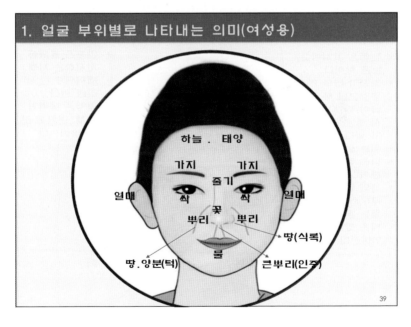

1. 얼굴 부위별로 나타내는 의미(여성용)

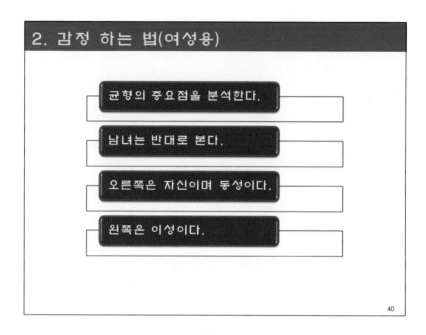

2. 감정 하는 법(여성용)

- 균형의 중요점을 분석한다.
- 남녀는 반대로 본다.
- 오른쪽은 자신이며 동성이다.
- 왼쪽은 이성이다.

40

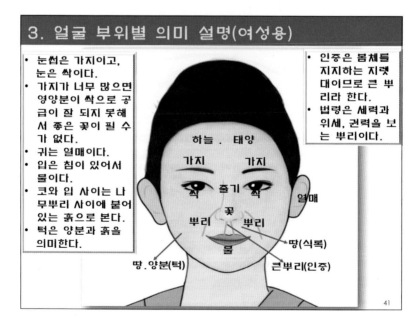

3. 얼굴 부위별 의미 설명(여성용)

- 눈썹은 가지이고, 눈은 싹이다.
- 가지가 너무 많으면 영양분이 싹으로 공급이 잘 되지 못해서 좋은 꽃이 필 수가 없다.
- 귀는 열매이다.
- 입은 침이 있어서 물이다.
- 코와 입 사이는 나무뿌리 사이에 붙어있는 흙으로 본다.
- 턱은 양분과 흙을 의미한다.

- 인중은 봄체를 지지하는 지렛대이므로 큰 뿌리라 한다.
- 법령은 세력과 위세, 권력을 보는 뿌리이다.

하늘 . 태양
가지   가지
싹 줄기 싹
꽃   열매
뿌리 뿌리
물
땅.양분(턱)   땅(식록)
큰뿌리(인중)

41

얼굴 부위별 의미 설명 (여성용)

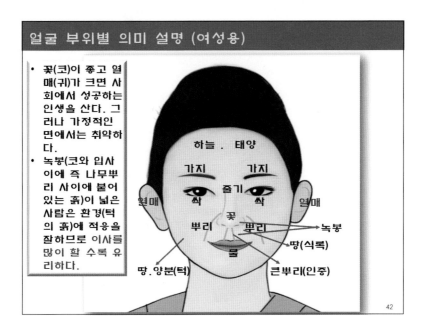

- 꽃(코)이 좋고 열매(귀)가 크면 사회에서 성공하는 인생을 산다. 그러나 가정적인 면에서는 취약하다.
- 녹봉(코와 입사이에 즉 나무뿌리 사이에 붙어 있는 흙)이 넓은 사람은 환경(턱의 흙)에 적응을 잘하므로 이사를 많이 할 수록 유리하다.

하늘 . 태양

가지   가지

줄기

열매   싹   싹   열매

꽃

뿌리   뿌리   → 녹봉

물   땅(식록)

땅.양분(턱)   큰뿌리(인중)

42

유장상법 上卷

◆ 五行乃金木水火土爲五行, 不可一大一小, 不配不停, 不合不週.
오행내금목수화토위오행, 불가일대일소, 불배부정,
불합부주

   오행은 금, 목, 수, 화, 토 를 오행으로 하고, 크고 작고가
   불가하고, 서로 합을 이루지 않으며 서로 대응하지도 않고,
   주도면밀 하지 않고, 서로 부합하지도 않는다.

◆ 左耳金星, 右耳木星, 額爲火星, 口爲水星, 鼻爲土星.
좌이금성, 우이목성, 맥위화성, 구위수성, 비위토성

   왼쪽 귀는 금성이고, 오른쪽 귀는 목성이며, 이마는 화성이고,
   입은 수성이며, 코는 토성이다.

2

◆ 額高爲反 (火克金), 父母家財總是空.
액고위반 [화극금], 부모가재총시공

   이마가 지나치게 높고 귀가 뒤집혀 있으면 화가 금을
   극하여, 부모의 가업과 재산이 종국에는 모두 덧없이
   없어진다.

◆ 口大額尖 (水克火), 一交五身受苦.
구대액첨 [수극화], 일교오신수고

   입이 지나치게 크고 이마가 뾰족하면 수가 화를
   극하여, 15세에 이르러 큰 고생을 하게 된다.

3

오행과 귀천 (오행귀천 난도생왕지중 五行貴賤, 難逃生旺之中)

◆ 口大睛淸額又高, 精是高賢大貴豪. 구대청정액우고, 정시고현대귀호

입이 크고 눈동자가 맑고 이마가 높으면, 반드시 높고 현명하고 큰 덕이 있는 대인이거나 호걸이다.

◆ 鼻大口小 (土克水), 三十三四離鄕間. 비대구소(토극수), 삼십삼사이향간

코가 크고 입이 작으면 토가 수를 극하는 상이므로, 33, 34세에 고향을 떠난다.

◆ 五行但有一克, 不爲好相, 但得一生者大好.
오행단유일극, 불위호상, 단득일생자대호

오행이 한번 극하면 좋은 상이 될 수 없고, 다만 한번 생을 득하면 크게 좋다.

4

1. 천창부위- 천창청 불가행(天創靑, 不可行)

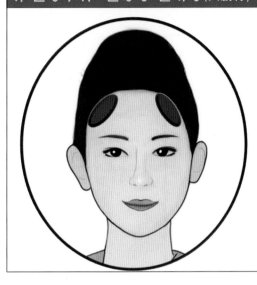

- 天創靑 不可行.
  천창청 불가행

  **천창이 청색이면
  먼 길을 떠나서는
  안된다.**

2. 연. 수상부위-연, 수적 불가견관(年,壽赤, 不可見官)

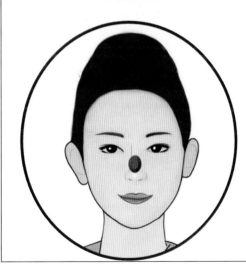

- 年. 壽赤, 不可見官
  연. 수적, 불가견관

  **연상(44세 콧등)과
  수상(45세 콧대) 부위에
  적색이 나타나면 정부
  기관에 종사하는 사람을
  만나서는 안 된다.**

3. 인당 부위 - 인당암 불가기조(印堂暗, 不可起造)

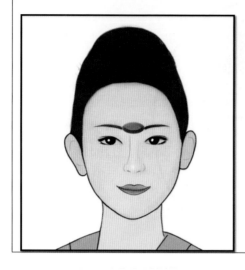

- 印堂暗, 不可起造.
  인당암, 불가기조

  인당에 암색의 어두운
  빛이 나타나면, 집이나
  건축물 등을 수리하거나
  보수하면 안된다.

8

4. 지고 부위 - 지고암 불가용인(地庫暗, 不可用人)

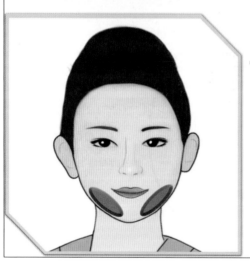

- 地庫暗, 不可用人.
  지고암, 불가용인

  지고(양옆 아랫턱 부위)
  가 암색이면 고용하는
  사람을 쓰지 말아야
  한다.

9

5. 얼굴 부위 – 면다광분 불가교우(面多光紛, 不可交友)

- 面多光紛, 不可交友
  면다광분, 불가교우

얼굴빛이 많이 어지러운 광채가 나면 친구를 사귀는 것이 좋지 않다.

- 恐有大害, 爲桃花色, 仰面上光彩.
  공유대해, 위도화색, 양면상광채

다만 큰 피해를 입는 것은 도화색으로, 곧 만면에 광채가 나는 것이다.

10

신상전편 5권

11

1. 상오장(相五長)

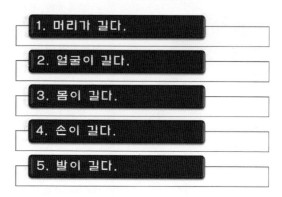

1. 머리가 길다.

2. 얼굴이 길다.

3. 몸이 길다.

4. 손이 길다.

5. 발이 길다.

12

1) 상오장(相五長)-다섯가지 긴 것을 살핀다-

◆ 一頭長, 二面長, 三身長, 四手長, 五足長, 五者俱長, 而骨貌豊隆, 淸秀滋潤 者善也. 如骨枯槁, 筋脈迸露, 雖是五長, 反爲賤惡之輩也, 或有足長手短者貧 賤. 足短手長者主富貴.

일두장, 이면장, 삼신장, 사수장, 오족장, 오자구장, 이골모풍융, 청수자윤 자선야. 여골고고, 근맥병로, 수시오장, 반위천악지배야, 혹유족장수단자빈 천. 족단수장자주부귀.

1- 머리가 길고, 2- 얼굴이 길고, 3-신체가 길고, 4-손이 길고, 5- 다리가 길어서, 다섯 가지가 모두 길어 골격과 용모가 풍륭하며 청수하고 윤택하면 좋다. 뼈가 앙상하고 힘줄이 드러나면 비록 다섯 가지가 모두 길어도 반대로 하천한 무리이다. 혹 다리가 길고 손이 짧으면 주로 빈천하고 다리가 짧고 손이 길면 부귀하다.

13

상오장(相五長)-다섯가지 긴 것을 살핀다-

◆ 時曰, 五長之人骨貌粗, 只憂筋脈出皮膚. 又嫌枯槁無慈潤,
  衣食看來不似初.
  시왈, 오장지인골모조, 지우근맥출피부. 우혐고고무자윤,
  의식간래불사초.

  시에 이르기를 다섯 가지가 긴 사람으로 골격과 모양이
  조악하면, 다만 두려운 것이 힘줄이 피부로 노출하는
  것으로, 또 마르고 윤택하지 않은 것을 꺼리며 의식주를
  보면 미래가초년 같지 않다.

◆ 又曰, 脚長手短人多賤, 賣盡田園走四方, 手足俱長榮盛相,
  莫教脚測手空長.
  우왈, 각장수단인다천, 매진전원주사방, 수족구장영성상,
  막교각측수공장.

  또 이르기를 다리가 길고 손이 짧은 사람은 하천하며, 전답을
  팔아먹고 사방으로 달아나며, 수족이 모두 길면 영화가 가득한
  상으로, 다리가 기울고 손만 긴 것은 말하지 말라.

상오장(相五長)-다섯가지 긴 것을 살핀다-

◆ 訣曰大凡五體要均長, 合形入相富文章, 下停長者人多賤,
  又攻終身絶雁行.
  결왈대범오체요균장, 합형입상부문장, 하정장자인다천,
  우공종신절안행.

  비결에 이르기를 대체로 오체가 고르게 길어야 하며
  형상이 부합하면 문장이 좋고, 하정이 길면 하천한
  사람으로 또 종신토록 형제와 의절할까 두렵다.

1. 머리가 짧다.

2. 얼굴이 짧다.

3. 몸이 짧다.

4. 손이 짧다.

5. 발이 짧다.

16

1) 상오단(相五短)-다섯가지 짧은 것을 살핀다-

◆ 五短之形, 一頭短, 二面短, 三身短, 射手短, 五足短, 五者俱短, 而骨肉細滑, 印堂名闊, 五嶽朝揖者. 乃爲公卿之相也, 雖是五短, 而骨肉粗惡, 五嶽傾陷, 則爲下賤之人, 或上長下短, 則多富貴, 上短下長主居貧下也.

오단지형, 일두단, 이면단, 삼신단, 사수단, 오족단, 오자구단, 이골육세활, 인당명활, 오악조읍자. 내위공경지상야, 수시오단, 이골육조악, 오악경함, 칙위하천지인, 혹상장하단, 칙다부귀, 상단하장주거빈하야.

다섯 가지가 짧은 형상으로 머리, 얼굴, 신체, 손, 다리가 짧고 뼈와 살이 섬세하고 윤택하며 인당이 맑고 넓으며 오악이 조응하면 공경대부의 상이다. 다섯 가지가 짧아도 뼈와 살이 조악하고 오악이 기울고 꺼지면 하천한 사람이다. 혹 상정이 길고 하정이 짧으면 부귀한 자가 많으나 상정이 짧고 하정이 길면 주로 빈천하다.

17

상오단 (相五短)－다섯가지 짧은 것을 살핀다－

◆ 時曰, 五短之人形要小, 更須骨細印堂豊, 笏門五嶽相相粗拱,
食祿封侯有始終, 眉園眼大額如熊, 脚短身長上下同, 五短氣全
爲証候, 居然官祿至三公.
시왈, 오단지인형요소, 갱수골세인당풍, 흘문오악상상조공,
식록봉후유시종, 미원안대액여웅, 각단신장상하동, 오단기전
위증후, 거연관록지삼공.

시에 이르기를 다섯 가지가 짧은 사람의 형상은 반드시 작아야
하며, 또 골격이 가늘고 인당이 풍대하며, 흘문 오악이 조응하면
실록은 항상 제후에 봉한다. 눈썹이 둥글고 눈이 크고 이마가 빛
나고, 다리가 짧고 신체가 길어 상하가 동일하다. 다섯 가지가
짧고 기가 온전한 것이 증거이며 관록은 확실히 정승에 이른다.

18

3. 상오로(相五露)

1. 눈이 솟아 올랐다.

2. 콧구멍이 훤하다.

3. 귀가 뒤집혔다.

4. 입술이 들려져 있다.

5. 울대뼈가 올라와 있다.

19

◆ 眼突鼻仰, 耳反脣掀, 結喉是也, 眼突促壽, 耳反無智識,
鼻仰主路死, 脣掀惡死, 結喉必貧薄.
안돌비앙, 이반순흔, 결후시야, 안돌촉수, 이반무지식,
비앙주로사, 순흔악사, 결후필빈박.

눈이 튀어 나오고 들창코에 귀가 뒤집히고 입술이 들리고,
결후가 이것이다. 눈이 튀어 나오면 수명을 재촉하고, 귀가
뒤집히면 지식이 없고, 들창코는 객사하며, 입술이 들리면
험하게 죽고, 결후가 있으면 반드시 빈한하고 박복하다.

◆ 訣曰, 一露二露, 有衫無袴, 露不至五, 貧夭孤苦, 五露俱全
福祿綿綿.
결왈, 일로이로, 유삼무고, 로부지오, 빈요고고, 오로구전
복록면면.

비결에 이르기를, 하나 둘이 돌출하면, 적삼은 있으나 바지가
없고, 다섯 곳이 드러나지 않으면, 빈천 요절 고독하고, 다섯
곳이 모두 드러나면 복록이 면면하다.

20

◆ 詩曰, 五勞俱全福自來, 二露三露反爲灾. 胸門臀高爲外露,
平生此相有何財.
若遇三尖五露人, 但言此相便埃塵, 有時驛馬臨邊地,
也作加官食綠人.

시왈, 오로구전복자래, 이로삼로반위재, 흉문둔고위외로,
평생차상유하재.
약우삼첨오로인, 단언차상편애진, 유시역마임변지,
야작가관식록인.

시에 이르기를 다섯 곳이 모두 드러나면 유복하고 두 세
곳이 드러나면 반대로 재앙이다. 가슴과 엉덩이가 높아
밖으로 돌출하면, 평생 재물이 없다.
만약 세 곳이 뾰족하고 다섯 곳이 드러나면 다만 이러한
상은 티끌과 먼지에 적합하다고 말하고, 역마 변지가 있
으면 벼슬과 식록을 더하는 사람이다.

21

4. 상오소[相五小]

1. 머리가 작다

2. 눈이 작다.

3. 배가 작다.

4. 귀가 작다.

5. 입이 작다.

---

1) 상오소(相五小)-다섯 곳이 작은 것을 살핀다-

◆ 五小之形, 일두소, 二眼小, 三腹小, 四耳小, 五口小,
五小者若端正, 無缺陷而俱小者, 乃合貴之相也.
基或三四小而一二大者, 則不應而貧賤也.
若夫頭小而有角, 眼小而淸秀, 腹小而圓垂, 耳小而輪廓成,
口小而脣齒正, 則反爲貴人矣.

오소지형, 일두소, 이안소, 삼복소, 사이소, 오구소,
오소자약단정, 무결함이구소자, 내합귀지상야.
기혹삼사이소이일이대자, 즉불응이빈천야.
약부두소이유각, 안소이청수, 복소이원수, 이소이륜곽성,
구소이순치정, 즉반위귀인의.

다섯 곳이 작은 형상은 머리와 눈과 배와 귀와 입의 다섯 곳이 작으며, 만약 단정하고 결함이 없이 모두가 작으면 귀한 상에 부합한다.
혹 서너 곳이 작고 한두 곳이 크면 빈천하지 않다. 만약 머리가 작고 각이 있으며 눈이 작고 청수하며 뼈가 작고 둥글게 처지며 귀가 작고 윤곽이 분명하며 입이 작고 입술과 치아가 바르면 반대로 귀한 상이다.

관상학의 길흉

1. 팔대길상(八代吉上) -부귀하다-

1. 눈이 크고 안광이 있다.

2. 코가 크고 콧대가 솟았다.

3. 입이 크고 입꼬리가 위를 향해 있다.

4. 귀가 크고 윤곽이 분명하다.

5. 머리가 크고 이마가 솟아 있다.

6. 소리가 크고 맑으면서 윤택하다.

7. 얼굴이 크고 성곽이 분명하다.

8. 몸이 크고 삼정이 균형을 이루고 있다.

2. 팔대흉상(八大凶上)-빈천하다-

1. 눈은 크나 안광이 없고 어둡고 흐린 빛이다.

2. 코는 크나 콧대가 없고 빈약하다.

3. 입은 크나 입꼬리가 아래로 쳐져 있다.

4. 귀는 크나 윤곽이 없고 엷다.

5. 머리는 크나 울퉁불퉁하다.

6. 소리는 크나 둔탁하고 깨지는 소리가 난다.

7. 얼굴은 크나 점과 잡티가 많다.

8. 몸은 크나 행동이 가볍다.

26

3. 팔소길상(八小吉上)-부귀하다-

1. 눈이 작아도 길고 수려하면 길하다.

2. 코가 작아도 콧대가 우뚝하면 길하다.

3. 입이 작아도 붉고 윤택하면 길하다.

4. 귀가 작아도 단단하고 윤택하면 길하다.

5. 이마가 작아도 풍만하면 길하다.

6. 음성이 작아도 맑게 울려 퍼지면 길하다.

7. 얼굴이 작아도 수려하고 당당하면 길하다.

8. 몸이 작아도 행동거지가 단정하면 길하다.

27

4. 육천(六賤)-여섯가지 천한 상-

1. 부끄러움을 모른다.

2. 뻔뻔하고 무사태평하다.

3. 나갈 때와 물러날 때를 구별할 줄 모른다.

4. 남의 결점을 말하기를 좋아한다.

5. 자신의 장점만을 항상 얘기한다.

6. 실수를 인정하지 않고 정당화한다.

28

5. 육악(六惡)-정신수양을 하여야 길하다-

1. 염소처럼 고개를 쳐들고 사람을 본다. 선량함이 없다.

2. 입술이 들려 늘 치아가 보인다. 온화함이 없다.

3. 울대뼈가 불거져 보인다. 부인과 자녀의 재앙이 있다.

4. 몸은 큰데 머리가 작다. 재물이 없다.

5. 상정이 짧고 하정이 길다. 일생이 분주하다.

6. 뱀 걸음에 참새의 거동이다. 집안이 흉흉하다.

29

6. 십살(十殺)-두 가지 이상 해당되지 말아야 한다-

1. 얼굴이 늘 술에 취해 있는 듯 하다.

2. 혼자서 중얼거린다.

3. 습관적으로 침을 잘 뱉는다.

4. 눈이 붉어 노기를 띠며 정신이 혼탁하다.

5. 목소리가 깨진 종소리 같이 들린다.

십살(十殺)-두 가지 이상 해당되지 말아야 한다-

6. 아랫수염은 있으나 콧수염이 나지 않는다.

7. 밥 먹을 때 식은 땀을 흘리고 소리를 낸다.

8. 콧대가 휘었거나 콧구멍이 뻥 뚫려 있다.

9. 겨드랑이에서 노린내가 난다.

10. 잠꼬대를 하며 크게 소리를 지른다.

마음수양을 하고 언행을 주의하고 긍정적으로 살아야 좋다.

관상 부위론

1. 부부궁(부모운 20년, 남편운 30년, 자식운 10년)

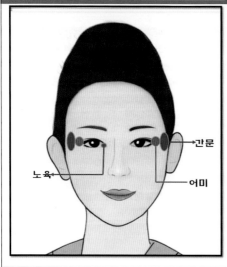

- 눈꼬리와 옆자리 귀밑머리
  가 난 부위를 칭한다.
- 유일하게 내 것이 아닌 곳
  은 눈꼬리(어미)이다.
- 얼굴 정면은 사회생활을 본
  다.
- 얼굴측면은 사생활을 본다.
- 색깔과 적당한 살집을 본다.
- 어미와 간문 두 곳에서 남
  편운, 아내운을 보며 애인
  관계, 기타 이성운도 유추
  해 낸다.
- 어미와 간문 두 곳에 결점
  이 없으면 35세부터 운이
  상승하며, 좋은 배우자를
  만난다.
- 부부궁 부위가 좋지 못하면,
  결혼시기는 늦어진다.

2. 어미

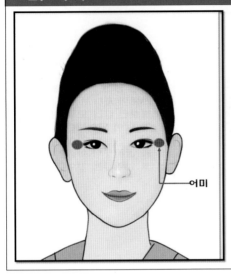

어미

- 어미부분을 볼적에는 천창, 천이궁, 볼 부분도 살펴봐야 한다.
- 눈꼬리가 없거나 짧아야 길상이다.
- 측면 살집이 팎인 유무를 잘 살펴야 한다.
- 살집이 부풀은 정도로 가늠한다.
- 눈이 잘 생기면 35살에 혼기운이 좋다.
- 여성의 안상에서 어미가 없거나 짧으면 남편은 체구가 크고 건강하다.
- 간문이 넓고 살집이 두둑하면 남편운은 최상이다. 그러나 여성 자신은 사회운이 없다.

34

어미

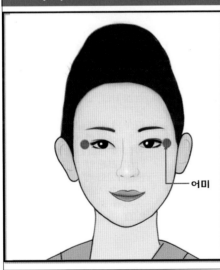

어미

- 사회성을 보려면 여성의 어미와 눈꼬리가 적당하게 있어야 길상이다.
- 안상이 길쭉하면 남편운은 없지만 사회운은 있다.
- 남성의 눈과 눈꼬리가 길쭉하면 현처를 맞이하며, 명예운, 재물운, 사회운도 길상이다.
- 남성의 눈이 둥그스럼하면 아내는 몸집이 크고 용모가 없어 귀티를 찾을 수가 없다.
- 남성, 여성이 동질의 형상을 만나면 재물은 취득하나 부부운이 60세를 넘기기가 어려우며 자식 인연도 없다.

35

3. 간문

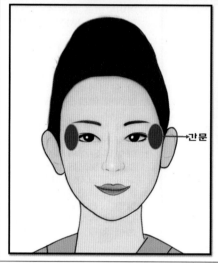

간문

- 간문의 살집이 약하면 결혼 시기를 33-34세와 39-40 세를 넘긴 이후가 좋다.
- 간문이 지나치게 부풀어 불룩하면 남녀 모두 이성문제가 많이 일어난다.
- 최고 간문의 길상은 눈꼬리를 감싸듯이 살집이 도톰하게 일어나는 것이다.

36

4. 간문의 홈 자국

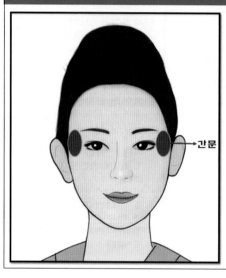

간문

- 간문의 흉터는 배우자를 극한다.
- 여성의 우측 간문에 상처가 나면, 남편의 성격이 포악하거나, 일찍 사별하게 된다.
- 여성의 좌측 간문에 난 상처는 남편의 여자관계가 복잡해 진다는 의미이다.
- 남성 간문의 큰 흉터는 처란(妻亂)의 상징이 되므로 나이 40세를 전후해서 배우자를 잃거나, 배우자로 인한 큰 재산 손실이 있다.

37

간문의 흠 자국

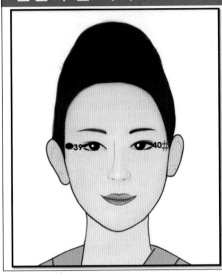

- 간문에 눈꼬리와 가로금(#)
  이 교차하면 사별운이다.
- 어미에 가까울수록 세로금
  이 가장 나쁘다.
- 간문의 검은 흑점이나 사마
  귀는 남녀 이성관계의 복잡
  함을 의미한다.
- 가로금 주름살은 생이별이
  며, 세로금 주름살은 사별운
  을 의미한다.
- 간문이 조금 나빠도 외피가
  깨끗하면 사별운은 피한다.
- 간문이 두툼해도 외피가 탁
  하면 배우자가 건전하지 못
  하다.
- 간문이 나쁘면 간문이 지배
  하는 나이에, 자신 보다는
  배우자 신변에 더욱 안전을
  기울여야 한다

38

5. 친구운, 애인운, 배우자운

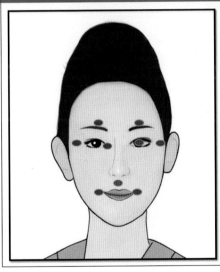

- 얼굴의 지성미는 눈썹, 눈동
  자, 간문, 입술 양가를 본다.
- 중년인 경우에는 눈썹대신
  인중을 본다.
- 지성미, 애정미, 품격은 눈썹,
  눈, 간문을 본다.
- 20대의 이성운은 자신의 눈
  썹과 간문을 본다.
- 눈썹은 동료운과 붕우운을
  본다.
- 눈썹이 없고 간문만 발달한
  경우에는 순수한 이성 관계
  는 불가능하고 험한 꼴을 당
  한다.
- 애인은 눈썹이 부드럽고, 눈
  은 커야 한다. 간문이 두툭하
  면 더욱 좋다,
- 일생을 같이할 배우자는 어
  미 간문과 좌우의 콧망울을
  본다.

39

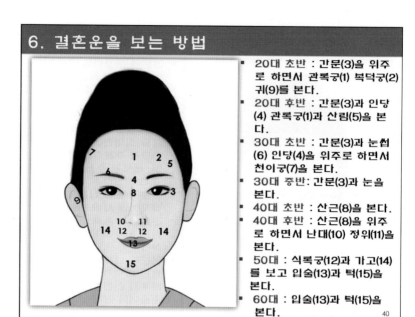

6. 결혼운을 보는 방법

- 20대 초반 : 간문(3)을 위주로 하면서 관록궁(1) 복덕궁(2) 귀(9)를 본다.
- 20대 후반 : 간문(3)과 인당(4) 관록궁(1)과 산림(5)을 본다.
- 30대 초반 : 간문(3)과 눈썹(6) 인당(4)을 위주로 하면서 천이궁(7)을 본다.
- 30대 중반 : 간문(3)과 눈을 본다.
- 40대 초반 : 산근(8)을 본다.
- 40대 후반 : 산근(8)을 위주로 하면서 난대(10) 정위(11)을 본다.
- 50대 : 식록궁(12)과 가고(14)를 보고 입술(13)과 턱(15)을 본다.
- 60대 : 입술(13)과 턱(15)을 본다.

40

정기신혈 형상

1. 정과(精科)-얼굴이 둥글다-

- 명랑하고 낙천적이며 긍정적인 성향이다.
- 비위기능이 좋아서 살이 찌기 쉬운 체형이다.
- 체질상 습이 많아 움직이는 것을 싫어한다.
- 인체의 근본을 이루는 정(精)의 누설이 많다.
- 정(精)이 누설되기 쉽기 때문에 당뇨병을 필히 주의해야 한다.
- 간장(肝)의 정(精)이 허하면 눈이 어지럽고 정기가 없다.
- 폐장(肺)의 정(精)이 허하면 살이 빠진다.

42

정과(精科)-얼굴이 둥글다-

- 신장(腎)의 정(精)이 허하면 신기가 약해서 허리, 정강이의 문제가 있다.
- 비장(脾)의 정이 허하면 치아뿌리가 드러나고 머리카락이 빠진다.
- 체질상 몸이 잘 붓기 때문에 허리와 등이 자주 아프고 관절통이 자주 일어난다.
- 섭생을 잘못하면 당뇨병, 류마티스 관절염, 조루증에 걸릴 확률이 높다.
- 꾸준한 체력관리와 규칙적인 운동, 담백한 음식을 즐겨 먹어야 한다.
- 오곡밥, 구기자, 복분자, 참깨, 산수유, 걸쭉한 밥물이 체질에 적합한 음식이다.

43

2. 기과(氣科)-각이 지고 네모난 얼굴이다-

- 주관이 뚜렷하다.
- 체질적으로 기를 많이 가지고 있으므로 부지런한 노력형이다.
- 기(氣)가 넘치거나 기(氣) 부족 현상으로 병이 온다.
- 여성이 기(氣)가 울체가 되면:
- 가슴이 탑탑하고 옆구리 쪽으로 통증이 온다.
- 한열증상이 발생한다.
- 무릎이나 뼛속이 시리다.
- 자궁에 혹이 생긴다.
- 변비, 갑상선질환, 치질, 불면증으로 시달린다.
- 남성이 기가 부족하면 :
- 천식이 돋다.
- 숨쉬기가 힘이 든다.
- 기운이 쭉 빠진다.

44

기과(氣科)-각이 지고 네모난 얼굴이다-

- 섭생을 잘못하면 우울증, 신경성 질환, 갑상선질환, 자궁질환 등에 취약하다.
- 기과(氣科)의 여성들은 집안살림보다는 사회활동을 하는 것이 좋다.
- 기(氣)를 돋우는 식품으로는 인삼, 소고기, 황기 등이 있다.
- 기(氣)를 순환시키는 식품으로는 진피, 생강, 향부자, 총맥, 무, 귤껍질, 무씨 등이 있다.
- 기병은 낮에 심하고 밤이 되면 가벼워진다.

45

3. 신과(神科) -턱이 뾰족하고 얼굴이 역삼각형-

- 머리가 좋고, 총명하면서 꼼꼼하고 예민하다.
- 칠정(喜怒愛樂哀惡慾)에 마음을 쉽게 상한다.
- 가슴이 두근거리고, 잘 놀라고, 무서움을 잘 탄다.
- 신경성질환, 건망증, 불면증, 허리, 다릿병, 무릎이 시린 증상을 자주 경험한다.
- 마음이 상하여 병이 오므로 단전호흡, 명상을 통해서 마음을 치유하면 좋다.
- 양 볼에 살이 꺼지면 간과 신장이 약해져 있다는 신호이다.
- 양생법으로는 인삼, 대추, 연자육, 백복신, 연자육죽이 좋다.

46

4. 혈과(血科) -얼굴이 계란처럼 갸름하다-

- 얼굴이 계란처럼 갸름하면서 턱주위가 두툼한 형상이다.
- 인상이 부드럽고 자상하다.
- 턱주위가 두툼한 지적형 혈과의 남성들은 여성 같다는 소리를 많이 듣는다.
- 꼼꼼하고 성실하다.
- 혈과에 속한 사람들은 혈과 관련된 질병에 주의하여야 한다.
- 두통, 어지럼증, 재생불량성 빈혈, 생리불순, 코피, 장내출혈에 주의하여야 한다.
- 혈과의 특징은 특히 눈썹 끝부분에 아픈 증상이 있다.
- 혈병은 밤에 심하고 낮에는 가벼워진다.
- 사물탕, 동자뇨, 생연뿌리즙, 당귀, 부추즙이 건강에 좋다.

47

인체오행론·소인형도

인체 오행론

1. 오행관련표

오행(五行)	나무(木)	불(火)	흙(土)	금(金)	수(水)
오장(五臟)	간	심장	지라(비장)	폐	신장
오부(五腑)	쓸개	소장	위	대장	방광
오계(五季)	봄	여름	여름 지렁이	가을	겨울
오색(五色)	푸른색	붉은색	노란색	흰색	검은색
오미(五味)	신맛	쓴맛	단맛	매운맛	짠맛
오미작용	수(근육긴장)	견(단단하게)	완(고통완화)	산(발산)	연(연화작용)
오향(五香)	조(누린내)	초(탄내)	향기	비린내	부(썩는 냄새)
오주(五主)	기름악취	혈맥	단내	피부와 모발	뼈
오로(五勞)	근육	시야	앉기	눕기	서있기
오규(五竅)	걸음	혀	입	코	이음(항문.성기) 귀
오화(五華)	눈	얼굴색	입술	체모	머리카락
오성(五聲)	손톱	웃음	노래	곡	신(伸)신음

오행관련표

오행(五行)	나무(木)	불(火)	흙(土)	금(金)	수(水)
오성(五聲)	손톱	웃음	노래	곡	신(呻)신음
오변(五變)	호흡	여름	홰(딸꾹질)	기침	률(慄)두려움
오병(五病)	손을 쥐는 모습	트림	삼킴	기침	하품, 재채기
오액(五液)	눈물	땀	군침	콧물	침
오맥(五脈)	현(세게당긴다)	구(鉤)(來强去弱)	결대맥(부정맥)	모(毛)	석(石) 가라앉음
오지(五志)	노여움	기쁨	생각(과로움)	슬픔, 근심	연(연화작용)
오악(五惡)	풍	열	습도	건조	한(추위)
오음(五音)	각(미의소리)	미(솔의 소리)	궁(도의소리)	상(레의소리)	우(라의소리)
오신(五神)	혼(魂)	신(神)	의(意)	혼백(魂魄)	지(志)
오과(五果)	사과	은행	대추나무	복숭아	밤
오채(五菜)	부추	염교	아욱, 동규, 돌김	파	콩잎
오축(五畜)	닭	양	소	말	돼지

2. 오미로 살펴보는 인체 건강론

오미(五味)	신맛(酸)	쓴맛(苦)	단맛(甘)	매운맛(辛)	짠맛(鹹)
작용	근육수축	소화, 단단	완화	발한, 발산	연화
관련장기	간장, 담	심장. 소장	췌장, 위	폐. 대장	신장, 방광
호전병증	설사, 식은 땀	출혈성질환 설사	근육통 목의통증	감기	변비
주의	노래 등 소리를 잘 내는 사람은 과식주의	변비증상 에는 과식주의	아토피성 피부염, 비만에는 주의	항문, 눈충혈 목기관, 피부염증, 기침, 천식 에는 금기	신장염, 방광염, 부종에는 과식주의

4

소인형도

<글,그림인용>, 관상오행, 정상기, 심한, 1996.   5

소인형도(小人形圖) —얼굴은 인체의 축소판이다—

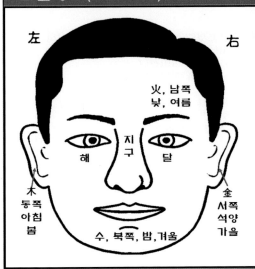

- 코 : 토성 "지구"
- 왼쪽 눈 : 태양
- 오른쪽 눈 : 달
- 왼쪽 귀 : 목성
- 오른쪽 귀 : 금성
- 입 : 수성

6

1. 이부위(耳部位)

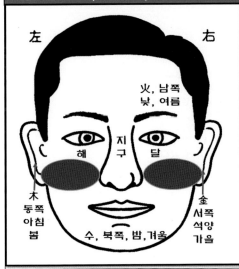

耳部位

- 귀를 중심으로 관골인 뺨까지를 총칭한다.
- 陰, 陽으로 좌우에 있다.
- 左耳 : 남자의 본부위. 생가를 의미한다. 과거의 소식을 듣는다는 의미인 수신기라고 한다. 동방목, 봄, 아침, 震방향 장남, 청춘, 인체 장기인 간에 해당하며 삼혼의 신경을 관할하고 있다.
- 진(震)은 상승을 의미하며, 시집간 딸이 평안한 소식을 전한다는 의미인 송신기에 해당된다.

7

1) 삼혼(三魂)이란 ?

◆ 삼혼의 이름은 태광(胎光), 상령(爽靈), 유정(幽精)이라고 한다.
- 태광은 우리 봄의 타고난 원기를 말한다.
- 상령은 하늘을 오가는 신선을 의미한다.
- 유정은 저승을 오가는 귀신을 의미한다.

◆ 삼혼(三魂) : 정신기(精神氣)를 담당한다.(정신을 관장한다)
◆ 천. 인. 지 삼재(三在)를 상징한다.
  1) 생혼(生魂) : 부모의 정혈 (父精母血)로 만들어진다. 천기
     정(精)에 해당된다.
     인간의 육도윤회(六道輪回)를 맡고 있다.
     생존을 담당하는 악의 상징이다.
  2) 영혼(靈魂) : 우주로부터 만들어진다. 인기
     선(善)을 상징하는 혼이다. 신(神)에 해당된다.
  3) 각혼(覺魂) : 땅으로부터 만들어진다. 지기
     감각적인 반응을 담당한다. 기(氣)에 해당된다.
     반선반악(半善半惡)의 혼이다.

8

삼혼(三魂)이란 ?

- 식물인 초목은 생혼만 있어 꽃을 피우고 열매를
  맺으나 괴롭거나 슬픔을 느끼는 감정은 없다.
- 동물은 생혼과 각혼 2개의 혼을 가지고 있어 생혼
  은 달리고 움직이는 혼이고, 각혼은 아프고 괴롭
  고 기쁘고 즐거움만 알 뿐이다.
- 사람만이 세 가지 혼을 다 갖추고 있어 모르는 것
  이 없고 깨닫지 못하는 것이 없다.

9

2) 칠백(三魂七魄)이란 ?

◆ 칠백(七魄)이란? (육신을 관장한다)

1) 먹기를 좋아하는 시구호(尸拘好)
2) 옷 입는 것을 좋아하는 복시(伏矢)
3) 음행을 좋아하는 작음(雀陰)
4) 놀음을 좋아하는 탄적(呑賊)
5) 앙화를 좋아하는 비독(蜚毒)
6) 탐내기를 좋아하는 제예(除穢)
7) 잡스런 일만을 좋아하는 취폐(臭肺)

칠백(七魄)이란 ?

- 일곱개의 백(魄)들은 항상 심장 구멍속에 숨어 있다.
  사람의 심장엔 일곱개의 규안(竅眼)이 있어 생시를
  미루어 보아 북두칠성에 따라 칠백이 작용을 일으키
  는데 본명인 자기 운명과 일치하는 칠백 중 한 백이
  한 구멍에 있으면서 그 맡은 일을 주관한다.

- 밖을 향하고 있는 칠백의 안구의 규는 입하나, 양쪽
  눈, 양쪽 귀, 콧구멍 들 을 합한 일곱 구멍 칠규(七竅)
  를 말하고 구적(九賊)이란 이 일곱 구멍인 칠규에다
  대소변을 합한 것을 말한다.

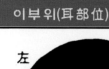

이부위(耳部位)

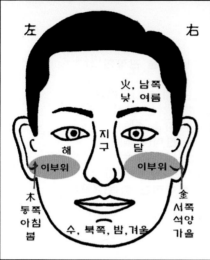

左 右

火, 남쪽
낮, 여름

지구

해 달

이부위 이부위

木
동쪽
아침
봄

金
서쪽
석양
가을

수, 북쪽, 밤, 겨울

이부위(耳部位)

- 우이(右耳) : 여자의 본부위이다. 여자의 친정을 의미한다.
- 서방 태(兌)궁은 소녀의 본위이다. 태는 금이고 가을의 과일로 비유한다. 과일은 아래로 구르는 성질이 있어 칠백(七魄)이라 한다. 태는 폐에 해당하며 뼈를 장악한다.
- 금성(金星)은 서(西)에서 북(北)인 밤으로 하향하는 본성대에 나뭇잎이나 과일은 땅으로 향하므로 수신기라 칭한다.
- 땅에 떨어지는 칠혼백은 과일을 상징하고, 과일의 씨가 자라서 자신의 품으로 오기를 기다리니 이것이 모성애이다.

12

이부위(耳部位)

左 右

火, 남쪽
낮, 여름

해 달

木
동쪽
아침
봄

金
서쪽
석양
가을

수, 북쪽, 밤, 겨울

이부위(耳部位)

- 신체의 강약 여부와 수명의 장수를 본다.
- 좌이 7과 우이 7세를 합하면 14세가 되므로 남녀 성을 알게 되는 시기이다.

13

2. 미부위(眉部位)

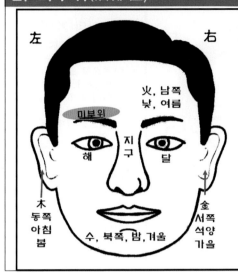

미부위(眉部位)

- 눈 위에 위치한 눈썹으로 남녀 같이 목(木)을 본부위로 하고 31세-34세까지의 운을 본다.
- 이마가 활동하는 일터라면 미(眉)는 일터인 논, 밭의 가장자리에 심어놓은 나무 그늘과 같은 자리이다. 울타리 안에 심어놓은 휴게실이라고 할 수가 있다.
- 형제, 친구들과 쉬며 즐기는 자리이다.
- 형제자매, 사교, 귀인의 도움을 본다.

14

1) 목미(木眉)

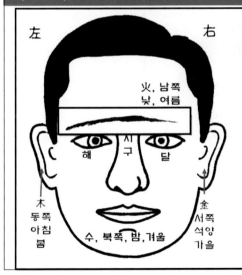

목미(木眉)

- 강직하고 어진 성격이며, 학문계통을 좋아하며 자연을 선호한다.
- 큰 집단과는 경쟁심이 많다.
- 나무는 한곳에 뿌리를 박는 것을 좋아하므로 직업이나 거처를 옮기지 않는 것이 좋다.
- 직업은 학자, 나무관련 계통, 양잠업이 좋다.
- 자손궁은 뿌리가 깊어서 길하다.

15

2) 화미(火眉)

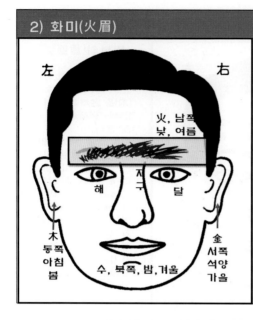

화미(火眉)

- 미모가 불규칙하고 불이 타오르는 모습이다.
- 무관으로 출세하는 경향이 많다.
- 강직하며 솔직하고 통솔력이 있다.
- 성질은 급하며 형제덕이 없다.
- 31-34세에 큰 성공을 한다.
- 34세 이후는 침착성을 잃지 않아야 가산을 지탱할 수가 있다.
- 선길(先吉) 후빈(後貧)한다.
- 투기를 각별히 조심하여야 한다.

16

3) 토미(土眉)

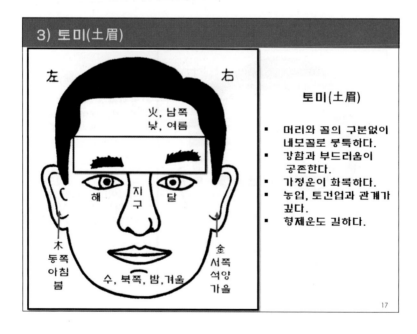

토미(土眉)

- 머리와 꼴의 구분없이 네모꼴로 뭉툭하다.
- 강함과 부드러움이 공존한다.
- 가정운이 화목하다.
- 농업, 토건업과 관계가 깊다.
- 형제운도 길하다.

17

4) 금미(金眉)

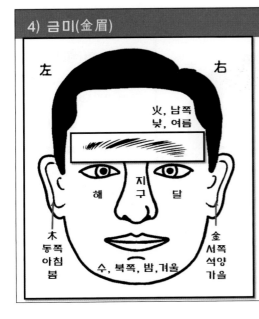

左　右

火, 남쪽
낮, 여름

해　지구　달

木
동쪽
아침
봄

수, 북쪽, 밤, 겨울

金
서쪽
석양
가을

금미(金眉)

- 미두와 미모가 약간 일어난 형이다.
- 반달미와 유사하다.
- 금미는 본 부위가 목 (木)이므로 가을의 과일나무이다.
- 장남형이다.
- 처음에는 단단하나 나중에는 약해지므로 직업적으로 주의하야 한다.
- 금융기관 계통의 직업이 유리하다.
- 주택은 화려한 것을 선호한다
- 형제운이 길하다.

18

5) 수미(水眉)

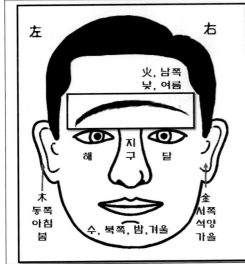

左　右

火, 남쪽
낮, 여름

해　지구　달

木
동쪽
아침
봄

수, 북쪽, 밤, 겨울

金
서쪽
석양
가을

수미(水眉)

- 가늘고 부드러운 눈썹이다.
- 침착하고 온순하다.
- 문학, 과학 계통과 인연이 깊다.
- 계획형이다.
- 부부인연이 길하다.
- 투기는 불리하다.

19

3. 액부위(額部位) : 정신활동의 무대이다.

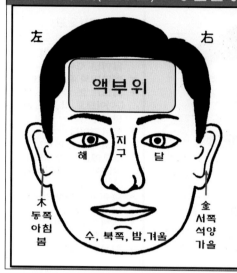

액부위(額部位)

- 화(火)부위는 머리와 얼굴에 해당된다. 남방, 화부위이다.
- 명예와 예를 보는 부위이다.
- 남녀 같이 15세부터 30세 까지를 본다.
- 화(火)부위 : 상정(上停) 전체를 본다.
- 액(額)부위 : 미각(眉角) 윗 부분만을 칭한다.
- 하루 : 가장 태양의 화기가 강한 낮 시간 상징.
- 일년 : 낮에 일터에 나가 활동하는 시간을 의미한다.

액부위(額部位) : 정신활동의 무대이다.

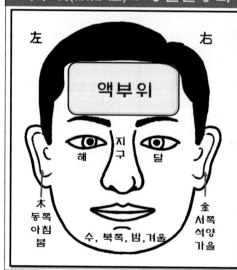

액부위(額部位)

- 효율적이고 능률적인 방법을 찾아야 한다.
- 조상, 부모, 윗어른을 보며 관록운이나 명예, 활동력 등의 인간관계를 본다.
- 윗사람의 조력을 잘 받아야 성공한다.

21

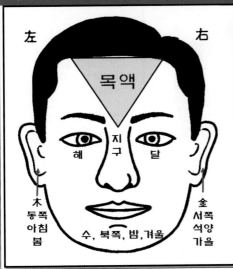

- 옆은 좁고 위는 높은 이마를 말한다.
- 봄에 불이 붙은 격이다.
- 가난한 가정에서 태어나는 경우가 많다.
- 두뇌가 명석해서 15세 이후에 발전한다.
- 문학, 예술가의 자질이 있다.
- 초혼은 불길하다.
- 자유결혼은 길하다.
- 부모 조업이 없다.
- 편친 부모가 많다.
- 독학, 고학자가 많다.
- 불운할 때에는 무학자가 많은 유형이다.

22

2) 화액(火額)

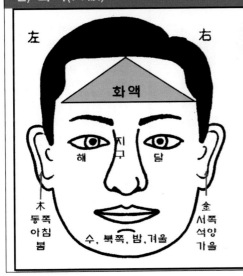

- 이마가 낮고 뾰쪽하다
- 화(火)에 화(火)를 곁들인 격이다.
- 윗부분이 뒤로 넘어가 유형이 많다.
- 15-30세 무렵 어려움이 많다.
- 조실부모한 경우가 많다.
- 부모유산이 없다.
- 30세까지 조혼은 불길하다.
- 관운이 없다.
- 노동직, 기술직 계통의 직업이 길하다.
- 타향에서 고생한다.

23

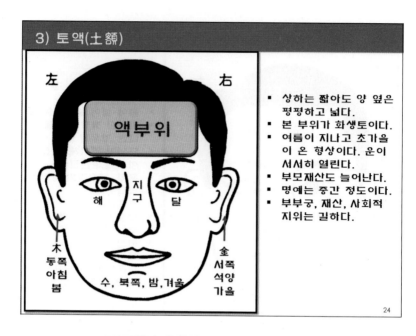

3) 토액(土額)

左 右

액부위

지구
해 달

木
동쪽
아침
봄

수, 북쪽, 밤, 겨울

金
서쪽
석양
가을

- 상하는 짧아도 양 옆은 평평하고 넓다.
- 본 부위가 화생토이다.
- 여름이 지나고 초가을이 온 형상이다. 운이 서서히 열린다.
- 부모재산도 늘어난다.
- 명예는 중간 정도이다.
- 부부궁, 재산, 사회적 지위는 길하다.

24

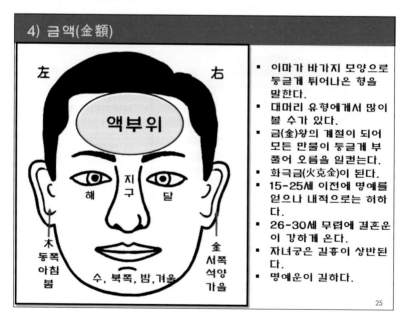

4) 금액(金額)

左 右

액부위

지구
해 달

木
동쪽
아침
봄

수, 북쪽, 밤, 겨울

金
서쪽
석양
가을

- 이마가 바가지 모양으로 둥글게 튀어나온 형을 말한다.
- 대머리 유형에게서 많이 볼 수가 있다.
- 금(金)왕의 계절이 되어 모든 만물이 둥글게 부풀어 오름을 일컫는다.
- 화극금(火克金)이 된다.
- 15-25세 이전에 명예를 얻으나 내적으로는 허하다.
- 26-30세 무렵에 결혼운이 강하게 온다.
- 자녀궁은 길흉이 상반된다.
- 명예운이 길하다.

25

5) 수액(水額)

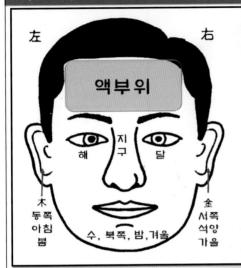

- 모양이 넓고 후중하며 깊은 바다를 상징한다.
- 수극화(水克火)의 형상이다.
- 외유내빈의 상이 많고 외강내유하지만 유명무실로 마무리 될 수가 있으니 주의를 하여야 한다.
- 사회적 지위는 소관이다.
- 부부운은 상호간에 배려를 잘하여야 한다.
- 자녀는 늦게 두는 것이 좋다.

26

4. 목부위(目部位)

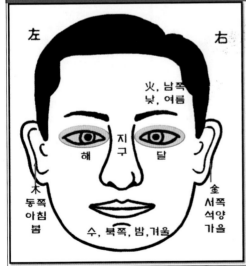

- 화부위(火部位)에 속한다.
- 남자는 좌목(左目)이 태양이므로 강렬하고 광채가 있는 눈이 길하다.
- 여자는 우목(右目)을 달로 보며 부드러우며 맑아야 길하다.

27

1) 목목(木目)

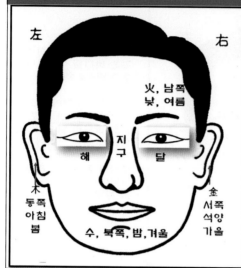

- 가늘고 단정하고 부드러운 눈이다.
- 봄나무에 비유한다.
- 남자가 목목(木目)의 눈이면 목생화(木生火)하여 다방면에서 크게 성공한다.
- 여성이 목목(木目)이면 현모양처가 되어서 만사가 순조롭고 화목한 가정을 이끌어 나간다.

28

2) 화목(火目)

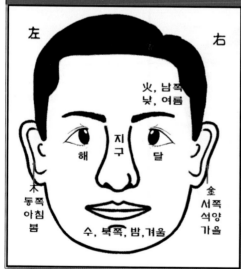

- 튀어나온 눈, 둥글고 강한 눈, 삼각형의 눈, 사백목, 흰자위가 많은 눈, 눈꼬리가 위로 지나치게 올라간 눈이 모두 화목(火目)에 속한다.
- 남자의 눈은 태양이므로 정신이 강하면 크게 형통한다.
- 지나치게 정신이 강하면 35-40세에 큰 재난을 대비하여야 한다.
- 여성은 은은한 달빛의 눈이 길한데 너무 강하면 부부운, 자식운을 극한다.
- 수양하여야 한다.

29

3) 토목(土目)

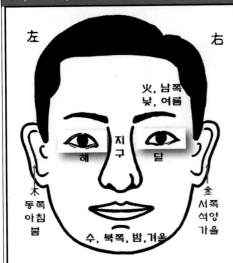

左　右

火, 남쪽
낮, 여름

지구

해　달

木
동쪽
아침
봄

金
서쪽
석양
가을

수, 북쪽, 밤, 겨울

- 금목(金目)보다는 짧으나 눈동자의 좌우가 분명하다.
- 화생토(火生土)하여 재산을 늘려간다.
- 무자녀인 경우도 눈부위인 35-40세 나이에 오면 자녀를 얻는다.
- 남녀 모두 길상이다.

30

4) 금목(金目)

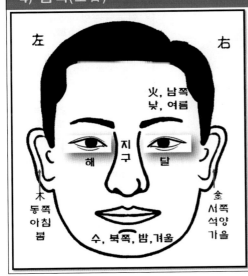

左　右

火, 남쪽
낮, 여름

지구

해　달

木
동쪽
아침
봄

金
서쪽
석양
가을

수, 북쪽, 밤, 겨울

- 목목(木目)보다는 짧으나 폭이 넓고 단정해 보이는 눈이다.
- 화극금(火克金)이 되어 명예는 있으나 재산은 소모된다.
- 남성은 재산은 소모되나 명예운은 상승한다.
- 여성은 화극금(火克金)이 되어 저축보다는 낭비가 심한편이다.
- 권위나 자부심이 강해서 자만 할 수가 있다.

31

5) 수목(水目)

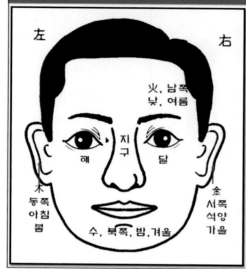

左 右

火, 남쪽
낮, 여름

지구
해 달

木
동쪽
아침
봄

金
서쪽
석양
가을

수, 북쪽, 밤,겨울

- 눈이 유난히 크고 눈물기가 있다.
- 소 눈과 같이 총기는 약하지만 선해 보이는 눈이다.
- 남성의 경우 수극화(水克火)가 되어 수명에 지장이 있다. 그러나 겨울철의 태양이라 부유하게 산다.
- 35-40세 무렵 겨울에는 돌발적인 재난이 생길 수가 있으니 주의를 요하여야 한다.
- 여성은 수극화(水克火)가 되어 동절기의 달에 비유되므로 외로운 명이다.
- 수목의 여성은 독립적이라 부부공방운이 많다.

32

5. 비부위(鼻部位)

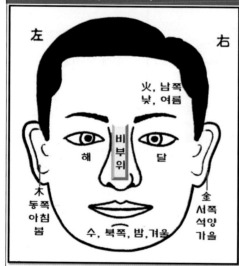

左 右

火, 남쪽
낮, 여름

비부위
해 달

木
동쪽
아침
봄

金
서쪽
석양
가을

수, 북쪽, 밤,겨울

- 얼굴의 중앙이 된다.
- 인체의 오장(五臟)에 해당된다.
- 비부위는 얼굴을 중화한다.
- 2개의 콧구멍은 우리의 지구에 음과 양이 있다는 이치이다.
- 비부위는 재산궁, 부부궁, 질액궁, 수명궁을 본다.
- 준두를 보고 재복을 알 수가 있다.
- 코끝이 드러나면 투기를 즐기며 재산이 허무하다.
- 정위와 난대는 하체에 있는 두개의 배설구를 의미한다.
- 법령은 걸어가는 다리의 끝을 의미하며 인생의 말년을 뜻한다.

33

1) 목비(木鼻)

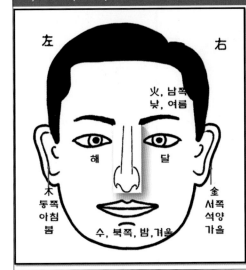

- 나무는 가늘고 길므로 목비(木鼻)의 코는 좁고 높으면서 균형감이 있다.
- 목극토(木克土)의 형상이므로 거주지를 바꾸지 말고 한 직장을 고수하는 것이 좋다.
- 보수적인 경향이 강하다.
- 사업확장은 금물이다.
- 관리직, 농업, 원예업이 길하다.
- 목비(木鼻)의 여성은 남자로 인한 고통이 있다.
- 과수업, 원예업 등 나무와 관계한 직업은 부부운이 길하다.

34

2) 화비(火鼻)

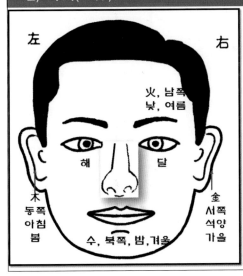

- 각양각색의 코를 의미한다.
- 산근이 빈약한코, 연상의 뼈가 튀어나온 코, 준두, 난대부위가 빈약한 코, 계단코, 틀어진 코, 콧구멍의 노출이 심한 코 등을 일컫는다.
- 귀인도, 부자도 되지 못하는 천한 상이다.
- 다른 부분이 받혀주면 기복은 심하지만 의지력은 강하다.
- 직업은 천한직업 계통이 길하다.
- 고물상, 기술자 등의 직업과 인연이 깊다.
- 여자는 힘든 삶을 살아간다.

35

3) 토비(土鼻)

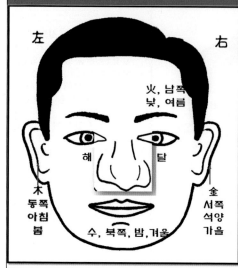

- 산근과 준두가 넓고 평평하다.
- 분수를 지키면 길하다
- 한가지 직업에 전념하여야 한다.
- 동업, 직업변경, 이사는 금물이다.
- 들판의 흙은 곡식이 여물때까지 때를 기다리는 지혜가 필요하다.
- 자연에 순응하면서 살아가는 것이 흉을 길로 변화시킨다.

36

4) 금비(金鼻)

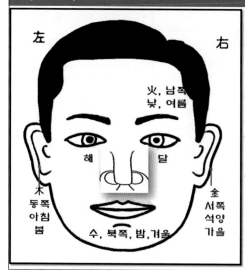

- 콧망울이 둥글고, 콧구멍이 보이지 않으며 끝이 잘 뭉쳐져 있는 최상의 코이다.
- 토생금(土生金)하므로 남, 녀 모두 최상의 운을 가진다.
- 일명 쓸개코라고 하며 재산 축재운과 직업상의 큰 성공이 있다.
- 특히 여성은 최고의 성공운이 보장되며 41세-50세까지 승승장구한다.

37

5) 수비(水鼻)

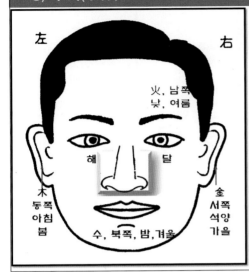

左 右

火, 남쪽
낮, 여름

해   달

木
동쪽
아침
봄

金
서쪽
석양
가을

수, 북쪽, 밤, 겨울

- 금비(金鼻)나 토비(土鼻)보다 광활하고 크다.
- 균형 잡힌 큰 코의 형태이다.
- 토극수(土克水)하여 대기업가들에게서 많이 볼 수 있으나 하극상을 당하여 기업을 인계하는 경우가 많다.
- 외적으로 부유하고 행복해 보이나, 내적으로 고통과 근심이 많다.
- 외부내빈(外富內貧) 할 수 있으므로 사람을 취용하는데 있어 각별히 주의하여야 한다.

38

6. 구각부위(口角部位)

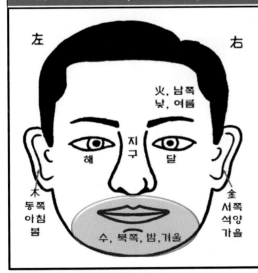

左 右

火, 남쪽
낮, 여름

지구
해   달

木
동쪽
아침
봄

金
서쪽
석양
가을

수, 북쪽, 밤, 겨울

- 51세부터 - 말년까지의 운세를 본다.
- 말년의 가택운, 건강운, 자녀의 성공여부를 본다.
- 우주로 보면 수성(水星), 지구로 보면 대해(大海), 육지로 보면 호수와 같다.
- 여자는 구각 부위가 음(陰)의 음지이므로 수염이 없어야 길하다.

39

1) 목구(木口)

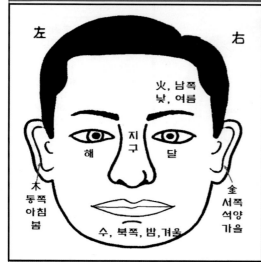

- 입술이 길고 얇다.
- 수생목(水生木)이므로 처음에는 어려우나 점차 좋아진다.
- 이동수가 많다.
- 노년에 곤경에 직면할 수 있으므로 재산 관리를 잘하여야 한다.
- 자식운은 길흉이 상반된다.
- 수염을 기르면 길상으로 유도된다.

40

2) 화구(火口)

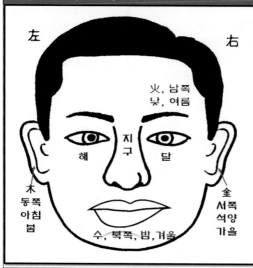

- 균형이 맞지 않는 불규칙한 입, 즉 윗입술이 튀어 나온 경우, 비뚤어진 입 등을 말한다.
- 수극화(水克火)하여 호수에 가뭄이 심한 경우이다.
- 실직, 파산, 자식문제가 많고 일생을 천하게 살면서 수명은 길다.
- 말버릇이 고약하다.
- 평생을 고독하고 외롭게 산다.

41

3) 토구(土口)

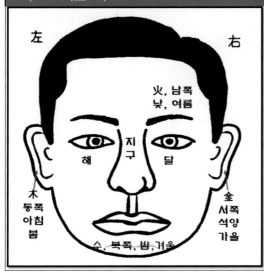

左　右

火, 남쪽
낮, 여름

지구

해　달

木
동쪽
아침
봄

金
서쪽
석양
가을

수, 북쪽, 밤, 겨울

- 방각은 잡혔으나 느슨해 보이는 입을 말한다.
- 토극수(土克水)하므로 60세 운을 주의하여야 한다.
- 자녀문제로 고심이 많다.
- 운의 기복이 심하다.
- 재산이 점차 줄어가는 형국이다.
- 직장 이직이 심한 편이다.
- 위장, 신장의 장애가 심하다.

42

4) 금구(金口)

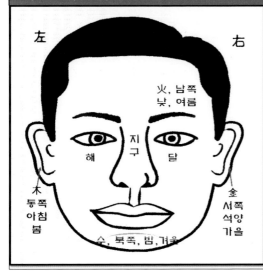

左　右

火, 남쪽
낮, 여름

지구

해　달

木
동쪽
아침
봄

金
서쪽
석양
가을

수, 북쪽, 밤, 겨울

- 둥그스름 하고 입술이 두툼하면서 균형 있는 구각이다.
- 60세 입술의 나이에 길운을 맞이한다.
- 금생수(金生水)하여 재복이 상승한다.
- 건강하고 유복하다.
- 관직자는 노년에 명예를 더 높인다.
- 자녀운도 크게 형통하며 가문을 발전시킨다.
- 금형의 빛이 얼굴에 4개 이상이 되면 크게 성공한다.

43

5) 수구(水口)

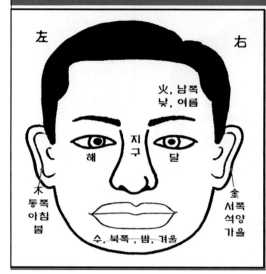

左   右

火, 남쪽
낮, 여름

지구
해   달

木
동쪽
아침
봄

金
서쪽
석양
가을

수, 북쪽 , 밤, 겨울

- 바다를 상징하는 것처럼 크고 넓으며 입술이 두툼하다.
- 균형 잡힌 수구인(水口人)이 60세가 넘으면 길운을 맞이한다.
- 식복이 크다.
- 자식복이 많다.
- 코가 작고 입만 큰 수구인(水口人)은 재산은 없고 먹는 데만 정신을 쏟는다.
- 특히 어린아이일 경우, 입은 큰데 눈썹이 짧으면 수액을 당할 염려가 있으니 각별히 주의하여야 한다.

44

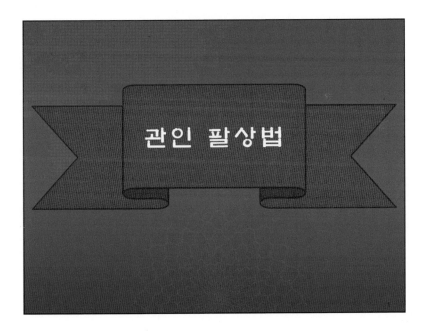

관인 팔상법

관인 팔상

1. 위맹지상 (威猛之相)

2. 후중지상 (厚重之相)

3. 청수지상 (淸秀之相)

4. 고괴지상 (古怪之相)

5. 고한지상 (孤寒之相)

6. 박약지상 (薄弱之相)

7. 완악지상 (頑惡之相)

8. 속탁지상 (俗濁之相)

2

1. 위맹지상(威猛之相) : 위세와 위엄이 있고 용맹한 상.

- 존엄한 형상을 위(威)라고 한다.
- 형상이 근엄하고 높고 존귀해 보인다.
- 마주 대하는 순간 고개가 저절로 숙여지는 존귀한 상이다.
- 피부색이나 이미지가 엄숙하여 사람을 압도한다.
- 눈빛과 몸에서 느껴지는 기운과 성품이 자연스럽게 상대방에게 위압감을 느끼게 한다.
- 신색(神色)이 엄숙하여 사람들이 스스로 두려워 한다.
- 전형적인 조직의 리더상이며 많은 군사를 이끄는 장군이나 정치가에게서 많이 찾아 볼 수가 있다.

3

2. 후중지상(厚重之相) : 후덕하고 엄중한 상.

- 체모가 두텁고 무게가 있는 것을 후(厚)라고 한다.
- 체격과 형상이 두텁고 태산처럼 넉넉해 보인다.
- 사고방식이 바다처럼 넓고 그릇이 크다.
- 어떠한 일에도 결코 흔들림 없는 진중한 무게를 가진다.
- 큰 재산을 형성하며 복을 누리고 거부로 살아간다.

4

3. 청수지상(淸秀之相) : 깨끗하고 준수한 상.

- 정신이 빼어나고 맑은 것을 청(淸)이라 한다.
- 정신이 맑고 눈동자가 깨끗하다.
- 현실의 탁함에 결코 물들지 않는다.
- 평안하고 안락해 보이는 상이다.
- 넉넉하고 후중한 느낌은 없다.
- 심성 관리를 잘하고 언행에 신중해야 한다.
- 빈약하고 초라해 보이는 상이 되어서는 안된다.

5

4. 고괴지상(古怪之相) : 괴기스럽게 생긴 상.

- 골격이 울퉁불퉁하게 생겼다.
- 특히 정수리와 광대뼈, 턱이 불거 져 나온 형상이다.
- 능동적이고 모든 일에 적극성을 가지고 있으니 기획력은 부족하다.
- 인생을 살아가는데 많은 실패를 경험한다.
- 정신적으로 맑고 안정 되어야 천 박 스럽다는 말을 듣지 않는다.
- 냉철한 판단력을 기를 수 있다면 반드시 성공을 하는 상이다.

6

5. 고한지상(孤寒之相) : 쓸쓸하고 가난한 상.

- 쓸쓸해 보이는 형상이다.
- 뼈의 형체가 강건하지 못하고 어깨가 쪼그라진 상이다.
- 안면이 빈약하고 외로워 보인다.
- 목이 길고 몸이 비뚤어져 있다.
- 걸음걸이가 힘이 없다.
- 비 맞은 새와 같은 형상이다.
- 고독하고 가난하게 살 운명이다.

7

6. 박약지상(薄弱之相) : 얇고 유약한 상.

- 체격과 얼굴이 작고 허약하다.
- 골격이 약하고 행동이 가벼우며 늘 겁먹은 듯 불안한 형상이다.
- 눈빛이 흐릿하고 어둡다.
- 자신감이 없다.
- 평생을 궁핍하게 살아간다.
- 수명도 약하다.

8

7. 악완지상(惡頑之相) : 완고하고 포악한 상.

- 악한 상은 체모가 흉하고 완고하다.
- 거부감을 주는 형상이다.
- 뱀, 쥐 승냥이와 같은 목소리로 귀에 거슬리는 소리를 가지고 있다.
- 생김새 성격 모두가 흉포하다.
- 마음씀씀이가 좋지 못하다.
- 눈도 늘 충혈 되어 있으며 사람들과 다투기를 좋아한다.
- 몸에 흉터도 많이 가지고 있다.
- 사람을 해치는 상이다.
- 신(神). 정(精). 골(骨)이 제대로 형성되지 못하여 결코 좋은 상이 될 수가 없다.

9

8. 속탁지상(俗濁之相) : 저속하고 혼탁한 상.

- 저속한 것은 형모가 혼탁하고 티끌속의 물건처럼 천하고 속하다.
- 비록 의식이 있으나 막히는 일이 많다.
- 괄끔하지 못하다.
- 단정하고 세련감이 없다.
- 재물은 있다하나 인간이 가지는 고상함과 예의는 없다.
- 게으름이 많고 어디에서나 인정받지 못한다.

10

인생의 변화궁

1. 변화궁은 15군데가 있다.

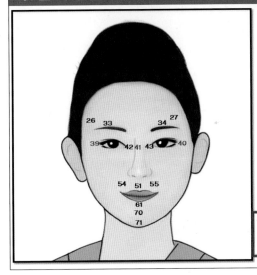

- 26세 : 구릉
- 27세 : 총묘
- 33세 : 변하
- 34세 : 채하
- 39세 : 소양
- 40세 : 소음
- 41세 : 산근
- 42세 : 정사
- 43세 : 광전
- 51세 : 인중
- 54세 : 식창
- 55세 : 녹창
- 61세 : 승장
- 70세 : 송당
- 71세 : 지각

- 61세 승장은 특히 자녀의 안부를 관장한다.

12

2. 변화궁 보는 방법

1. 나는 나의 운명으로만 죽지 않는다.

2. 운명을 나누어 가진 관계에서만 발생한다.
   천륜의 관계, 수평관계인 배우자의 관계를 말한다.

3. 나 자신은 주주에 해당되고, 지분을 나눈 관계인
   부모, 배우자, 자녀는 나의 변화궁을 이끌어 간다.

13

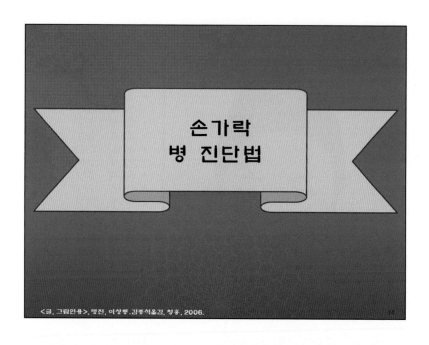

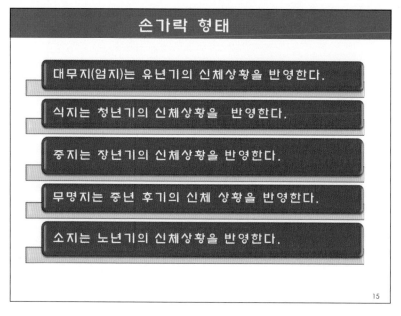

1. 엄지 손가락

- 인체 유전형질의 좋고 나쁨과 뇌수기능의 강약을 알 수가 있다.
- 엄지가 둥글고 길면서 튼튼하고 마디 길이가 균등하면 건강하다.
- 엄지가 지나치게 굵으면 간화(肝火)가 일어난다.
- 엄지가 너무 편평하고 얇으면 체질이 허약하고 신경질적이면서 인내력이 약하다.
- 엄지가 굽은 사람은 신경쇠약이다.
- 엄지가 짧고 작은 사람은 정서가 불안정하고 담이 약하며 의지 또한 약하다.
- 엄지 마디가 짧고 지나치게 뻣뻣해서 잘 구부러지지 않는 사람은 고혈압, 두통, 심장병, 중풍에 걸릴 확률이 높다.

16

2. 식지(食指, 집게손가락)

- 세마디의 길이가 고르고 아래에서 올라갈수록 점차 짧아지는 것이 길하다.
- 외형이 곧으면서 중지와 밀착되어 있으면 간과 담의 기능이 좋다는 표시이다.
- 첫째 마디가 유난히 길면 건강상태가 대부분 좋지 않다.
- 둘째 마디가 너무 굵으면 칼슘흡수가 잘 되지 못하여 골격과 치아의 문제가 일찍 생긴다.
- 셋째 마디가 지나치게 짧으면 신경정신과 질환에 잘 걸린다.
- 집게 손가락이 창백하고 가늘어 보이는 사람은 간과 담의 기능이 약하여 쉽게 피로하고 활발하지 못하다.
- 집게 손가락이 굽어 보이면서 마디 사이 간격이 크고 무늬가 어지러운 사람은 간담 질병의 문제로 비위기능에 문제가 초래된다.

17

3. 중지(中指, 가운뎃손가락)

- 중지는 심혈관기능의 강약을 판단한다.
- 손가락이 길고 둥글고 튼튼하면서, 세 마디 길이가 좋으면 원기 충만함과 건강함을 나타낸다.
- 창백하고 작고 가늘면서 약해 보이면, 심혈관기능의 문제와 빈혈이 있다는 것을 나타낸다.
- 손가락이 휘어 보이고 마디가 넓은 것은, 심장과 소장이 약하다는 의미이다.
- 중지 세마디가 비대칭이고 중간의 한 마디가 특별히 길면, 정력 부족과 인내력이 약하다는 의미이다.
- 중지가 너무 길면 우울증이 있다는 표시이다.
- 중지가 지나치게 짧으면 신체는 건강하지만, 노년기에 폐와 신장 질환에 노출 될 수가 있다.
- 중지가 길면 성격은 온화하고 감상적이나, 심혈관계와 뇌질환을 앓기 쉽다.
- 손가락이 균등하게 긴 사람은, 심신의 기혈이 평형을 이루기 때문에 건강하다.

18

4. 무명지(無名指, 약손가락)

- 약손가락의 강약은 특히 비뇨생식기계통 및 근골의 강약과 깊은 관계가 있다.
- 약손가락이 둥그스름하게 모양을 갖추고 길이가 고르면서 치우치지 않고, 가운뎃손가락 첫째마디의 중간보다 약간 길고 굴문(屈紋)이 깨끗하면 건강하다.
- 약손가락이 너무 길면 생활이 불규칙해서 건강에 영향을 줄 수 있다.
- 너무 짧으면 원기가 부족하고 체력이 약하다.
- 약손가락 뿌리 부위의 마디는 생식능력과 내분비기능을 나타내므로 너무 가늘고 약하면 안 된다.

19

무명지(無名指, 약손가락)

- 약손가락 둘째 마디 가장자리의 줄무늬를 병약문(病約紋) 이라 한다.
- 병약문은 건강의 호불호에 따라 증가한다.
- <그림 1>은 약손가락의 둘째 마디가 지나치게 길거나, 창 백하고 말랐을 때는 칼슘흡수 부족으로 골격, 치아가 모두 쇠약해질 수 있다.
- 약손가락 끝이 휘고 마디 간격이 넓은 사람은 비뇨기계통 의 질병과 신경쇠약에 잘 걸린다.
- 약손가락이 중지 첫째 마디 절반을 넘어 거의 중지와 길 이가 비슷하면 선천적으로 체질이 좋다는 의미이다.

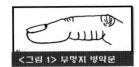

<그림 1> 무명지 병약문

5. 소지(小指, 새끼손가락)

- 소화기 계통과 생식기능의 강약을 판단한다.
- 소지의 표준길이는 무명지의 첫째 마디와 비슷하거나, 약간 길면 비위기능이 좋고 신체가 건강하다는 의미이다.
- 소지가 창백하고 말라 보이면 체내의 소화흡수 기능에 장애와 배변의 문제가 있다.
- 소지 끝이 휘고 마디 간격이 너무 넓으면, 비위기능의 병증이 뚜렷하게 나타난다.
- 소지가 휜 사람은 폐활량이 작다는 의미이다.
- 소지 뿌리 부분의 굴문이 어지러운 사람은 신체 기능이 떨어졌다는 의미이다.
- 소지가 한쪽으로 휘고 손바닥이 건조한 사람은 소화흡수 기능에 문제가 있다.

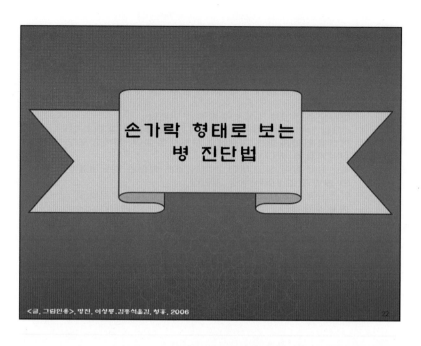

1. 방지(方指)

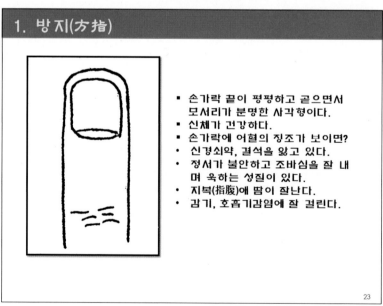

- 손가락 끝이 평평하고 곧으면서 모서리가 분명한 사각형이다.
- 신체가 건강하다.
- 손가락에 어혈의 징조가 보이면?
- 신경쇠약, 결석을 앓고 있다.
- 정서가 불안하고 조바심을 잘 내며 욱하는 성질이 있다.
- 지복(指腹)에 땀이 잘난다.
- 감기, 호흡기감염에 잘 걸린다.

2. 세장지(細長指)

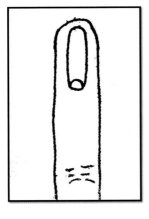

- 손가락이 가늘고 길면서 힘이 창백하고 힘이 없다.
- 비위 기능이 약하다.
- 우울하고 걱정이 많다.
- 편식한다.
- 갑상선 저하기능 환자가 많다.

24

3. 죽절지(竹節指)

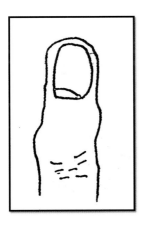

- 손가락 관절이 튀어나온 대나무 같다.
- 자존감이 세고 독립심이 강하다.
- 정서가 불안하고 다른 사람과 비교하기를 좋아한다.
- 호흡기, 비뇨기, 생식기 계통의 질병이 많다.

25

4. 벽호지(壁虎指) : 도마뱀과 비슷하다.

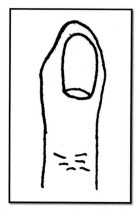

- 끝 마디 관절이 돌출되고 마디 끝 부분이 뾰족하다.
- 손가락이 벽호의 머리처럼 생겨서 붙여진 이름이다.
- 심장병에 취약하다.
- 호흡기계통의 질병에 잘 걸린다.

26

5. 고추지(鼓槌指)

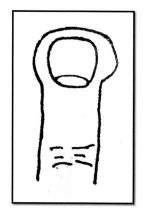

- 손가락의 마지막 마디가 전부 둥글고 굵게 돌출하고, 손가락 끝 모서리가 비교적 분명하다.
- 손가락 등의 피부가 거칠며 북채 같은 형태이다.
- 만성호흡기계통 질병 및 순환기계통 질병에 취약하다.

27

6. 원추지(圓錐指)

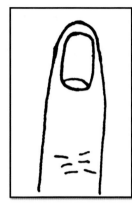

- 손가락 끝이 둥글고 길면서 약간 뾰족한 원추형처럼 생겼다.
- 신체는 건강하지만, 저항력이 약한 편이다.
- 정서가 안정적이다.
- 흉부질환에 잘 걸린다.
- 감기에 걸리면, 인후가 붓고 통증이 심하다.

28

7. 능형지(綾形指)

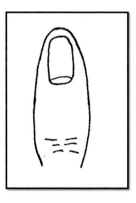

- 손가락 가운데 관절이 굵고 크게 돌출되었다.
- 손가락 전체가 중간은 넓고 아래 위는 좁은 마름모꼴 이다.
- 신경계통, 골다공증, 귓병에 취약하다.

29

8. 조단지(粗短指)

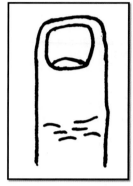

- 손가락이 짧고 굵어 중지의 길이가 손바닥 길이의 2/3 이하이다.
- 손가락 뿌리가 통통하다.
- 신체가 건장하다.
- 순간적인 힘을 잘 쓴다.
- 고혈압, 간, 신장 질환의 병을 앓기 쉽다.

30

9. 사만지(斜彎指)

- 손가락 끝 마디가 휘었는데 대부분 소지나 식지 이다.
- 생식기능 장애나 유전병을 앓는 사람에게서 많이 보인다.

31

윗사람 복

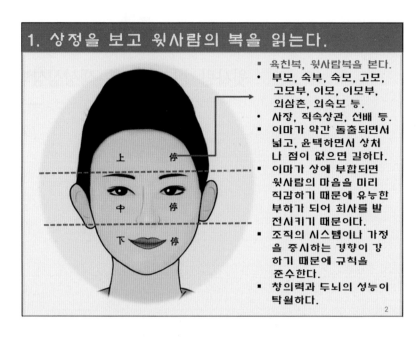

1. 상정을 보고 윗사람의 복을 읽는다.

上 停

中 停

下 停

- 육친복, 윗사람복을 본다.
- 부모, 숙부, 숙모, 고모, 고모부, 이모, 이모부, 외삼촌, 외숙모 등.
- 사장, 직속상관, 선배 등.
- 이마가 약간 돌출되면서 넓고, 윤택하면서 상처나 점이 없으면 길하다.
- 이마가 상에 부합되면 윗사람의 마음을 미리 직감하기 때문에 유능한 부하가 되어 회사를 발전시키기 때문이다.
- 조직의 시스템이나 가정을 중시하는 경향이 강하기 때문에 규칙을 준수한다.
- 창의력과 두뇌의 성능이 탁월하다.

2

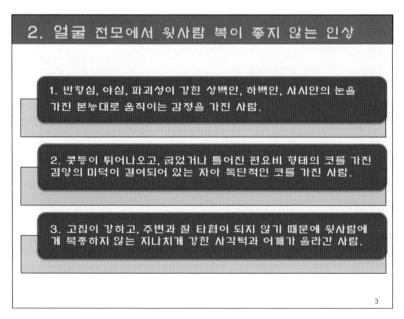

2. 얼굴 전모에서 윗사람 복이 좋지 않는 인상

1. 반항심, 야심, 파괴성이 강한 상백안, 하백안, 사시안의 눈을 가진 본능대로 움직이는 감정을 가진 사람.

2. 콧등이 튀어나오고, 굽었거나 틀어진 편요비 형태의 코를 가진 겸양의 미덕이 결여되어 있는 자아 독단적인 코를 가진 사람.

3. 고집이 강하고, 주변과 잘 타협이 되지 않기 때문에 윗사람에게 복종하지 않는 지나치게 강한 사각턱과 어깨가 올라간 사람.

3

3. 윗사람 복을 좋게 하는 법

1. 이마에 상처나 홈이 없고, 색깔이 윤택해야 한다.
   어릴 때 흉터가 생기지 않도록 주의해야 한다.

2. 마음수양을 잘하게 되면 나쁜 운을 상징하는 눈을 가진 사람도 평화로운 심신상태가 되어서 눈동자의 위치가 돌아오게 된다.

3. 사백안은 정신집중을 강하게 하는 수양을 쌓아야 하며, 건전한 취미 활동을 활성화시켜서 정서적인 생활을 습관화시켜야 한다.

4. 편요비의 코를 가진 사람은 겸양의 미덕을 쌓아서 주변 사람들의 대화에 귀를 기울이고 온화함으로 나아가야 한다.

4

형제, 친구운

5

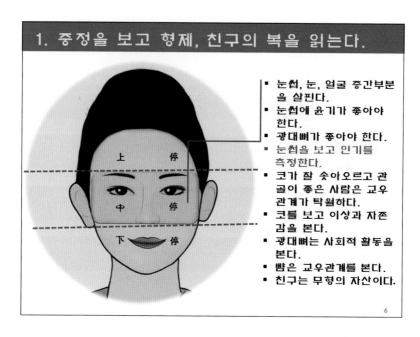

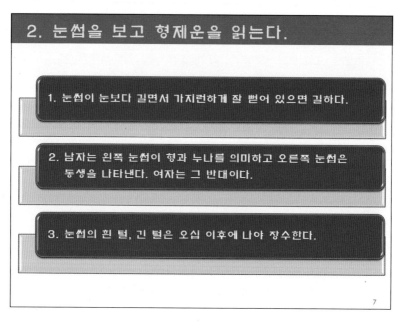

1) 형제, 친구복

- 눈썹이 가지런하고 눈의 길이보다 길면 형제 자매 운이 길하다.
- 눈썹이 어긋나 있으면 형제자매가 뿔뿔이 헤어진다.
- 눈썹 털이 거꾸로 선사람은 형제로 인해 고통이 있다.
- 눈썹이 엷고 희미하며 형체가 없어 보이는 사람은 형제운이 전혀 없다.
- 눈썹에 흠이 있거나 균등하지 못하고 조화를 이루지 못하면 육친은 물론이고 친구 동료의 조력을 받을 수가 없다.

8

2) 눈썹을 보고 건강을 읽는다.

- 눈썹을 통해서 폐와 대장의 건강 상태를 본다.
- 눈썹이 진한 사람 : 폐와 대장의 냉기가 강해서 감기에 잘 걸리며 목 쪽으로도 통증이 나타난다.
- 장이 약한 사람이 많다.
- 눈썹이 이어진 사람, 눈썹 사이에 솜털이 나 있는 사람은 천식에 걸리기 쉽다.
- 미간이 얇으면서 함몰되어 있는 사람은 인내력이 약하다. 병증으로는 부신피질 호르몬 이상을 살펴봐야 한다.
- 눈썹 끝 부분이 얇고 함몰되어 있는 사람은 쉽게 초조해 한다. 병증으로는 갑상선 호르몬 이상인 경우가 많다.
- 미간부분의 눈썹 털이 꼿꼿하게 서있는 사람은 신경질적이면서 예민하고 조급함을 많이 느낀다.

9

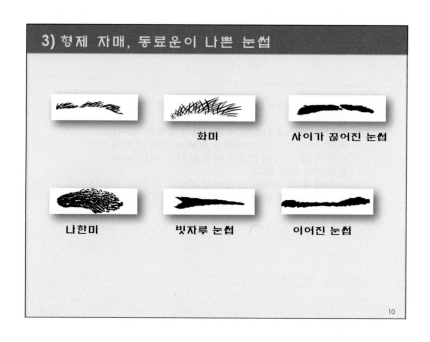

3) 형제 자매, 동료운이 나쁜 눈썹

화미

사이가 끊어진 눈썹

나한미

빗자루 눈썹

이어진 눈썹

10

아랫사람 복

1. 하정을 보고 아랫사람의 복을 읽는다.

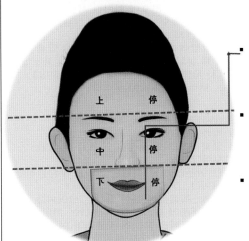

- 넓고 두둑하면서 중후한 형상을 가지면 자손번영 과 재물 수명운은 물론이고 아랫사람운 또한 길하다.
- 턱이 얇으면서 뾰족하거나 뒤집혀진 턱을 가지면, 50전에 벌어들인 재물 명예는 찰나에 사라져 버린다.
- 하정이 약하면 자손복도 없다.

12

2. 인중으로 살피는 법 : 심(沈), 장(長), 광(廣), 수(垂)

<그림 1> 긴 인중

- <그림 1> 처럼 인중이 길고 대나무를 쪼갠 것처럼 선명하면 아량이 넓어 자손 복과 부하 운이 길하다.

<그림 2> 짧은 인중

- <그림 2> 처럼 인중이 짧으면 성격이 급하여 부하를 포용하지 못하기 때문에 존경받지 못한다.

13

인중으로 살피는 법

\<그림 3\>휘어진 인중

- \<그림 3\> 처럼 인중이 휘어진 사람은 신의가 없다. 휘어진 방향이 왼쪽이면 부친을, 오른쪽이면 모친을 먼저 잃는다.
- 휘어진 방향에 따라 아들과 딸을 먼저 낳을 지의 여부를 본다. 여성이면 자궁 후굴의 가능성이 있다. 자손에게 의지할 수 없는 운명이다.
- 자녀운, 부하운이 길하지 못하다.

\<그림 4\>
흑점이 있는 인중

\<그림 4\> 처럼 인중에 흑점이 있는 경우
- 코밑 흑점은 자신의 수명을 방해한다.
- 입술 가까운 위치의 흑점은 자녀가 해롭다는 암시이다.
- 인중 한 가운데에 난 흑점은 사생활이 문란하다는 암시이다.
- 인중 위의 흑점은 아들이 많다는 의미이다.
- 인중 아랫부분의 흑점은 딸이 많다는 의미이다.
- 중간부분의 흑점은 자녀를 기르기가 어렵다.
- 자녀운, 부하운이 길하지 못하다.

14

인중으로 살피는 법

\<그림 5\>
아랫쪽이 넓은 인중

- \<그림 5\> 처럼 인중이 아랫쪽으로 갈수록 넓은 사람은 자녀운, 주변운 모두가 길하다.
- 아들을 많이 낳는다.

\<그림 6\>
아랫부분이 좁은 인중

- \<그림 6\> 처럼 아래쪽으로 갈수록 인중이 좁은 사람은 심성이 불안하여 모든 일에 장애가 많다.
- 실패가 많기 때문에 삶이 고단하다.
- 주변운, 자녀운도 길하지 못하다.

15

색상 심상법

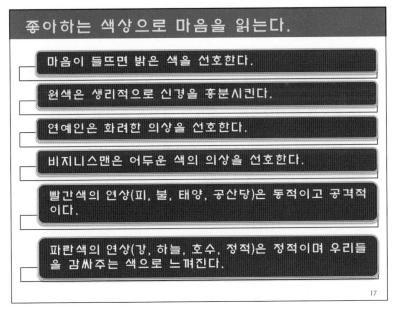

좋아하는 색상으로 마음을 읽는다.

- 마음이 들뜨면 밝은 색을 선호한다.
- 원색은 생리적으로 신경을 흥분시킨다.
- 연예인은 화려한 의상을 선호한다.
- 비지니스맨은 어두운 색의 의상을 선호한다.
- 빨간색의 연상(피, 불, 태양, 공산당)은 동적이고 공격적이다.
- 파란색의 연상(강, 하늘, 호수, 정적)은 정적이며 우리들을 감싸주는 색으로 느껴진다.

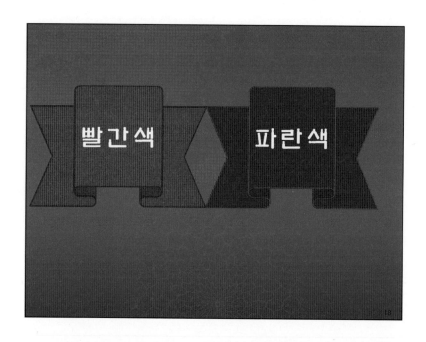

1. 빨간색, 파란색을 좋아하는 사람

빨간색을 좋아하는 사람 "교감신경 흥분"

- 목표를 열정적으로 추구하고 야심과 욕구가 강하다.
- 행동력이 있으며 정력적이고 매사에 적극적이다.
- 적극성이 필요한 영업부 계열과 인연이 깊다.

파란색을 좋아하는 사람 "신경 진정 효과"

- 보수적이고 전통적인 것을 중요시한다.
- 질서를 추구한다.
- 사람을 신뢰하고 자신 또한 신뢰받으려 한다.
- 정확성을 필요로 하는 경리업무 계열과 인연이 깊다.

2. 빨간색, 파란색을 싫어하는 사람

빨간색을 싫어하는 사람.

- 적극성이 떨어진다.
- 진취적이지 못하다.

파란색을 싫어하는 사람.

- 침착성이 없고 변덕이 심하다
- 집중력이 없고 정신적인 문제도 가지고 있다.

20

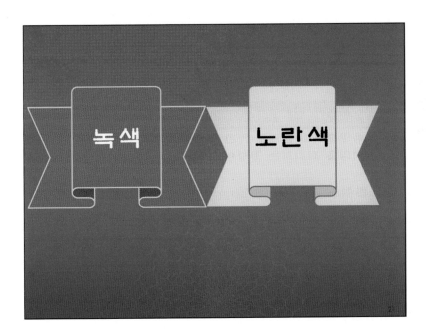

1. 녹색, 노란색을 좋아하는 사람.

녹색을 좋아하는 사람 "지속성" 긴장, 금지, 엄격함.

- 자기주장이 강하고 인정받기를 좋아한다.
- 엄격함과 명예를 추구한다.

노란색을 좋아하는 사람 "변화" 이완, 발전, 창조.

- 발전적이고 야심적이다.
- 변덕이 많고 줏대 없는 기분파이기도 하다 .

22

2. 녹색, 노란색을 싫어하는 사람.

녹색을 싫어하는 사람.

- 욕망충족의 실패로 인한 불안감이 있다.
- 책임을 회피하는 경향이 있다.

노란색을 싫어하는 사람.

- 실망과 고독의 감정에 잘 휩쓸린다.
- 어떤 일의 사태를 악화시키지 않으려는 경향이 강하다.

23

3. 녹색, 노란색의 선호도로 마음 상태를 본다.

녹색을 좋아하고 노란색을 싫어하는 사람.

- 인정받고 싶어하는 마음은 강하지만 자신감이 없다.
- 공격적이고 비판적이다.
- 주위에 의한 영향을 고집스럽게 거부하거나 저항하는 경향이 강하다.

노란색을 좋아하고 녹색을 싫어하는 사람.

- 자신에게 주어진 상황을 힘들어 한다.
- 실패의 책임을 타인에게 전가한다.

24

녹색, 노란색의 선호도로 마음 상태를 본다.

녹색과 노란색을 모두 좋아하는 사람.

- 화려한 것을 좋아하고 인정받기를 좋아한다.
- 교사, 배우, 가수, 사회자, 경영자가 선호한다.

녹색과 노란색을 모두 싫어하는 사람.

- 실망, 불안함, 우유부단함을 나타낸다
- 정신적으로 쇠약하다.

25

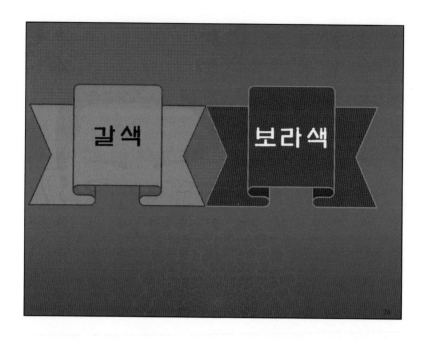

1. 갈색, 보라색을 좋아하는 사람.

갈색을 좋아하는 사람 "이상성" 육체적 질병, 땅, 동료

- 집, 땅, 동료 등 인간의 마음 지주에 불안감을 느낀다.
- 마음의 지주가 결핍되어 있다.
- 갈색은 사람의 마음을 파악하는 중요한 색이다.

2. 보라색을 좋아하는 사람 "신비성" 환상적, 섬세함.

- 정서가 불안한 사람이 많다.
- 신비스러움을 추구한다.
- 영적 에너지가 강하다.

27

2. 갈색, 보라색을 싫어하는 사람.

갈색을 싫어하는 사람.

- 자신의 욕망을 억누르고 극단적으로 엄격하게 살아가고 자 하는 현상이다.

2. 보라색을 싫어하는 사람.

- 신비적인 사람과의 관계나 동심의 꿈이 억눌려 인간에 대한 불신감을 가지고 있다.

28

3. 갈색, 보라색의 선호도로 마음상태를 본다 .

1.갈색을 좋아하고 보라색을 싫어하는 사람.

- 분쟁에 휘말리지 않으려는 까다로운 일면을 가지 고 있다.

2. 보라색을 좋아하고 갈색을 싫어하는 사람.

- 독특한 것을 좋아하고 독창적이기를 원하는 마음 이 강하다.

29

갈색, 보라색의 선호도로 마음상태를 본다 .

갈색과 보라색을 유별나게 좋아하거나 싫어하는 사람.

• 어떤 욕망에 억눌려져 있다.

2. 갈색과 보라색을 지극히 좋아하면 ?

• 감각적인 기쁨, 아름다운 의복, 맛난 음식 관능적인 즐
  거움에 빠져 들기를 원하고 있다.
• 갈색을 선호하면 스트레스가 마음속에 쌓여 있어 심신
  의 여유를 추구한다.
• 갈색은 좋아하지도 싫어하지도 않는 편이 자연스러운
  모습이다.

30

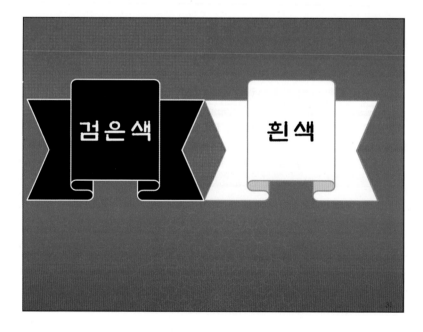

검은색   흰색

31

1. 검은색, 흰색을 좋아하는 사람.

검은색을 좋아하는 사람 "위험" 죽음, 무.

- 절망, 반항, 무모함 등의 위험한 요소를 내포하고 있다.

흰색을 좋아하는 사람 "순수" 청순, 신뢰

- 청순이나 신뢰의 상징이다.
- 순수하다는 의미이다.

32

11

태청신감·유장상법 하권

1. 색론

◆天之蒼蒼, 氣色正耶, 雲霧乃基氣耳.
　천지창창, 기색정야, 운무내기기이.

하늘이 푸름은 색이 바른 것일까? 구름과 안개가 그 기
일 뿐이다.

◆人之賦刑受命, 於天地相爲流通, 是所稟之氣有變動,
　而色有定體也.
　인지부형수명, 어천지상위유통, 시소품지기유변동,
　이색유정체야.

사람이 형체를 받고 생명을 받음이 하늘과 땅에 서로 유
통하므로, 품수한기에 변동이 있으면, 색은 정해진 몸이
있다.

색론

◆正體之色, 不止於蒼蒼, 基屬有五行支異.
　정체지색, 부지어창창, 기속유오행지이.

정체의 색은 푸름에 그치지 않고 소속이 오행이
차이가 있다.

◆金色白, 木色靑, 水色黑, 火色赤, 土色黃.
　금백색, 목색청, 수색흑, 화색적, 토색황.

금은 백색이며, 목은 청색이며, 수는 흑색이며, 화는
적색이며, 토는 황색이다.

◆ 得正色爲五行, 不相克者不滯爲貴, 雜色蔽之卽差.
득적색위오행, 불상극자부체위귀, 잡색폐지즉차.

정색을 얻어 오행이 되면, 상극이 아니면 정체되지 않아
귀하니 잡색은 가려져 그르치게 된다.

◆ 然色之正, 不可無氣, 現日月角溫粹可愛爲貴.
연색지정, 불가무기, 현일월각온수가애위귀.

그러므로 색이 마름이란 기가 없을 수 없고 현재 일각,
월각이 온화하고 바르며 사랑스러움이 귀하다.

4

◆ 如枯操昏暗, 不獨難發, 亦平生多主脾, 胸心腹之疾,
水火獄訟之厄.
여고조혼암, 부독난발, 역평생자주비, 흉심복지질,
수화옥송지액.

만약 마르고 어두우면, 홀로 펴기 어려울 뿐만 아니라, 또
평생 많이 소화기와 가슴, 심장, 배의 질병이 많으며, 수재
와 화재, 감옥에 갇히거나 소송을 당하는 곤액이 있다.

◆ 五形之人, 得基本色, 或得相生之色者善.
오형지인, 득기본색, 혹득상생지색자선.

오형의 사람은 본색을 얻어야 하니 혹은 상생의 색을 얻으
면 좋다.

5

색론

◆ 五色得之者, 春色要靑, 夏色要紅, 秋色要白, 冬色要黑,
又盡善也(餘與 <瑋琳洞中秘密經>同)
오색득지자, 춘색요청, 하색요홍, 추색요백, 동색요흑,
우진선야(여여 <위림동중비밀경>동)

오색의 자기 지역을 얻음은, 봄은 청색이어야 하며, 여름은
홍색이어야 하며, 가을은 백색이어야 하며, 겨울은 흑색이
어야 하니, 또 좋음을 다함이다. 나머지는 위림동중비밀경
과 동일하다.

6

---

2. 사중(四重)색론

◆ 四重旺. 相. 休. 囚 : 春三月靑色旺. 赤色相. 白色囚. 黑色死.
사중왕. 상. 휴. 수 : 춘삼월청색왕. 적색상. 백색수. 흑색사.

4중은 왕. 상. 휴. 수이니, 봄 3월은 청색이 왕이며, 적색이
상이며, 백색이 수이며, 흑색은 사이다.

◆ 夏三月赤色旺. 靑色相. 黑色囚. 白色四 ;
하삼월적색왕. 천색상. 흑색수. 백색사 ;

여름 3월은 적색이 왕하며, 청색이 상이며, 흑색이 수이며,
백색이 사이다.

7

◆秋三月白色旺. 赤色相. 青色囚. 黑色死.
　추삼월백색왕. 적색상. 청색수. 흑색사.

가을 3개월은 백색이 왕하며, 적색은 상이며,
청색은 수이며, 흑색은 사이다.

◆冬三月黑色旺. 白色相. 赤色囚. 靑色死.
　동삼월흑색왕. 백색상. 적색수. 청색사.

겨울 3개월은 흑색은 왕하며 , 백색은 상이며,
적색은 수이며, 청색은 사이다.

8

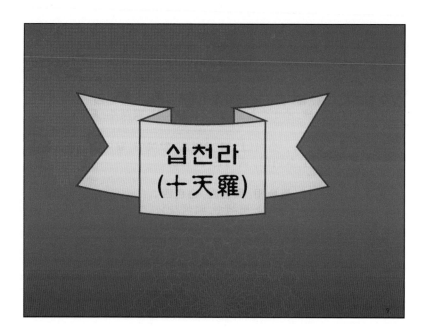

십천라(十天羅) : 십천라자, 천지흉살지신야.

1. 黑色者, 爲死氣天羅.(흑색자 위사기천라)

2. 白色者, 爲喪哭天羅.(백색자, 위상곡천라)

3. 靑色者, 爲憂滯天羅.(청색자, 위우체천라)

4. 黃色者, 爲疾病天羅.(황색자, 위질병천라)

5. 如脂膏塗抹者, 爲酒食天羅.(여지고도말자, 위주식천라)

6. 眼流而視急者, 奸淫天羅.(안류이시급자, 간음천라)

7. 色焦如火者, 爲破敗天羅.(색초여화자, 위파패천라)

8. 如醉如睡者, 爲牢獄天羅.(여취여수자, 위뇌옥천라)

9. 笑語失節者, 爲鬼掩天羅.(소어실절자, 위귀엄천라)

10. 氣如霧昏者, 爲退散天羅.(여무혼자, 위퇴산천라야)

10

1. 십천라의 의미

十天羅者, 天地凶煞之神也.
10천라는 하늘의 흉살의 신이다.

◆ 人亦有所象, 多滿面黑色四紀, 爲死氣天羅.
인역유소상, 다만면흑색사기 위사기천라.

사람에 또 형상이 있으니 많이 온 얼굴에 흑색이 사방
에 일어나면 죽은기의 천라가 된다.

◆ 白色자, 爲喪哭天羅, 靑色者, 爲憂滯天羅.
백색자, 위상곡천라, 청색자, 위우체천라.

백색은 초상에 곡하는 천라가 되며, 청색은 근심으로 정
체된 천라이다.

11

십천라의 의미

◆ 黃色者, 爲疾病天羅, 如脂膏導抹者, 爲酒食天羅.
황색자, 위질병천라, 여지고도말자, 위주식천라.

황색은 질병천라이다. 만약 기름이 칠해진 듯하면
주식천라이다.

◆ 眼流而視急者, 姦淫天羅, 色焦如火者, 爲破敗天羅.
안류이시급자, 간음천라, 색초여화자, 위파패천라.

시선이 흐르면서 시선이 급하면 간음천라이며, 불타
는 색이 타는 듯하면 실패하는 천라이다.

12

십천라의 의미

◆ 如醉如睡者, 위牢獄천라, 笑語失節者, 爲鬼掩天羅.
여취여수자, 위내옥천라, 소어실절자, 위귀엄천라.

취한듯 잠자는 듯하면 감옥천라이다. 웃음과 말이
절도를 잃으면 귀엄천라이다.

◆ 如舞昏者, 爲退散天羅.
여무혼자, 위퇴산천라.

기가 안개처럼 혼미하면 흩어져 달아나는 천라이다.

13

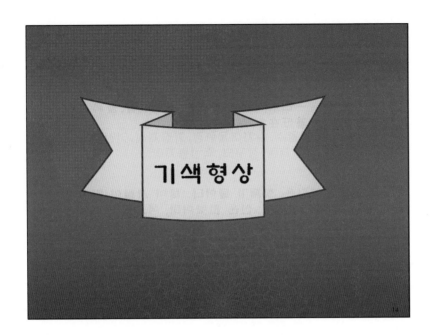

1. 기색(氣色)의 형상

◆ 靑色如瓜, 黃色如蠟, 赤色如火, 白色如脂, 黑色如漆.
   此五者, 色紙正, 發之甚者也.
   청색여과, 황색여랍, 적색여화, 백색여지, 흑색여칠.
   차오자, 색지정, 발지심자야.

   오이같은 청색, 밀랍같은 황색, 불같은 적색, 기름같은
   백색, 옻칠같은 흑색이다. 이 5 가지는 색의 바름이며
   발생함이 강성함이다.

15

1) 水色의 형상

◆ 五臟所生, 一曰水. 水之於物爲精, 基臟在腎, 基神玄冥,
　發色爲黑. 基旺在冬, 精具矣, 則神從之也.
　오장소생, 일왈수. 수지어물위정, 기장재신, 기신현명,
　발색위흑. 기왕재동, 정구의, 즉신종지야.

오장이 탄생함은, 첫째가 물이다. 물이 사물이 됨이 정
이며, 오장은 신이며, 신은 현명이며, 색으로 드러남은
검은색이며, 왕성함은 겨울에 있고, 정이 갖추어 지면
신이 따르게 된다.

16

2) 火色의 형상

◆ 二曰火. 火之於物爲氣, 基臟在心, 基神丹元 發色爲赤,
　基旺在夏, 神至矣 則昏從之矣.
　이왈화. 화지어물위기, 기장재심, 기신단원, 발색위적,
　기왕재하, 신지의 즉혼종지의.

둘째는 화이니, 불이 사물이 됨은 기가 되며, 5장중에는
심이며, 신은 단원이며, 발생한 색은 적색이며, 왕성함은
여름에 있고, 신은 이르면 혼이 신을 따른다.

17

3) 木色의 형상

◆ 三曰木. 木之於物爲魂, 魂者陽物也, 基臟在肝, 基神龍煙,
發色爲靑, 基旺在春, 魂在矣 則魄配之也.

삼왈목. 목지어물위혼, 혼자양물야, 기장재간, 기신용연,
발색위청, 기왕재춘, 혼재의 즉백배지야.

셋째는 목이니, 목이 사물이 됨은 혼이며, 혼은 양의 물
건으로, 5장은 간이며, 신은 용연이며, 색으로 발생함은
청색이며, 왕성함은 봄에 있고, 혼은 존재하면 백이 따른
다.

18

4) 金色의 형상

◆ 四曰金 金之於物爲魄, 魄者陰物也, 基臟在肺, 基神皓華,
發色爲白, 基旺在秋, 精神魂魄備, 基意在焉.

사왈금 금지어물위백, 백자음물야, 기장재폐, 기신호화,
발색위백, 기왕재추, 정신혼백비, 기의재언.

넷째는 금이며, 금이 사물이 됨이 백이며, 백은 음의 물건
으로, 해당 5장은 폐며, 신은 호화이며, 색으로 발생함
은 흰색이며, 왕성함은 가을에 있고, 정신과 혼백이 갖추
어 지면, 뜻이 있게 된다.

19

5) 土色의 형상

◆ 故五曰土．土之於物爲意, 意者精氣也, 基臟在脾,
基神常黃, 發色爲黃, 基旺四季也.
고오왈토．토지어물위의, 의자정기야, 기장재비,
기신상황, 발색위황, 기왕사계야.

다섯째는 토이며, 토의 사물됨은 뜻이 되며, 뜻은 정
기이니, 5장에 있어서는 비에 있고, 신은 상황이며,
왕성함은 4계에 있다.

◆ 是故皆朝於一面, 而息於五臟也. 五色所生, 定憂辱.
시고개고어일면, 이식어오장야. 오색소생, 정우욕.

그래서 모두 얼굴에서 모이며 5장에서 쉬게 된다.
오색이 생성함이 근심과 욕됨을 결정한다.

20

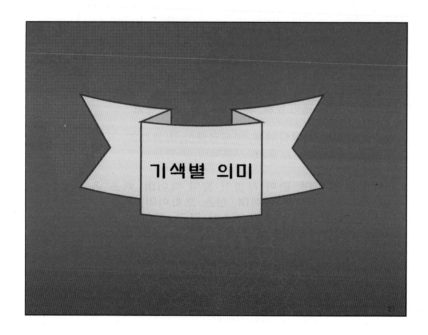

1. 청색의 의미

◆ 靑色主憂事, 若色厚者, 主憂重; 色經者, 主憂微, 色散者,
主要憂鮮; 色盛者, 憂主緊.
청색주우사, 약색후자, 주우중; 색경자, 주우미, 색산자,
주요우선; 색성자, 우주긴.

청색은 주로 근심스런 일이며, 만약 청색이 두터우면 주
로 근심이 중중이다. 청색이 가벼우면 주로 근심이 경미
하다. 청색이 흩어지면 주로 근심이 새롭다. 청색이 성대
하면 주로 근심이 긴밀하다.

22

2. 백색의 의미

◆ 色白 主哭事, 若色厚者, 主大喪; 色浮者, 主輕喪,
色散者, 주外腹也; 色顯者, 主喪近也.
색백 주곡사, 약색후자, 주대상; 색부자, 주경상,
색산자, 주외복야; 색현자, 주상근야.

백색은 주로 곡할 일이다. 만약 백색이 두툼하면, 주로
임금의 상사이다. 백색이 뜨면, 주로 가벼운 상례이며,
백색이 흩어지면 주로 외친의 상복을 입는다. 백색이
드러나면 주로 상례가 가까이 있다.

23

3. 적색의 의미

◆赤色主擾, 若色盛者, 主刑獄; 色濃者主刑死,
色暗者主病重, 色散者主病瘥也.
적색주요, 약색성자, 주형옥; 색농자주형사,
색암자주병중, 색산자주병차야.

적색은 주로 흔들림이니, 만약 적색이 성대하면 주
로 형벌을 받아 감옥에 갇힌다. 적색이 짙으면 주로
형벌로 죽고, 적색이 어두우면 주로 질병이 중증이
며, 적색이 흩어지면 주로 질병이 낫는다.

4. 황색의 의미

◆黃色主喜慶, 若色盛者主大慶, 色箔者 主小喜,
色散者主喜退, 急者主喜近也.
황색주희경, 약색성자주대경, 색박자 주소희,
색산자주희퇴, 급자주희근야.

황색은 주로 기쁜 경사가 있고, 만약 황색이 성대하면
주로 큰 경사가 있고, 황색이 엷으면 주로 조금 기쁨
이 있고, 황색이 흩어지면 주로 기쁨이 물러나며, 황색
이 급하면 주로 기쁨이 근처에 있다.

유장상법 하권

분월론
(分月論)

월별 기색 부위도

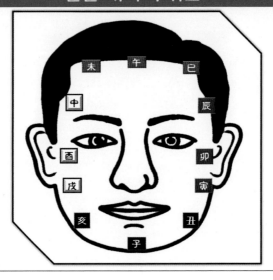

28

1. 정월(正月)

◆ 正月氣色在寅宮上者, 乃虎耳歸来酒令酒池上, 宜青白明潤, 方是正色, 欲成點成粒方好, 如暗滯不明, 此月不利.

　정월기색재인궁상자, 내호이귀래주령주지상, 의청백명윤, 방시정색, 욕성점성립방호, 여암체불명, 차월불리.

정월의 기색은 인궁에서 보는데, 그것은 호이, 귀래, 주령, 주지 부위에 있고, 깨끗하고 흰 맑은 백색으로 윤택해야 바른 색이다. 기색은 점이나 쌀알 같은 형상이어야 좋다. 만약에 어둡거나 막혀서 밝지 못하면 그 달에는 불리하다.

◆ 時日, 正月寅宮白大青, 錢財積聚喜重重, 紅色一来防火錢, 黃須失脫黑官刑.

　시왈, 정월인궁백대청, 전재적취희중중, 홍색일래방화전, 황수실탈흑관형.

시에서 말하기를, 정월 인궁에 백색에 푸른 색을 띠면, 재물이 모이게 되고 기쁜 일은 겹겹이 오게 된다. 만약에 홍색이 보이면 화재와 도적을 예방해야 한다. 황색이 뜨면 물건을 잃어버리고 흑색이 보이면 형벌을 받게 된다.

29

2. 이월(二月)

◆ 二月在卯宮上, 看平眼角, 不倒觀骨邊命門, 連眼下臥蠶,
　東西山嶽上下左右看, 宜靑色發外, 不宜在內, 宜成一片, 不宜成點.
　이월재묘궁상, 간평안각, 부도관골변명문, 연안하와잠,
　동서산악상하좌우간, 의청색발외, 불의재내, 의성일편, 불의성점.

2월의 기색은 묘궁에 있는데, 그 위치는 안각(눈꼬리)과 수평으로
관골에는 이르지 않고 명문과 눈아래 있는 와잠에 이어 있고 ,
동악과 서악의 상하좌우 부위에서 보아 마땅히 청색이 피부 밖에
나타나야 한다. 피부안에 나타나면 안 되며, 조각으로 나타나면 좋고,
점으로 나타나면 좋지 않다.

◆ 凡氣色獨二月, 萬物發生成片, 在外爲苗, 忌白黑暗黃赤, 不忌紅紫.
　범기색독이월, 만물발생성편, 재외위묘, 기백흑암황적, 불기홍자.

기색은 유독 이월에 만물이 발생하니 조각을 이루고 밖으로 나타나면
좋다. 백색, 흑색, 암색, 황색, 적색이 나타나는 것을 꺼리며, 홍색과
자색은 꺼리지 않는다.

이월(二月)

◆ 時曰 : 卯宮本月最宜靑, 明大黃紅喜自生, 一赤一黃東嶽界,
　須知此月有災星.
　시왈 : 묘궁본월최의청, 명대황홍희자생, 일적일황동악계,
　수지차월유재성.

시에 다음과 같이 이르고 있다. 묘궁의 2월 기색은 반드시
청색을 띠어야 가장 좋고, 밝고 큰 황색과 홍색도 기쁨이
저절로 생기지만, 만약 동악 부위에 적색과 황색이 나타나게
되면 반드시 그 달에는 재앙이 있다는 것을 알아야 한다.

3. 삼월(三月)

◆ 三月震宮, 乃天創福堂, 驛馬弔廷天門郊外, 右眉眉上看, 宜黃暗潤,
忌白明黑, 三月氣色, 黃帶微紅爲妙.

삼월진궁, 내천창복당, 역마조정천문교외, 우미미상간, 의황암윤,
기백명흑, 삼월기색, 황대미홍위묘.

삼월은 진궁으로, 천창, 복당, 역마, 조정, 천문, 교외로, 오른쪽 눈썹
끝 위를 본다. 황색과 암색을 띠고 윤택해야 좋으며, 백색과 밝은
흑색은 꺼린다. 3월의 기색은 황색속에 엷은 홍색을 띠면 좋다.

◆ 時曰 : 三月天創只取黃, 紅來相應是榮昌, 白色刑傷是孝腹,
靑至自己有災殃.

시왈 : 삼월천창지취황, 홍래상응시영창, 백색형상시효복,
청지자기유재앙.

삼월 천창은 오직 황색을 취하고, 홍색이 와서 상응하면 번창한다.
만약 백색이 나타나면 형벌과 상해를 입게 되고, 상복을 입게 된다.
청색이 나타나면 본인에게 재앙이 있다.

32

4. 사월(四月)

◆ 四月巳宮, 在彩霞奏書虎骨, 上至月角, 夏至三陰上看, 基色宜紅紫,
光彩爲妙.

사월사궁, 재채하주서호골, 상지월각, 하지삼음상간, 기색의홍자,
광채위묘.

사월은 사궁에서 보는데, 채하, 주서, 호골이며, 위로는 월각에 이르
고 아래로는 삼음 위까지를 본다. 그 색은 홍색과 자색이며, 광채
가 나면 좋다.

◆ 時曰 : 巳宮火旺只宜紅, 靑色多侵於犯刑, 黑至五朝暗滯死,
謹防災破自傷親.

시왈 : 사궁화왕지의홍, 청색다침어범형, 흑지오조암체사,
근방재파자상친.

사궁은 화가 왕성해야 하고 홍색이 좋다. 만약 청색이 침범해
들어오게 되면 형벌을 범한다. 흑색이 나타나고 오악까지 암색이
드리우면 반드시 사망하게 된다. 재앙을 예방해야 하는데 자신을
파괴하거나 배우자를 다치게 할 수 있다.

33

5. 오월(五月)

◆ 五月午宮, 在彩霞上至日角, 不及三陽, 連印邊左首上看, 色宜紫紅, 微黃不放, 微靑有破, 微白不妙, 微黑有危, 惟紫紅赤, 乃火之正色, 最怕水, 不宜黑白靑暗.
오월오궁, 재채하상지일각, 불급삼양, 연인변좌수상간, 색의자홍, 미황불방, 미청유파, 미백불묘, 미흑유위, 유자홍적, 내화지정색, 최파수, 불의흑백청암.

오월은 오궁에서 보는데 그 위치는 채하에서 일각까지이고, 삼양(왼쪽 눈)에 못 미치며, 인당과 변지(이마 모서리) 왼쪽과 연결된 부위에서 본다. 홍색과 자색이 좋고, 얕은 황색은 해롭지 않고, 얕은 청색은 피하고, 얕은 백색은 좋지 않고, 얕은 흑색은 위험하고, 오직 자색, 홍색, 적색은 화의 정색이다. 가장 두려운 것은 수를 보는 것으로, 흑색, 백색, 청색, 암색이 나타나면 좋지가 않다.

34

오월(五月)

◆ 又云 : 五月印堂宜火旺, 故夏看印內是也
우운 : 오월인당의화왕, 고하간인내시야.

오월의 인당은 화가 왕성해야 하기 때문에 여름에는 인당의 기색을 보게 된다.

◆ 時曰 : 五月之宮又要紅, 자還有喜赤平平, 若生暗色及靑白, 不破家事及犯刑.
시왈 : 오월지궁우요홍, 자환유희적평평, 약생암색급청백, 불파가사급범형.

시에 이르기를, 오월의 궁은 오직 홍색을 띠어야 하며, 자색도 좋으며 홍색과 적색은 보통이다. 만약 암색이나 청색 및 백색이 나타나면 가정을 파하지 않으면 형벌을 받게 된다.

35

6. 유월(六月)

◆ 六月未宮, 色在天創, 未乃火衰之月, 土旺之位, 故宜紫黃, 不宜別色,
  金紫全黃, 十八日遂意, 官遷士捷, 商利人興, 如獨紫亦難, 獨黃爲次,
  基青暗白色爲傷, 赤色不忌, 黑色最嫌.
  유월미궁, 색재천창, 미내화쇠지월, 토왕지위, 고의자황, 불의별색,
  금자전황, 십팔일수의, 관천사첩, 상리인흥, 여독자역난, 독황위차,
  기청암백색위상, 적색불기, 흑색최혐.

유월의 미궁은 색이 천창에 있고, 유월은 화가 쇠하는 달로 토가
왕성하는 부위이기 때문에, 자색과 황색이 좋으며, 다른 색은 적당
하지가 않다. 자색과 황색이 전체로 온전하면 18일 안에 뜻을 이루고,
선비는 고관으로 승진하며, 과거에 급제하고, 상인은 이득을 챙기며,
인부들이 번창하게 된다. 그러나 만약 자색만 나타나게 되면 이상의
이득을 얻기가 어렵고, 황색만 나타난다면 상황은 보통이 된다.
청색, 암색, 백색이 나타나면 상처를 입히고, 적색은 꺼리지 않지만,
흑색은 가장 꺼린다.

유월(六月)

◆ 時日 : 未月炎炎火氣衰, 黃光紫氣必爲財, 青暗來侵成阻滯,
  弱火逢金定有災.
  시월 : 미월염염화기쇠, 황광자기필위재, 청암래침성조제,
  약화봉금정유재.

6월은 폭염으로 찌지만 화기가 서서히 쇠퇴하기 시작하니,
황색빛이 나타나고 자색 기운이 있는 사람은 반드시 재물을
모으게 된다. 만약에 청색과 암색이 나타나 침범하면 막히고
지체되는 일이 있게 되며, 약한 홍색이 백색을 만나면 반드시
재앙이 있게 된다.

7. 칠월(七月)

◆ 七月申宮, 連三陽下臥蠶命門, 欲黃欲白欲明, 欲潤爲財喜,
不欲滯暗, 紅赤則爲大재.
칠월신궁, 연삼양하와잠명문, 욕황욕백욕명, 욕윤위재희,
불욕체암, 홍적즉위대재.

칠월의 기색은 신궁에서 보는데, 삼양 아래에 있는 와잠과 명문
부위에 이어져 있고, 황색과 백색이 나타나고 맑고 윤기가 나야
만 재물을 모으고 기쁜 일이 있다. 막히는 색과 암색이 보이지
말아야 하며, 홍색과 적색이 나타나면 큰 재앙이 있다.

◆ 不欲黑, 必黃白黃明方妙, 七月前十日交, 後十日退, 申金管事.
氣要强裝, 色要鮮明則吉.
불욕흑, 필황백황명방묘, 칠월전십일교, 후십일퇴, 신금관사.
기요강장, 색요선명즉길.

검으면 안되고, 반드시 황색, 백색이 밝으면 좋다. 칠월의 전반
10일 안에 나타나면 좋은 운이고, 후반 10일 안에 나타나면 운
이 물러간다. 신금이 사업을 관장하는데, 기는 강하고 왕성해야
하고 기색이 선명하면 길하다.

칠월(七月)

◆ 시왈: 七月申宮氣取强, 又宜明潤又宜黃, 黑暗赤靑多塞滯,
爲管去職士民殃.
시왈: 칠월신궁기취강, 우의명윤우의황, 흑암적청다건체,
위관거직사민앙.

칠월 신궁은 기가 강한지를 보고, 밝고 윤택하고 황색이어
야 한다. 흑색, 암색, 적색, 청색이 많으면 오그라들고 막혀
서 관직에 있는 사람은 옷을 벗게 되고, 보통사람은 재앙을
맞게 된다.

8. 팔월(八月)

◆ 八月酉宮, 看左額東嶽上下部位, 與正月部位相同, 不宜黑暗靑紅赤,
獨喜黃明潤爲要.
팔월유궁, 간좌관동악상하부위, 여정월부위상동, 불의흑암청홍적,
독희황명윤위요.

8월의 기색은 유궁을 보는데, 그 위치는 왼쪽 관골, 동악의 위
아래를 보고, 정월 기색의 부위와 같다. 이 부위에 흑색, 암색, 청
색, 홍색과 적색은 좋지 않고, 유독 기쁜 것은 황색으로 밝고 윤택
한 것이 가장 중요하다.

◆ 八月火氣成, 金氣退, 水氣生, 何須用赤用紅, 不獨此宮, 滿面氣色,
俱宜黃白明亮.
팔월화기성, 금기퇴, 수기생, 하수용적용홍, 부독차궁, 만면기색,
구의황백명량.

팔월은 화기가 성하고 금기가 물러나 수기가 생하니, 구태여 적색과
홍색을 쓸 필요가 있겠는가? 오직 유궁에서 뿐만이 아니라 얼굴의
기색은 모두 황백색으로 맑은 것이 좋다.

40

팔월(八月)

◆ 若犯一邊紅赤, 主口舌, 犯靑暗, 卽主災殃.
약범일변홍적, 주구설, 범청암, 즉주재앙.

만약 어느 한쪽에 홍색과 적색이 나타난다면, 구설수에
휘말리게 되며, 청색과 암색을 범하게 되면, 재앙을 만나게
된다.

◆ 時曰 : 酉月秋金只愛明, 若還暗滯有災刑, 不獨本宮宜黃色,
滿面俱宜黃且明.
시왈 : 유월추금지애명, 약환암체유재형, 부독본궁의황색,
만면구의황차명.

시에 말하기를, 8월 가을의 금의 기색은 오직 밝기만을 좋아
하고, 만약 어두운 색이 나타나면 재앙과 형벌이 있게 된다.
본궁은 황색을 띠어야 할 뿐만 아니라 온 얼굴에도 황색이
나타나야 하며 또 밝아야 한다.

41

9. 구월(九月)

◆ 九月戌宮, 看右地庫歸來, 下創祿創腮位, 宜紅黃, 主大財喜.
구월술궁, 간우지고귀래, 하창녹창시위, 의홍황, 주대재희.

구월의 기색은 술궁을 보는데, 부위는 우측의 지고, 귀래를 보고, 아래 창고로는 녹창과 뺨 부위를 본다. 이 부위에 홍색, 황색이 나타나면 많은 재물과 기쁜 일이 있다.

◆ 不宜靑黑, 赤暗主大災, 然黃宜在外. 紅在內方好, 若黃內紅外亦忌.
불의청흑, 적암주대재, 연황의재외. 홍재내방호, 약황내홍외역기.

청색, 흑색은 좋지 않고, 적색과 암색은 큰 재앙이 있다. 그러나 황색은 밖에 나타나고 홍색은 안에 나타나야만 좋다. 만약 황색이 안으로 나타나고 홍색이 밖에 나타나는 것은 꺼린다.

구월(九月)

◆ 時曰 : 戌宮土旺要黃明, 內現紅光得火星, 若是赤紅俱在外,
資財耗散主虛驚.
시왈 : 술궁토왕요황명, 내현홍광득화성, 약시적홍구재외,
자재모산주허경.

시에 이르기를, 9월의 술궁은 토가 왕성하니 황색이 나타나고 밝아야 하며, 안으로 홍색이 빛나면 화성을 얻고, 만약에 적색과 홍색이 모두 밖에 나타나면, 자산이 흐트러지고 소진되며 헛것을 보고 놀라게 된다.

10. 시월(十月)

◆ 十月亥宮, 看頦堂邊地平, 口角地倉地角, 白色爲財, 赤色爲災,
黃主病死, 黑靑赤忌.
십월해궁, 간해당변지평, 구각지창지각, 백색위재, 적색위재,
황주병사, 흑청적기.

10월은 해궁으로, 턱을 보고 변지가 평평하고, 구각, 지창, 지각
부위를 보아야 한다. 이들 부위에 백색이 나타나면 재물을 얻게
되고, 적색이 나타나면 재앙이 있으며, 황색이 나타나면 주로
병사하고, 흑색과 청색이 나타나도 역시 꺼린다.

◆ 夫口爲水星, 不爲暗滯, 亥乃水位, 最嫌黃來, 惟陂池一點, 黑色爲妙,
基白色亦要明潤. 若點點粒粒, 大不利也.
부구위수성, 불위암체, 해내수위, 최혐황래, 유피지일점, 흑색위묘,
기백색역요명윤. 약점점입입, 대불리아.

입은 수성으로 어둡고 체하면 좋지 않고, 해는 수의 위치(턱 부위)
로 가장 꺼리는 것은 황색이 오는 것이고, 오직 피지에 한 점 흑색
은 좋다. 백색 역시 맑고 윤택해야 한다. 만약 점점이 쌀알처럼
나타나면 크게 불리하다.

44

시월(十月)

◆ 時曰 : 亥宮水系氣宜明, 色要光華一片成, 一點黃光一點白,
若非大病卽官刑.
시왈 : 해궁수계기의명, 색요광화일편성, 일점황광일점백,
약비대병즉관형.

시에 이르기를, 해궁은 수의 계절로 기가 밝아야 하고, 색
은 빛나고, 한조각의 형상으로 이루어져야 좋다. 한 점의
황색과 한 점의 백색이 나타나면 큰 병에 걸리지 않으면
형벌을 받게 된다.

45

11. 십일월(十一月)

◆ 十一月子宮, 同亥位一樣, 色亦宜白, 不忌靑暗, 惟忌紅黃及班點赤暗.
십일월자궁, 동해위일양, 색역의백, 불기청암, 유기홍황급반점적암.

십일월은 자궁으로 해궁의 부위와 동일하다. 색은 역시 백색이 좋고, 청색과 흑색도 꺼리지 않지만, 오직 홍색과 황색을 꺼리며, 반점과 적색 및 암색도 꺼린다.

◆ 一陽之後, 故不忌淸, 水之正位, 故不忌黑, 若如黑如珠二者, 즉又主死矣.
일양지후, 고불기청, 수지정위, 고불기흑, 약여흑여주이자, 즉우주사의.

동지 이후는 청색을 꺼리지 않는 것은 수의 정위로 흑색도 꺼리지 않는다. 만약 흑색이 먹처럼 검거나 구슬처럼 검으면 이 두 가지는 반드시 죽게 된다.

46

십일월(十一月)

◆ 時日: 二陽子位看須眞, 各宮禁界要分明, 此宮獨嫌黃赤暗, 如珠如黑壽元終.
시왈: 이양자위간수진, 각궁금계요분명, 차궁독혐황적암, 여주여흑수원종.

시에 이르기를, 이양의 자위(해위, 자위)는 반드시 참되게 보아야 하고, 각 궁의 경계는 분명해야 한다. 이 궁은 유독 황색, 적색, 암색을 꺼리고, 흑색이 구슬과 같고 먹과 같으면 수명이 다했음을 말하는 것이다.

47

12. 십이월(十二月)

◆ 十二月丑宮, 亦在下庫, 宜青宜暗宜黃, 不宜滯黑, 亦因赤黑太重,
  方成滯色, 定要認眞地位, 獨子丑二宮相連, 不要差錯.
  십이월축궁, 역재하고, 의청의암의황, 불의체흑, 역인적흑태중,
  방성체색, 정요인진지위, 독자축이궁상련, 불요차착.

십이월은 축궁을 보는데, 위치는 지고이며 청색, 암색, 황색은 좋고, 막힌
색과 흑색은 좋지 않다. 흑색과 적색이 지나치게 심하면 막힌 색이 형성
이 되니, 반드시 진실된 위치를 보고 확실하게 구분해야 한다.

◆ 獨子丑二宮相連, 不要差錯, 二宮氣色各不相同, 要細看入神, 子宮宜白不宜
  黑, 丑宮宜黑不宜黑, 丑宮宜黑不宜白, 是以要辨.
  독자축이궁상련, 불요차착, 이궁기색각불상동, 요세간입신, 자궁의
  백불의흑, 축궁의흑불의흑, 축궁의흑불의백, 시이요변.

다만 자궁과 축궁은 서로 연결되어 있으므로, 착오가 있어서는 안 된다.
이 2개의 궁의 기색은 서로 다르니, 정신을 집중하여 상세히 보아야 한다.
자궁은 백색을 띠어야 하고, 흑색을 띠어서는 안 되고, 축궁은 흑색을 띠
어야 하고, 백색을 띠어서는 안 되니, 이를 기준하여 분명하게 구분해야
한다.

십이월(十二月)

◆ 時日:五庫須黃方問成, 白光一見便相侵, 若還赤滯如煙霧,
  三七之間必有刑.
  시월:오고수황방문성, 백광일견편상침, 약환적체여연무,
  삼칠지간필유형.

시에 이르기를, 오고(천창과 지고, 턱)가 반드시 황색이 나
타났을 때 비로소 일이 성사되고, 흰빛이 보이면 서로를
침해하니 일이 이루어지지 않는다. 만약에 연기와 안개처
럼 적색과 막힌 색이 나타나면 21일 안에 반드시 형극을
당하게 된다.

| 저자소개 |

오서연

원광대학교 한국문화학과 문학박사(인상학 전공)
현) 원광대학교 대학원 한국문화학과 외래교수

연구논문
• 오행에 따른 인상연구(박사논문)
• 관상학의 성립과 심상에 관한 연구(대표논문)

대표저서
인상과 오행론

관상학 네비게이션

초판 인쇄   2020년 4월 27일
초판 발행   2020년 5월 4일

저   자ㅣ오서연
펴 낸 이ㅣ하운근
펴 낸 곳ㅣ學古房

주   소ㅣ경기도 고양시 덕양구 통일로 140 삼송테크노밸리 A동 B224
전   화ㅣ(02)353-9908 편집부(02)356-9903
팩   스ㅣ(02)6959-8234
홈페이지ㅣhttp://hakgobang.co.kr/
전자우편ㅣhakgobang@naver.com, hakgobang@chol.com
등록번호ㅣ제311-1994-000001호

ISBN 978-89-6071-959-0 93180

값 : 47,000원

이 도서의 국립중앙도서관 출판예정도서목록(CIP)은 서지정보유통지원시스템 홈페이지(http://seoji.nl.go.kr)와 국가자료공동목록시스템(http://www.nl.go.kr/kolisnet)에서 이용하실 수 있습니다. (CIP제어번호 : CIP2020017909)